南政法大学新闻传播学系列教程

编委会

西南政法大学新闻传播学系列教程　　总主编 李珮

现代新闻编辑教程

Modern News Editing

主　　编：裴永刚　罗小萍
副 主 编：任正安　张祖乔
参编人员：卢金婷　杜方伟　许文君
林美琴　郑亚琴　王　旭

法律出版社
LAW PRESS · CHINA

总　序

进入21世纪,中国新闻传播教育迎来了前所未有的大发展、大变化、大改革,西南政法大学全球新闻与传播学院积极融入到这一改革、实践与竞争之中,努力打造符合时代发展的、富有特色的新闻传播教育。

西南政法大学全球新闻与传播学院筹建于1994年,原名为西南政法大学新闻传播学院,1995年开始面向全国招生,在全国法科大学中,最早设立新闻学本科专业招收本科生,近20年来,形成了"媒介·法律·社会"三者融合并重的办学特色。2010年1月,西南政法大学新闻传播学院更名为"全球新闻与传播学院",同时提出鲜明的办学指导思想与发展定位:以全球新闻视角打造国内一流新闻传播学科。这是为适应中国国力提升之后全球新闻传播对专业人才的需求,充分整合国际国内资源,在法制新闻人才培养模式基础上拓展建立国际化办学模式,培养具有全球视野的新闻传播人才的一次大胆创新。

学院成立这20年,是中国新闻传播事业经历世纪之交的20年,也是中国新闻传播学教育迅速发展的20年。21世纪的中国,全球化和互联网带来了新闻传播事业日新月异的发展变化,新闻传播教育正迎接这一变化带来的巨大挑战,首先,新闻传播教材需要与时俱进,更新和调整,以培养能适应未来发展的优秀新闻传播人才。

基于此,学院跟踪现代新闻传播理论和实践的最新进展,策划了本套丛书,其中包括本科生教材10本,研究生教材3本。这套丛书,作为具有针对性、实用性、指导性和启发性的教材,集中体现了西南政法大学新闻传播学的传承与创新。

这套丛书的特点之一是注重基础性理论的梳理和新领域的探索,力求做到理论有创新,观点有突破,论证有力量,避免与传统新闻传播学教材简单的重复。

特点之二是结合当下新闻传播的实际需要和发展趋势，强调新闻教育的实务特色，力求开放性、操作性与实践性，努力为学生提供能够与实务部门相衔接的课程内容设计。

特点之三是经典理论研究与跨学科研究相得益彰。既有新闻采写、电视采编、国际新闻、文献导读等经典研究的新探索，也有网络舆论、媒体评论、政治传播、文化产业等跨学科的新成果。

这套丛书，分别代表了我院教师，尤其是青年教师在新闻与法治研究、国际新闻研究、影视与新媒体研究、政治传播研究等四个研究方向的探索和思考，取得的阶段性成果，也是我院新生代学术实力的一次整体亮相。我们真诚地期待读者对西南政法大学新闻传播学系列丛书提出宝贵的意见和建议。

是为序。

李　珮

二〇一五年一月毓秀园

前　言

众所周知，伴随新媒体的飞速发展，从传播技术与内容到传媒行业生态的快速变迁使融合媒介传播成为新闻传播领域深受关注的话题。"融合"（convergence）自世纪之交以来已然成为对包括新闻编辑在内的传统新闻传播业务形成巨大冲击的词汇。

"媒介融合"作为信息时代信息传输通道多元化下的新作业模式，把报刊、电视、广播等传统媒体，与PC、手机及其他智能移动终端等新兴媒体传播通道结合起来，资源共享，跨媒体整合，衍生出不同形式的信息产品，通过不同的平台传播给受众。虽然迄今这种新传播模式依然难言成熟，仍处于不断探索的过程中，也面临很多问题，但其已经展现的强大市场影响力和快速发展已经让传统媒体倍感压力。杰·尼尔森在《传统媒体的终结》里预言："未来五到十年间，大多数现行媒体样式将寿终正寝。它们将被以综合为特征的网络媒体所取代。"也许这种说法有些过于激进，对于新媒体与传统媒体的未来前景的认知迄今仍有不同认知，但这种新型整合作业模式显然已经逐渐成为国际传媒业的新潮流。

在此之前，从历史上编辑活动产生到现代新闻出版业出现之前的几千年时间里，编辑工作主要集中于书籍的编撰、注疏、校雠、刻印等。实际上，编辑史和学术文化史一样源远流长。如考古发现所呈现的，中国早在商代有文字记录传世以来已经有人从事编辑工作，在古苏美尔和古埃及，有记录可查的编辑活动产生时间还要早两千年左右。但编辑活动真正意义上成为一门具有独立性、专业性的社会职业，还是在近代印刷业、工商业出现以后，文化传播活动快速发展，在书籍之外出现了报纸、期刊等新的传播媒介，专职编辑人员大量涌现，相关的编辑活动作为新闻学、出版学等的研究课题也开始受到重视。前中国编辑学会副会长阙道隆先生在《编辑学理论纲要》中回顾了中国当代编辑学的发展历程，从20世纪八十年代我国学者把编辑学作为一门独立学科进行研究，依传播媒介的不同，形成了书籍编辑、期刊编辑、报纸编辑、广播编辑和影视编辑等分支学科。在世纪之交，随着新媒体的发展，进一步产生网络编辑、融合媒体编辑等新兴研究分支。同时也有探讨不同传播媒介编辑活动共性的普通编辑学。

具体到本书的内容设计，作为在传统报纸编辑教材基础上的革新，考虑到当前及今后媒介实践的发展趋势，一方面在教学体系里需要融入跨媒体融合新闻编辑的业务实践,另一方面考虑到本书篇幅和广播影视编辑、网络编辑在教学体系中的相对独立性,在本教材里对与后二者产生重叠的领域不作过多涉及。主要框架是在融合媒介产品制作理念下围绕跨媒体新闻编辑的基本流程和相关具体环节展开,其中平面媒体编辑依然作为基础,至于跨媒体新闻编辑中会涉及的影视、网络编辑等更详细的内容可参考相关教程。关于这一点请读者诸君予以谅解。

当前关于跨媒体新闻编辑的教材编撰与教学模式的探索如同融合媒体业务实践一样都还处于发展过程中,本书的编写也是结合我们的教学实践所做的一次改革的尝试,限于自身经验和视野的不足,其中存在不成熟与不当之处在所难免,恳请大家予以批评指正。

目　　录

第一章　融合媒介产品与跨媒体新闻编辑

知识要点

1. 了解媒介融合导致的新闻编辑领域的媒介变迁
2. 掌握媒介融合产品的具体形态
3. 掌握跨媒体环境下新闻编辑的角色与职业素养

内容摘要

狭义上的“媒介融合”是指将不同的媒介形态“融合”在一起，产生“质变”，形成新的媒介形态或传播平台；广义的“媒介融合”则包括一切媒介及其有关要素的结合、汇聚甚至融合，不仅包括媒介形态的融合，还包括媒介功能、传播手段、所有权、组织结构等要素的融合。这对现代新闻编辑提出了新的角色要求与多元挑战。本章将融合媒体产品分为三类予以介绍，分别是媒体本身产生的融合产品、媒体与其他产业整合产生的融合产品和媒体与用户互动产生的融合产品。

“融合”(convergence)是世纪之交传媒领域渐趋流行的词汇，从技术与内容，到行业生态的快速变迁使融合媒介传播成为新闻编辑领域深受关注的话题。

早在20世纪80年代，“媒介融合”(media convergence)的概念已经被提出，美国马萨诸塞州理工大学教授浦尔(I Pool)在他的著作《自由的科技》(*The Technologies of Freedom*)中提到“传播形态融合”，认为“媒介融合”是指各种媒介呈现出多功能一体化的发展趋势。美国新闻学会媒介研究中心主任安德鲁·尼其森(Andrew Nachison)则将“融合媒介”定义为“印刷的、音频的、视频的、互动性数字媒体组织之间的战略的、操作的、文化的联盟”，他认为“融合媒介”最值得关注的并不是通常认为的集中了各种媒介的操作平台，而是媒介之间的合作模式。国内喻国明教授则更多地从技术视角切入，在《传媒经济学》中，他认为媒介融合是指报刊、广播电视、互联网所依赖的技术越来越趋同，以信息技术为中介，以卫星、电缆、计算机技术等为传输手段，数字技术改变了获得信息的时间、空间及成本，各种信息在同一个平台上得到了整合，不同形式的媒介彼此之间的互换性与互联性得到了加强。

概而言之,“媒介融合”可以从狭义和广义两个层面来理解,狭义上是指将不同的媒介形态“融合”在一起,产生“质变”,形成新的媒介形态或传播平台,如电子杂志、微博等;而广义的“媒介融合”则范围广阔,包括一切媒介及其有关要素的结合、汇聚甚至融合,不仅包括媒介形态的融合,还包括媒介功能、传播手段、所有权、组织结构等要素的融合。

显然,这对现代新闻编辑提出了新的角色要求与多元挑战。

“媒介融合”作为信息时代信息传输通道的多元化下的新作业模式,把报刊、电视、广播等传统媒体,与互联网、手机、智能终端等新兴媒体传播通道结合起来,资源共享,跨媒体整合,衍生出不同形式的信息产品,然后通过不同的平台传播给受众。杰·尼尔森曾在《传统媒体的终结》里预言:“未来五到十年间,大多数现行媒体样式将寿终正寝。它们将被以综合为特征的网络媒体所取代。”虽然对于新媒体与传统媒体的未来前景的认知迄今仍有不同认知,但这种新型整合作业模式显然已经逐渐成为国际传媒业的新潮流。

在此之前,从历史上编辑活动产生到现代新闻出版业出现之前的几千年时间里,编辑工作主要集中于书籍的编撰、注疏、校雠、刻印等。实际上,编辑史和学术文化史一样源远流长。中国早在商代有文字记录传世以来已经有人从事编辑工作,在古苏美尔和古埃及,有记录可查的编辑活动产生时间还要早两千年左右。但编辑活动真正意义上成为一门具有独立性、专业性的社会职业,还是在近代印刷业、工商业出现以后,文化传播活动快速发展,在书籍之外出现了报纸、期刊等新的传播媒介,专职编辑人员大量涌现,相关的编辑活动作为新闻学、出版学等的研究课题也开始受到重视。20 世纪 80 年代,我国学者把编辑学作为一门独立学科进行研究,成立了中国编辑学会等学术团体,形成了书籍编辑、期刊编辑、报纸编辑、广播编辑和影视编辑等分支学科。在世纪之交,随着新媒体的发展,进一步产生网络编辑、融合媒体编辑等新兴研究分支。同时,我国学者也开始探讨不同传播媒介编辑活动的共性问题,试图建立适用于古今编辑活动和多种传播媒介编辑活动的普通编辑学。[1]

社会发展、技术变革引领媒介变迁的同时,促成、引发新闻编辑的确立和发展,以下首先从媒介发展的线索透视新闻编辑的发展与变革。

---

〔1〕 阙道隆:“编辑学理论纲要”,载《出版科学》2001 年第 3 期。

第一节　新闻编辑领域的媒介形态变迁

对“编辑”这一基本概念的使用与解释，本身体现了其历史的发展。我国早在殷商甲骨文中即有“编”字，甲骨文书本身即有其版式。《说文》：编，次简也。《声类》：以绳次物曰编。值得一提的是，进入21世纪，世界最大的信息管理软件供应商Oracle，特意将“甲骨文”作为公司的中文译名，其官方的说法是“甲骨文”字面意思是数据和信息的记录，这些符号被认为是中国最早的书面文字，Oracle（甲骨文）公司重新诠释了“甲骨文”这个古老的概念，使业务应用程序通过互联网可用的观念已成为人们的共识。其软件技术对互联网发展产生重要影响，于一词之间我们可以感受人类信息传播从原始到信息时代的跨越。我国“编辑”一词，当前能查到最早见于南北朝时《魏书·李琰传》：修撰国史……前后再居史职，无所编辑。其指的是对资料进行整理、加工，编成书刊。

甲骨文版式

甲骨文“编”字

欧洲语言中，“编辑”一词源于拉丁语redigere及其过去分词redactus。例如法语rediger和英语redat，均首见于15世纪，其词义的逐步演变过程为：带回（bring back）→删削或归结（reduce to a certain state）→整理（arrange in order）→编辑（edit）。[2]

小篆“编”字

时至当代，仅以我国学者王振铎教授给“编辑”一词的解释——“根据社会文化需要，按照指导方针，使用物质载体和技术手段，对精神产品进行组织、采集、鉴审、选择和编序加工，并缔构成一定的文化符号模式作为社会传播媒介的活动”——来看，显然，这里的“文化符号”已不仅仅单指文字，“社会传播媒介”也早已不单纯是书籍了。

以上对于“编辑”的理解，都是从编辑者在从事编辑工作时付出的具体劳动着眼，可以说此时“编辑＝编辑活动（edit）”。随着编辑工作的独立，编辑内容的扩展和复杂化，今天使用这一概念起码还有另外三种含义：从工作性质、类型角度着眼，“编辑＝编辑工作（editorship）”；此外，“编辑”一词同样可以表示从事编辑工作的

〔2〕 吴飞、周勇、邓利平、谭云明：《新闻编辑学》，浙江大学出版社2008年版，第5页。

专业人员，即“编辑 = 编辑者（editor）”。举例来说，“网站编辑职业的发展，已日益引起业界和相关领域的密切关注。2005 年，劳动和社会保障部公示了第三批的十种新行业中，‘网络编辑员’名列其中。网络编辑工作有四大特点：超文本链接式编辑、全时化编辑、数据库化编辑、交互性编辑。因此作为一名网编要有相应的计算机基础，敏锐的新闻传媒视野以及良好的互动和沟通技能”。在这段话中的多个“编辑”用词的使用就分别具有上述三种不同含义。同时，在我国还可以指从事编辑工作的专业人员的专业技术职称。根据 1986 年颁布的中国《出版专业人员职务试行条例》的规定，编辑职务（含美术编辑）设编审、副编审、编辑、助理编辑 4 种，其中的“编辑”为中级职称。其他国家的出版机构中，编辑人员大致分为高级编辑、文字编辑及技术编辑等。

我们在这里所要探讨的是自新闻业出现以来，新闻编辑作为一项职业，其从业人员在新闻编辑活动中所形成的基本工作内容、模式与方法及其未来发展。如果说编辑学可以分为编辑实务、编辑史和编辑理论的话，本教材应属实务范畴，但是自然离不开历史的视野和理论的思辨。下面以传播媒介技术的发展为线索，简析新闻编辑的历史发展与当下状况。

一、报刊的出现促成新闻编辑的确立

人类传播从口头语言、文字到印刷媒介，从早期的印刷术到古登堡的金属活字印刷术再到激光照排，传播媒介与技术的发展历程在传播史、新闻史中已有详细的论述，这里不再赘述。从新闻编辑的角度讲，作为“编辑”的名义、地位和学术价值的最早确立是以较早的大众传播媒介——报刊的发展为前提的，报刊越来越多、发行量越来越大，分工也越来越细，使编辑工作日趋独立。虽然在我国早在南宋至明代，随着雕版印刷盛行，商品经济发达，手工业城镇中书市坊铺兴起，出现了受聘于书铺的编辑，如明末苏州人冯梦龙、吴兴人凌闬初等，但是他们还不能称为新闻编辑。真正的近代职业编辑，在清末戊戌维新运动时及其后才活跃于学术文化界，成为一种自由职业者，如梁启超、章太炎等。辛亥革命后，我国报馆借鉴日本和欧美报社制度，设置主笔、访员、编辑等职。

报刊编辑内部分工的发展演变过程，按国内学者的划分可以分为三个阶段。[3] 早期几乎没有分工，从业人员少，一人往往身兼多职，既是记者、编辑，又是广告员和销售员。第一次分工，发展到一定阶段，采访力量不足，一部分从业人员从报社分离出来，成立通讯社，专门向各家媒体提供稿件。报刊内部，从业人员也有了专门从事编辑工作和专门从事记者工作的分工，以求提高工作效率，此时言论工作还只是编辑工作的一部分。第二次分工，出现了撰写言论的主笔，或总编辑兼任主笔。在新闻采写部分，有了专门负责与读者、作者和通讯员联系的“通联”，负

---

〔3〕 钟立群：《新闻编辑学研究》，人民日报出版社 1997 年版，第 41～44 页。

责接受各方面的新闻线索和来稿。在此基础上出现了通联部,也称群众工作部,统一负责来稿初步处理和向外部组织稿源,工作已属于编辑工作范畴。这样,记者如果不与通讯员合作采写新闻,就很少向通讯员组织稿件了。在第三次分工中,不再是按工作性质,而是对编辑工作本身有了更细划分,为了兼顾各行各业的报道,使记者与编辑与各行各业建立更好的联系,根据负责报道的领域,分为经济编辑、文教编辑、政法编辑等。

新闻编辑作为一种职业,同新闻业发展历程一样,最早是在报纸编辑领域中出现。工作领域最早主要是文字新闻稿件的编辑加工,而图片新闻编辑的出现要比文字晚得多。我国报纸上最早出现的图片是新闻画,1876 年《申报》开始配合新闻刊载插画。同一时期,该报还出版了不定期画刊《寰瀛画报》,但内容没有新闻性。另一份创办于 1884 年的《点石斋画报》以绘画的形式报道新闻,已经能够较为密切地联系时事。

1825 年,法国摄影术之父尼埃普斯采用"凹版照相"(heliogravure)拍摄了人类历史上最早的照片。1838 年,法国物理学家达盖尔发明银版照相法,1842 年德国两位画家用照相机拍摄了汉堡一场大火,其中一张照片保存至今,被称为世界上最早的新闻照片。两年后法国人埃迪尔到达中国,用达盖尔银版摄影技术和器材拍摄中国风土人情的照片。报纸上出现的第一张印刷照片是在 1880 年 3 月 4 日,由纽约《每日画报》摄影师斯蒂芬·H. 霍根利用网板印刷法制作的,摄影者是牛顿,这张照片名叫《纽约棚户区违章建筑》。此前,尽管报纸上也有照片,但都是画家根据照片上的画面,用手工刻在木板上或雕在锌版上而印成黑白两色线条构成的图画,照片的效果不理想,灰色中间色调表现不出来。不过,网版印刷法发明以后,并没有很快广泛使用在报纸上。因此,手雕制版的报纸照片仍然占主导地位。直至 1910 年,手雕制版才逐渐废除。而推动网板印刷照片的是匈牙利裔美国人、美国大众报刊的标志性人物约瑟夫·普利策,1889 年普利策在纽约富兰克富街海德公园旁,花 63 万美元买下法国大厦并在其址上新建纽约《世界报》办公大楼。作为《世界报》发行人的普利策认识到插图对于报纸销路的作用,他开始用由原来的一栏增大到四栏至五栏的跨栏篇幅刊登照片。此时,《世界报》成了第一家首先大量使用网版印刷照片的报纸,发行量迅速上升,达到数十万份。到 19 世纪 90 年代后期,网版印刷被普及并天天使用,开创了报纸新闻照片的新天地。1897 年 1 月 2 日美国《纽约论坛报》刊登了一张有中间层次的照相制版照片,宣告照相铜版印刷术发明成功。1913 年,法国人爱德华·贝兰制成了世界上第一部用于新闻采访的手提式传真机。1914 年,法国的一家报纸首先刊登了通过传真机传送的新闻照片。1925 年,美国电报电话公司的贝尔研究所研制出高质量的相片传真机。此后,欧美各国和日本等国相继都开放了相片传真业务,从此相片传真被广泛用于新闻通讯社传送新闻照片,图片编辑越来越成为新闻编辑中的一项重要内容,推动报刊版面设计编排的发展,20 世纪初期,报纸版面已经改变了早期与书籍相仿、版面小而没有分栏的状况,开始接近近现代报纸的形象。

从 11 世纪毕昇发明活字印刷术到 15 世纪古登堡发明铅活字一直到 20 世纪四五十年代开始进行的被称为“冷排”的照排技术的研究,印刷技术在不断发展,但仍然不能适应现代社会的节奏。所以从 70 年代开始,人们开始研究将两大先进技术即计算机与激光结合起来,用于印刷出版,这也就是精密照排技术。20 世纪 40 年代,西方研制出与电脑相连的照排技术,70 年代美国、日本和西欧一些国家在新闻出版业中普遍使用激光照排与胶印。所谓激光照排,实际上是电子排版系统的大众化简称。激光照排是将文字通过计算机分解为点阵,然后控制激光在感光底片上扫描,用曝光点的点阵组成文字和图像。电子排版系统的诞生,给出版印刷行业带来了一次革命性的变革,不但可以避免铅字排版的低效益和对工人的健康伤害,其好处还在于它的易改动、成本低和效率极高等特点,比古老的铅字排版工效至少提高 5 倍。而 20 世纪 70 年代的中国仍然是“以火熔铅,以铅铸字,以铅字排版,以版印刷”,在当时,汉字进入和输出计算机的问题并未得到解决。从 1975 年开始,北京大学教授王选主持中国计算机汉字激光照排系统和以后的电子出版系统的研究开发,开创性地研制当时国外尚无商品的第四代激光照排系统。1979 年 7 月 27 日,被称为“华光 I 型”的原理性样机试制成功,第一张激光照排的中文报纸样张也问世了。1983 年出现的华光 II 型系统于 1984 年在新华社进行了试用。1985 年,真正具有实用意义的华光 III 型系统产生。《经济日报》印刷厂与科研单位配合,终于在 1987 年 5 月 22 日,在世界上推出了第一张用计算机激光照排技术处理的整版输出的中文报纸,引发了我国报业和印刷出版业“告别铅与火,迈入光与电”的技术革命,被公认为毕昇发明活字印刷术后中国印刷技术的第二次革命。随后,《经济日报》在全国率先淘汰了铅字印刷。在此后的几年间,激光照排技术迅速普及到中国的各级报社。到 1991 年,99% 的报社、90% 的出版社和印刷厂采用了方正激光照排系统。1994 年 4 月,《西藏日报》也开始应用激光照排技术出报,这标志着大陆所有省级以上报纸的印刷全部进入了激光照排技术阶段。

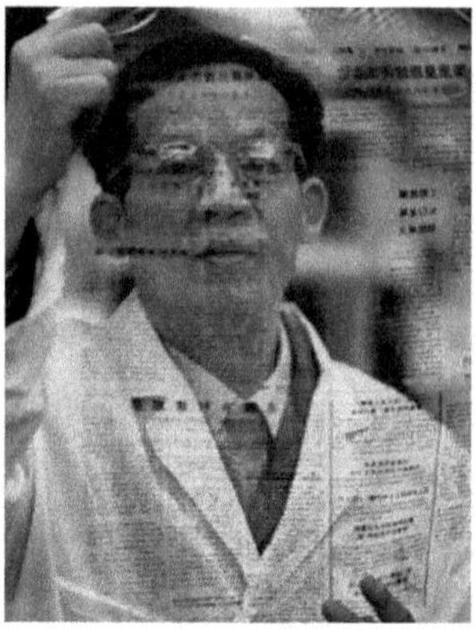

王选与激光照排

此后,北大方正集团公司和山东潍坊计算机公司推出了方正和华光两大系列的激光照排系统,他们不断追踪着世界印刷出版技术的新动向,并结合中国实际和报社工作的特点,取得一个又一个突破;而中国报社则由应用激光照排机技术开始,逐步把计算机技术应用到报社工作的各个环节。

1991年,光盘存储、远程传版、局域网络等系统在《科技日报》投入使用。这表明,激光照排技术带动了计算机技术在报社其他环节的应用。

1992年,彩色激光照排系统出现,与传统的电子分色系统相比,它具有彩色效果更好、成本更低等优势。《澳门日报》首先采用了这一技术。1992年1月21日,《澳门日报》刊登了邓小平南方讲话的照片,便是利用北大方正的彩色照排技术制作的,而这一天的《澳门日报》也是世界上第一张不用电子分色印刷的彩报。之后,一场"彩色"革命席卷神州。

1993年,青岛晚报社采用了新闻采编系统,实现了编辑部工作全程的计算机化。而到目前,已有数十家报社建设起了自己的内部网络,实现了无纸化工作。

激光照排技术在报社或出版社的应用,对新闻出版从业人员提出了挑战。尽管我们有过一个中国特色的"初级阶段",即由专门的工人进行计算机录入与排版工作,但很快,编辑记者们发现,如果不会电脑,就面临着被淘汰的危险,于是他们成了换笔的先锋之一。新闻出版的教育单位也适时地增加了相关环节的教学。1991年年初,中国人民大学新闻学院便开始筹建我国新闻院系中第一个激光照排实验室。1993年,该院率先在同类院系中开设激光照排课程,使学生掌握计算机录入、排版等基本操作。随着形势的发展,又增加了网络传播技术等内容。复旦大学新闻学院、武汉大学新闻学院等一些新闻院系也开设了类似课程。掌握一定的计算机技术成为对新闻出版人才的基本要求之一。

当我们回顾我国报社采用激光照排技术的过程时,首先会看到它在生产环节所产生的巨大效益:激光照排技术不仅解放了捡字和排版工人,带来更高的生产效率,还大大丰富了报纸的编排手段,使编辑不再常常感叹设计出来的版面实现不了。在提高报纸的时效性和信息量的同时,也为90年代国内报纸的扩版潮提供了技术保障。从更长远的角度看,激光照排技术使报纸走向了数字化。对于西方报纸来说,这个数字化过程来得比较自然而简单,因为它们使用的是拼音文字。但对汉字来说,却面临着一个个"瓶颈"问题。不解决它们,不仅关系到能否用计算机处理汉字,也关系到中华民族能否进入信息时代。幸运的是,五笔字型、拼音码、自然码等汉字编码技术以及OCR、语音输入、笔输入等技术使汉字输入问题不再是拦路虎,而王选教授发明的汉字信息压缩技术,则成功将复杂的汉字字形在计算机里以经济的空间存贮而以高质量输出。当古老的汉字面对现代化计算机可以进出自如时,中文报纸也就自然而然走上了数字化道路。过去在纸上存在的信息变成了"比特",在生产的各个环节流动;过去堆积如山的报纸被保存在磁盘或光盘中,可以很容易地用各种方式进行信息的检索,不少媒体以此开发信息数据库等附加产品；而当电子报纸出现时，这些“比特”又可直接变成受众可以阅读的形式。[4]

在技术和市场的双重推动下，20世纪80年代末，我国报纸出现扩版潮。1987年《广州日报》率先扩版，将周末版从原先的8版调整到40版，预示着我国报业厚报时代的到来，报业的扩版就是从那时开始进入第一阶段。我国报业扩版分为三个阶段；第一阶段为20世纪80年代初，主要表现在对周末版的调整，增加周末版的版面，尤其重视文艺副刊的报道，以提高报纸的文化品位和知识水准。第二阶段从20世纪80年代中期到90年代中期，这一阶段报纸扩版主要表现在由原来的对开4版扩版为8版。第三阶段从20世纪90年代至今，主要表现为进行大规模的增加版面，如《羊城晚报》2001年8月1日全面扩版，常规版面达到36～40版；2002年8月6日，《南方日报》全新扩版，每周增加24个版面；2003年《北京青年报》扩版，常规版面超过64版。

与此同时，各报结合自身定位纷纷改版，首先，以增加时效性和时事新闻版和本地新闻版的分量为重点，无论在信息内容选择、栏目设置还是在版面分布上面，都加重了这两类新闻的比重，如从2004年10月开始，《南方日报》对版面作了较大调整，调整后每天16个版中，新闻版占有12个。《北京日报》自1999年以来不断扩版、改版，新闻版和专、副刊版的比例为14∶8，并增加了社会新闻和财经新闻。其次，对副刊都采取低调处理的方法，减少文章和版面数，如《南方日报》取消了时效性不强的周刊和读者面窄的专版，合并内容重复的专版。最后，是在版面设计上以大标题、小字号和大图片为统一风格，采用留白的美学特点，制造出简洁明快的风格。经过扩版和改版后，各大报纸的广告量均有明显上升。而扩版热潮迎来了我国报业的“厚报时代”。

作为上述改变背景的是，我国报刊的结构经过历次调整，逐步形成了党报、都市报、专业报刊及其他类别报刊共同发展的结构，促进我国报业市场真正走向市场，更加注重品牌效应，编辑手段的创新，重视报道策划，贴近读者，重视广告，并进行资源优化配置，成立报业集团等。

二、广电的出现引发新闻编辑的发展

广播电视的出现使人类传播从图文时代走入声像时代。

1920年10月，美国匹兹堡市西屋电器公司KDKA广播电台取得政府发放的营业执照，开始播音，成为美国也是世界上第一家正式广播的私营商业广播电台。当天就播报了哈定和考克斯竞选总统的新闻，被认为是广播新闻业的开始。

美国人奥斯邦（E. G. Osbom）的“中国无线电公司”与《大陆报》合作在我国上海建立的电台于1923年1月开始播音，播送音乐和《大陆报》上刊登的新闻。同

---

〔4〕《我国激光照排技术发展史》，http://laser.ofweek.com/2012-10/ART-240001-11000-28644683.html，最后访问日期：2014年10月15日。

年，这家电台播报了《大陆报》刊登的孙中山先生对广播这一新事物的评价："余之宣言亦被宣传，余尤欣慰。余切望中国人人能读或听余之宣言，今得广为宣布，被置有无线电话接收器之数百人所听闻，且远达天津及香港，诚为可惊可喜之事。吾人以同意中国为职志者，极欢迎如无线电话之大进步。此物不但可于言语上使中国与全世界密切联络，并能联络国内之各省各镇，使益加团结也。"

1923年中国无线电公司电台的播音

虽然广播电视与报纸相比，传播速度快、覆盖面广，传播效果声情并茂、感染力强，对受众文化水平要求相对较低，但是由于早期的广播电台不具备自采力量，新闻主要靠报纸提供，因而时效性并不强。为了摆脱报纸和通讯社对新闻的控制，广播公司建立自己的新闻采集机构，加上新闻直播的发展，使新兴的传播模式逐步显示出自身优势的同时，新闻编辑这一职业也在广播和后来的电视领域中获得新的发展。

1933 年富兰克林·罗斯福在危难之中就任美国第三十届总统。他在广播中发表演说，向人民直接解释新政的纲领、意义和措施，最终取得了全国人民的支持。"炉边谈话"是美国政治史和广播史上的一个里程碑，充分显示了广播作为新生大众传媒的威力。

1936 年 11 月，英国广播公司（BBC）在伦敦郊外大亚历山大宫以一场规模盛大的歌舞开始了电视的正式播出，这一天被认为是世界电视事业的诞生日。

早期电视模仿广播，由记者编辑写稿，播音员口播。"二战"结束后，电视获得快速发展，彩色电视问世，传播手段也经历了从模仿电影、以胶片拍摄影片新闻传播形象画面，到使用磁带，以电子新闻摄录使现场报道能够摄录同步，计算机技术和数字存储的发展，更加增强了电视制作的效果和灵活性，而卫星通讯的发展更为电视新闻直播的时效性和覆盖面的提升创造了条件。

1956 年 7 月，一架豪华邮船在撞上另一架轮船后坠入大海，CBS 的爱德华兹做了电视新闻史上第一次现场报道，发挥出电视直播在突发新闻报道上的潜能。

1962 年 7 月，美国电话电报公司发射的世界上第一颗通讯卫星——电星一号把美国电视节目传送到欧洲，开始了卫星传送电视图像的新时代。通讯卫星启动了电视传播的全球性渗透，电视新闻直播从国家网络发展到全球辐射。

20 世纪六七十年代以来，电视新闻成为电视台的支柱，不仅现场报道影响深远，在选材取向上突破了预知性新闻的局限，开始涉及重大的突发性新闻事件，电视新闻走向成熟，时间增长，确立了主持人制度，使电视在娱乐至上的媒介之外，也变成“新闻为王”的媒介。1991 年海湾战争被称为“电视战争”，全世界的观众坐在电视机前亲眼目睹一场战争的爆发直至结束，这在人类历史上还是第一次。CNN 在海湾战争中创造了 24 小时不间断播出的新纪录，电视新闻传播经历了一场新的革命。

随着广播电视新闻业的迅速发展，节目类型越来越丰富，专题类节目逐渐与新闻类节目分野，具有了自己的独特而固定的形态。从业人员分工也越来越清晰，职责也越来越明确，相对于平面媒体，在编辑之外，编导成为电视特有的一项工作和一个职业。具体是指选取有价值的题材进行策划、采访、制定拍摄提纲、组织拍摄、编辑制作，最后对作品进行把关检查的系统性创作活动，也指从事这项工作的人，一般是就专题节目、纪录片等纪实类作品而言的。编导地位也越来越重要，其工作性质也与普通编辑有明显的区别，其创作属于原创，而不是一般意义上的加工、完善；所涉及的工作环节更多，工作量和工作范围等都远比编辑要大。在电视领域，“编辑”现在主要是指后期的工作，即节目后期制作，把原始的素材镜头编辑成电视节目所必需的全部工作过程，如撰写文字稿本（也常不需要）、整理素材镜头、画面声音剪辑、配合语言文稿录音、叠加屏幕文字和图形、编配音响效果和音乐、审查与修改等，最终把素材镜头组合编辑成最终节目。广播电视节目编辑往往不是电视节目的原创者。

尤其对于电视来说，作为一门综合性的艺术，其对编导的素质要求更加全面，除了平面媒体编辑要具备的文字能力，组织、策划能力和思维水平之外，还要具备较强的电视艺术创作能力，精通和善于运用镜头语言进行艺术表述，还要了解熟悉创作各环节的专业知识，如采访（前期、后期）、摄像、照明、撰稿、剪辑、音乐、音响、特技、字幕等。

随着世纪之交广播电视数字化的发展，传统意义上的广播电视进一步拓展了新的功能。当前，通过卫星、地面无线和光缆干线传输，世界范围内广播电视在制作、播出、传输环节正逐步实现数字化。

数字化后的广播电视既可以提供公共类节目的“广播”，又可以提供专业化、个性化节目的“窄播”；既可以提供单向式广播，又可以提供交互式点播；既可以提供广播影视节目，又可以提供多种信息服务；既可以提供文化娱乐，又可以提供商务服务。以我国之前推广的有线数字电视为例，其服务内容包括三类：第一类是丰富的广播电视节目，包括逾百套直播电视节目、广播节目、点播节目、付费节目及电子节目指南等；第二类是海量的信息服务，包括电子政务和新闻、文化、教育、生活、交通、奥运、股市等；第三类是设计中作为拓展的商务服务，包括缴纳水电煤气费、电视购物、网上银行、彩信短信等多功能服务。2003 年 9 月 1 日中央电视台数字付费电视频道开始试播，这一事件被专家们看作在广播电视发展史上具有里程碑意义，标志着我国的广播电视在提供公共服务的同时，开始面向“窄众”提供个性化的市场服务。广播方面继 AM、FM 传统模拟广播之后，数字音频广播（Digital Audio Broadcasting，DAB）也成为第三代多媒体广播系统，既可以用来传送声音节目，又可以传送数据业务、静止和活动图像等。DAB 播送音质好，抗干扰强，环保，既可以固定和便携接收，也可以移动接收。英国 BBC 电台早在 1995 年年底便开始正式播送，在我国，继在广东、北京等地试播后，进入 21 世纪以来也得到大力推动。

数字化不是一个单纯的技术概念，实际上更是广播电视领域全面的、带有划时代意义的变革。其触角涉及新闻传播的节目形态、采制方式、报道方式、管理方式、接收方式、服务方式，乃至整个体制、机制的全面变革。这无疑对从业人员提出了更加全面性的挑战。尤其是互联网的兴起与快速发展，不仅对原有传播格局形成巨大冲击，更在数字化的基础之上推动了不同类型传播媒体的自身变革和媒介融合。

三、网络的兴起促使新闻编辑的变革

在传播学者麦克卢汉提出“媒介即讯息”十五年后的1979年，美国杜克大学的两个研究生提出一种分布式网上讨论组的构想。这种讨论组创建之初，主要是供UNIX爱好者协会的成员使用，因此就被定名为USENET。这种利用互联网将信息分发的形式可以算最初的网络媒体，它也被称为“新闻组”（newsgroups）。

20世纪80年代末，网络中传播的新闻还只局限于静态文字和图片。1987年，美国《圣何塞信使新闻》首先将报纸通过互联网发行，成为世界上第一家电子报。

万维网之父蒂姆·伯纳斯－李于1991年8月6日，在alt. hypertext新闻组上贴了万维网项目简介的文章。这一天，万维网这一人类历史上迄今影响最深远、最广泛的传播媒介作为一项互联网上的公共服务首次亮相了。

1994年，开发万维网浏览器的网景公司和万维网联盟（World Wide Web Consortium，W3C）成立。同一年斯坦福大学的两位研究生大卫·费罗（David Filo）和杨致远创建了一个类似今天“好123”的网址站，后命名“Yahoo！”，慢慢从一个网址查询站逐步向门户转变，通过开发和并购提供各种各样的服务给网络用户，从电子邮件到网络购物，很快雅虎新闻成为让雅虎用户停留时间最长的服务之一。

万维网及网络浏览器的推出，使多媒体新闻在网络上逐步发展起来。在20世纪90年代，西方报刊媒体的记者和编辑上网是很经常的事——他们要到政府网站查询信息，去讨论版块和聊天室收集信息，也要通过各种形式发布信息，包括电子形式。1997年，全球上网报纸有2300多家，在美国有702份日报提供网络服务，数以千计的杂志社、通讯社、特稿社以及电视与广播的节目副本提供了相应的网络产品。

在我国，1993年12月6日，《杭州日报·下午版》的尝试发行拉开了中国报纸电子化的序幕。1994年，中国正式接入因特网。1995年1月12日，《神州学人》杂志正式通过互联网发行它的《神州学人周刊》电子版，这是中国国内第一份上网的中文电子刊物。1995年10月，《中国贸易报·电子报》成为国内第一家正式在互联网上发行的电子日报。12月《中国日报》网站开通，开全国性日报办网站之先河。这时候中国媒体上网的主要目标是借助网络改善发行状况，提高自己在海外的影响力，但是形式和内容上还很粗糙。

1996年后中国网络媒体大规模上网刚刚起步，《广州日报》、《中国证券报》电子版、央视、《人民日报》网络版、新华通讯社网站等相继上线。1998年，中国国际广播电台主办的“国际在线”（CRI Online）网站发布，将四种语言节目送上了互联网。

1997年起商业网站异军突起，互联网传播领域的新变化——“门户网站”进入人们生活。5月，网易成为中国第一家提供新闻与资讯服务的门户网站。次年搜

狐网、新浪网成立，一些地方媒体也开始触网，如河南报业网。

2000年，北京“千龙新闻网”、上海“东方网”等相继开通，标志着我国大型网络新闻传播平台的建立，中国所有省级区行政区域内均有了新闻媒体网站。新浪网首先获得登载新闻资格，搜狐、网易紧随其后。这也是中国政府首次将新闻登载权授予民营商业网站。到这一阶段，几乎所有主流新闻媒体网站都改版了，并以“××网”的新面貌亮相，甚至以新域名与之相配，显示了主流新闻媒体在网络新闻传播领域大步迈进的决心和投入。这一年，国务院新闻办公室信息产业部发布了《互联网站从事登载新闻业务管理暂行规定》，信息产业部发布了《互联网电子公告服务管理规定》，这是中国政府有关商业网站从事网络新闻业务最早的正式规定，是当时门户网站新闻运作的主要法律依据。

按照互联网研究者方刚的观点，中国网络媒体最初大约经过了三个阶段：

第一阶段是技术媒介阶段。在这个阶段投身、鼓吹“第四媒体”的传媒人、学者专家仅仅看到了互联网作为一种可能的新的传播媒介，将会给传统媒体运作带来哪些挑战，而事实上，在实际操作过程中，内容网站没有在互联网这样一种新的“媒介”上，真正包装出创新“媒体产品”来。

当然，有些网站做了部分有益的尝试和探索，比较典型的两个例子，一个例子是台湾的“明日报”，完全按照一份互联网媒体运作，上百人的采编队伍，相对专业的出版流程和疯狂的烧钱；另一个例子是人民日报和默多克新闻集团在大陆作的“ChinaByte”，虽然没有引进大量一线记者，但编辑大多以“网络原创”为主，内容主要来自自由撰稿人和国外翻译。

第二阶段是信息仓库阶段。这个时期典型的代表是新浪网。大量转载、引进传统媒体的新闻报道，其核心能力是快、全和网络再分类。第二阶段的“第四媒体”还不成其为“媒体”，还不是一个成熟的“媒体产品”，但它已经摸索并建立了向“媒体”过渡的几个重要核心能力，包括信息如何在网上再分类，网上信息如何合理排版以及怎样建设网络读者的阅读黏度等。

第三阶段是准媒体阶段。“准媒体”的概念是，已经具有初步的媒体生产制造能力和一定的公众传播效能。这个阶段的主要表现特征是：网络媒体的及时性、海量性和交互性正在为传统媒体服务，从产业链的角度看，2002年的互联网已经开始扮演“媒体的媒体”角色。网络媒体的部分个案报道和某些运作手法开始显露“新媒体”的威力，这些强刺激反过来又成为了传统媒体加速自身改革的动因。部分领域，如体育、IT、财经、汽车、房产和健康等，出现了相当规模和比较成熟的网络原创。

实际上，自从网络被作为传播媒体以来，网络编辑们一直试图摆脱传统媒体的简单拷贝的复制者单纯形象，从自身特点入手发展原创内容与编辑创新。

1999年2月，新浪网推出“科索沃战争专题”报道。当时一个非常难得的机遇是，由于政府还没有制定有关网络新闻登载的规则，新浪网除了向新华社等国内媒体购买稿件，还向法新社等国外媒体购买了内容。该专题创立了24小时滚动播报的先例，形成了早期互联网新闻的报道模式。

2001年起，上海东方网"今日眉批"推出原创新闻评论，其后不少新闻网站亦推出形式多样的原创新闻评论，成为网络媒体发展的一个亮点。千龙新闻网每周推出一期"Flash七日"，直接用Flash技术手段对一周新闻大事进行回顾报道，同时新形态网络广告亦大量使用Flash技术，给人耳目一新的感觉。商业门户网站推出手机短信头条新闻服务，网络媒体从而将新闻传播推广到无线移动领域，并开辟了新的营收渠道。央视国际网络在南京建立了宽带节目镜像实验站，宣称要做"宽带ICP"，成为拥有音视频优势的广播电视媒体网站向宽带网络进军的标志。以"搜狐视线"、"焦点网坛"（新华网）为代表的深度报道栏目的出现和成功运作，显示网络媒体报道形态的进一步成熟。

在网络传播内容管理方面一系列管理规章出台，"信息网络传播权"正式列入修订后的《著作权法》，国家新闻出版总署和信息产业部联合发布了《互联网出版管理暂行规定》，国家广播电影电视总局制定的《互联网等信息网络传播视听节目管理办法》，进一步扩大了互联网信息传播的管理范围。

2005年是另一个具有特殊意义的时段。以新浪博客为代表的web2.0网站异军突起，博客开始由"精英"走向大众，这一年被称为"博客元年"。就在这一年，

"网络编辑员"成为劳动和社会保障部公布的新职业；广电总局向上海文广新闻传媒集团发出首张 IPTV 执照；国际在线、中国广播网、中青网和央视国际网络相继开通网络电台、网络电视新闻及娱乐频道；全国二十多家报社的总编发布《南京宣言》，呼吁报界联合，改变报纸为门户网站"打工"的地位，同年年底，京华时报社社长吴海民率先提出"报业寒冬论"，引发热烈讨论。

2008 年基督教科学箴言报放弃印刷出版，报业巨头 Tribune Co. 12 月 9 日申请破产保护，凸显出该行业面临的困境加剧。参与破产保护申请的旗下媒体有《洛杉矶时报》、《巴尔的摩太阳报》及一批电视台；纽约时报公司（New York Times Co.）计划以位于纽约曼哈顿的总部大楼作为抵押，以获得不超过 2.25 亿美元的贷款，这再次显示出信贷危机和不断下滑的广告收入正在给报业蒙上阴影。

2006 年 3 月，blogger.com 的创始人威廉姆斯（Evan Williams）推出 Twitter，英文原意为小鸟的叽叽喳喳声，用户能用如发手机短信的数百种工具更新信息，可以迅捷地进行多媒体交互传播。Twitter 的出现把世人的眼光引入了一个叫微博的小小世界里。而在中国，经过早期大批微博产品如饭否、腾讯滔滔、叽歪等的尝试后，2010 年国内微博迎来春天，微博像雨后春笋般崛起。四大门户网站均开设微博，微博在中国开始大显身手，让网民感受到了这种多媒体多渠道迅捷传播和人际间互动的力量。而微博这个"形式决定内容"的经典案例、互联网发展史上的里程碑，方才刚刚起步。

2008 年 12 月，普利策奖委员会宣布接纳来自"纯网媒"记者的评奖申请。"纯网媒"，也就是只有网络版，没有印刷版的媒体。该委员会称，和普通记者一样，纯网媒记者也可以申请 14 个类别的新闻奖项。2010 年，ProPublica 记者谢利·芬克（Sheri Fink）与《纽约时报》旗下《纽约时报杂志》合作撰写的有关卡特林娜飓风灾害中遇难人数的调查报告摘得了调查报道奖，这是网络媒体首次问鼎美国新闻界最高奖。《旧金山纪事报》网站刊载的由马克·弗洛尔创作的关于全球变暖的动漫作品获得了漫画创作奖，这也是网络媒体首次获得这一奖项。2011 年 4 月，网络媒体 ProPublica 凭借其在线专题报道《华尔街金钱机器》再次荣获普利策奖美国国内新闻报道奖，这也是网络媒体首次单独获奖。

网络媒体从起源到被完全承认，用了近三十年的时间，但是已经给传播生态带来了巨大的冲击，至少可从以下三个方面来看：

首先，对传播格局的影响。目前用户最多、传播影响力最大的两类新媒体：一类是网络媒体（以互联网为传播介质），另一类是手机媒体（以手机为用户终端）。新媒体造就了信息开放的新局面，造就了全时空传播的新局面，造就了一人一媒体、所有人向所有人传播的新局面，造就了信息爆炸和信息迅速更替的新局面。尤其是互联网新技术、新应用的推动，不断使传播形态更加丰富，推动了自媒体、私媒体、草根媒体、公民媒体、独立媒体、参与式媒体、社会化媒体等传播形态的形成。

其次,对传统媒体的影响。媒体融合不仅仅是给传统媒体的内容传播提供了众多新途径,实际上带来的变化是多方面的。在管理机制上,全媒体为制度创新预设了可能性,为向现代企业转型提供了空间;在新闻生产上,全媒体是信息整合的具体方式、报道形态,以多媒体素材集成报道;在传播渠道上,全媒体是向各种平台终端强力渗透南都的产品和品质,汇聚新一代受众群;在商业模式上,全媒体是完善对传统媒体广告之外的市场布局。全媒体平台提供多媒体产品,通过电视、广播、互联网、手机、户外电子公告牌等多渠道分销这些产品从而满足用户个性化需求,实现用户价值。

最后,对新闻工作者的影响。媒体共存造成信息传播的多渠道和分众化传播现状。媒体融合的进展不断促进着新闻从业者信息获取方式的改变,促进着采访报道方式的改变,促进着新闻发布方式的改变,促进着新闻理念的改变,甚至促进着传统媒体从业人员向新媒体领域的转行。今天,年轻新闻工作者具备的信息结构是开放的,视野是国际化的。

第二节 融合媒介产品的形态

1978 年,尼古拉斯·尼葛洛庞帝(Nicholas negroponte)最先提出融合(convergence)的概念:所有的传播技术正在遭受联合变形之苦,只有把它们作为单个事物对待时,它们才能得到适当的理解。1996 年出版的凯文·曼尼(Kevin manny)所著《大媒体》,描述了传媒业不分领域全面竞争的现象,且传统大众传媒业、电信业、信息(网络)业都将统合到一种新产业之下,即“大媒体业”。

媒介融合的出现如前所述,有一个历史性的过程,其核心驱动因素一个是技术革新,另一个是市场化。数字技术与网络技术的发展为媒介融合创造了基础条件。技术本身就具有推动经济形态变革的作用,同时市场化运作也使媒体融合成为可能。现有的几种传统媒体中,电视媒体的前期投入最大。美国学者布雷德利测算得出:同一个新闻选题,报纸、广播、电视记者的前期采访成本比例大约是1∶1.8∶3.5,电视采访成本高于报纸三倍还要多,电视采访所需要的高附加成本使其在信息传播过程中,往往是投入高产出也高,绝对性价比不大。前期投入产生的传播价值无法实现最大化。如果同一个集团不同媒体实现互动和整合,发挥协同效应,使媒体资源用途同样化,同样的信息通过不同的形式,包装成适合不同媒体的产品,一物多用,既扩大了市场,以相对节省的成本获取大的收益,产生较大经济效益,同时也可以在具体地域内强化交互媒体的品牌效应。在市场需求和全球大潮流的驱动下,媒体融合成为推动新闻业发展的方向性选择,未来主流的传播形态将越来越多表现为多媒体融合的传播形态。

除了媒介形态的融合之外，广义的“媒介融合”还包括媒介功能、传播手段、所有权、组织结构等要素的融合。媒介融合是一个不断发展的过程。

早在2003年，美国西北大学教授戈登（Gordon）便归纳了美国当时存在的五种“媒介融合”（“新闻业融合”）的类型：

所有融合（Ownership convergence）。大型的传媒集团拥有不同类型的媒介，因此能够实施这些媒介之间的内容相互推销和资源共享，如美国佛罗尼达坦帕市的媒介综合集团（the Media General company），美国俄亥俄州的新闻电讯集团（Dispatch Media Group），都是将各自在同一地区所拥有的报纸、广播电台、电视台和网站进行了融合。

策略融合（Tactical convergence）。它是指所有权不同的媒介之间在内容上共享，如分属不同媒介集团的报社与电视台之间进行合作，相互推介内容与共享一些新闻资源。

结构融合（Structural convergence）。这种融合与新闻采集及分配方式有关，如美国《奥兰多哨兵报》决定雇用一个团队做多媒体的新闻产品，使报纸新闻能够加工打包后出售给电视台。在这种合作模式中，报纸的编辑记者可能作为专家到合作方电视台去做节目，对新闻进行深入报道和解释。

信息采集融合（Information - gathering convergence）。这主要指新闻报道层面上一部分新闻从业者需要以多媒体融合的新闻技能完成新闻信息采集。前文中谈到的“超级记者”的工作便属此类。

新闻表达融合（Storytelling or presentation convergence）。这主要指记者和编辑需要综合运用多媒体的、与公众互动的工具与技能完成对新闻事实的表达。

以上前三种是从“媒介组织行为”来划分的，后两种则是以从业人员的角度进行划分的。

另外，戴默等几位在美国鲍尔州立大学任教的学者在题为《融合连续统一体：媒介新闻编辑部合作研究的一种模式》的论文中，提出了“融合连续统一体”这个新概念。他们根据自己所掌握的美国及其他国家的媒介当时的实际情况界定了“融合新闻”的几种模式以及每一种模式的具体含义：

交互推广（Cross - promotion）。它主要指作为合作伙伴的媒介相互利用对方推广自己的内容，如电视介绍报纸的内容。

克隆（Cloning）。它是指作为合作伙伴的媒介不加改动地刊播对方的内容。

合竞（Coopetition）。它是指作为合作伙伴的媒介之间既有合作也有竞争，如一家报社的记者编辑在某电视台的节目中对新闻进行解释和评论，某一媒介为自己的合作伙伴提供部分新闻内容等。作者认为合作的媒介之间依然存在相互戒备，在电视上露面的报纸记者不会愿意透露那些构成报纸独家新闻报道的关键信息。

内容分享(Content sharing)。它主要指作为合作伙伴的媒介定期相互交换线索和新闻信息,并在一些报道领域中进行合作,如选举报道、调查性报道等,彼此分享信息资源,甚至共同设计报道方案,但各媒介的新闻产品仍然是由各自的采编人员独立制作的。

融合(Conv – ergence)。它是指作为合作伙伴的媒介在新闻采集与新闻播发两个方面进行全方位的合作,他们的共同目标是利用不同媒介的优势最有效地报道新闻。多个媒介的记者编辑组成一个共同的报道小组,策划新闻报道并完成采编制作,并且决定哪一部分内容最适合在哪个媒介上播发。

其实,“媒介融合”的分类方法并不是固定的,关键是看其分类的标准。若从最终产品形成过程的角度考察,大致可以将融合媒体产品分为三类。

一、媒体本身产生的融合产品

媒介间融合的表现形式主要体现为两种:一是跨领域的整合与并购。即通过组建大型跨媒介传媒集团,提升核心竞争力;二是媒介技术的融合。联合新旧媒体技术,从而形成新的传播手段以及全新的媒介形态。

跨媒体发展早就存在,国外的许多媒体集团建立初始,就尝试投资广播、电视和出版业。20 世纪 90 年代,世界上已出现媒体兼并与重组的热潮,国际大型新闻集团都是跨媒体、跨区域的多元媒体集团,如新闻集团、时代华纳、维旺迪、迪斯尼等。

新加坡报纸和电视是华文媒体中率先实现媒体融合的典型。新加坡作为只有 330 万定居人口的岛国,主要媒体集团有两个:一个是新加坡报业控股有限公司,掌握着四家日报和以此为基础的商业网站;另一个是新加坡传媒公司,经营着电视台和网站。2000 年 6 月,新加坡政府决定让这两家公司进入对方的业务领域,彼此加强竞争。报业传媒进军电视事业后,开通了华语台“优频道”和英语台“电视通”。经过不到半年的运作,报业股份公司的“优频道”收视率就达到了全国第二位,报业优势得到了最大限度的整合。

2001 年,时代华纳希望借助美国在线的平台优势进军新媒体市场,而美国在线则需要时代华纳的有线电视业务作为新的盈利增长点,两大巨头的世纪合并宣告了新的媒体时代的到来,为人们展现了一幅传统媒体与新兴媒体结合成一个大型综合媒体集团的画面,曾被看作是传统媒体与新媒体的天作之合。不过这一合作后来只维持了 10 年。之所以走向解体,是多种因素共同激荡的结果,内因是两家公司始终无法整合,非但没有形成强强联合、优势互补的局面,相反各自的优势都在互相抵消,主要体现为业务资源、经营策略和企业文化整合不力。外因源于以 Web2. 0 为代表的新一代互联网媒体模式的出现,内容生产不再局限于组织化形式,内容来源也不再依赖于传统媒体。

组织和资本的结合并不一定带来理想的竞争力,如何能进一步推动业务和产品的市场号召力,在数字化和网络技术快速发展的背景下,内容与技术的融合与产品创新就显得非常重要。平面、广电和网络媒体产品从跨界联合到相互融入,形成所谓全媒体产品。媒介信息传播采用文字、声音、影像、动画、网页等多种媒体表现手段(多媒体),利用广播、电视、音像、电影、出版、报纸、杂志、网站等不同媒介形态(业务融合),通过融合的广电网络、电信网络以及互联网络进行传播(三网融合),最终实现用户以电视、电脑、手机等多种终端均可完成信息的融合接收(三屏合一),实现任何人、任何时间、任何地点、以任何终端获得任何想要的信息。

2008 年,“全媒体”开始在新闻传播领域崭露头角。许多媒体从业者纷纷提出“全媒体战略”或“全媒体定位”。报纸、电视、广播、出版、广告等行业的“全媒体”发展呈现出两种方式:一是“扩张式”的全媒体,即注重手段的丰富和扩展,如新兴的“全媒体出版”、“全媒体广告”;二是“融合式”的全媒体,即在拓展新媒体手段的同时,注重多种媒体手段的有机结合,如“全媒体新闻中心”、“全媒体电视”、“全媒体广播”。

在我国,全媒体实验是从报业(传媒)集团开始的。2008 年 7 月,烟台日报传媒集团宣布国内首家全媒体采编系统正式运营,开始了从传统报业到“全媒体”的运作方式、生产流程以及各种运营平台的探索。报业集团各媒体发稿一律称为“YMG”(烟台日报传媒集团的英文缩写)记者。不再局限于向哪家媒体供稿,而是由集团统一调配。记者的稿件也向多个全媒体终端发布——纸质报、手机报、多媒体数字报、电子移动报、户外视屏等。一方面单一的印刷报纸分化成多种产品形态,如手机报纸、数字报纸等;另一方面媒介生产流程进一步细分化、专业化。

2008 北京奥运会期间,中国广播网实现了中央电台所有奥运报道广播信号同步网上直播,创新了图文并茂、音视频同步多点互动直播报道新模式,尝试广播频率、门户网站、有线数字广播电视、手机广播电视、平面媒体五大终端的融合。2008 年年底,贺岁电影《非诚勿扰》的同名长篇小说《非诚勿扰》在北京以“全媒体出版”方式首发。国内自此掀起了一股“全媒体”出版热潮,《贫民窟的百万富翁》、《我的兄弟叫顺溜》等图书都宣布采用全媒体方式出版。中央电视台从 2009 年 7 月 2 日开播的《世界周刊》,其定位就明确提出“全媒地带,信息就是选择”。

当前几种主要的全媒体发展模式,全媒体新闻中心模式,如烟台日报传媒集团;“报网合一”模式,如杭州日报报业集团,编辑部增加网络采编流程,每个选题的策划都同时考虑网络、报纸分别如何报道;目前广电部门发展新媒体普遍采用的“台网互动”模式;移动多媒体广播电视模式,如 CMMB。

对于国内媒介融合,彭兰教授解析为三部曲,代表媒介融合日益深化的三个阶段。

第一阶段是跨媒体产品扩张,属于媒介融合时代的“圈地运动”。大多数媒体凭直觉意识到,产品扩张是媒体应对媒介融合的第一步。2009 年,跨媒体扩张成为媒体的一个战略重点。2009 年 5 月,《京华播报》正式上线,这是由《京华时报》推出的国内首家基于 3G 无线网络的视频新闻平台。2009 年 12 月,被称为国家网络电视台的"中国网络电视台"(cntv. cn)正式开播。这一举动,不是央视网的一次简单改版或转型,而是中央电视台的一项重大的转型战略,它成为一种标志,意味着网络与电视全面融合的开始。

就在中国网络电视台上线三天后,新华社主办的中国新华新闻电视网(CNC)在北京举行开播仪式。次年,CNC 正式上线向亚太地区和欧洲部分地区播出。新华社进入电视领域,也是其跨媒体战略的一个体现。以主流媒体为代表的中国媒体的跨媒体经营拓展,是中国媒体在媒介融合方面迈出的实质性的步伐。

第二阶段是关系再造,属于媒介融合时代的"产品革命"。"产品革命"是圈地之后必须进入的新阶段。从长远来看,要顺利地实现媒介融合,最主要的是要突破体制等制度层面的障碍。从当下来看,产品观以及产品的变革,是一个关键性突破口,有了市场才能促进媒体内部以及外部的体制变革与流程再造。

媒介融合的过程,也是传播者与受众的融合日益深化的过程。受众对于整个传媒格局的影响能力得到前所未有的提高。媒介融合时代的产品革命,是以营造全新的传媒与用户的关系为起点,为归宿。媒体的产品需要在三个方面实现突破:(1)以社区产品为枢纽实现从信息产品向全方位产品的延展。不仅应包括新闻和其他信息产品的开发,还应包括多种其他产品,如社区、游戏、搜索、娱乐、通信、商务等产品的开发,其中,社区产品是连接各种产品的一个核心或枢纽。(2)以激发用户潜能为基础实现从单边产品向双边产品的延展。(3)以用户为中心实现从大众化产品向个性化产品的延展。

第三阶段是信息终端变革,属于媒介融合时代产业杠杆的"支点设置"。

媒介融合时代也必将是一个新的信息终端层出不穷的时代,这些新的终端一定会超出现有媒体的"交集",带来前所未有的新空间。更重要的是,信息终端将成为一个重要因素,影响到媒介融合时代产业杠杆上的支点设置,决定着新的产业格局。这一点已在手机这个终端上得到印证。对每个媒体来说,认清信息终端的发展脉络与走向,找到自己未来的产业杠杆支点,才能进入到媒介融合的一个更重要的战略阶段。

2009 年,传媒界最关注的新信息终端是电子阅读器。越来越多的厂商进入电子阅读器的生产行列。其中在市场中表现最好的是亚马逊公司的 Kindle,其背后是亚马逊所建立的一个包含 39 万本数字化图书的资源后盾。此外,它附送终身免费的网络服务,用户可以在亚马逊的网上书城以 9. 9 美元的价格购买书店里几十美元的畅销书,可以以更便宜的价格订购报纸,并每天凌晨准时接收到当日的早报。这些配套服务,都为这一阅读器的普及提供了基础,也为媒介融合时代的新的产业模式提供了启发。

在中国国内，方正“文房”阅读器除了电子书外，也推出了以推送无线早、午、晚报新闻资讯为主的移动阅读服务，还可以提供定制化服务，收取定制和服务费用。

继电子阅读器后，智能手机、平板电脑成为更加风行的终端技术。随着苹果、三星等主要的厂商的开拓，终端技术不断成熟。

电子化终端对于印刷报纸或书籍的战略转型的意义，已经越来越充分地显示出来。也正是这些新的终端在推动着媒介融合产品的开发和相关的产业模式的形成。

2010 年 1 月，LG 公司公开展示了其最新的研究成果，这就是可以随意弯折的 e－paper 显示器。这款产品尺和一张 A3 幅面的报纸大小相似，重约 130g，而其厚度也仅为 0. 3mm，可以说与印刷报纸的外形已经越来越接近了。这在某种程度上验证了笔者在以前的论文中提到的一个观点，“长得像纸”的电子纸等终端会成为报纸新的载体。但这并不意味着印刷报纸在这样一种平台可以进行其简单延续。当传播渠道与接收平台电子化后，报纸必须有新的产品思维，才能真正实现“凤凰涅槃”。把电子纸当作普通纸来看待，是无法真正面对媒介融合的深层挑战的。

互联网电视机，也在 2009 年成为中国电视市场上一个新的卖点。它与“三网融合”相互呼应，为电视与网络的融合提供了另一个终端平台。

无论未来还将有哪些新的信息终端出现，它们都是基于更便携、更人性、更智能的方向，要在媒介融合时代找到自己的支点，必须把眼光投向这样长远的未来。

二、媒体与其他产业整合产生的融合产品

美联社在拓展新闻传播渠道上煞费苦心，甚至想到利用网络游戏发布新闻。2008 年年初，美联社正式为日本著名游戏公司任天堂开发的一款名为“WⅡ”的游戏终端提供多种语言的在线新闻服务。根据协议，任天堂在“WⅡ”游戏终端上开通一个新闻频道，新闻内容主要由美联社提供。美联社提供的所有新闻和图片上都有美联社的标识。他们还计划把美联社的多媒体新闻应用到游戏中，美联社的新闻可能被设定到游戏情景中。

在媒体产业与其他产业整合方面当前影响最大、发展最快速的就是与通信业合作的“三网融合”，又叫“三网合一”。即电信网络、有线电视网络和计算机网络的相互渗透、相互兼容，并逐步整合成为统一的信息通信网络，其中互联网是其核心部分。三大网络技术功能趋于一致，业务范围趋于相同，网络互联互通、资源共享，能为用户提供语音、数据和广播电视等多种服务。三网融合应用广泛，遍及智能交通、环境保护、政府工作、公共安全、平安家居等多个领域。

在美国，“三网融合”的原始概念源自“Triple Play”，即指三重业务捆绑运营，是运营商的一个市场销售策略，提供“三重播放”业务（Triple－play）的捆绑服务方案,策略性地结合数据、视频和语音三种业务功能。一方面,有线电视公司凭借宽带业务进入电信市场,宽带接入及语音传输业务收入甚至占美国有线电视运营商总收入的 40% 以上。有线电视运营商还进一步尝试开展网络游戏、移动电话等新兴业务。而另一方面,电信公司则从 IPTV(网络电视)切入广电,如 Qwest 公司和 RTC 公司(Ringgold Telephone Company)率先于 2001 年推出了 IPTV 业务,之后,多家电信运营商在 2002 年相继试水 IPTV 业务。从 2004 年开始,美国各大 RBOC(区域贝尔电话公司,全美共有 7 家)都在积极部署基于光纤接入的 IPTV 业务。此外,美国信息产业领域出现了另一种融合方式——以资本运作形式进行的产业融合。电信公司(包括长途公司和本地公司)和有线电视公司、互联网公司等通过资产重组和并购,实现技术、资本和市场的互动前进。如以大众领域为优势的斯普林特以 350 亿美元收购了以企业市场为优势的 Nextel 公司,实现了双方业务的互补,合并后的 SprintNextel 公司成为新的通讯业航母。再如,美国最大的有线网络运营商康卡斯特以 540 亿美元并购了美国最大的电报公司美国电话电报公司(AT&T)。

英国电信作为英国最大的网络运营商,不仅同时提供互联网、电话等通信服务,也开办了自己的网络电视频道;而著名的英国广播公司(BBC)也进军网络,推出在线电视服务,凭借内容优势吸引了大批网络用户。

在我国,2001 年十五计划纲要中第一次明确提出"三网融合"。此后经过多年试探性发展,取得一些进展,但仍然面临诸多困难。2010 年 1 月,温家宝总理主持召开国务院常务会议决定加快推进电信网、广播电视网和互联网三网融合,明确了三网融合的时间表。6 月底,三网融合试点城市名单和试点方案正式公布,三网融合终于进入实质性推进阶段。三网融合打破了此前广电在内容输送、电信在宽带运营领域各自的垄断,明确了互相进入的准则——在符合条件的情况下,广电企业可经营增值电信业务、比照增值电信业务管理的基础电信业务、基于有线电网络提供的互联网接入业务等;而国有电信企业在有关部门的监管下,可从事除时政类节目之外的广播电视节目生产制作、互联网视听节目信号传输、转播时政类新闻视听节目服务、IPTV 传输服务、手机电视分发服务等。

此外,在现有的三网融合的基础上,国家电网还提出四网融合的概念,即广播电视网、互联网、电信网和智能电网四网融合。尽管最终没能进入三网融合方案,但是,国家电网的电力光纤入户概念即变身为"在实施智能电网的同时服务三网融合、降低三网融合实施成本的战略"。在国家十二五规划中,明确提出了重点发展智能电网的规划。在做智能电网概念的初期,国家电网已经和包括中国移动、中国电信等在内的运营商合作,推出各项服务,包括无线电力抄表、路灯控制、设备监控、负荷管理、智能巡检、移动信息化管理。

互联网应用领域为更好地适应融合发展趋势,兴起下一代网络(Next

Generation Network,NGN)的研究,又称为次世代网络。主要思想是在一个统一的网络平台上以统一管理的方式提供多媒体业务,使在新一代网络上语音、视频、数据等综合业务成为可能。它是可以同时提供话音、数据、多媒体等多种业务的综合性的、全开放的宽频网络平台体系,至少可实现千兆光纤到户。

我国广电领域也在相应地开发下一代广播电视网 NGB(Next Generation Broadcasting Network),以有线电视网数字化整体转换和移动多媒体广播电视(CMMB)的成果为基础,基于已有的有线电视网络架构,包括骨干网、城域网和接入网,将原来的单向网络提升成为宽带、双向、全业务。改变广播电视单向网络运营业务结构。广播电视网络运营商将从单一的节目传输运营商转变为综合信息服务运营商,NGB 网络设计核心传输带宽将超过每秒 1000 千兆比特、保证每户接入带宽超过每秒 60 兆比特。

另一个不能忽视的跨行业应用是物联网(The Internet of things)。这是继计算机、互联网和移动通信之后的又一次信息产业的革命性发展。物联网是一个基于互联网、传统电信网等信息承载体,让所有能够被独立寻址的普通物理对象实现互联互通的网络,覆盖从传感器、控制器到云计算的各种应用。产品服务智能家居、交通物流、环境保护、公共安全、智能消防、工业监测、个人健康等各种领域。无论是奥巴马的"智慧地球",还是温家宝总理的"感知中国",都蕴含着各国对于物联网传播的热切期待。在 2012 年,中国物联网产业市场规模达到 3650 亿元,比上年增长 38.6%。从智能安防到智能电网,从二维码普及到"智慧城市"落地,物联网正四处开花,悄然影响人们的生活。物联网技术作为信息产业革命的第三次浪潮,其作用远远超过了电脑的普及与互联网的应用,因此,物联网技术必将带动传媒事业的巨大变革。二维码在传媒业的应用已经为人们所熟悉,物联网对于传媒来讲为信息传播拓展了新的疆界,代表着人们生活方式的转变。石长顺教授等认为,物联网对传媒的影响体现在以下三个方面:

一是物联网将助推传统媒体智能升级。"物联网"通过信息技术手段扩大了网络的意义和价值,实现人与物之间的交流与对话,形成一个泛在的、无处不在的网络环境。泛在的网络使信息的接触更加唾手可得,将会掀起传媒发展与应用的新高潮,助推传统媒体智能升级。从信息搜集的广泛性、即时性、实证性方面看,都将远远超过传统媒体的能力,甚至在社会与自然的危机传播中,它都会起到有效的预警作用,这是现代传媒所无法企及的。从数字化、网络化到现在的智能化,物联网预示着传统媒体发展的新趋向。由于物联网的兴起,深刻的阅读、视听革命在所难免。未来的传媒内容生产,将要更加符合新型阅读、视听的要求。与物联网密切相关的传媒产业应高度关注物联网的最新进展,及时应对,把握发展机遇。

二是物联网将引发人们对于媒介性质的再认识。传媒的"内容"生产一直是传统媒体的优势所在,也是传统媒体生存与发展的重要基础。当新媒体的变革到来之时,如果能使传统媒体"内容"与新兴传播方式相融合、相适应,将会使传媒取得更大的发展。物联网的传播使物体都能赋予"内容",并在不断进行人与物交流、物与物的交流中生产"内容"。早在1964年,麦克卢汉的《理解媒介》提出了许多奇特、费解的警语:"媒介是人的延伸","媒介即讯息"等。麦克卢汉作为信息社会和电子世界的先知,他的预言在网络时代的今天已成为现实,我们仿佛刚刚读懂他的"媒介信息论"。而当物联网这种新型传播形态出现时,其在传播意义上有了更大的突破,我们是否可以说"物体即信息"呢?如此而言,不论是对传统媒体,还是对物联网新型传播形态,我们都将重新定义认识。在物联网的传播中,正如物体本身的物理属性,信息是固有的、弥散的、非集中化的,但通过装置在各类物体上的电子标签(RFID)、传感器、二维码等经过接口与无线网络相连,物体将循环地进行讯息的"生产"与"再生产",这在更大程度上消除了对于媒介性质的认识,甚至可以认为"物体即媒介"。

三是物联网将会提供多方位的信息选择服务。物联网作为一种媒介融合的新平台,在网络泛在的根基上将信息传播技术应用到各个领域,包括报纸、广播、电视等传统媒体领域。物联网可以使传统媒体的触角进一步扩张,实现"无限级"的传播深入,突破时空对于传统媒体的束缚。借助物联网,传统媒体对于人类生活的渗透将更加深入,甚至可以做到"生活圈媒体"的转型。在物联网平台下的传统媒体将实现媒体使用的生活化、移动化和感知化。在"感知中国"的背景下,物联网使传统媒体信息极大地散布到各个角落,突破单一媒介的渠道限制,为媒介受众的信息选择提供多方位的服务。这种平台的演进也将加快传统媒体的渠道整合、平台聚合。在物联网的作用下,我们可以利用平台革新、多功能链接等方式实现传统媒体新的增长点,到那时,我们还可以随时随地感知传统媒体内容的丰富性,甚至媒体本身细微的变化,真正使媒体的延伸性得到极大的拓展。[5]

三、媒体与用户互动产生的融合产品

随着博客、维客、播客等的兴起,互联网曾经与传统媒体一样由少数编辑人员掌控传播内容的时代遭遇挑战。

2006年年终,美国《时代》周刊年度人物评选封面上不再是某个风云人物的照片,而是一个大大的"You"和一台PC。《时代》周刊的解释是,"你"掌控着信息时代,个人正在成为"平民化传媒新数字时代民主社会"的公民。2006年年度人物就是"你",是互联网上内容的所有使用者和创造者。

美国著名硅谷IT专栏作家丹·吉尔默给自己的专著《自媒体》起的副标题是"草根新闻,源于大众,为了大众"(*We the Media: Grassroots Journalism by the People, for the People*),这便道出了自媒体最根本的特点——平民化。

---

〔5〕 石长顺、石婧:"物联网的传媒化生存",载《新闻前哨》2011年第1期。

从“旁观者”转变成为“当事人”，每个平民都可以拥有一份自己的“网络报纸”(博客)、“网络广播”或“网络电视”(播客)。“媒体”仿佛一夜之间“飞入寻常百姓家”，变成了个人的传播载体。人们自主地在自己的“媒体”上“想写就写”“想说就说”，每个“草根”都可以利用互联网来表达自己想要表达的观点，传递自己生活的阴晴圆缺，构建自己的社交网络。

“自媒体”成为为个体提供信息生产、积累、共享、传播内容兼具私密性和公开性的信息传播方式。所谓 Web2.0 的世界里，被应用最多的就是个人门户的“自媒体”。

喻国明教授形象地将此描述为“全民 DIY”：“简单来说，DIY 就是自己动手制作，没有专业的限制，想做就做，每个人都可以利用 DIY 做出一份表达自我的‘产品’来。”自媒体成了平民大众张扬个性、表现自我的最佳场所。

美国新闻学会媒体中心于 2003 年 7 月出版了由谢因波曼与克里斯威理斯两位联合提出的“We Media”(自媒体)研究报告，里面对“We Media”做的定义是：“We Media 是普通大众经由数字科技强化、与全球知识体系相连之后，一种开始理解普通大众如何提供与分享他们本身的事实、他们本身的新闻的途径。”

网民用以发布自己亲眼所见、亲耳所闻事件的载体，如微博、博客、论坛、个人空间等，打破了传统的新闻媒体将传播者与受众分得很清，“自上而下”、“点对面”的传播方式，每个人都是传者，每个人都能做新闻，“人人即媒体”。同时受众也是新闻源。传统媒体的专业新闻工作者利用集团优势以及技术支持，方便他们在世界各地收集信息进行报道。然而，播客式自媒体的出现打破了时间、地域的局限，用户也能成为新闻的采集者和传播者。

在 Web2.0 时代，网络传播成为“零门槛”的传播方式，任何网络用户都可以成为传播者。在技术层面，播客具有非线性传播、零门槛、低成本等优势，正是这种互联网的特性决定了用户发布的信息内容不完全受网站的控制，传统媒体对信息的筛选以及议程设置的特权将面临前所未有的挑战。

传统媒体为了应对这一新的传播生态，也主动做出调适。一方面在微博等应用平台上建立账号，参与到与网民的互动，拓展影响力；另一方面在原有的传播模式基础上加入网络互动内容，在改变传播设计的同时也形成了新的融合产品。

例如，2005 年，中国国际广播电台的国际在线网站推出网络电台，针对网络听众群体专门制作符合网民收听习惯的节目，融合线性媒体与网络交互性媒体的传播特点，直接面向网民进行互动。第二年又接着推出了汉语、英语、日语和朝鲜语国内首家多语种播客。电视台和电台在直播新闻节目中专门开辟不同形式的互动版块，通过手机短信、视频连线和后来的微博、微信等吸引用户参与。

此外，传统媒体的网站和新闻门户网站更利用网络平台开发专门的互动传播产品。例如南方报业传媒报集团与“深圳热线”合作的奥一网是中国第一个

Web2.0新闻互动社区网站，其设置的网络问政版块，曾在2010年荣获“中国新闻奖新闻名专栏一等奖”，打造中国网络问政门户，力求有高度地构建民意畅通大平台。它已成为广东各级党政社群部门推动网络问政、与广东网民和民间智库全方位互动交流的权威平台，被认为是广东网络问政核心推动力量。成立之初的奥一网还建立了新闻博客，并将新闻博客取名叫“牛客”（newsblog），让网民参与到身边新闻的报道，甚至组织牛客大赛。现在的“奥一报料”依然是其四大品牌栏目之一。

为迎合网民的互动需求，各大传统门户网站和新闻网站也纷纷推出帮助人们建立社会性网络的互联网应用服务——SNS（Social Networking Services），即社会性网络服务。使网站功能进一步拓展，既是新闻网站，同时也是“社交网站”（Social Network Site）、社会性网络（Social Networking）。

社会性网络和自媒体的发展，使网民大量参与的网络应用与互动产生大量的“微内容”。微内容是相对于巨内容而言的。巨内容就是传统媒体的主体内容，是体现新闻的重要性、接近性、时效性、显著性和趣味性等新闻价值的内容。对于微内容，该词汇的创造者Jakob Nielse描绘到，这是用来描述一个网页上所显示的“超小文字段”（Microcontent），如页头与标题。然而面对复杂的互联网，微内容的范畴注定不会是简单的“导引文字”。实际上，互联网用户在网上的所有独立数据，比如博客中的每一则网志，BBS中的每一个评论，甚至用户的每一次点击，都构成互联网的微内容。

每一个成功的SNS网站都是一个庞大的微内容市场，微内容的影响和效果不逊于传统的大众传媒的巨内容。而且，用户对视频音频和文字信息的每一次点击、评论、收藏，都是一种微内容的体现。以视频播客网站为例，在进行音频视频查询的时候，受点击、收藏、评论多的音频视频，会最先出现在首页上。因此，在Youtube首页上可以看到“观看最多的视频”、“最热门的视频”以及“精选视频”的链接。这种选择不是来自于百度、谷歌搜索的机器智能，而是来源于用户自身的判断，可信度更强。

随着大量微内容的不断累积，“大数据”（big data）的概念应运而生。“大数据”又称巨量资料，指的是所涉及的资料量规模巨大到无法透过目前主流软件工具，在合理时间内达到撷取、管理、处理、并整理成为帮助企业经营决策更积极目的的资讯。“大数据”已成为时下火热的行业词汇，随之数据仓库、数据安全、数据分析、数据挖掘等围绕大数量的商业价值的利用逐渐成为行业人士争相追捧的利润焦点。物联网、云计算、移动互联网、车联网、手机、平板电脑、PC以及遍布地球各个角落的各种各样的传感器，无一不是数据来源或者承载的方式。大数据的4个“V”，或者说特点有四个层面：第一，数据体量巨大。从TB级别，跃升到PB级别。第二，数据类型繁多。前文提到的网络日志、视频、图片、地理位置信息等。第三，价值密度低，商业价值高。以视频为例，连续不间断监控过程中，可能有用的数据仅仅有一两秒。第四，处理速度快。1 秒定律。最后这一点也是和传统的数据挖掘技术有着本质的不同。业界将其归纳为 4 个“V”——Volume（巨量），Variety（多样），Value（价值），Velocity（速度）。在大数据的应用方面具有广阔的前景，洛杉矶警察局和加利福尼亚大学合作利用大数据预测犯罪的发生；谷歌流感趋势（Google Flu Trends）利用搜索关键词预测禽流感的散布；统计学家内特银（Nate Silver）利用大数据预测 2012 美国选举结果；麻省理工学院利用手机定位数据和交通数据建立城市规划。可以预见的是，大数据的有效分析与利用，同样可能会给新闻传播业带来更多积极的影响。

总结媒介融合产品的特点，以下三点常被提及。

一是技术化与全能化。媒介融合首先是技术的融合，媒介融合根本的和直接的诱因是数字技术的成熟，新一代数字技术、广播技术、信息技术的飞速发展成为媒介融合的直接推动力。因此，媒介融合表现出鲜明的技术特征。在媒介融合的时代，依托于不同媒介的文化形态竞争与融合，表现出多元文化的技术性与全能性。它不仅体现着大众文化的精神，也兼容并包着精英文化、世俗文化、高雅文化与娱乐文化的精髓，从而呈现出一种全能文化的形态。

二是集约生产与全民写作。媒介融合改变了内容的生产模式与传播模式。融合媒介意味着不同类型的媒介从各自独立经营转向多媒介联合经营，以最大限度地降低生产成本，一种新的新闻传播模式“融合新闻”（multiple - journalism）产生了。融合新闻与传统的单一媒介的新闻传播活动有着巨大差异，其主要特点是将多种媒介的新闻传播活动整合进行，采用多媒体、多渠道的方式传播新闻。

媒介融合在内容的集约化生产方面，不仅表现在传媒组织的合作，还表现为内容生产的全民写作。在传统大众媒介垄断新闻传播与文化生产的时代，为新闻媒介提供信息的主要是政府机构、社会团体和企业组织，承担采集与发布新闻信息的主要是职业新闻工作者及作为“准新闻工作者”的新闻通讯员。

三是内容融合与渠道融合。媒介融合的途径很多，概括起来可以分为内容融合和渠道融合。内容从物理形态上看，可以分为文字、声音、图片、图像等；从媒介载体上看，可以分为报纸、广播、电视、互联网、手机等媒体上的内容。

媒介融合带来的影响主要体现在以下几方面：

第一，对生产者来说，在经营层面，媒介融合可以使其有更大的发展平台，可以在媒介融合的基础上，实现资源、生产、流通、消费等的大整合，节约成本，实现规模经济与范围经济；在业务层面，具体的信息采集与生产者可以实现团队协同作业，利用新技术实现一次生产多平台传播的功能。

第二，对消费者来说，媒介融合提供其接触媒体、使用媒体更大更广的机会。媒介受众成为媒介用户，既是内容消费者又是内容生产者。作为内容消费者，其信息需求有了空前选择机会，获得的便捷性也发生革命性突破：随时随地可得。作为“碎片”的受众，对差异化内容的需要得以极大满足。作为内容生产者，媒介融合提供给受众生产与发布信息内容的可能。数字技术与网络技术使受众成为内容的生产者与传播者。

第三，对于社会而言，媒介融合有利于社会福利的全面提升。媒介融合得以实现的规模经济与范围经济，极大减少信息内容生产成本，边际效益无限增加。节约了社会成本，减轻了资源耗损，有利于资源节约型与环境友好型社会的建设与发展。

虽然媒介融合不论是在世界范围内还是在我国都已成为一种趋势，但在我们国内的发展当前仍然面临一些困境，主要表现在两个方面：一是就市场主体而言，行业壁垒依然较重，对媒介融合的认识总是囿于自己所处位置，不能更好地面对媒介融合带来的阵痛。不论是报业、广电、网络还是其他如通信等相关行业，都站在自身利益维护者的立场，对媒介融合的认识就是立足自己，切割其他行业利益。二是就政府而言，媒介融合对其管理意识和相关政策规制带来挑战，不管是对世界媒体发展现状和未来媒体发展的判断，还是管理体制与管理模式都需要不断调适。以三网融合为例，一些国家通过设立融合管制机构，大大促进了三网融合的实现。比如英国设立了 OFCOM，融合了原先的电信管理局、无线电通信管理局、独立电视委员会、无线电管理局、播放标准委员会五个机构，彻底打破了原来信息领域中存在的各种壁垒，使技术和业务得到进一步融合。美国的 FCC 本来就是一个融合性监管机构，监管内容包括公共电信、专用电信、广播电视、无线频率等。尽管 FCC 下设不同的部门分别监管电信业和有线电视业，但通过内部调解机构——通信业务机会办公室，可以在 FCC 内部较好地解决融合问题。从这个意义上说，FCC 仍属于融合监管体制。加拿大的 CTRC 也是融合监管机构，负责执行《电信法》与《广播电视法》，对电信和广播电视经营部门（包括节目）发放经营许可证。日本总务省内部与通信和广电管理职能相关的两个职能局是信息通信政策局和综合通信基础局。信息通信政策局主要负责制定广播和通信发展的政策，是日本 ICT 产业政策的制定者。综合通信基础局主要对广播和通信设施及业务的管理负有责任。马来西亚、澳大利亚等国家以及我国的台湾地区也都建立了融合监管机构。而在我国内地，三网迄今仍然分属不同部门来管理，在未来产业发展规划和管理上依然存在很多协调上的问题。

第三节　跨媒体新闻编辑的职业角色与素养

编辑的角色是什么？在传统媒体时代，形象一点说，通常被认为是为人做嫁衣者、幕后英雄、新闻把关人等。具体一点说，可以分成三方面的任务。一是新闻信息的统合。如何将纷繁复杂的信息加以整合，给实时信息以传播价值定位，使新闻的社会功能得到有效的发挥。二是把关。如果把信息统合作为编辑部门的宏观新闻信息控制的话，"把关"就是对新闻信息的具体控制。"把关"，就是按照一定标准对新闻信息进行的取舍。编辑部新闻取舍标准的制定，是与其自身的定位直接相关的。这种把关既包括杜绝新闻报道在政治思想和政策上的差错，也包括其事实的技术性差错。对"把关"的影响主要有三个定位角度，即社会角色定位、专业角色定位和传播对象定位。社会角色定位关注的是媒介的社会责任和政治责任，主要体现在对新闻的倾向性及其传播的社会效果的考量上；专业角色定位关注的是业务水准，以及真实性、准确性、明晰性、时效性、组合性等，是其决定取舍的主要标准；传播对象定位的角度，关注的是新闻信息的服务性，它是从满足目标群体新闻需求和兴趣的角度出发对新闻信息的取舍。三是发言。新闻编辑的职责不仅在组织报道新闻事实，而且要作为承担社会责任的主体，对新闻素材进行"再认识"与"再创造"，并表达对新闻事实的评价。

然而，随着媒介传播生态的变化，编辑的角色必须有新的自我认知，越来越多地走出幕后、走向台前，掌握新闻策划的主动权。全新的编辑理念正在重塑一个全新的编辑角色。

一、新闻编辑的多重角色

蔡雯教授2007年在《中国记者》撰文认为，[6]当传统媒体实现数字化转型，变为多媒体集团中的一分子，并且这一集团又是以媒介互动与融合为运行规则的时候，新闻编辑显然不再只是过去人们熟悉的"把关人"角色了。新的工作平台一方面在调整甚至削减他们固有的权力，另一方面又在赋予他们新的职责和能量。这场变革是对编辑人员的严峻挑战，更是决定新闻传媒能否生成产品链和价值链的关键一战。打好这场决定性战役的关键因素是人，尤其是决定内容生产的编辑人员。

在美国，密苏里大学以及其他一些大学都在积极推进名为"媒体融合"的教学。从2005年开始，密苏里新闻学院就增设了"媒体融合"的本科专业。该专业

---

〔6〕　蔡雯："数字化时代新闻编辑的角色转换"，载《新闻记者》2007年第4期。

的设置是基于这样的认识，在当今时代，由于各种新媒介涌现及新闻传播手段的多样化，各类传统媒体的界限正在被纷纷突破，传统媒体与新媒体之间由冲突走向融合，已经形成当今媒体格局变动的大趋势。所以，今天的记者在采写编、摄录制作新闻的时候，应具备突破媒体界限的思维与能力，能同时适应不同媒体（无论是报刊媒体、广电媒体还是网络媒体）的需要。"媒体融合"专业实际是培养"全能记者"之意，使学生能具有适应多种媒体需要的能力，也可称为"媒体融合型新闻教育"。美国各新闻院系在具体做法上还有些差异：有的比较平均用力，各种媒体的实务技能培养都设置了相当分量的课程；有的则先让学生有一个主攻的媒体方向，然后再选修其他媒体课程作为呼应。

综合当前国内外融合媒体实践和学者的认识，融合媒体时代的新闻编辑的职业角色与任务至少体现在以下四个方面。

（一）媒介产品信息的把关人

传统意义上的把关人随着自媒体、社会性传播等的发展，其角色已在悄然发生变化。但这并不意味着在现在和未来的媒体世界里不再需要把关人。

实际上面对报纸、广播、电视媒体以及浩瀚的网络信息，受众在很多时候依然、甚至更需要专业人士替他们进行信息筛选、汇集与"过滤"，从而将无用的信息拒之门外，将有用的信息转化为自己的知识。正是基于此，网络新闻编辑不应该仅仅充当信息的收集者，而应当担当起"信息培育者"的重任。"信息的培育者"意味着网络新闻编辑要对信息进行仔细地鉴别、精心地挑选，他不仅仅"告知公众正在发生的事情"，同时还必须承担起"教育公众"的责任——即保证知识的有效性及有用性。

（二）媒介产品信息的引导者

现代传播技术正在改写新闻传播的流程，新闻编辑必须在这样一个新的媒介环境下重新思考自己的角色定位。按蔡雯教授的观点，融合媒体时代的编辑应从单纯的"新闻把关人"转向"新闻解析者"与"公共论坛主持人"。首先，新闻编辑需要更多地承担对新闻进行解释与评析的任务。新闻编辑就是要根据受众千差万别的需要，提供千姿百态的内容产品和信息服务。编辑要懂得受众需要什么并且知道如何从多媒体数据库中提取相关的原始新闻素材和资料，把它们加工成"适销对路"的新闻产品并通过最恰当的渠道发布到受众那里。编辑工作的重点已经从新闻能不能发和怎样发的"把关"转向了对新闻、信息和知识等多层面内容如何进行嫁接和整合的"解析"。其次，新闻编辑还需要担负起"公共论坛主持人"的新角色，组织与各类新闻相关的对话甚至观点交锋。新闻编辑必须从幕后走到前台，成为社会公众的对话者和新闻论坛的主持人，并将公众意见纳入新闻传播内容的范畴内。现在，已经有越来越多的传统媒体的记者编辑在网络媒体上开设了互动专栏，从中获取信息和线索，主持有关各类新闻议题的讨论。2006 年几乎所有参评中国新闻奖的网络新闻专题都开设了论坛与网民互动,新闻编辑作为“主持人”的特点也表现得非常突出。不过,对于大多数报社编辑来说,如何运用新媒体的互动功能为公众提供更好的服务,还是有待学习的新业务。

（三）媒介产品信息的创造者

传统上,编辑被比作“厨师”,这种比喻到现在也不过时,但沉迷在“专职厨师”角色中的编辑,已经远远不能适应竞争的需要了。一方面,现代编辑必须走出厨房,参与到采购环节,不时到菜市场转一圈,必要时甚至需要亲自买菜。编辑必须参与到采访环节,甚至提前到采访之前,及时发现新闻线索,研究重大选题,组织重大报道,调集精兵强将,全程监控并随时调整记者的采访行为,同时协调优势版面,直至将新闻策划落实到版面上。这样,编辑和记者共同碰撞,集中智慧通力合作,报道就会沿着理想的思路进行。同时,记者会因此减少很多无效劳动,编辑也会降低很多后期制作的成本。另一方面,融合时代的新闻编辑也需要创造不同于记者采访的信息获取与加工方式。通过发表评论、参与互动、设计创新产品、大数据挖掘与分析等,编辑本身也在不断生产内容。此外,新闻策划、新闻整合等本身是从事现代媒体采编事业必备的再创作能力。从海量的信息中筛选出有价值的信息,是编辑的基本功,但编辑仅仅能筛选出有价值的信息已经远远不能适应形势的要求,他必须还要有能力把这个信息增值做大,把“小芝麻”变成“大西瓜”。换句话说,编辑不仅要从细沙中筛选出金子,还必须把金子设计、加工成精美昂贵的饰品。

（四）全方位新闻与信息服务提供者

媒介融合发展的最大意义在于:以数字与网络技术为基础的传播渠道整合与信息载体剧增,冲破了长期以来媒体间的介质壁垒和机构割据,所有传媒组织都能够以资本为纽带实现程度不同的资源共享和协同运作,共同打造产品链以实现内容增值,并延伸媒介产品的生命周期,获得效益最大化。对于新闻编辑来说,内容产品链的生成就意味着对新闻信息资源的深度开发。以往在传统媒体中千报一面式的新闻编制已经不再适应今天的社会需要,对于新闻信息只要抢时效、求准确、打“短平快”的编辑思路也已经行之无效。编辑除了新闻价值的专业判断之外,还要考虑如何在多种载体上针对这些载体的不同受众分配新闻信息,包括选择不同的报道角度、采用不同传播方式、运用不同的传播技术,更重要的还有:培育不同的增值产品,这种产品也许是对新闻本身的延续,也许是与新闻相关的论坛,也许是因新闻引发的服务。传统媒体转型对于新闻编辑而言,最大的挑战是要强化加工新闻和信息的职能,也就是要通过对新闻与信息的整合,提升内容产品的品质和价值,使新闻与信息传播进一步延伸到知识与服务领域,并不断通过裂变与聚合,形成新的内容产品,从而促成媒介集团中产品链和价值链的生成。从这个意义上说,记者编辑的知识水平与专业技能已经面临着前所未有的挑战,策划型与专家型新闻人才的价值将更受珍视。

（五）媒介产品营销推广的推动者

德国出版界有一句名言：“出版社的艺术就在于将合适作者的合适书稿在合适的时间带到合适的市场。”营销与一般的销售方式不同之处在于，营销的核心是以消费者为中心而不是以产品为中心，即以人为本的经营理念。编辑在从选题论证的那一刻起，就应当树立起这种观念。找几条稿件、素材，组一个版面，制作一期节目也许不是件难事。但要长期办好一个版面一个栏目一个媒体，不是件容易的事。编辑应该具备强烈的经营意识，从生产者到经营者，从只做嫁衣者，到品牌带动者，有一个长期的发展规划，有一个明确的经营目标，有一个可操作的实施办法。

二、新闻编辑的职业素养

（一）新闻编辑人才的知识结构

新闻编辑所担任的多重角色要求编辑应拥有丰富的社会科学知识和严谨的自然科学知识。随着科学的发展，知识需要高度的专业化和综合化，只有不断丰富和更新自己掌握的自然科学知识和社会科学知识，才能对新闻编辑中所遇到的问题驾轻就熟。此外，哲学修养和文学修养也是每一个编辑工作者的必修课。因此，说编辑是一个“杂家”一点都不过分。归纳起来，基础知识、百科知识和专业知识就是新闻编辑的基本知识构成。

基础知识，主要指文、史、哲知识。具备广博的文学知识以及驾驭文字的能力是做好编辑工作的前提；掌握丰富的历史知识，学会以历史的眼光分析问题和组织报道，这样新闻报道才能真正接近其本质，给读者以启迪；哲学是帮助人们认识世界的重要工具，报纸编辑更需要借助它来分析和处理新闻信息。

百科知识，指包罗万象的知识，这种知识不限于一两个领域或专业，而是尽可能地丰富。从编辑人员的知识配置来说，他掌握知识的覆盖面应该比一般人广泛。编辑知识结构中对百科知识的要求还会因人、因岗位而异。此外，百科知识在编辑工作的运用还要求充分发挥这些不同学科知识的相互协同关系，也就是强调知识结构整体功能的发挥程度。

专业知识，其由两部分组成，一部分是编辑作为新闻传播者所应具备的新闻传播学理论知识与业务知识，另一部分是编辑所从事的报道领域所要求具备的专业知识。

（二）新闻编辑人才的能力结构

新闻编辑除了要具备适宜于多种活动要求的一般能力，如观察力、记忆力、抽象概括能力等，还因其工作特点，要特别注意培养以下几方面业务能力：

信息能力。它指的是新闻编辑主动地积极地接受信息和处理信息的能力。新闻编辑是新闻信息的传播者和把关人，而从事这项工作的前提是接受信息。这就是说，编辑的受传能力是其传播活动的基础。社会信息、行业信息、来自受众的信息和媒介内部的信息是编辑必须时时关注的。新闻编辑获取信息能力的大小取决于编辑的社会活动能力和对客观变化的灵敏感受，这就要求新闻编辑养成良好的性格，善于与人相处，做社会活动家，广交朋友。同时，又要求编辑时时刻刻当有心人，不放过任何有价值的线索。

鉴别能力。它指的是新闻编辑迅速、准确地判断新闻事实的报道价值的能力，是编辑基本修养与工作经验的综合体现。新闻编辑每天接受的信息是大量的，作为把关者，必须把适合于媒介受众群体的新闻信息筛选出来加以传播，既要迅速，又要准确。

整合能力。它指的是新闻编辑对零散的新闻信息资源进行综合性开发利用，使其整体效应大于部分之和的一种操作能力。

创造能力。它指的是新闻编辑突破传统思维、创新编辑业务的能力。编辑工作的每一项业务，从新闻产品策划、新闻报道策划到编稿、组版，都是创造性的劳动。一家媒介新闻产品的质量如何，很大程度上取决于新闻编辑的创造性。

组织能力。它指的是新闻编辑组织报道和组织新闻人才的能力。首先，新闻编辑是新闻报道的组织者，通过对记者采访的部署、组织和调度、协调以及对社外作者约稿来完成稿件的准备工作，因而，是否具备良好的组织才能，关系到编辑工作的成败。其次，对组织能力的更高层次的要求，还包括为事业发展网罗人才、组建队伍，形成相对稳定的合作群体，这一点对于总编辑、编辑部主任、制片人等担负一定领导职务的人尤为重要，关系到媒介事业发展大计。

写作能力。它指的是新闻编辑撰写、修改稿件的文字运用能力。新闻编辑每天处理、修改大量的稿件，还有制作标题、配发言论、编写串联词等任务，这就要求编辑具有较高的写作水平。

现代化技术与工具的运用能力。它指的是报纸编辑使用与新闻传播有关的现代通讯手段、语言工具、技术设备和交通工具的能力。对于广播电视和网络媒介的新闻编辑来说，除了报纸编辑所要具备的这些现代化操作能力，还必须针对自己媒介的特点，掌握相关编辑技术。

（三）融合媒体时代对新闻编辑的要求

随着科技的快速发展，新闻业迎来数字化、网络化和多媒体等高新技术的新时代，单纯的“文字”、“图像”正朝复合的“信息”和“数字化”转变。新闻编辑不得不面对编辑出版新技术、新模式的挑战，去研究思考其发展趋势，全面提高自身素质和能力。作为新闻编辑人员，除了要有较强的综合能力、必要的知识结构外，还要培养自己成为适应新媒体时代的新型编辑。

一是编辑手段从传统向现代转变。新媒体技术的迅速发展，要求新闻编辑工作者能迅速掌握现代的编辑技术手段。伴随着多媒体技术在编辑工作中的广泛渗透，编辑技术手段发生了很大变化，一方面提高了编辑工作的效率，另一方面也要求编辑工作者对现代编辑技术手段的熟练掌握。

二是编辑观念从单一化向多元化转变。传统的新闻编辑注重受众、消息、服务等意识,但随着社会进步,编辑主体的观念也从原来的单一化向多元化发展了,如对编辑理论、程序、技术、管理、经营、效益等一系列相关因素所形成的综合意识都和原来有了明显的不同了,现代编辑除了要顾全原有的因素,还要有创新意识,超前意识,时效意识,以及与市场经济相适应的商品意识,竞争意识,经营意识等,增强这些观念、意识,已经为现代新闻编辑工作的当务之急。

三是编辑人才从理论型向新媒体经营管理人才的转变。传统的新闻编辑的职责是"对经手的随机无序的信息进行整序清流的创造性劳动,将湮没在大量无效或低效信息中的有价值信息筛选出来,在创造性的加工后以出版物的形式输出,成为新的信息源,实现传播功能"。而我国的编辑工作者大多只是对于业务熟悉,缺乏对现代传媒的经验,没有完全和市场接轨。一些新闻编辑工作者因为缺乏对市场的敏锐洞察力和前瞻性,在将信息去芜存菁时,不合理不恰当,导致对商场的开发和拓展不够。编辑人才实现理论型向传统型转变,是现代编辑出版发展的必由之路。

要更好地成为一个融合媒体时代的新闻编辑,应努力培养自己的基本素养。

首先应具有较好的精神境界和个人底蕴。有人提出现代新闻编辑应当具有四全意识:"全历史",以一种历史的眼光看待新闻、处理新闻稿件;"全社会",编辑工作要胸怀整个社会,关注并及时反映社会变动;"全受众",在新闻编辑过程中要始终将受众的要求放在重要地位加以考虑;"全天候",新闻的传播没有间隔性,处在一天 24 小时的守候状态。新媒体时代,信息传播速度加快,人们要获得信息的方式,也更加便捷和直观。在如潮涌般丰富的信息知识面前,编辑作为信息发布的重要把关者,作用其实变得更加突出了。新媒体环境下的新闻编辑工作者应该有强烈的社会责任感和使命感。热爱自己的事业,既要解放思想,不固守原有的模式,不害怕和回避数字化潮流,又应该让目光超越传统的视野与炒作的迷雾,看清时代与行业发展方向,从容应变;还应该不受不良思潮影响,以认真负责的态度面对自己的职业,处理好质量与效益的关系,尤其是新闻作品的社会效益。

其次要培养和加强创新意识,增强动手能力。创新是一个民族的灵魂,是一个民族进步的根本。与传统意义上的新闻编辑相比,网络新闻编辑还具有自己的特色,它要求编辑从宏观和微观上把握受众的多元要求。新闻编辑的创新意识体现在策划、选题、制作等全过程中,一方面要经常浏览国内外本学科的网站、报刊,了解行业发展动态和研究热点;另一方面要研究市场变化,有前瞻性、有针对性地探索产品的创新。

最后要不断完善自身知识结构跟上时代发展步伐。在信息时代的今天,行业的发展日新月异，新闻编辑的专业知识和业务技能的提高不是一时一地就能完成的，而是需要长期坚持不懈的努力，必须树立终身学习的理念才能跟上时代的发展步伐，也才能从容应对复杂的信息环境编辑工作提出的挑战和要求。尤其是多媒体技术的应用能力、多媒体应用环境下的产品创新能力，同时也要提高外语能力，在全球化的时代也应具有国际化视野拓展，乃至具有国际化推广和参与全球竞争的意识。

思考与练习

1. 什么是媒介融合，谈谈你对媒介融合发展进程、现状及未来趋势的认识。
2. 报刊、广电和新媒体的出现，分别给新闻编辑工作带来哪些影响和变化?
3. 你如何看待跨媒体新闻编辑的职业角色?
4. 谈谈你对当下做好一个编辑所应当具备的能力与素质的认识。

第二章　融合媒介编辑部

知识要点

1. 掌握融合媒介编辑部的含义和特点
2. 了解融合媒介编辑部内的编辑分工
3. 掌握融合媒介编辑部的编辑流程

内容摘要

Web2.0时代，传统媒体与新兴媒体在应对数字化冲击与市场竞争时，纷纷选择竞合策略走上融合道路，发展“融合新闻”。融合媒介编辑部作为实现“融合新闻”的基础条件应运而生。为适应融合新闻时代信息需求多元化、传播形态多样化、媒介终端网络化的新传播格局，了解融合媒介编辑部与传统编辑部所不同的特点、分工与编辑流程显得至关重要。

第一节　融合媒介编辑部的特点

一、融合媒介编辑部概述

伴随着新技术的发展以及日趋激烈的传媒市场竞争，世界各国的新闻媒体纷纷迈出数字化转型和跨媒体发展的步伐，向融合媒介挺进。正如国际媒体创新顾问团奠基人吉勒(Juan Antonio Giner)所言：“媒体分化已经成为过去式，数字化融合才是现在进行时，而复合式多媒体将是未来的发展方向。”在我国，近年来相继成立的各报业集团以及广播电视总台(集团)均在不同程度上融合了诸如传统报媒与互联网、广播与电视之类的相关媒体。即使是传媒功能较为单一的新华社，也开始为适应新媒体时代的发展需要而实行战略转型。2010年9月1日新华社手机电视台同时在中国移动、中国电信和中国联通全面上线，新华社成为名副其实的融合媒体。

融合媒介促进了传播渠道与信息载体的多样化，而这均将带动新闻编辑部组织结构及其角色与功能的变化。西方一些媒体对此进行了有益的尝试。

传统的编辑部通常采取开放式纵向水平展开的结构，条块分割清晰，职能明确；但也存在纵向延伸过大，编辑部两端的编辑与记者沟通不畅的情况。

图2－1　媒体新闻编辑部的传统格局

2006年11月2日，美国最大的报业集团甘奈特集团首席执行官Craig Dubow在一份备忘录中宣布，集团旗下的所有报纸都将设立崭新的“信息中心”，全面取代已有的新闻编辑室，让原先的报纸读者能在任何时候、任何地方、通过任何他们喜欢的平台，接收新闻和信息。这一消息在美国报界引起了广泛关注。Craig Dubow对这一变化的解释是：“甘奈特集团日益意识到报纸读者感兴趣的远远不只是新闻本身。他们还对其他信息，特别是对本地信息（如天气、航班、饭店、电影等与读者生活密切相关的信息）有着需求，而且这样的需求越来越多、越来越重要。使用‘信息中心’这一名词可以突出我们对这些需求的回应，而且突出我们不仅在为报纸，而且也在为网站、手持移动设备以及其他多种平台搜集新闻和信息。”[1]

2007年，《纽约时报》将其报纸编采团队与数字新闻运营队伍整合为一体化的新闻编辑部。此编辑部设一名执行主编、两名副主编，其中两名副主编分别负责新闻、政策事务与运营，而在副主编之下又设9位主编助理，分别负责摄影、设计、杂志、首都记者站及日常报道、企业报道、预算行政管理、编辑记者职业发展及职业标准、道德和伦理等工作。在一体化的编辑部中，报道策划更加受到重视，互动新闻协作组每周都与其他部门（组）开会协调重大报道，并使用内部工具传递信息、管理进度。

---

〔1〕 邓建国：“‘信息中心’：未来报纸的新闻编辑室？——美国甘奈特集团的‘激进’报业改革”，载《新闻记者》2007年第2期。

欧洲最早进行媒体组织结构一体化改革的是英国的《每日电讯报》。该报社在搬迁到改建的新的办公大楼后，就将该公司的11个新闻部门汇集在一个呈中心放射状的大新闻中心办公室，办公室设计成一个HUB（中心）的样子，每个部门围绕着一个同心圆而布置，同心圆中间的区域就是高级编辑们的决策区。在这样的办公室结构里，《每日电讯报》实行"一个内容三个介质"（报纸、网站、短信）的联合工作模式，实行每周7天全天候运转发稿，发布以天为单位的报纸、以小时为单位的电子纸、以分钟为单位的网站信息与短信。

图2-2　英国《每日电讯报》编辑部，采用HUB（中心）式设计理念，每一个新闻采编分支称放射状，从高级编辑决策区发散出去

我国的新闻媒体也对编辑部组织结构进行了一些改革尝试。如2007年《广州日报》在其原有的报纸编辑部中设立"滚动新闻部"，它是《广州日报》纸质版和广州日报新媒体（包括互联网、手机和视频在内）的跨媒体平台，负责报纸、手机和网站三个部门的联动发稿，使《广州日报》能够依托其网站开展每周7天、每天24小时全天候连续不断的跨媒体传播。"滚动新闻部"的成立是最终实现编辑部一体化的一种过渡性措施。

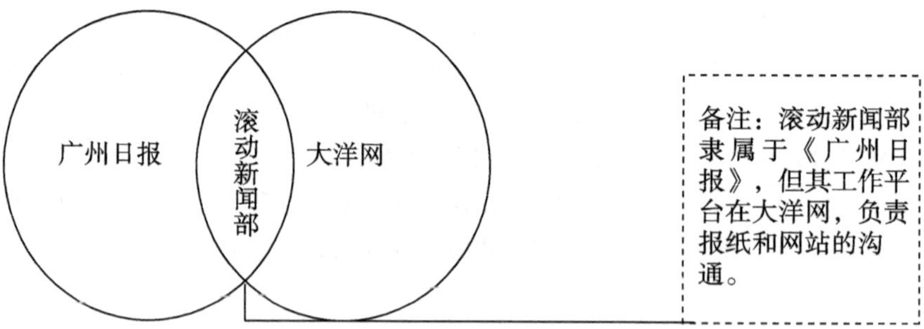

图2-3　《广州日报》编辑部组织关系示意图

2008 年 3 月《烟台日报》传媒集团组建“全媒体新闻中心”，原来日报、晚报、晨报三报的记者从各报中独立出来，都集中在新闻中心，以多媒体方式采集新闻，再由新闻中心向集团下属的各子媒体提供“初级新闻产品”。而包括《烟台日报》在内的各子媒事实上成为编辑部，负责“深加工”和“排列组合”，生产出各种形态的新闻产品。最后通过网站、手机报、传统报纸、数字报刊，以及多媒体视屏实现多级发布。[2]

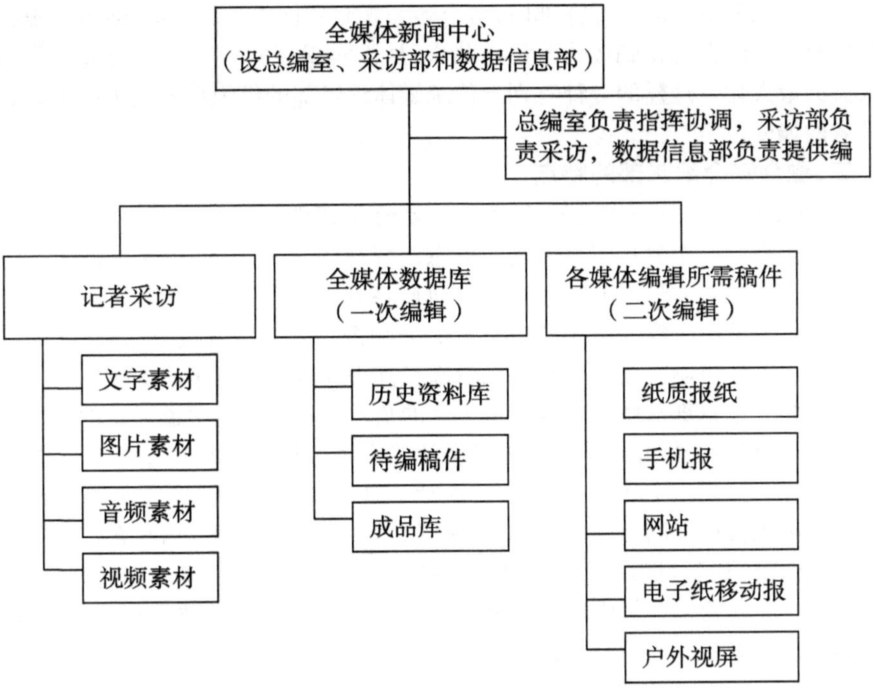

图 2－4　《烟台日报》传媒集团全媒体流程运行图

由此可见，随着融合媒介时代的来临，不少中外媒体的编辑部在组织结构和编辑部制度上都有不同程度的改变，初步形成融合媒介编辑部的雏形。

融合媒介编辑部又可称为融合编辑室，是融合新闻报道的中枢神经，通过协调管理型编辑和内容生产制作型编辑来共同主导编辑流程。如果说传统的媒体编辑是“单兵种”作战，那么在融合媒介编辑部里面就是“多兵种、海陆空”协同作战。这就赋予编辑新的权限和职责，要求融合媒介的编辑具有新的编辑理念，组织和管理多媒体产品的策划、采集、加工、制作和发布能力，做到策划迅速、决策科学、调动

〔2〕　蔡雯：《媒体融合与融合新闻》，人民出版社 2012 年版，第 87 页。

灵活。[3]

传统的媒介组织结构是基于媒介的传统生产方式建构起来的，在应对传统媒体的新闻报道时，表现出相对稳定成熟的优势。但是在融合新闻趋势不断增强、媒介集团化发展不断流行的今天，传统组织结构领导下的不同媒介部门之间合作交流不畅通，在报道中无法有效调动各方力量形成真正的合力优势。融合媒介编辑部正是在此环境下应运而生的。融合新闻报道的过程中，融合媒介编辑部统领着整个媒介集团所有不同的媒介部门，整合各类媒介的优质采编力量，使不同媒介部门所拥有的新闻资源得到优化配置与共享，从而实现新闻生产成本的最小化与集团效益的最大化。这样的一种有别于传统媒体编辑部的组织形式越来越得到媒介管理者的偏爱。

二、融合媒介编辑部的特点

（一）融合媒介编辑部是媒介报道活动的指挥中心

融合媒介是一个囊括了多种媒介形态的媒介组织，或者说是它以资源共享的形式将具有多种媒体形态的媒介组织有机联系在一起。在此基础上，融合媒介从规范意义上要求各个媒介组织按照一定的准则进行媒介融合报道，并建立起一套行之有效的工作机制。而融合媒介编辑部在其中起到了指挥中心的作用。

融合媒介编辑部从媒介融合报道生产的角度指挥着相关报道活动的进行：

首先，组织各个媒介组织召开选题会议确定融合新闻的报道选题、制定报道方案。融合媒介如同一个联合组织，其中囊括了具有多种媒介形态的各类媒介组织。这些媒介组织彼此之间相互联系，却又相互独立，缺乏足够的沟通与合作。如若放任各个媒介组织“各自为政”，那么最终会导致人力资源浪费、新闻内容同质化等不良结果。故融合媒介编辑部必须充当组织者的角色，将各个媒介组织召集起来，共同商议确定融合新闻的报道选题及方案。

其次，融合媒介编辑部还要综合考虑各个媒体以及业已确定的报道选题的特性，对各个媒体进行明确的采制分工。每种媒体都有自己特殊的信息要求和局限，如报纸以文字、图片资源见长，但却无法插入视频、音频等动态素材；广播有丰富的音频资源，但却无法显示文字、图片等可见元素；电视集图像、文字、视频、音频于一体，但却无法展现文字方面的深度感；而网络则是多媒体的融合，涵盖了三大传统媒体的内容，但却存在信息泛滥的缺点。于是，由于各种媒体的不同特性，它们对受众会起到不同的作用。而为了避免重复劳动以及最大效果的实现新闻报道目的，不同的媒体在一则报道中往往只负责部分内容的采制。

最后，在各个媒介进行采制任务时，融合媒介编辑部还需协调各个媒介组织之间的关系，及时处理报道过程中各方产生的矛盾与遇到的问题，随时把握报道方

---

〔3〕 石长顺、肖叶飞：“媒介融合语境下新闻生产模式的创新”，载《当代传播》2011 年第 1 期。

向,统筹、指挥报道活动的进行。在由各大媒介组织的记者编辑精英进行的新闻采制活动中,必然会由于沟通、利益等诸多因素产生矛盾,此时需要融合媒介编辑部加以协调,才能使新闻采制工作顺利进行。融合媒介编辑部还需帮助解决记者编辑在新闻采制过程中遇到的问题,提高工作效益。

融合媒介编辑部这样一种指挥中心的功能,对于传媒资源的整合利用来说是一次革命性的进步。它在一定程度上避免了媒体之间的同质化竞争,同时也通过多媒体表达,在一定程度上提升了原有单一媒介形式报道的表现力。此外,融合媒介编辑部对新闻工作者亦提出了更高的要求,除了具备一般的新闻工作的采写编评能力之外,还需要培养运用多媒体工具及其思维方式的能力,只有两者相结合,才能胜任融合媒体的新闻报道工作。

(二)融合媒介编辑部是新闻报道的策划发源地

新闻报道策划是新闻编辑通过对新闻资源的开发与配置,实现最佳传播效果的创造性劳动。[4] 传统上的新闻报道过程,各个媒介组织各自分散管理,由各自的新闻编辑进行策划与采制。而媒介融合后新闻稿件来源统一,使内容的同质化倾向加剧。而要解决这一问题,实现差异化的内容生产,必须以个性化的报道策划为前提。媒介融合时代的新闻报道策划,需根据各个媒介的不同定位和媒介功能的差异来找到最合适的报道选题和报道角度。这一系列的活动均是在融合媒介编辑部这一指挥中心中产生的,故融合媒介编辑部也是新闻报道的策划发源地。而发挥组织策划职能,实现信息的层级开发与差异化表达,也被认为是融合媒介编辑部的核心职能。

融合媒介编辑部是如何进行新闻报道策划的?

首先,各个媒介组织的新闻工作者向融合媒介编辑部提供各自的新闻选题;其次,融合媒介编辑部在充分掌握各个媒介组织新闻选题的基础上,根据选题的重复程度和特征提出融合新闻报道的选题;最后,融合媒介编辑部商议制定报道方案,组织各个媒介组织的新闻工作者围绕已确定的选题发挥各自的报道所长来深入采访、采集新闻素材,形成“初级新闻产品”。当然在初级新闻产品形成的过程中,融合媒介编辑部要随时接受反馈并修正报道设计方案。

值得注意的是,在组织策划这一环节中,融合媒介编辑部需要对一个新闻主题进行全方位、多层次、多侧面的离析与整合,形成不同定位、不同个性、不同特色的新闻信息产品,满足不同读者群体的需求,从而产生多种效益的叠加,使一次信息采集以最低成本产生最大效益。以美国媒介融合先驱“坦帕新闻中心”为例,中心设立了“多媒体新闻总编辑”专门负责策划、组织、协调集团内各媒体的新闻采访活动。多媒体新闻总编辑媒体都要3次以上编前会,同电视、报纸、网站三大媒体

---

[4] 蔡雯:《新闻编辑学》,中国人民大学出版社2006年版,第115页。

的总编讨论新闻内容如何加工，哪部分的新闻内容用合适的媒体进行深度加工和特色开掘，最后由多媒体总编辑总体规划协调，实现新闻资源合理整合与充分利用。[5]

同时，融合媒介编辑部在策划时要始终将不同的媒介载体如报纸、电视、手机、网络等视为一体化的信息终端，缜密设置新闻信息的多重发布时间和新闻内容在不同平台的相互嵌入，以实现全天候不间断传播，扩张新闻传播的社会效果，提升媒介集团影响力的目标。

（三）融合媒介编辑部是媒介产品的集散地

这里所说的“媒介产品”主要是指上文所提到的“初级新闻产品”。所谓的“媒介产品的集散地”是各个媒介组织记者就同一选题采集的不同新闻素材，如文字素材、图片素材、音频和视频素材以及相关的背景资料等，都会汇总到融合媒介编辑部当中，进行二次加工和二次编辑。然后通过融合媒介编辑部这样的一个集散地，不同的媒介的编辑产品被选取到各个媒介组织中进行再次加工最终传播给受众。众多的融合媒介或者传媒集团的融合媒介编辑部都会建立一个数字库即信息共享与服务平台，用以供编辑记者从中选取信息、资料进行新闻产品的最终形成。信息共享与服务平台是一个共享与开放的平台，从记者、公众、智能采编系统等处采集的包括文字、图片、音频和视频等素材，进入共享平台，然后由各媒体各取所需，再通过深加工生产出各种形态的“终端新闻产品”，平台还支持多种格式、多种渠道的成品输出。

在我国，构建信息共享与服务平台的试验首先在传媒集团内部展开。以宁波日报报业集团为例，他们初步建成了集新闻内容采编分发、经营管理于一体的数字技术平台，在这个平台中内容生产平台是其核心部分。内容生产平台将各报内容和网络内容集合在一起，实现了全集团所有编辑、记者对各种形式的新闻信息资源的实时共享和互动编辑，即在一个编辑界面下，可同时完成对文稿、图片、音视频、FLASH 等内容的编辑加工，并在各种不同形式的内容间创建关联关系，同时结合数据库实现全文检索和文件管理等多项功能。利用信息共享与服务平台实现内容流程的再造，能够最大限度地挖掘信息的衍生价值，丰富内容的表现形态，提升新闻的品质。

例如，《烟台日报》媒体集团的全媒体新闻中心即设有全媒体数据库统一管理历史资料库、待编稿库以及成品资料库。

由于融合媒介编辑部的这三个特点，它能够统领各个媒介组织，整合各类媒介的采编力量，使融合媒介中各类媒介的新闻资源得到统一配置与优化，实现成本最小化与效益最大化。这也是融合媒介编辑部越来越受到媒介管理者喜爱的原因。

---

〔5〕 周洋：“媒介融合语境下的新闻业务流程再造”，载《南京政治学院学报》2011 年第 1 期。

第二节　融合媒介编辑部的编辑分工

传统媒体的新闻编辑是为单一媒介载体编制新闻内容的新闻工作者。根据管辖范围和责任的大小，新闻编辑可以分为总编辑、编辑部主任、版面主编、编辑四类，他们分别从宏观到微观上综合把握媒体新闻报道与发展。

融合新闻编辑部的出现与兴起引发了媒介编辑分工上的变革：一方面，它调整甚至削减编辑的固有权力；另一方面，它又赋予了编辑新的职责和能量；而最为关键的是，它重新组合并产生了全新的编辑角色，从而为新闻媒介管理信息流、生成产品链提供了更为有利的条件。融合新闻编辑部的存在要求编辑在策划新闻之初便要综合考虑该新闻可能包含的新闻元素、将会采用的报道形式以及传播信息的媒介类型等问题。也正因为此，为融合编辑部工作的编辑们需要具备比传统媒体的新闻编辑更多的技能。同时根据融合媒介的特性，融合媒介编辑部中产生了两种新的编辑角色：新闻制播人、新闻流编辑，来管理复杂多变的信息流。总的来说，融合媒介编辑部内的编辑分为两类：一类是策划内容生产与管理内容分配的高层编辑人员，另一类是具体制作内容并管理传播的普通编辑人员。

策划内容生产与管理内容分配的高层编辑人员一般主导采编流程，参与策划、资源分配和信息管理，其在西方一些传媒集团中已经占据重要地位。美国学者研究发现，“多媒体分配总编辑”（multiple assignment editor）就是在媒介融合之后担负着特殊任务的高层编辑人员。在美国中型和大型市场（排名在前100名的市场）的新闻编辑部中，“多媒体分配总编辑”往往由多人担任，他们根据责任或工作时间分段来分工，如在大型新闻编辑部中有分设“策划总编辑”（Planning editor）和“分配助理”（Assignment desk assistant）的，也有分设“白班分配总编辑”、“夜班分配总编辑”和“周末分配总编辑”的。而在小型编辑部中，通常只设一个“分配总编辑”，每周7天、每天24小时都在负责内容生产。高层编辑人员策划和组织传播的工作对象已经由单媒体变成多媒体，策划与管理的难度大大提高了。[6]

具体制作内容并管理传播的普通编辑人员分散在融合媒介内部的各个内容生产部门及各类媒体中，他们或是为整个融合媒介生产并管理多媒体数据库；或是围绕某一新闻选题为具体媒介加工形成相关报道，也就是根据该媒体的自身特性和受众的具体需求，在多媒体数据库中选择适当的素材，完成信息的二次加工并将完成的“终端新闻产品”发布出去；或是为新闻产品的生产与传播提供技术手段

〔6〕 蔡雯：“数字化时代新闻编辑的角色转换”，载《中国记者》2007年第4期。

支持。

具体来说,融合媒介编辑部的编辑按其分工可以分为以下五种。

一、文本编辑

文本编辑或者称为报道编辑,是我们最为常见的一种编辑。传统意义上的文本编辑(俗称编辑),就是决定传输哪个新闻、每则新闻将占用自家媒体多少时间或空间的人。而在融合媒介编辑部中,新闻传播的渠道由单一媒体变成了多媒体,文本编辑不仅要考虑发布哪则新闻、每则新闻将占用媒体多少时间或空间,还要考虑每则新闻拟在哪些媒体上发布以及在各个不同媒体上的发布顺序。而这样的一些思考过程是贯穿新闻报道始末的,即从策划一则新闻开始,文本编辑的编辑工作实际上已经展开。

在策划新闻伊始,文本编辑便需要考虑这则新闻将包含哪些新闻元素、是否要添加音视频或幻灯片,以及这则新闻拟在哪些媒体上发布,更具体一些还需考虑在各个不同媒体上的发布顺序。例如,采访完成后立即在网络媒体上发布一则短新闻,告知受众有关事件的基本信息;或是先在电视媒体上进行直播、直击现场,然后再在纸质媒体上发布进一步的消息,最后在网络媒体上形成相关专题。

表 2-1 不同媒体报道最佳信息内容举例

	网络	广播电视	印刷
政治	候选人比较、相关信息链接、适时选票统计	概况、民意调查与辩论;会议通知和报道;选民反应	政治宣言、信息等的深度分析;与其他候选人的比较
经济	股票牌价、详细经济信息、突发信息	报道对消费者的影响、主题发言活动、新产品发布	法律分析、消费与支出趋势;全球市场比较
体育	足球比赛和统计数据;与球队网站链接;精彩瞬间和精美图片	精彩场面,关键比赛,现场直播,竞赛项目	分析和战略,与体育运动相关的其他信息(贸易、合同、终止、球员结婚/离婚和影响)

资料来源:《融合新闻学原理》。

策划完成后,记者将根据策划内容进行相关背景资料的搜集、采访以及图片或视频拍摄(有时两者都需要)等工作。而当遇到突发性事件没有时间进行策划时,记者们也需代替文本编辑,对相关问题进行思考再进行采访。

在记者采访、写作完成后,其成品只是"初级新闻产品",一般情况下这些"初级新闻产品"都会汇总到数据库中,等待文本编辑的挑选。文本编辑工作是:在数据库中选择相关"初级新闻产品",决定其中哪些信息应当出现在报道中、哪些应当舍弃;经过二次编辑,形成"终端新闻产品",期间需要考虑哪则报道拟出现在什么媒介上以及它们的具体发布时间。

二、新闻制播人

新闻制播人综合了传统新闻编辑部里诸多角色的作用，这些角色包括文字编辑、责任编辑和广播电视新闻编辑部中的制片人。[7] 传统媒体的文字编辑主要负责编辑稿件，也就是对来稿或资料进行整理、修改和润色。责任编辑则是从专业的角度对稿件的社会价值、学术价值等进行审查，审查通过后再进行排版，具体而言，责任编辑要对稿件的内容、语言、文字等进行把关，同时安排稿件的版面位置。而广播电视新闻编辑部中的制片人是电视新闻节目、栏目制度的领导者、组织者和经营管理者，其主要职责包括策划选题、整体把握管理、控制成本、初审和总结、筹措资金以及推销发行。融合媒介编辑部中的新闻制播人综合了上述三种不同编辑角色的职责与功能，负责对稿件进行审查、修改与润色，同时对某一选题的报道发布情况进行整体把握管理。

新闻制播人的出现主要是为了解决如何在多媒体语境下处理信息与新闻流的问题。无论是文字编辑还是责任编辑或者是制片人，这些传统编辑部中与新闻制播人的职责有某种程度上竞合的角色都只是对单一媒体的信息进行把关或管理。而在融合媒介编辑部中，新闻制播人要对多媒体新闻报道进行管理。因此，新闻制播人必须有文字编辑发现细节的眼睛、制片人追随与跟进新闻的智慧、责任编辑看到一个新闻主题可能采取的多种实现途径与为此进行资源配置的技能。[8] 针对某一具体的选题，新闻制播人对相关稿件进行审查、修改与润色，根据稿件的不同特点分析其适合哪种媒介，然后进行新闻资源配置与发布。对于新闻制播人来说，最大的挑战就是分辨一个新闻的哪些方面可以通过哪些不同媒介来讲述，然后通过这些媒介来区分内容。

当然了，新闻制播人的职责并不仅限于此，对新闻资源的配置在更高层次上还要求新闻制播人对新闻信息资源进行深度开发，从而形成新闻产品链。媒介融合的目的在于最大限度地降低生产成本，实现集团利润最大化。为实现这一目的，以往的千报一面式的新闻编制方式、只关注单篇报道或单个报道主题的编辑思想已不能适应需求，新闻制播人需要对新闻信息资源进行深度开发，整合各媒介传播渠道，形成新闻产品链以实现新闻内容增值，同时延伸媒介产品的生命周期，从而获得效益最大化。因此新闻制播人要着重安排、培育不同的增值产品，或是收集并向受众推介延伸阅读，或是发起与新闻主题相关的论坛讨论，抑或是提供与因新闻而引发的需求相关的服务等，以形成新闻产品链。

---

[7] 杰弗瑞·S. 威尔克森、奥古斯特·E. 格兰特、道格拉斯·J. 费舍尔著：《融合新闻学原理》，郭媛媛、贺心颖译，中国时代经济出版社2011年版，第26页。

[8] 杰弗瑞·S. 威尔克森、奥古斯特·E. 格兰特、道格拉斯·J. 费舍尔著：《融合新闻学原理》，郭媛媛、贺心颖译，中国时代经济出版社2011年版，第27页。

三、新闻流编辑

在融合媒介编辑部中，新闻制播人负责收集、生产信息流，而新闻流编辑则负责管理信息流。所谓管理信息流，是指新闻流编辑在生产和运营方面监督记者、新闻制播人收集和生产的信息流，在信息流生产出来后再负责将其引导给最为合适的发布媒体，从而传播给受众。新闻流编辑在日常工作中始终充当着“协调者”和“监督者”的角色，发挥宏观管理融合媒介编辑部里面的信息流动的作用。他们始终处于融合媒体信息流的中心位置，监督着整个新闻信息的收集与生产，监督着通过不同媒体传输出去的新闻信息什么时候发布、怎样发布和更新状况。

传统媒体中有与新闻流编辑相类似的角色，如报社的主管编辑、电视台的执行制片人等。而新闻流编辑与这些角色最大的不同之处在于：诸如报社主管编辑、执行制片人一类都是管理、监督单一媒体的信息流；而新闻流编辑则是为多媒体提供、管理新闻流，其工作更为复杂和烦琐。一个融合媒介编辑部中可能有多个新闻流编辑共同管理信息流，具体的可以按主题分为时事新闻、民生新闻、体育新闻、娱乐新闻等，或是按媒介类型分为电视、报纸、杂志、网络等。

新闻流编辑对目前尚未形成成熟模式的融合媒介来说至关重要。当前的融合媒介主要由传媒集团或报业集团组建而成，很多面临着这样的情况：各种不同形态的媒体共处于一个机构中，但彼此之间还具有相互独立性。也就是说，分属于不同媒体的编辑负责着各自媒体的新闻生产工作，为各自媒体的利益而努力，而无法从融合媒介的大局出发，以融合媒介的整体利益为考量对象。融合媒介实际上处于“融而不合”的尴尬局面中。而新闻流编辑可以有效地改善这一状况：通过对媒介资源的整体把握、全局性观察，管理信息流，从而扩大融合的协同效应，促进新闻资源的合理配置与传播效果的最大化。

新闻流编辑面对着多重挑战。他（她）必须对每种媒体的不同受众有详细的了解，并具备每种媒体所需要的能力。必须确定新闻报道的发布时间，还应和新闻编辑部工作人员适当沟通。每个记者、新闻制播人、摄影师等，也必须和新闻流编辑就信息更新、报道角度和最新消息进行交流，以确保新闻能在适当的媒体上得到及时传输。相应说来，信息流编辑应该拥有融合媒介部中最需要的管理技能。〔9〕

四、技术编辑

技术编辑原为出版业的专用名词，指编辑部发稿后和付印前的出版物的工艺设计者和管理者。在融合媒介编辑部中，技术编辑专指为融合媒介新闻产品的生产与传播提供技术手段支持的专业人员。

传统媒体中也有与技术编辑相类似的角色，如报社的美术编辑、电视台的后期

---

〔9〕 杰弗瑞·S. 威尔克森、奥古斯特·E. 格兰特、道格拉斯·J. 费舍尔著：《融合新闻学原理》，郭嫒嫒、贺心颖译，中国时代经济出版社 2011 年版，第 28 页。

编辑等。其中报社的美编主要负责报纸的版面样式、新闻标题、图片等的设计与美化，电视台的后期编辑主要负责把摄像记者或者棚内摄像师拍摄的影像素材，根据需要，运用软件进行剪切和重新拼接，并配上相应的字幕或者背景音乐，或者配上另外制作的诸如电脑动画一类的虚构片段。无论是报社的美编还是电视台的后期编辑，他们这一类传统媒体的技术编辑都只需掌握本媒体新闻生产与传播所需的技术。具体可见下表：

表 2－2　各媒体技术编辑需掌握的技术组合

媒介	技术编辑需要掌握的技术
纸媒（包括报纸、杂志等）	图片处理（PS、Illustrator）、杂志排版（Indesign）、平面设计（CorelDraZ）
电视	视频编辑（Premiere）、视频包装（AE）
广播	音频编辑（Adobe Audition/Vegas、Cakewalk）
网络	网络动画（Flash、3DMarks、Maya）、网站制作（Dreamweaver、Front Page、Fireworks）、电子杂志（ZineMaker）
移动互联媒体	图片处理、视频编辑、音频编辑、网络动画软件

融合媒介编辑部中，技术编辑从过去的为单一媒体服务到现在要同时为纸媒、电视媒体、网络媒体、移动互联媒体等多个平台服务，这就要求技术编辑要熟练运用各种平台上的技术工具，能够将文本、图片、动画、音频与视频结合起来处理，为不同媒介的新闻产品的生产与传播提供技术手段支持。

具体来说，融合媒介编辑部中的技术编辑需要从事以下工作：编辑图片、音频与视频，制作网页、网络专题与网络动画，设计互动参与模块等。在新闻生产与传播的过程中，一方面，技术编辑根据需要协助文本编辑处理相关图片、音频与视频，制作网络动画以完善新闻素材、丰富新闻报道的表现形式。这其中需要说明的是，融合媒介时代记者逐渐向同时具备了跨媒体采访、写作、编辑等多项技能的“超级记者”发展。一般情况下，他们能够对图片、音频与视频进行简单的编辑操作，无须技术编辑帮忙。只有当新闻稿件对图片、音视频要求较高时，才需技术编辑对其进行更为专业地处理。另一方面，技术编辑要配合融合媒介编辑的策划方案，制作网页与网络专题为整合新闻的发布提供平台。与传统媒体技术编辑最为不同的一项工作是，融合媒介编辑部中的技术编辑需要配合相关新闻报道设计不同的互动参与模块，如网络投票、匿名评论等。

图2-5 网易娱乐发起的《中国最强音》
终极人气逆袭战选手投票,为网易娱乐带来了至少87850人次的点击率

技术编辑对融合媒介来说至关重要,他的"技术"好坏直接影响到新闻报道的传播效果。这里的"技术"既指他的专业技术能力,也指他的人际沟通交往能力。技术编辑高超的专业技术能够使新闻产品更具可观性、可读性、可记性,促进新闻传播效果的最大化。但这种专业技术水平的发挥需要建立在良好的人际沟通交往能力之上。这是因为大部分技术编辑都是信息技术专业毕业,没有深入系统地学过新闻学,难以准确无误地理解编辑的思想与意图,在设计上难免会存在偏差。只有技术编辑与编辑彼此之间不断进行交流与沟通、反复修改,才能最终实现设计意图,形成满意作品。

五、整合编辑

融合媒介中,信息整合至关重要,整合编辑是一大重要的编辑分工。对一些重大、具有显要意义的主题,整合编辑要根据策划方案从数据库中选择相关的新闻资源,通过对现有稿件进行调配整合,把零散、杂乱的新闻资源整合为一个有机整体,将信息素材中所包含的延伸内容挖掘出来,从而实现信息增值,使有限的新闻资源发挥最大的传播效果。

整合编辑对稿件的整合包括单篇稿件整合、多篇稿件整合和专题整合三种形式。

单篇稿件的整合是指整合编辑把各类零散的素材整合成一篇新的稿件的整合方式。其间整合编辑可以通过另设导语来改变新闻主题,也可以通过调整稿件结构来进一步明确新闻重心,还可以通过增加相关的背景材料、相关新闻来丰富稿件的表现力。下面这篇新闻便是一篇单篇稿件的整合。

圆明园鼠首、兔首将入藏国家博物馆　回顾153年流浪史

今日,国家文物局在国家博物馆举行圆明园青铜鼠首和兔首捐赠仪式。

据了解,此次捐赠的鼠首、兔首,为北京圆明园流失的十二生肖铜铸像中的两件。2009年,这两件兽首曾在法国巴黎被拍卖,并引起国际社会关注和谴责,中方也明确表示了反对意见。

此后，皮诺家族从文物原持有人手中买下这两件兽首，并向中方表明无偿捐赠的意愿。

据国家文物局消息，今年4月，法国皮诺家族向我国表达了捐赠圆明园青铜鼠首和兔首的意愿。其后，双方就兽首回归事宜进行了积极沟通与联系。6月25日晨，两件圆明园兽首已安全运抵北京。（记者张丹）

背　　景

圆明园十二生肖兽首铜像身世

【回国】新增2件，鼠首和兔首。原有5件，包括牛首、猴首、虎首、马首，通过拍卖回归；猪首以公益方式回归。

【失踪】5件，龙首、蛇首、羊首、鸡首和狗首铜像。

【拍卖经历】2000年4月底和5月初在佳士得和苏富比香港春拍上，牛首、猴首和虎首铜像现身，这种拍卖流失文物的做法引起香港和内地社会各界极大愤慨。最终，中国保利集团参拍，以3137.475万元港币拍得三件兽首。

2007年9月苏富比称将拍卖马首铜像。爱国企业家何鸿燊博士在拍卖前以6910万元港币购得马首铜像，并将其捐赠国家。（记者蒋彦鑫）

圆明园兔首、鼠首153年的流浪路线图

北京地图上，从圆明园到国家博物馆的直线距离是18公里左右。然而，这短短的一段路程，圆明园十二生肖兽首铜像里的兔首和鼠首却花费了一个半世纪来跨越。

……

乘船流离而去，又从大洋另一端的法兰西迁徙1万公里回家，皮诺助兔首、鼠首完成了最后一段旅程。2013年仲夏，在外漂泊了整整153年的两尊铜像将被静静地安放在国家博物馆里，融为历史长河的一体。（记者　戴盈　王若遥　姬少亭）

（选自2013年6月28日大洋网中国新闻频道）

多篇稿件的整合比单篇稿件的整合更为复杂，整合编辑通过对各类同质稿件进行排列组合、集纳整理，实现对新闻的多角度、广深度报道。其间整合编辑利用不同的编排方式来统筹配置多渠道信息素材，体现媒体的报道导向和新闻研判。多篇稿件整合与单篇稿件整合的不同之处在于，前者是对不同新闻主体但性质相同的新闻整合，后者是对同一新闻主体的新闻整合。此种整合方式网络新闻媒体经常使用，通常采用“延伸阅读”的形式来呈现。

北京现C1F9开头百元假币　验钞机两次识别为真

不久前在山东省被首次发现“C1F9”开头的高仿百元假币，近日在北京一家公司内部售卖电脑的过程中出现。昨日，记者持这张假币前往银行检验，银行工作人员证实其是伪钞，但在验钞机的5次检验中，两次显示正常。来广营派出所民警表示，会将此事作为重点情况汇报。

……

据了解，5天前，山东省首次发现该型号假币。之后，宁波也出现这种假币，号码分别为“C1F9605156”、“C1F9605159”。此次王女士手中的假币号码为“C1F9605162”。

记者将此情况向来广营派出所反映后，民警建议将该张假币送往银行销毁，并表示会将此事作为重点情况汇报。

延伸阅读：

· 宁波：消博会出现“EK”开头假钞

· 广州警方：一些地方出现wf66开头高仿百元假钞

（选自2013年6月29日凤凰网资讯频道）

专题整合也是基于多渠道信息的整合。它跟多篇稿件整合相比，其信息渠道更广，更注重多媒体表现形式和技术手段的运用，向受众展示的信息量也更大。

图2-6 新浪新闻所做的有关“韩国总统朴槿惠访华”的专题，其中包含了韩国总统访华的相关新闻的、视频、图片与网友评论，也展示了一些朴槿惠早年的照片，内容丰富多彩

第三节　融合媒介编辑部的编辑流程

媒介融合是在媒介所有权与传媒技术融合、受众细分化的多重动因驱动下产生的。媒介所有权的融合促成了大型传媒集团的成立;传媒技术的融合使文字、图片、音频、视频、动画等内容能够在一个终端上出现。媒介融合使媒介的生态环境和产业价值链发生了根本性的改变,新的媒介生态环境催生了"融合媒介编辑部"这一新的编辑组织框架。而在此组织框架下,以往的编辑流程已不能适应编辑工作的新环境,需要创新与再造。正如中国人民大学高钢教授所说:"在多媒体信息的采集、合成、播发的过程中,现代信息技术的全方位应用,直接影响着媒体工作流程和工作方法的改变。"〔10〕

传统的编辑流程是单向、线性的,如报纸的编辑流程是:选题→组稿→审稿→编辑加工→排版→校对,电视台的编辑流程是:策划→组织节目→选择加工素材→编排节目→审查修改节目→播出监控。此外,由于传统媒体的产品都是针对自己的特定媒体,因而其产品生产流程具有纵向一体化的特点,如广播和电视通常进行采、编、播三个环节一体化运作;图书、期刊和报纸则通常将编、印、发各个环节的业务联成一体。媒介融合后,随着网络、手机等新媒介的加入,融合媒体生产流程除继续向纵向一体化延伸外,还在媒介及其表现形式和表达方式、手段的选择和使用上向横向一体化延伸。〔11〕 融合媒介编辑部中的编辑不再仅为单一媒介工作,随着编辑职责的扩大,编辑流程也更加复杂了。

概括起来,融合媒介编辑部的编辑流程图示如下:

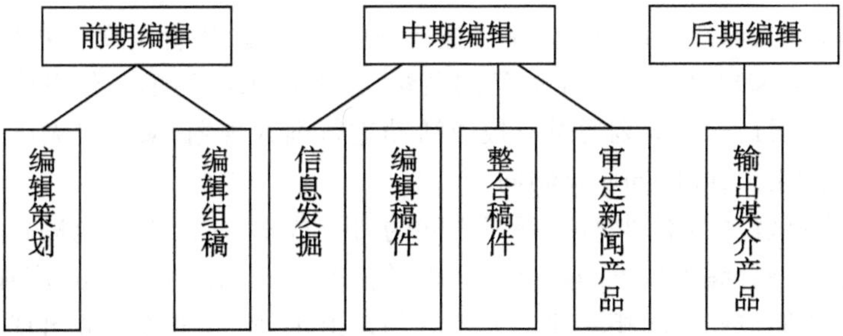

〔10〕 高钢:"媒体融合:追求信息传播理想境界的过程",载《国际新闻界》2007年第3期。

〔11〕 刘玉清:"媒介融合中的编辑流程再造与编辑能力要求",载《中国编辑》2009年第4期。

一、编辑策划

编辑策划的目的是在对新闻报道活动进行具有目的性的设计与规划，并加以组织实施的基础上，发挥传播的最佳效果、实现新闻社会效益和经济效益的最大化。传统媒体的编辑策划，一般都是针对单一媒体进行的。例如，出版社的策划是针对一本书的策划；报社的策划一般是针对一个阶段性报道的策划，或是对一个专题性报道的策划等。

相比较而言，融合媒介编辑部的策划则复杂得多，需要面向报纸、杂志、广播、电视、网络、手机等多个媒介，需要考虑被策划对象是否拥有被多种媒介传播的可能性和必要性等。因为并非所有的新闻都值得进行这样的策划，唯有重大事件、典型事件以及表现当今社会发展趋势的新闻才能够进行这样的策划。当然了，这里必须要强调，新闻报道策划的对象并不是新闻事实，而是新闻报道和新闻业务活动。在融合媒介编辑部中，编辑策划工作通常是由负责策划内容生产的高层编辑人员来完成，通过研究与讨论形成相应的报道策划书。该报道策划书的主要内容与传统媒介的报道策划书相似，包括基本内容与特色、受众调查与分析、制作条件与周期、预期社会效益与经济效益等。[12] 当然了，融合媒介编辑部的报道策划书与传统媒介的相比还是有些差别，那就是融合媒介编辑部在策划之时还要包括对新闻报道的某些元素拟在哪些媒体上传播或是哪些元素适合在哪些媒体上发布的策划。

编辑策划除了要形成报道策划书外，还需要制定较为详细的报道方案规划。报道方案规划的具体内容主要包括；该选题的报道范围与重心、报道规模、报道方式、报道的表现形式、发稿计划、报道力量配置与报道传播渠道的分配等。

报道方案规划对于融合媒介的新闻报道来说，有着非常重要的意义。

第一，它是保证融合媒介差异化内容生产的关键环节。融合媒介时代，编辑们统一从数据库中选择“初级新闻产品”进行整合与传播，集合了众记者智慧的“初级新闻产品”能够提高各类媒体的新闻质量，但稿件来源的单一化也使内容同质化问题加剧。报道方案规划通过对报道活动进行细致规划，从而最大限度地促成差异化内容的生产，降低同质化倾向。

第二，它可以减少不同媒体、部门之间的协调成本，从而极大地提高融合媒介的管理效率。融合编辑部下的融合新闻报道需要牵涉到报纸、杂志、广播、电视等多个媒介。它们彼此之间相互独立又各有利益追求，不可避免地会出现一些问题与矛盾，给日常工作的开展带来阻碍。详尽的方案规划能够有效地减少这种矛盾与摩擦，提高管理效率。

---

〔12〕 刘玉清：“媒介融合中的编辑流程再造与编辑能力要求”，载《中国编辑》2009 年第 4 期。

二、编辑组稿

编辑组稿，即我们常说的组织采编，是指融合媒介编辑部根据报道策划书和报道方案规划分配采编力量，组织、安排采编人员进行新闻采集与编辑工作。

融合媒介编辑部中，记者失去了具体的媒介记者的身份，不再是某一报社或电视台的记者，而统称为融合媒介编辑部记者。他们所采写的稿件也不再与具体媒介的版面、栏目发生关联，而统一汇总到数据库中。集合了各类媒介记者的新闻编辑部拥有大量优秀的新闻人才，于是新闻记者与选题策划之间形成了“粥少僧多”的局面。此外，新闻采集与编辑是新闻生产过程的两大主要任务，彼此之间存在既相互依存又相互矛盾的特殊关系。在实际运作中，若不能很好地协调两者的关系，会直接影响稿件质量与新闻传播效果。因而，针对选题策划，选择合适的采编人员安排采编工作，不仅是落实报道策划书与方案规划的重要步骤，也是确保新闻生产顺利进行的关键环节。

编辑组稿具体而言就是将报道方案规划中的各项任务加以分解后分别安排选定的采编人员去完成，安排的内容包括完成时间、需要完成的内容、成品的形式等。组织采编中最重要的就是选择合适的采编人员，安排者不仅要通盘考虑采编人员的业务水平、技术水平，还要考虑他们的沟通、人际交往能力。采编人员选择适当，可以起到事半功倍的效果。

三、信息发掘

信息发掘就是我们通常所说的素材采集过程。素材不仅包括采访所得的资料，拍摄的图片、视频，录制的音频等，也包括背景资料一类的相关信息。也就是说，信息发掘一方面要尽可能多的采访现场信息，另一方面要从图书馆、数据库和其他可以获得信息的地方收集详细的相关背景信息。

素材搜集的数量多寡、质量高低直接影响编辑的编辑质量，深层次、多角度的素材能够为编辑整合稿件提供充分的新闻资源，降低编辑难度；反之，则会让编辑陷入“巧妇难为无米之炊”的尴尬局面。

信息发掘分为两种：一种是针对已有完整的报道策划和组织采编安排的信息发掘活动；另一种是针对突发性事件，缺少报道策划和组织采编安排的信息发掘活动。

前者是采编人员根据融合媒介编辑部的采编安排，或深入事件现场或利用信息搜索工具实际采集有关素材的过程。信息发掘通常是由记者来完成，当然也有例外，有时编辑也需要搜集背景资料之类的相关信息。例如，《烟台日报》媒体集团的“全媒体新闻中心”就是由采访部负责安排采访，数据信息部负责提供背景材料、编辑音视频文件。

后者是由于事发突然，无法进行事先策划，也没有具体的方案规划，因而需要全体采编人员通力合作，共同完成信息发掘任务。一旦突发性事件发生，融合媒介编辑部应当立即派出富有经验的“超级记者”（若不具备，则需选择有经验的文字、摄影、摄像记者组成采访队伍）深入到前方现场进行信息发掘；而编辑们则在后方一边了解最新的事件信息，一边讨论形成较为简要的报道策划，并就报道策划内容与前方记者进行沟通，协助完成信息挖掘活动。

四、编辑稿件

信息挖掘活动结束后，记者们将搜集到的素材、信息等迅速传回融合媒介编辑部，由精通各类媒介业务的编辑人员来编辑稿件。在融合媒介编辑部中，编辑人员在进行上述活动之前还有一项工作要做：对采集到的信息进行数字化处理。

媒介融合时代，各种新闻素材或信息元素不再仅供一家媒体使用，而要在多种媒介上传播。为了后续编辑的方便性，需要对记者搜集到的文字、图片、视频、音频等各种信息素材进行数字化处理。具体说来，文字内容需要录入电脑制成相关格式的文档；图片内容需要使用扫描仪或数码相机等设备传入电脑中，图片的常用格式一般有 JPEG、GIF、PNG 等；音频、视频内容则需要使用数字化录音设备和视频采集设备录制成所需的声音文件和数字化视频文件。

信息数字化工作完成后，编辑才开始进行分析选择素材、修改剪辑素材、排版等的编辑稿件活动。对于传统印刷媒介来说，编辑并不参加实际排版活动，排版工作通常由专门的版面编辑来完成。而在媒介融合环境中，编辑稿件工作较之前相比要复杂得多，通常编辑还需参加剪辑和排版活动。

在编辑稿件的过程中，编辑要针对不同媒介的特点来编辑素材，形成各个媒介所需的新闻产品。例如，电视新闻具有视觉性、冲击力和感染力，报纸具有详细性、可保持性，杂志具有深度解读的特点，网络则具有即时性、互动性及可搜索性。

同时，编辑们还要考虑到不同的媒体对新闻也有不同的要求。

以新闻长度来说，报纸杂志是以栏目英寸来衡量新闻长度；而网络新闻或以“屏幕”来衡量，或以承载、呈现信息用了读者阅读滚动的多少个满屏来计算；电视广播则是典型的以时间长度（通常以“秒”为单位）来测量。将这些数字转化为文字数目，我们可以看出：

电台新闻最短，平均为 10～30 秒，相当于 25～100 字。电视台的新闻也比较短，从 15 秒的“阅读”到 4 分钟的“一条”，约 40～500 字。报纸新闻可以从一个栏目英寸（约 25 字）到几十个栏目英寸（1000 字或更长）。

表 2－3　各类媒体的特殊要求

	广播	电视	报纸	网络
测量单位	秒	秒	栏寸	满屏
典型长度	20 秒	90 秒	12 栏寸	1 个满屏
典型字数	50 个字	130 个字	400 个字	250 个字

资料来源：《融合新闻学原理》。

以媒体“偏爱”的新闻元素来说，报纸、杂志强调文本，间或使用一些图片，但都是为了配合新闻的文字表达与吸引受众眼球；电台节目是音频的忠实粉丝；电视新闻一般以视频为主，也会使用一些图片、图形、文字来表意；网络新闻则兼爱文本、图片和视频。

五、整合稿件

稿件编辑工作完成后，稿件依然是零散、杂乱地存储在数据库中，报纸、电视网络、手机报等不同媒介的编辑会从数据库中提取自己所需的已编辑稿件，然后针对各自媒介的特色对其进行整合，生产出各种形态的终端新闻产品。

整合工作若要顺利完成，需要一个前提条件：各个媒介或者说是各个传播终端均必须有鲜明的定位。信息爆炸时代，受众需求呈现细分化、个性化的特点。为避免传播内容同质化，同时提高传媒集团竞争力和效益，媒介经营者需要依据受众的不同需求明确不同媒介或传播终端的定位。在此基础上，编辑们能够有针对性的整合符合不同媒介定位的稿件，通过统筹协调，以不同形式、不同角度使报道呈现出由浅到深、由简单到全面的层次感。

当然了，编辑也需根据素材的不同，因地制宜地整合出不同的媒介产品。假如采集的第一批素材是简单的文字、录音和图片，编辑就可以制作成用于报纸传播的简讯和图片，或者制播的口播新闻；假如紧接着采集到的素材包含视频，编辑就可以制作成能够比较完整地表现事件现场的电视新闻节目；假如最后采集到的素材是比较全面的文字、图片和声像，编辑就可以制作成能通过任何媒介传播的既有更多文字信息又有相关背景资料介绍的深度报道；假如这则新闻事件具有流传后世的价值，则可以将有关素材资料加以整理，结集出版图书或电子音像出版物。

六、审定新闻产品

编辑通过配置整合生产出了各种形态的终端新闻产品，这些新闻产品要顺利发布出去、传播给受众，还需经过最后一个环节：审定。审定新闻产品，是指从内容和效果两方面对新闻产品进行审查与把关的一系列活动，是保证融媒产品质量的关键措施之一。

审定任务通常由融合媒介编辑部中的总策划人与各个媒介的编辑一起共同完成。与传统媒介的新闻产品审定一样，融合媒介编辑部的审定工作首先是对内容上是否符合规范进行审查，如新闻产品的内容是否符合政治导向，是否遵守法律与道德规范等。内容审查工作完成后，相关审定人员还要对不同媒介的新闻产品效果进行严格把关。如果新闻产品预计在报纸上刊登，那么需要审查新闻图片的质量（主要是清晰度）及本身说明性文字的正确性；如果新闻产品预计将在多媒体电子出版物上发布，那么需要审查图像的质量（色彩、亮度、清晰度等）以及音频、视频和动画的效果；如果新闻产品预计通过手机报传播，那么应该审查信息长度、语言风格等是否与手机报相契合。

七、输出媒介产品

融合媒介编辑部中的媒介产品输出不同于传统媒体的媒介产品输出。传统的媒介产品输出,仅需将针对自身媒介的特色采编而成的新闻产品输出给受众即可。对于电视媒介来说,常态的新闻产品一般会制作成一档新闻节目,如中央电视台1套的《新闻联播》;非常态突发性的新闻产品一般会制作成滚动字幕播出,特别重大的则会采用插播形式发布。对于报纸媒介来说,新闻产品的输出就是根据已有的版面设计与安排,将审核完的稿件进行刊印。融合媒介编辑部中的媒介产品输出不再是面向单一媒介,而是要综合考虑多种媒介形态的特色和新闻特色,统筹安排何时输出及怎样输出的问题,通过多媒体渠道发布多媒体信息,实现新闻信息发布时间的多重设置和新闻内容的相互嵌入,从而提升媒介的影响力。

美国道琼斯公司有一个著名的“波纹理论”,该理论认为,一个事件的发生犹如投石入潭,媒介的报道应该像潭中的水波纹一样,一圈一圈荡漾开去。具体而言,也就是当某一新闻事件发生后,道琼斯通讯社首先提供第一次报道服务。然后,集团旗下的华尔街日报新闻网站接着发布报道,此后是CNBC电视台(道琼斯的新闻记者同时担任CNBC节目主持人,记者放下手里的笔,就可以主持播出自己采写的报道)、其次是道琼斯广播电台、最后是《华尔街日报》,这些不同类型的媒体相继出场,对新闻事件展开侧重点不一的详细报道。之后,接力棒交到《财智月刊》等刊物手中,进行深度报道。最后,所有报道进入自己的商业数据库,向客户提供有偿检索。这样,针对同一个新闻事件生产出来的媒介产品以不同的报道形态和样式通过不同的排列或组合方式在不同的媒介中输出,满足受众不同层次的需求。

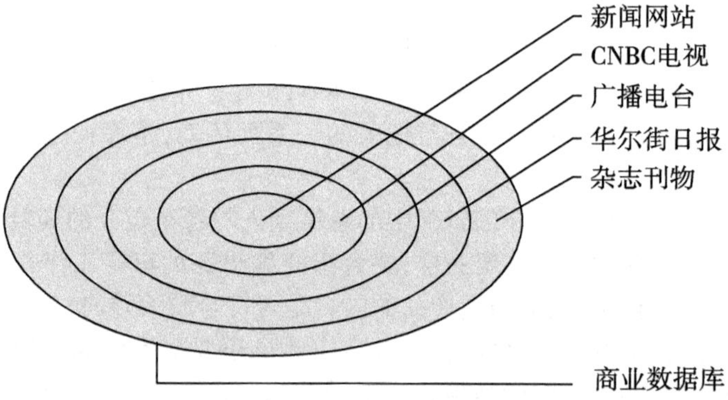

图2-7　道琼斯“波纹”理论图示,新闻产品以水波纹状逐级输出

美国小镇堪萨斯州的劳伦斯世界公司亦是采取这种媒介产品输出模式。其总经理安·加纳说,对于突发事件,理想的状态是先在网络上传播,因为其速度最快;

然后电视视频报道和增加一些素材；最后报纸播出更深入的报道。为了避免三种媒体出现同质化的报道，有时候还会安排报纸记者到电视台参加录制一些对话节目播出，这些节目中会透露报纸上的一些内容，但不是全部，不会让收看电视节目的观众丧失阅读报纸的需求。这种媒介产品输出的“波纹”模式，实际上也是我们常说的“一次内容生产，多种媒介发布”，这值得融合媒介编辑部好好地学习、借鉴与利用。

同时，我们还需注意，在这一阶段，新闻产品的输出不应是各个编辑“各人自扫门前雪，休管他人瓦上霜”似的各自为政，而应实行媒介联动的发布模式，即不同媒介的编辑联合行动，协同输出媒介产品，例如网络编辑可以在网站上发布与策划内容有关的报刊摘要，甚至可以链接图书的精彩片段，以吸引更多受众的眼球；手机报编辑则可以利用即时性和互动性强的优势就各媒介的相关精彩内容进行预告式宣传。如此，从整体上来看，从不同媒介上输出的新闻产品之间将会呈现出既有联系又有差异的“和而不同”的景象：一方面，它们在报道主体上具有一致性；另一方面，它们在发布时间、报道角度、表现形态上又存在差异；最后，它们彼此在新闻内容上又相互补充，形成了一条有机产品链。而这样的一种产品链的形成，本质上是一种对资源开发的综合性、连续性的操作，能够最大程度地实现新闻资源增殖。如2001年美国“9·11”恐怖事件发生后，新华通讯社利用自己强大的国际采访力量及时而全面地对新闻信息资源进行了采集编辑，以通讯社新闻稿、新闻音像报道、新闻图片等对新闻资源进行了第一轮开发利用，这种资源利用的价值在于出售通讯社的信息产品；新华社的社办报刊利用通讯社的有利条件，在前方记者的配合下分别从不同的角度对这一新闻事件进行了更具有深度和个性的报道，这是对新闻信息资源的第二轮开发利用；紧接着，新华出版社对这些新闻报道成果进行了第三轮的开发，编辑出版了一些反映与分析这一事件的书籍。由此我们可以看出，“产品链”的建构对资源增殖的强大效果。

思考与练习

1. 简述融合媒介编辑部是如何指挥报道活动的。
2. 列举新闻制播人的职责。
3. 阐述新闻流编辑的重要性。
4. 探讨一下你从哪里、以何种形式获取信息素材，考虑一下哪些信息是你可能必须放弃的。
5. 选择新近发生的一个新闻事件，撰写一份报道策划书。

第三章　媒体新闻产品设计

知识要点

1. 掌握新闻产品设计的依据
2. 了解新闻产品设计的内容

内容摘要

新闻产品设计，是对媒介产品中以传播新闻为主要职能的组成部分的设计，包括确定新闻产品在整个媒介产品中的位置和比重，以及进一步设计新闻产品中的每一个组成部分。新闻产品设计的具体内容包括：确定报纸新闻版、广播电视新闻栏目、网络媒介新闻网页在整个媒介产品中所占的比重，如版面总量、时间总长度等；确定报纸新闻版在报纸上的位置、出版频率和具体时间，广播电视新闻栏目播出的具体时段和播出频率，网络媒介新闻网页的位置。设计新闻产品中的各组成部分，因其不同新闻媒介的结构而具有不同的特点。报纸以版面结构架构产品结构，广播以时间延续性架构产品结构，电视以时间延续为主、屏幕空间为辅构架产品架构，网络媒介则不受时间和版面容量的制约。新闻产品设计应注意对信息处理的合理性和可行性，并找到其中的平衡点，同时，新闻产品设计应该与采编机制改革同步进行，正确处理借鉴与创新、变革与稳定的关系。

第一节　新闻产品设计的依据

一、媒介受众

媒介受众指的是媒介信息传播的接收者，包括报刊和书籍的读者、广播的听众、电影电视的观众、网民。媒介受众从宏观上来看是一个巨大的集合体，从微观上来看体现为具有丰富的社会多样性的人。新闻产品设计需要关注媒介受众的六大要素，即身份、性别、年龄、经济收入、地域、文化程度。

受众身份，主要是受众在社会中的政治地位。如报纸中的都市报、晚报、晨报和机关报的读者受众差别就较大，两类报纸的信息内容因而有重要区别。都市报、晚报、晨报等小报以非管理阶层的市民为主，最需要与他们利益相关的民间新闻，而机关报的目标读者以党政机关的干部群体为主，他们第一需求是工作性报道、领导性和管理性新闻等。

受众性别，即男性和女性两种。设计者在设计新闻产品时，要考虑目标受众是以男性为主，还是以女性为主。

受众年龄，一般可以分为少年、青年、中年、老年。

受众经济收入，一般按月收入水平进行细分。在确立目标受众时，应该避免只重视经济收入水平高的受众群体，而忽视同样需要信息和文化服务的低收入水平的受众群体。

受众地域，可以分为全国性受众与区域性受众，城市受众与农村受众，南方受众与北方受众。

受众文化程度，一般划分是：大学及其以上，中学，小学，文盲。

以上六大要素，设计者都应该综合起来考察并把握。在识别和寻找目标受众时，不能脱离媒体的科学定位，在确立目标受众时也要合理平衡、积极健康，警惕不辨美丑一味迎合受众的编辑工作倾向。

二、媒介管理

媒介管理是指媒介管理者协调、组织、领导和控制媒介员工的工作和充分利用媒介资源来达到既定的媒介发展目标的过程。媒介管理者是通过行政手段、法律手段或经济手段对媒介进行控制的组织及个人。媒介管理者的意志，以及有关政府部门对新闻媒介的管理法规和政策，是媒介进行决策必须考虑的要素之一。

现如今，媒介的管理者们面临的是一个独一无二的并且迅速变化的环境，竞争异常激烈。电子媒介产业各领域在技术的推动下实现了整合，计算机、节目设计与运营和发行系统合而为一。兼并与收购已经使主要的电视网、广播电视集团和有线电视公司运营商的构成发生了变化。政策法规壁垒的消除、媒介公司战略联盟和伙伴关系的增加，以及全球性娱乐和信息市场的出现，都对管理环境的变化产生了影响。媒介管理是新闻产品设计朝何种方向发展的主要指向标。

三、媒介广告客户

广告是现代传播媒介的经济支点，媒介的生产循环要依靠广告提供资金保障，因此对广告市场份额的争夺在媒介竞争中不可避免，尤其是那些完全进入市场的媒介，会更加自觉地将广告客户作为自己的服务对象和争取目标。广告客户作为影响媒介的重要因素之一，正为越来越多的人所认识，也为越来越多的人所担忧。媒介在考虑广告客户这一因素时需慎重行事。在媒介经营单位，最有价值的媒介广告客户并非完全定位为大客户，而是指那些在媒介投放中占有一定比例、忠诚的、具有良好的盈利能力和发展前景并且是各行业知名品牌的客户。最有价值的媒介广告客户不仅关系着媒介经营的好坏，而且还影响着媒介自身发展，激励媒介自身品质和平台进一步完善。这其实是一个良性循环。好的媒介平台吸引更多有价值的客户投放，有价值的客户又促使媒介自身不断完善，从而促使媒介和客户沿着良性轨道发展。

四、媒介竞争者

新闻媒介相互之间的竞争是构成媒介生存环境的又一重要因素，而媒介定位正是与竞争者的生存状态相对而言。也就是要寻找竞争对手的薄弱环节，发现市场空白点，从而选择正确的发展战略。媒介竞争者对媒介人力资源的抢夺，对媒介体制和管理水平的完善都将极大促进行业本身的完善运行，给新闻产品设计以更多的商机。

五、媒介技术

媒介技术是指媒介运行所必需的技术设备和技术水平，包括采编系统技术、印刷排版技术、通讯设备技术等。尤其在高度信息化的今天，媒介的出版和采编已经“告别了铅与火”，“告别了笔和纸”，而越来越趋向于电子化、网络化、即时化。数码相机、录音笔、笔记本电脑和无线网卡等已经成为记者不可缺少的配置，数字资产管理系统（DAM）和媒体信息门户（EIP）已经在欧美发达国家较为普及，也成为目前国内业界的技术革新方向。

随着传播技术的飞速发展和我国社会的进步，被称为第四媒体、第五媒体的新媒体——网络和手机在我国全面推广和迅速普及。新媒介技术的产生和普及，社会主导媒介的兴衰更替，对我们赖以生存的社会环境产生巨大影响，也使我国的媒介环境发生了革命性变化，形成一个迥然有别于以往的新的媒介环境。互联网的全球性、开放性、无限容量和传播速度的极限化，手机媒体可以随时、随地、随身传播，特别是3G手机将无线通信、计算机技术、信息网络技术三者完美结合的特点，打破了国内传播与国际传播的边界，使我国的国内媒介环境与国际媒介环境日益融合。因而，在对新闻产品进行设计时，要综合考虑媒介技术带来的媒介环境的变化，依托媒介技术，打造完美的新闻产品。

六、媒介自身

麦克卢汉认为“媒介是人的延伸”——媒介是用来延伸人体器官及其机能的中介性工具。在麦克卢汉看来，任何一种技术，只要是人类身体、思想、存在的任何延伸，它就是媒介。在概念的内涵方面，广义的媒介逐渐向狭义化演变，这与特定历史时期的技术进化和社会进步有关。狭义上的媒介是介于传播者与受传者之间的用以负载、传递、延伸特定符号和信息的物质实体。它包括书籍、报纸、杂志、广播、电视、电影、网络等及其生产、传播机构。在新闻产品设计中，媒介的资金、设备及其自身进行传播的符号因素等媒介自身的因素都会影响其决策，是新闻产品设计的依据之一。

第二节 新闻产品设计的内容

一、制定编辑方针

新闻媒介的编辑方针是根据媒介方针(如办报方针、办台方针)对新闻传播活动做出的决策。它规定了媒介的受众、传播内容、传播的水准和风格特色,是媒介新闻产品生产必须遵循的准则。编辑方针既已媒介定位为依据,又是媒介定位在编辑工作中的落实。

编辑方针既能展示出新闻产品的立场、观点、态度,又能彰显出新闻产品的特性和风格。编辑方针也不是一成不变的,如在办报的过程中会依据传媒主办者的意志、传媒支持者的愿望等各种主观和客观因素进行不断的调整,从而适应当前市场的变化,改版是其实现途径的主要方法。

新闻编辑方针的主要内容包括:

(1)媒介的受众对象

受众是新闻编辑工作最终的服务对象,而且随着媒介技术的发展,受众正逐渐成为现代新闻传播活动的参与者。但对于具体的新闻媒介来说,媒介的受众对象又是某一个特定的群体,它是根据媒介的性质、办报(台)宗旨以及媒介市场竞争的需要确定的。新闻产品的设计要针对具体的服务对象来操作,因此编辑方针首先要规定媒介的目标受众。目标受众是媒介编辑希望其能够成为媒介消费者的人群。服务对象是编辑方针中最重要的内容,它对其他几项内容会产生制约作用。

如《第一财经日报》目标读者为社会的中间阶层,它具体包括两类人:一是"核心读者",包括中国的商界领袖、管理精英、金融投资专业人士、政策制定者和经济工作管理者、创业家和相关知识阶层;二是"辅助读者",包括那些对经济、金融与资本市场、商业管理等有相关兴趣的上班一族,一般投资者,青年学生等成长阶层。读者对象是编辑方针中最重要的内容,它对其他几项内容会产生制约作用。

(2)新闻传播的内容

新闻传播的内容指的是媒介新闻传播的总的报道面有多大,具体说来,包括报道对象的分布有多广、报道的领域有多宽、报道的区域有多大等。媒介新闻传播的内容是由媒介的性质、宗旨和服务对象的需要决定的。媒介的功能定位的多元结构组合,决定了媒介的传播内容也是一种多元结构组合,编辑方针要对内容的范围、层次和重心作出明确规定,既要纵览全局,又要分清主次。

(3)新闻传播的水准

新闻传播的水准指媒介在新闻传播方面的思想水平、文化水平和专业技术水平所达到的高度,这具体通过新闻传播内容的深度、广度以及语言文字、图像、版面设计、制版印刷、节目制作等多方面因素综合来表现。新闻传播的水准也是根据媒介的性质、宗旨和受众对象确定的。

(4)媒介的风格特色

媒介的风格特色指媒介新闻产品的整体结构、传播内容、传播方式和外在形象等所综合表现出的格调和特点。媒介的风格特色是由媒介的性质、宗旨、受众对象决定的。编辑方针中确定的媒介风格不仅要落实在媒介产品设计中,还要持续不断地落实在日常编辑工作中。每一个版面、栏目、节目都要自觉地突出和维护媒介风格,每一个记者、编辑都要以自己的劳动成果突出和维护新闻传播以及新闻媒介产品的风格。

在制定媒介的编辑方针时,应该科学决策,正确地确定受众对象、传播内容、传播水准和风格特色,从而对媒介发展产生健康影响。

权威、独立、责任、专业——《第一财经日报》编辑方针的制定

2004年11月15日,由上海文广新闻传媒集团、广州日报报业集团和北京青年报社三家媒体跨地区联合创办的《第一财经日报》(见图2-3)横空出世,这份中国报业史上里程碑式的报纸,定位于一张全国性、市场化、权威、主流的财经商业报纸。其编辑方针概述为权威、独立、责任、专业——传播权威的信息和声音;恪守新闻的真实与独立原则;怀抱理性和责任感,以全球化视角关注时代的核心问题,在时代演进变革的大视野中透视丰富的财经世界;专业化的知识和技能是报道的前提。

在"报纸消亡论"、"报业市场蛋糕缩小"等声音叫嚣不已之际,在中国财经报纸已经三国鼎立(《中国经营报》、《21世纪经济报道》、《经济观察报》)之际,创立这样的一份全国性的财经报纸,而且是日报,其如何定位、编辑方针如何制定成为要解决的首要问题。

第一财经日报

CHINA BUSINESS NEWS

周小川：外储投资继续多元化

社科院蓝皮书：鄂尔多斯经济繁荣指数第一

穆巴拉克：历史大审判

郭美美母女露面 迷局仍有不清

时代广场“中国屏”运作解密

美国“保级”三缺一：看标普脸色

增城事件冲击波：广东欲破解外来人口管理难题

WORLD MARKETS

首先，新报纸的性质为一份财经商业日报，而在中国当前的财经报业市场上，已经有同样致力于成为中国的《华尔街日报》和《金融时报》的《中国经营报》、《21世纪经济报道》、《经济观察报》存在并强势发展。新报纸的性质和定位与其他同类报纸的差异优势并不大，然而，正如《第一财经日报》发刊词中所称，“商业改变中国，中国改变世界”，正是基于对中国商业崛起的信心和认知，《第一财经日报》认为在内容上即在新闻源上尚不致“巧妇难为无米之炊”；此外，中国的财经报纸市场真正意义上的全国性有影响力的日报几乎为空白，也就是说，财经日报的市场生存空间还有待开掘，而《第一财经日报》在时效性上的优势是其他同类财经报所无法比拟的。因此,《第一财经日报》将目标锁定为一张主流、权威、市场化的财经日报。

其次,从读者对象上来看,商业力量的增长使中国财富新贵和中产阶级逐渐膨胀,这成为财经报纸的主要受众。因此,和其他财经媒体一样,《第一财经日报》的目标读者为中国的商界领袖、管理精英、金融投资专业人士、政策制定者和经济工作管理者、创业者、相关知识界。《第一财经日报》认为其读者价值在于它是一份深具新闻价值、工具价值、决策参考价值、投资指南价值、管理借鉴价值、潮流引导价值的每个工作日必读的主流日报,其将在中国的经济、金融、投资、工商、产业、技术、商业教育等众多领域发挥重要的信息和舆论作用。中国"三最"人群:最具决策力、最具消费力、最具影响力,成为其着力影响的目标。

最后,从办报目的来看,塑造影响力并将影响力转化为经济力显然是其目标所在。既然市场空间存在,读者对象存在,再加上三家媒体跨地域合办带来的营销网络的即成优势,盈利自不待言。

虽然定位带有明显的理想主义和乐观色彩,但接下来的发展证实了《第一财经日报》的存在价值:2006 年 6 月,《第一财经日报》荣登世界品牌实验室公布的 2006 年"中国平面媒体品牌价值 30 强排行榜";2006 年获由中央电视台等主办的第二届中国广告风云榜"2005 ~2006 年度中国最具价值媒体 100 强"称号;2006 年在第二届中国传媒创新年会上,被评为"2006 年度十大创新行业报";2007 年 1 月,荣登史坦国际传媒研究中心主办的"第三届中国最具投资价值媒体"榜单;2007 年 4 月由百度主办的 2007 年百度"中国都市传媒影响力'状元媒'"榜单中,《第一财经日报》分别获得"最具影响力财经类状元媒"、"最具影响力科技类状元媒"两项大奖。

(综合因特网资料)

《京华时报》的报刊定位及成功

《京华时报》定位于"北京人的都市报",深受广大北京市民的喜爱。央视市场研究股份有限公司(CTR)的调查数据显示:2007 年《京华时报》平均每期的读者规模超过 160 万人,其中消费能力最强的 25 ~44 岁的核心读者达到 90 万人,主动读者占 85%,忠诚读者占 86%。《京华时报》占有北京早报零售市场 67.9% 的市场份额,是北京发行量最大的早报。2005 年、2006 年、2007 年连续三届荣获百度中国传媒影响力"状元媒",新闻网络转载率和点击率名列全国报刊类第一名,同时荣获"最具新闻传播力媒体"和"最具时政传播力媒体";2007 年被史坦国际和中国传媒论坛评为第三届"最具投资价值媒体"、"最具成长性创新媒体";被 B& M2007 品牌中国传播力中国峰会评为"2006 年度中国百家最具品牌传播力的强势媒体"。这些结果表明,《京华时报》已经成为北京读者最喜爱和最关注的报纸之一,也是北京新闻分量最足、本地资讯最多、新闻时效最强的主流报纸之一。

采编风格

1. 严格意义上的真正新闻纸

新闻是综合性日报的核心价值。追求最出色的新闻，是《京华时报》高举的旗帜。《京华时报》的出现，将宣告副刊化日报时代的终结。

2. 与国际接轨的版饰风格

大巧若拙，大道于简。《京华时报》的版面设计以便于阅读为最高原则，简单明快一目了然。全面导入CI整体深化理念，视觉效果独树一帜，极大提升和强化新闻图片在报纸中的价值和地位，大量的具有视觉冲击力的新闻图片将令读者耳目一新。

3. 小报报型，大报风范，大俗大雅，紧贴市场

双面彩印4开报型符合现代都市读者节奏紧张、空间狭窄的阅读特性；内容取舍以读者的需求为最终标准，以市场导向为根本诉求；形式不拘一格，内容大俗大雅。目标读者以都市白领为主，兼顾所有京城市民，凡有阅读能力者皆是我们的潜在读者。我们相信，每一个日复一日购买《京华时报》的北京市民都是其他商品的强势消费者。

四大卖点

1. 时间：《京华时报》在北京市所有日报中第一个上摊，最早与读者见面。

2. 时效：对新闻反应最快，第一时间抢发昨日新闻，昨日新闻占有绝对比重。

3. 立场：旗帜鲜明，爱憎分明，舆论监督分寸得当。

4. 追求：独家新闻是《京华时报》无往不胜的法宝，大量的有价值的独家新闻将成为《京华时报》亮点中的焦点。

五大优势

1. 巨大的市场

比之国际，中国可以争取更多的读者人数；比之国内其他省市，北京地区的报业市场潜能无限，远未达到饱和。北京市场比之广州市，无论发行量还是广告额都应该有更大的发展空间：北京市几大综合日报发行量的总和，尚与《广州日报》一家185万份的发行量存在差距。《京华时报》致力于联合北京同行共同把北京报业市场的蛋糕做得更大。

2. 机制的创新

《京华时报》体现了人民日报精粹与北大文化的结合，权威性与市场性的结合。体制的创新十分明显。《京华时报》是人民日报改革创新的试验田，中国新闻界对《京华时报》寄予厚望，而且提供全力支持和呼应。

3. 雄厚的资本

《京华时报》本着“高投入、高产出”的思路，借助北大文化集团丰富的资本运

作经验,共同开发广告、发行,以多种经营模式综合发展,壮大实力,参与国内国际的竞争。

4. 高素质的人才

《京华时报》的高层、中层管理人员平均年龄36岁,报业经验丰富,其中包括南方报业系的谭军波、朱德付等著名传媒人。同时还拥有一支具有强大信息采集能力的编采队伍、高素质的广告队伍,以及遍布北京城区的2000余人的发行队伍。这些都是报纸发展壮大的强有力后盾和保障。

5. 准确的市场定位

《京华时报》从一开始就非常重视市场调研,让数据资料说话。出资由专业报纸调查咨询公司对中国及北京报业市场作全面的调查,尤其对各地都市报发展态势加以研究,得到了第一手资料,了解了市场,熟悉了自己的受众。京华时报独特而有效的采编风格,对读者具有强大的吸引力。

所获荣誉

《京华时报》占有北京早报零售市场67.9%的市场份额,是北京发行量最大的早报。2005年、2006年、2007年连续三届荣获百度中国传媒影响力"状元媒",新闻网络转载率和点击率名列全国报刊类第一名,同时荣获"最具新闻传播力媒体"和"最具时政传播力媒体";2007年被史坦国际和中国传媒论坛评为第三届"最具投资价值媒体"、"最具成长性创新媒体";被B&M2007品牌中国传播力中国峰会评为"2006年度中国百家最具品牌传播力的强势媒体"。

这些结果表明,《京华时报》已经成为北京读者最喜爱和最关注的报纸之一,也是北京新闻分量最足、本地资讯最多、新闻时效最强的主流报纸之一。

版面价格

首批建立36个发行站,遍布北京中心城区各个角落,2002年增至50个,并将逐步扩展为上百个发行站,使网点密集覆盖北京城。公司零售网点3000多个,并不断在发展之中。公司现拥有上千名训练有素、具有良好服务意识的发行员。公司从一开始就实行电脑化操作,现代化管理。发行中心下设两个中心:批零中心和物流中心

批零中心隶属于发行中心,目前拥有10个零售站及地铁、超市在内的配送网络。送摊队伍达三百多人,业务辐射了整个北京城八区及郊县,并延伸至全国21个省市,目前代理的各种报纸杂志达八十多种,类型比较全面。批零中心以服务创造价值为宗旨,在业界已享有了较高的声誉和口碑。

批零中心自成立以来,在公司及社会各界的关心支持下,一直重视自身的队伍建设,目前批零中心内部管理人员三十余人,分工明确、责任到人,相互协作,保持着团结务实,高质高效的良性运转。

物流中心隶属于发行中心,现拥有50多个投递网点,120多名专业发行管理

人员,1000多名高素质的投递员。网络覆盖面除八大城区外,更延伸至昌平、顺义、亦庄、门头沟等郊区,成为目前本市除邮局外最大的报刊发行网络之一。

媒体价值

《京华时报》平均每期阅读率为22.3%,读者人数超过180万人,是北京市深具影响力的强势媒体之一。

《京华时报》的中青年、高学历读者比例较高,并对良好职业者、中高收入者的覆盖率均较高,表明该报读者具有更高的消费能力,广告价值较高。

《京华时报》读者忠诚度高,读者主动性强,阅读该报全面仔细,良好的阅读习惯为达到更好的广告效果提供了有力保证。

《京华时报》读者对家电、电信产品/服务、日常用品、房地产、汽车等广告的关注度较高。

《京华时报》读者自信、乐观、注重健康,关注高科技、乐意尝试新产品,崇尚品牌,也具有较强的事业心和社会责任感,并且是良好的广告信息接受者。

《京华时报》在家庭汽车、住房、金融保险、移动通信、酒类、速食品、药品、婴幼儿用品、教育培训、旅游等产品或服务的消费者中,都具有更加广泛的影响力,因此针对这些不同行业的广告投放者来说,《京华时报》均具有较高的广告价值。

《京华时报》占有北京早报市场69.7%的市场份额,零售量与订阅量持平,是北京发行量最大的早报;《京华时报》2006年广告版面营业额名列全国报纸第5位;2007年5月、6月、7月广告版面营业额名列全国报纸第4位;自2006年起,《京华时报》工商广告市场份额在北京报纸市场名列第1位。《京华时报》2005年、2006年、2007年连续三届荣获百度中国传媒影响力"状元媒",新闻网络转载率和点击率名列全国报刊类第一名,同时荣获"最具新闻传播力媒体"和"最具时政传播力媒体";《京华时报》2007年被史坦国际和中国传媒论坛评为第三届"最具投资价值媒体"、"最具成长性创新媒体";《京华时报》2007年被B&M2007品牌中国传播力中国峰会评为"2006年度中国百家最具品牌传播力的强势媒体"。

影响力

8月26日至28日,2011年中国传媒投资年会暨颁奖盛典在京举行,近两百名决策部门领导、传媒业领袖、国内外投资巨子、实业家欢聚一堂,共襄盛举。在年会沙龙上,到场领导与嘉宾积极互动,就"文化大国的产业创新和精神选择"主题展开深入研讨,主办方中国传媒论坛学术委员会与STANCHINA(史坦国际)共同公布了2011年中国传媒和思想界的全新价值榜单。

本次媒体评选主要有八大指标:社会公信力、核心管理团队、市场运作机制、政策垄断资源、品牌知名度、财务运行状况、目标受众市场、投资方与管理团队关系。评选范围囊括了报纸、广播电视、杂志期刊、网络和新媒体、出版和传媒机构等。

《京华时报》凭借其在京城的影响力和品牌价值,在本次颁奖盛典中获得

“2011 中国最具投资价值媒体”荣誉，并受到媒体界和投资界同仁广泛关注。

二、拟定产品设计方案

新闻产品设计是媒介产品中以传播新闻为主要职能的组成部分的设计，如报纸的新闻版、新闻性的专刊专版、广播电视的新闻频道及新闻性栏目、网络媒介的新闻网页等。新闻产品不是孤立存在的，而是媒介产品的一个有机组成部分。因此，新闻产品的设计还包括确定新闻产品在整个媒介产品中的位置和比重，以及进一步设计新闻产品中的每一个组成部分。新闻产品设计的具体内容包括：

第一，确定报纸新闻版组或新闻版、广播电视新闻频道或新闻栏目、网络媒介新闻频道或新闻网页在整个媒介产品中所占的比重，如版面总量、时间总长度等。

第二，确定报纸新闻版在报纸上的位置、出版频率和具体时间，广播电视新闻栏目播出的具体时段和播出频率，网络媒介新闻网页的位置。不同新闻媒介具有不同的结构特点，报纸主要以版面空间构架产品结构，具有可读性、可选性，但受排版印刷限制，传播新闻时效相对滞后；广播主要以时间延续构架产品结构，具有可听性，但受听觉符号限制，传播新闻稍纵即逝，而且缺乏可视性；电视以时间延续为主、屏幕空间为辅构架产品结构，具有可听性、可视性、可读性，但节目制作复杂，声像符号也是稍纵即逝，缺乏可选性。网络媒介可以不受时间和版面容量的制约，同时兼具可读性、可听性、可视性、可选性，但无制约便导致信息泛滥，可能造成受传障碍，而且目前受技术条件所限，功能尚不能完全发挥。在我们对媒介中新闻产品进行定性与定量的设计时，需要充分考虑到各类媒介的特点，注意扬其长而避其短。

第三，设计新闻产品中的各组成部分，包括报纸各新闻版面及其中主要栏目的设计、广播电视各新闻栏目的设计、网络媒介中各新闻网页及其主要栏目的设计等。具体包括：

分工定位。即设计报纸新闻版面的职能分工与固定位置、广播电视新闻栏目的职能分工与播出时间、网络媒介新闻网页的职能分工与固定位置。

局部设计。即设计报纸各新闻版、广播电视各新闻栏目、网络媒介各新闻网页，确定其名称、报道对象、内容范围、表现形式、形象包装。

细节设计。即设计报纸要闻版与新闻性专版、网络媒介新闻网页中的主要专栏，以及广播电视新闻栏目中的重要子栏目，确定其名称、报道对象、版面位置与容量、报道形式和风格。

我们应注意的是，新闻产品设计往往与媒介的传播机制策划紧密联系在一起。因为传播机制是对新闻产品设计方案付诸实行的必要保障，若仅是策划产品，而不考虑实现这种产品生产的机制，产品设计很难有成效，从而成为空谈。因此，新闻产品设计在当下多与采编机制改革同步进行。

三、设计思路与操作要领

新闻产品的创立和完善需要经历一定时间的准备，调研、论证和试行不是短短几天就能完成的，往往需要几个月、一年甚至更多的时间。因而，新闻产品的设计是一个系统工程。作为媒介产品设计的一部分，新闻产品的设计思路可以有三个层次阶段：一是策划预备，主要是收集各方面的信息，为方案设计提供科学的依据；二是设计方案，主要是处理信息、确定目标受众、制定编辑方针，拟定优选新闻产品设计方案；三是试行方案，主要是通过实际操作来发现方案中的不足，及时弥补和完善。

在对新闻产品设计有了一个完整的思路后，接下来的关键就是在三个层次阶段的实际操作中掌握好要领，才能做好新闻产品的设计。

（一）策划预备阶段

策划预备阶段主要是从萌生策划意图到设计方案之前的这段时间。这段时间的工作主要是进行充分的调研，了解新闻产品的生存环境、细分市场，寻找新闻产品发展的市场空间。在这个环节中，关键的工作是收集内部和外部的信息。内部信息即构成媒介内部环境并与新闻产品有直接关系的信息，如媒介资产信息、媒介技术信息、媒介人才信息、媒介管理信息等。外部信息即构成媒介生存环境并与新闻产品直接有关的信息，如媒介受众信息、媒介领导者信息、媒介竞争者信息、媒介相关产业信息。

获取信息常用以下几种方法：一是文献研究方法，通过收集各种文献资料，进行分析整理，从中获得有效信息；二是抽样调查法，通过对受众进行抽样、发放问卷、统计数据并分析结果来获得媒介受众信息；三是田野调查，通过走访其他新闻媒介，访问专家学者、受众及其领导等来获得各类外部信息；四是座谈会，通过对有关内部人员进行座谈获取信息；五是公开征集意见与建议，通过媒介发起征集意见和建议的活动，吸引社会对媒介献谋献策；六是个别交谈，通过对相关人员个别交流，获取信息。

在获取信息之后应该及时建立信息数据库，并保证数据库数据的全面、准确和有效，以利于在决策和设计新闻产品的过程中能快速发挥作用。详细了解和掌握了这些信息，也就掌握了新闻产品设计方案的重要依据，从而对新闻产品的设计做到心中有数。

（二）设计方案阶段

设计方案阶段是分析各个方面的信息、确定新闻产品的编辑方针、拟定新闻产品的设计方案并优选的过程，是新闻产品设计的主体核心阶段。在设计新闻产品方案时，要尤其注重对目标市场读者对象进行细分和分析，区分好新闻产品的核心读者群和次要读者群，为接下来的传播内容、传播水准和风格特色的确定奠定基础，并在设计方案中把它们落实到新闻产品的总体设计和局部设计中。设计方案一般由策划小组或改版小组指定专人负责起草，形成初稿，再经过多次论证，优化选择，修改完善，最后形成定稿。

在设计方案时，既要以前期的调研分析为基础，又要大胆创新。创意构思是核心，是策划者依据已获取的信息，运用创造性思维方式，完成设计方案。创造性思维方式最主要的一种类型是发散思维。通过发散思维为设计方案寻求不同和多种思路，提供大量设想。“头脑风暴法”（brainstorming）即智力激励法，是启动发散性思维的一种很好的途径，它能很大程度上激励团队积极创新、思维共振、信息互补，从而有效发挥集体智慧。创造性思维方式的第二种类型是想象。通过想象使设计者在对过去感知的基础上进行加工、改造，创造出新成果。创造性思维的第三种类型是灵感思维，也称为直觉思维或顿悟思维。在新闻产品设计的创意构思中，创造性思维的这几种方式经常融合并集体发挥作用，设计者应有意识地去运用创造性思维方式，以最佳的设计水平设计出优秀的新闻产品。

（三）试行方案阶段

确定了新闻产品的设计方案之后，即要把方案付诸实践，对其可行性进行验证，以利于发现问题，及时修正和完善。这就是新闻产品设计方案的试行阶段。在这个阶段要慎重选择试行的时间、内容、次数，广泛地征集到尽可能全面的意见和反馈，尤其是目标群市场的意见。试行方案阶段是对前期工作的检验，从而可以在改版时有更好的效果。如英国《独立报》和《泰晤士报》为了更好地检验改版效果，让市场有适应的过程，曾不惜重金采取双重出版的方式进行过渡，即 2003 年改版时，用新旧两种报纸（大小报）同时出版，历时一年左右。

总之，媒体新闻产品设计方案通过试行和修正，正式应用于媒介产品生产之后，有时还会根据客观需要不时作局部的调整。因为，媒介新闻产品的设计是一个随着媒介产品生产而不断接受反馈、不断实现系统最优化的过程。

《南方日报》的第九次改版

《南方日报》推出的第九次改版以全媒体转型为重点：将南方报网改版成“南网”；从成立负责采集各类信息的全媒体突击队，到组建制作包括广电节目（含适合网络播出的视频、音频）在内的各类内容的全媒体采编虚拟团队，从将要闻编辑部和新媒体部整合为全媒体编辑部，到推动流程重组和推动采编部门共建频道，使探索开始摆脱“报网互动”的旧思维，升级到了“报网融合”的新境界。

从 2012 年 8 月 6 日开始，《南方日报》进行了第九次改版，这对于提高新闻品质，着力解决党报在市场经济条件下的生存发展问题，从而使其发行量连续 27 年、广告收入连续多年居全国省级党报第一位，产生了重大作用。但与此同时，随着以互联网和移动互联网为代表的新兴媒体的快速发展，信息传播方式和信息传播渠道发生了颠覆性的改变,并严重分流了受众的信息消费选择和客户的广告投放,这种趋势和状况不能不对平媒的长远发展造成巨大的影响。

面对这巨大的挑战,《南方日报》秉持"高度决定影响力"的办报理念,以现代媒体的传播规律为指引,以改版为抓手,大力践行全媒体转型战略,有力地推动自身从过去的一份纸质媒体,延伸跃迁成为拥有六条具有相当竞争力的产品线的主流媒体。

2012年10月23日,《南方日报》推出第九次改版。此次改版以全媒体转型为重点:将南方报网改版成"南网",着重发展网络问政、即时新闻和法人微博;从成立负责采集各类信息的全媒体突击队,到组建制作包括广电节目(含适合网络播出的视频、音频)在内的各类内容的全媒体采编虚拟团队,从将要闻编辑部和新媒体部整合为全媒体编辑部,到推动流程重组和推动采编部门共建频道,使探索开始摆脱"报网互动"的旧思维,升级到了"报网融合"的新境界。回顾本次改版,我们的"报网融合",不仅包括了媒介形态的融合,而且还包括了对媒介功能、传播手段、机制、组织架构和团队等多个要素的融合。

具体说来,《南方日报》"报网融合"的探索有三大创新。

定位创新:党报全媒体转型之基

定位是一个无法绕过去的基础性市场问题。在计划经济时代,媒体只有政治属性,没有市场属性,自然没有定位问题;但在互联网时代,地域特征被大大淡化,用户无论身处何处都能够方便快捷地了解到各地的重大新闻;如果党报所办网站不去解决好自身的定位问题,还只是将自己简单地搬上网,所谓在网上复制自己线下的优势,这显然无法适应网络竞争,更难于以落实"构建舆论引导新格局"的总体要求。虽然网站的定位与线下平媒相比,有定位方式、市场方向等方面质的不同,特别是无法对用户细分作出准确的描述,但我们认为,党报全媒体转型的基础,仍必须解决其定位问题,这关键在于坚持差异化发展方向,使之找到符合报纸性质和能够有效发挥自身资源禀赋的市场定位。

具体而言,如何才能从千百家门户网站和千万家商业网站中区别开来、脱颖而出?《南方日报》认为,与综合性门户网站相比,省级党报能投入到全媒体改革的资金、技术和人员都没有优势;即使投入了大量资源,也不见得能够成功赶超门户网站。相比之下,党报从事政经新闻的专业性更有说服力,也更快见到成效。针对全国已经有无数报纸号称创办新闻类门户网站,却无一能够挑战新浪、腾讯等门户网站的状况,我们在反思中果断放弃"大而全"的思路,用"专而精"的定位来进行转型,以打通民间和官方两个舆论场为目标,将官网定位从综合性新闻网站调整为专业类政经网站,集中资源建设"中国首家问政云平台"。

为了实现这一目的,南方日报社编委会缜密部署,于2012年10月23日成功地对官方网站实施全新改版,将带有浓重报纸电子版味的"南方报网"更名为"南网",并亮出了"中国首家问政云平台"的旗号。实践很快就证明,此创新之举既与省委机关报的品牌无缝衔接，又实现了定位的明晰；同时也证明，集中资源，攻其一点不及其余的策略完全可行。改版后的“南网”让读者耳目一新，有别于新闻门户中让人无所适从的海量信息，更加注重政经观点和动态头条，“网络问政”更是成为一大核心竞争力。

通过定位创新，南网摆脱了以往作为报纸电子版的“附庸”模式，实现了网络媒体擅长即时传播、互动传播的“自主”模式，体现了平面媒体和网络媒体的功能互补，呈现了报网融合的新价值，从而找到了自身的发展空间。

机制创新：党报全媒体转型之要

在完成定位创新后，如何管理好“南网”，进而管理好《南方日报》的六条生产线（平面媒体、网络媒体、移动媒体、广电媒体、户外LED媒体和电子阅报栏），发挥其竞争优势，是必须面对的重要问题。我们认为，要将平面、广电、互联网与新兴媒介结合起来，稿源集成处理，衍生出全介质的新闻产品，然后通过融合文字、图片、音频、视频多种表现形式的平台，传播给用户（即读者、观众、听众、网民等）群体，就必须通过机制体制创新，推动流程再造。

具体做法是：根据报网融合的要求，将新媒体部和报纸的要闻编辑部整合为全媒体编辑部，挖掘要闻部编辑的潜力，使之横跨平媒与网媒的生产；整合后，全媒体编辑部分为白班编辑和夜班编辑，24小时全天候进行稿件资源整合，经由平面媒体、网站媒体、手机快报、微博播报和广电新闻等编辑人员对素材进行编排和加工，制作成适于推送到不同渠道的新闻产品，避免采编人员的重复工作和资源的分散乃至浪费，使源源不断的高品质新闻产品同时在各个不同终端上呈现，从而满足了不同用户的需求：网站专题实现了系统梳理，问政平台产生了议题设置，微博微信体现出互动和速度，广电节目和高清图集带来新闻临场感，手机终端、户外LED屏幕和电子阅报栏完成报纸发行外的有效覆盖，结合报纸所呈现出的深度报道，共同构建新闻无间断24小时全天候传播的创新报道模式。

通过机制创新、制度安排和流程再造，《南方日报》的政经新闻核心资源，在重大报道上发挥出最大化的传播效益，也实现了社会大众对于新闻产品的多元化需求：一个新闻主题，多种呈现形式。

在刚刚结束的党的十八大报道中，《南方日报》的机制创新在磨合中进一步完善，赋予了全媒体新的角色，负责统筹在新闻现场采集、编辑和发布网络新闻和视频节目。全媒体编辑前移这个举措，不仅加强了对前线记者采访方向的调度，而且还减少了信息传递环节，有效缩短网络传播时间，在准确把握导向的同时赢得新闻先机，真正做到先网后报。回顾这一过程，《南方日报》之所以能够圆满完成全媒体传播任务，关键是定位准确，发挥出各个媒介之间的协同效应，让核心新闻资源产生最大化的传播效益，让纸媒、网络、移动终端和户外媒体等各个传播介质在充分发挥自身优势的同时，最大限度地弥补各自的不足之处。

内容创新:党报全媒体转型之核

全媒体转型不是赶网络时髦,也不是简单地把采编部门换个名就能够成功。身为党报,时时刻刻要谨记自身的职责与使命。只有打通两个舆论场,以新颖、可信、有价值的内容广泛赢得用户的高度认可,才谈得上转型成功。《南方日报》在推动全媒体转型过程中,重点结合传播的需要,高度重视内容创新,并把它置于转型之核的位置来认真对待,以完成新闻生产的双重任务:自下而上的引导议程和自上而下的设置议程。

所谓自上而下的设置议程,体现在密切围绕党和政府中心工作和社会热点做新闻策划和评论,以新闻方式做宣传,形成有利于推动工作、促进社会发展的舆论环境。而自下而上的引导议程,则是充分利用官方微博、问政平台、网络论坛和移动终端,筛选党和政府正在关注且能够解决的热点问题给予传播和引导,当这些相关问题得到有关部门的重视,采取有力措施得到解决之后,再次给予新闻关注,从而形成"网民提出问题—政府采纳意见—合力解决问题"的舆论正反馈模式。

在这个方面,《南方日报》与南网的十八大报道有许多成功做法,如报纸设置"党代表参会记"品牌栏目,从党代表启程参会前就开始了追踪报道,一直到大会结束,完成了全部广东代表的采访和报道工作。

这个栏目从报道形式到报道内容,都受到代表们和读者的高度关注与欢迎,充分发挥出省委机关报核心报道的优势;而官网则设立"我@党代表,广东好声音"互动栏目,一方面把党代表的参会日记和心得,第一时间通过网站、手机报、微博和户外LED等形式进行传播,另一方面也把网民对党代表的期望和问政建议,系统汇集起来。在网页上设立"连线党代表"的功能键,后方编辑根据热点议题,整理后发送到前线记者手机。记者在采访党代表的时候,同时也能够代网友向党代表提问,一方面提高了网友参与的积极性,另一方面也充分塑造了党代表心系人民群众的良好形象。通过"党代表参会记"和"我@党代表"这两大栏目的互动打通,可以进一步看到设置议程的重要性,也呈现出网络媒体有效连接两个舆论场的重大作用。

在改版过程中,结合内容创新的需要,《南方日报》和南网着力打造三大类新闻产品:即时新闻、问政热点和媒体微博。

即时新闻:《南方日报》为一线记者全部配备了先进的智能手机,让记者可以在新闻现场,通过APP向编辑发回即时新闻。例如,2012年11月21日3点09分,广州地铁黄村站举行大规模的综合应急演练。《南方日报》记者在现场使用手机发回文字和图片报道。在记者回到报社之前,经过核实的新闻于4点20分便已经在南网、官方微博、手机报和户外LED等全面刊发,新浪、腾讯、网易、搜狐等门户网站旋即在显要位置给予转载。

问政热点:《南方日报》作为省委机关报,有着得天独厚的政治资源优势。通过打通集团所辖网站的用户数据库,共享问政信息,实现传播的最大化。南网成立了由《南方日报》各部门记者组成的“问政记者虚拟团队”,不断从网民所关心的话题中挖掘独家新闻热点,体现了接地气,贴近群众的特点。

此外,和常规民生新闻不同的是,问政新闻更加关注的是切实完善政策和社会管理创新。例如,2012 年 11 月上旬,网友在南方问政平台上发帖,介绍一位残疾人父亲为了给身患重病的女儿治病,起早摸黑卖牛杂的事情。《南方日报》没有简单地从募资救助角度出发,不仅要发动包括广州市长在内的社会各界人士义卖募捐治病救人,还对完善居民医保体系进行巧妙的议程设置,最后再落到城市精神上。“牛杂哥”的网络新闻,既有效地弘扬了正能量,又有浓郁人情味,成为有效打通两个舆论场的典型案例。

媒体微博:社交媒体的进一步壮大,是近年新媒体发展的一大事件,新浪和腾讯微博用户加起来超过 8 亿,传统媒体也必然要发展社交媒体。

《南方日报》在新浪、腾讯等平台上都开设了媒体微博,@南方日报以“高度决定影响力”为核心价值,以“权威声音、主流价值、清新表达”为目标定位,以“参与、沟通,记录时代”为责任使命,内容的选择与议题的设置以国内外重大事件和服务类信息为主,并将适时组织开展微直播、微调查、微专题等活动,追踪时政要闻、关注社会热点、回应公众关切。例如,2012 年 11 月底,近 112 万人参加国家公务员考试创下新高,@南方日报除了及时关注关于“国考”的新闻外,还表达了对“国考热”的冷思考,相关新闻评论引发网友强烈认同,仅在新浪微博转发就达 2 万次。在“人人都有麦克风”的时代,由微博博文构建的网络形象也容易受到网友的围观,网友既关注新闻,也关注《南方日报》在新闻事件中的表态。

构建以用户阅读习惯为导向的内容生产和发布平台,正成为《南方日报》内容创新的有力支撑。从调研数据来看,关注《南方日报》的用户属于三高人群:学历较高、地位较高、收入较高。事实证明,发展全媒体不仅不会影响传统的发行业务,还因为用户覆盖面扩大,进一步提高了报纸广告的吸附能力和全媒体运营的拓展能力。

综上所述,对全媒体转型中的内容创新,我们的体会是,能对同一个新闻内容提供不同的传播渠道和阅读体验,这才是全媒体时代平媒的最大进步。

这绝不是要以削弱传统媒体所擅长的深度报道和独家观点为代价,更不是以浅阅读、快阅读来替代传统阅读习惯,而是强调要将平媒“深度”、“高度”和“信度”的优势,与新媒体的“速度”、“宽度”(海量)和“互动度”之长相融合,通过全媒体平台,生产多种不同形态产品,让用户可根据自身职业、立场、心态和行为的不同,选择自己最便捷的阅读方式,从而赢得市场。实践将证明,谁能够把握传播规律,提供适应不同用户需要的优质内容,娴熟设置议程打通两个舆论场,谁就能够在全媒体转型与竞争中占据主动。

卢克 - 海曼:《时代》杂志的变脸大师

设计师卢克·海曼(Luke Hayman)为美国《TIME》杂志重新改版的设计获得了 ASME 奖。

图 3-1　在传奇杂志设计师瓦尔特·伯纳德奠定了《TIME》排版风格后的今天，卢克·海曼以更适应现代阅读习惯的理念对其进行了变脸

图 3-2　卢克·海曼曾先后担任过《纽约》、《旅游与休闲》等知名杂志的视觉总监

在碎片化阅读的时代，传统纸质媒体面临着严峻的挑战。正如Pentagram知名平面设计师卢克·海曼在接受《外滩画报》采访时所指出的，现今人们倾向于更快、更随意的浏览，尤其是年轻人，把很多时间花费在社交媒体上，而有意识地回避具有深度和长度的文章。针对现状，纸媒发生了两个方向的改变：一方面诸如英国花边小报等把内容编排得更适于快速阅读；另一方面依然有一些严肃纸媒坚持深度报道的传统，但即便是这部分媒体，也纷纷在排版上花足心思，希望以新版式更好地呈现内容，其中以《纽约时报》、《TIME》、德国《Stern》等主流媒体所进行的版式改变为代表。

Pentagram是欧洲乃至全世界设计界中最大、名声最响的独立设计师组合。一共19名合伙人兼设计师，每个设计师都堪称其领域中的实力派中坚人物。他们的办公室分布在伦敦、纽约、旧金山、柏林和奥斯丁。Pentagram设计代表作有：英国企鹅出版集团、美国现代艺术博物馆和古根海姆博物馆的Logo，以及第一代Kindle阅读器等。

卢克·海曼是在2007年为《TIME》进行版式改革的，之后的两年中，他又根据读者的反馈进行了微调，之后卢克·海曼本人就不再参与设计，而是由杂志社的设计人员继续执行他的设计思路。新版式在经过了4年的考验后最终获得市场认可并得以固定，ASME奖也由此在不久前正式将杂志设计大奖颁给了由卢克·海曼改版的《TIME》。

《Stern》的焕然一新

《Stern》杂志是德国受众面最广、也是世界最好的周刊之一，创建于1948年，周发行量100万份，全世界读者共计800万人。

这次《Stern》杂志改版时请到卢克·海曼和他的团队，是想让他与杂志本身的视觉设计团队一起工作，改观杂志的视觉设计。海曼和杂志主编多米尼克·魏切曼、艺术总监乔安尼斯·厄勒紧密工作，一起完成了这次改版设计。这一设计过程中，海曼和杂志视觉设计团队确保一切改版工作牢牢地扎根于杂志和其品牌的DNA根基中。设计师们翻阅杂志旧刊，寻求灵感，尤其得益于20世纪80年代后期，那是《Stern》杂志设计的黄金时代。改版设计包括Stern经典品牌形象的更新——杂志著名的白星标志保存没变，但设计师们对“Stern”几个字母作了重新设计。字母的曲线之处更柔和，字母更饱满、更强劲有力、更友好且更现代。

相比原来的版式，改版后的版式更自由。现存的版式被更加灵活的10栏版式代替。狭窄的栏目允许更多的留白和更多元素，如边栏、短小精悍的文图、指引读者进入阅读的引语等出现，而栏目之间的规则让一切看起来井然有序。

Before

After

图 3－3 改版后的《Stern》版式更自由，边栏、图文、引语等更引人入胜

海曼和设计师团队受到 20 世纪 80 年代《Stern》杂志版面的启发，把标题和文章主体缠绕在一起，创造出既复杂又精致欢乐的氛围。他们挑选了更加容易阅读的字体，代替了原来的字体。封面字体、版块分叠标题和文章标题采用了 Soft Press、Metric 字体和 Nimbus Roman9 号字体，其中 Metric 字体的灵感来源于西柏林街头标牌，文章内容字体采用了 Tundra 字体。

改版后的杂志继续以“每周图片”开篇，接着是“本周”版块。“本周”过后是特写专题，配有深度报道和跨页高精度大图。原有排版紧密的政治特写专题让位给了开放的图片故事。每个故事在排版时，字体松了些，标题和文章主题互相缠绕在一起，这是从 20 世纪 80 年代《Stern》杂志的排版方式中获得的灵感。

Q:你觉得《TIME》杂志的"经典设计元素"是什么?

A:现代《TIME》杂志拥有强烈的、卓尔不群的平面设计风格。辨识起来很容易。知名设计师瓦尔特·伯纳德曾使用了 Franklin Gothic 这种字体,以及清晰理智的欧式现代排版风格。我们就在这基础上起步。

Q:你和《TIME》杂志的视觉设计团队合作时有分歧吗?

A:最初的设计方案是由我和同事宝拉·史切尔一起完成的。之后,我就搬到了《TIME》杂志的办公室,协助他们进一步完成设计并发布新版。我的团队和《TIME》杂志艺术副总监辛西娅·霍夫曼以及她的设计师们紧密合作,我们的分歧很小。总体的方向严格地指向了最初的设想,更困难的地方在于如何发展出一些前所未有的理念。

Q:你是如何理解传奇设计师瓦尔特·伯纳德的设计的?你又是如何传承他的设计风格的?

A:瓦尔特·伯纳德对《TIME》杂志的改版是一个突破性的里程碑,在北美杂志设计史上影响重大。我一直认为他对《TIME》杂志的改版是属于偶像级的设计。但是,当我们继承任何设计师的设计遗产时,并不意味着是简单的修复工作。我们使用着他们设计的"骨骼"部分,但让它们显得更适应当代。我给你打个比方,我会把 20 年前的巴宝莉风衣和我外祖母联系在一起;现在我把它与凯特·莫斯联系在一起。无论过去还是现在,巴宝莉风衣都使用了经典的格子图案作为设计语言的核心部分。

图 3－4　改版后的《TIME》力图与日益兴起的电子媒体抗争，通过更为现代的视觉语言来获得读者认可

Q：你为什么说“帮助《TIME》杂志改版是杂志设计的终极机会，是非常兴奋和强烈的经验”？

A：不久前，《TIME》杂志赢得了设计界的 ASME 奖。这一奖项通常被《Wired》、《GQ》、《得克萨斯月刊》这类偏重视觉的杂志摘得。尽管《TIME》杂志拥有资金雄厚的天才视觉设计师们，但是它是周刊，内容明显偏向新闻，纸张也很朴素，没有大篇幅的专题报道——所以，《TIME》杂志获得这一视觉设计奖项，是经过极度艰苦和富有创意的工作的结果，这也标志着《TIME》杂志拥有了牢固的视觉设计语言。让人记忆强烈的部分是工作压力：与这样一个品牌合作，与一群富有天资、水平极高的团队合作,高速完成了工作。

Q:在20世纪80年代末,《Stern》杂志的设计迎来了一个黄金时代。你是怎样从那段时期的设计中获得灵感的?

A:20世纪80年代末,那时我刚刚从设计学院毕业。当时《Stern》杂志的版式设计显得非常时尚,非常吸引眼球。改版时我们通过翻阅《Stern》杂志档案,再度以新鲜的目光去打量那些杂志,发现在《Stern》杂志的设计历史上,那段时间的版式设计依然富有原创意味,远远地领先当时所有竞争对手和同行。

Q:你认为当今世界人们的阅读习惯发生了哪些变化?

A:现在人们的阅读量更大,重点更少,阅读经验更类似浏览。最近我们帮助《Cosmo》杂志进行了改版设计,每页单词量减少了25%。现在,英国的通俗小报尤其如此,编辑们非常理解有很多竞争对手企图吸引读者的注意力,庞大的年轻人群把很多时间花在移动设备和社交媒体上。因此很多杂志把内容编排得非常适于快读;此外,一些杂志正好做了相反的事情,他们的内容富有深度,并以较长篇幅呈现,比如《新共和》、《大西洋月刊》和《外交》杂志。今年《TIME》杂志发表了有史以来最长的一篇文章,是关于医保的。另外,平面设计能够让受众变得更加悦读。数字时代让很多通讯更方便,但仍有一些内在的东西无法在电脑屏幕上呈现。

Q:纸媒的式微让它们纷纷改版。你对此怎么看?

A:这是不可避免的,但仍有数以百万计的读者喜欢阅读纸媒。只要广告商认识到这几百万名读者的重要性,纸媒就会一直存在。我也相信读者与纸媒之间存在更为丰富的关联。不幸的是,这无法像网页点击量那样精确计算,所以广告商们对网站更青睐。但是,我认为人们依然愿意把杂志带回家阅读,这样的传统习惯不会被一朝改变。

思考与练习

1 新闻产品设计的工作流程是怎样的?设计一份面向大学生的报纸,并写出方案。

2 《中国汽车报》为什么要逆办报潮流,将日报改版为周报?从它的改版中,可以看到影响报纸定位的主要因素是哪些?

3 新闻产品作为一种文化产品,在确定自己的市场定位时,如何进行受众市场细分?

第四章　新闻报道策划

知识要点

1. 了解新闻报道策划的原则
2. 掌握新闻报道策划的类型
3. 掌握新闻报道策划的流程

内容摘要

新闻报道策划是新闻编辑通过对新闻资源的开发预配置，实现最佳传播效果的创造性活动。它包括：选题策划、报道方案设计、搜集报道反馈、调整修正报道方案。新闻报道策划应遵循真实性原则、创新性原则、计划性原则、灵活性原则。新闻报道策划根据报道客体发生状态可分为预见性报道策划和非可预见性报道策划，根据报道策划的运行时态可分为周期性报道策划和非周期性报道策划，根据报道策划的运行方式可分为独立型报道策划和参与型报道策划。

第一节　新闻报道策划的界定

20世纪90年代，我国新闻界开始出现“新闻报道策划”的概念，发展到今天，越来越多的新闻编辑意识到报道策划的重要性。从平面媒体到电子媒体，从全国性媒体到区域性媒体，从综合性媒体到专业性媒体，都越来越重视新闻报道策划。在媒体高度发达的今天，新闻报道策划已经成为新闻媒体的重要特色和新闻编辑们的重要能力。《解放日报》原总编辑秦少德认为：“在新闻竞争日益激烈的今天，哪个媒介要不在策划上下点功夫，没有自己的一手，就势必在竞争中失败。”新闻报道策划对于现在的新闻媒体的重要性不言而喻。

新闻报道策划对国内新闻界是个新事物，人们对新闻报道策划的认识经历了一个曲折的过程。早在1994年5月14日至18日，中国地市报研究会在河南平顶山市召开了首届全国地市报“报纸策划”研讨会。来自中国地市报研究会及新华社、《人民日报》等首都新闻界50多位代表参加了这次研讨会,研讨会就地市党报的总体策划、编辑策划、采访策划、重点报道策划、专版专栏策划、版式版面策划以及地市党报走向市场的策划等问题进行了研讨。大会对报纸策划中的一些主要问题取得了共识:作为党报策划时要把社会效益放在第一位;报纸策划必须处理好总体策划与局部策划的关系;报纸策划必须贴近实际、贴近群众、贴近生活,要融指导性、知识性、趣味性、服务性于一体,为经济建设服务,为人民服务;报纸策划必须增强整体策划意识和参与意识,发挥集体智慧,努力提高报纸质量,办出自己的特色,办出自己的风格。[1]

此后,1996年8月,中国人民大学新闻组织了"新闻业务编辑策划高级研讨班",研讨班邀请了中央和地方媒体新闻编辑人员和专家学者介绍经验和阐释理论,本次研讨会达成了一些共识:报纸策划——总编的任务之一;重点报道策划——报纸的有力武器;策划——编辑面临的挑战;策划——使评论充满个性;读者调查——新闻策划的基础等。[2]

20世纪90年代以来,我国发生了一系列重大事件,香港、澳门的回归、北约战机用导弹袭击了中国驻南联盟大使馆等,每一次重大事件的发生,都会看到国内媒体精彩的新闻报道策划,无论是突发性新闻专题报道,还是重大新闻专题报道,各媒体都精心策划、认真安排,组织精兵强将、推出全方位、多层次、有深度、有内涵的新闻报道,在社会上产生了广泛的影响力。"新闻报道离不开策划"的观念已经深入人心。新闻报道策划日益成为新闻工作者尤其是新闻编辑工作的一个十分重要的组成部分。

对新闻策划报道的界定,不同的学者从不同的角度做出了概括。蔡雯教授认为新闻报道策划是新闻编辑通过对新闻资源的开发预配置,实现最佳传播效果的创造性活动。赵振宇先生认为新闻报道策划是新闻报道的主体遵循事物发展和新闻报道的基本规律,围绕一定的目标,对已有的信息进行科学的分析和研究,着眼现实,发掘已知,预测未来,制定和实施相应的政策和策略,以求最佳效果的创造性的策划活动。尽管每个学者给新闻报道策划的界定有所差异,但是从对新闻策划报道的认识和实践来看,都强调了新闻报道策划是新闻编辑通过对新闻资源的开发与配置,实现最佳传播效果的创造性活动。

新闻报道策划的对象是新闻信息,而不是新闻事实。新闻信息是对新闻事实的描述,事实和对事实的描述不是一回事,前者是真实发生的事情,后者是对事件发生发展的状态的记录,这一点一定要分清楚,不能将新闻信息和新闻事件混为一谈。新闻事实只有一个,而且处于不断地变化发展之中,而对新闻事实的发展状态的记录和报道则可以有很多,众多的新闻信息从不同侧面来反映、表现新闻事件。媒体可以采

---

〔1〕 参阅《中国地市报人》1994年第6期。

〔2〕 赵振宇:《新闻报道策划》,武汉大学出版社2008年版,第3页。

取多种形式、多种角度报道同一新闻事件。2008 年北京奥运会不仅是中国的盛会，也是世界的盛会，全世界的媒体，都聚焦北京奥运会，但是各个国家媒体的报道目的、报道内容、报道重点、报道形式都是千差万别的。事实是同一个事实，报道形式可以多种多样。这就说明，新闻报道策划是对已有的新闻信息的深度加工和处理。

新闻报道策划有时也简称“新闻策划”，简称后的“新闻策划”非常容易与“策划新闻”相混淆，人们分不清“新闻策划”和“策划新闻”的区别。新闻策划指的是对已有新闻信息资源的科学开发与合理配置，追求最佳传播效果；而策划新闻则完全是另外一番含义，策划新闻是指人为的导演、策划事件的发生，促成事件朝着事先预料发展，以达到某种目的，和满足某些特定的利益需求。这是明显的新闻造假和新闻炒作，与新闻工作的宗旨和职责是背道而驰的，即便短期见成效，败露之后也会被受众所抛弃。网名“金泉少侠”的石金泉，曾策划炒作“河南 3.6 亿巨奖侄子，广州招万名老乡回家庆祝”，“少年以死相逼李宇春隆胸”等一系列假新闻。2012 年 3 月，他策划了“90 后女孩当街给残疾乞丐喂饭”事件，这则精心策划的虚假新闻被中新网、人民日报、央视新闻、朝日新闻等国内外知名媒体的官方微博转发，一时间引起网友热议。很多网友感动于女孩善举，并称她为“深圳最美女孩”。后来被证实，该新闻纯属商业炒作，系策划人石金泉一手炮制、策划的商业炒作。他每次从商家处收取数千元至数万元不等的策划费，再收买深圳的新闻职业报料人帮他向新闻媒体报料，利用媒体报道达到炒作目的。这是典型的策划虚假新闻，是所有新闻工作者所不齿和坚决予以抵制的对象。

第二节　新闻报道策划的原则

新闻报道策划是新闻工作中富有智慧和创造力的一部分，体现了新闻工作者尤其是新闻的编辑的创新和求变的能力，展露出媒体对新闻信息资源的深度开发、加工处理的实力和水平。当然，创新不是天马行空的胡思乱想，新闻策划必须遵循一定的原则，这些原则包括真实性原则、创新性原则、计划性原则、灵活性原则，只有遵循这些基本原则，新闻报道策划活动才能取得预期的效果。

一、真实性原则

真实是新闻的生命，一切对新闻信息的处理和加工都不能有损新闻的真实性。实事求是，取信于受众，这是报道策划应当遵循的首要原则。因为新闻报道策划不是目的，而是手段，目的是更好传递新闻、解读新闻，使新闻报道更好地贴近实际、贴近群众、贴近生活，向受众提供更高质量的新闻，使报道取得更好的传播效果。

新闻报道策划从实际出发，以满足社会需要或解决社会问题为依据来策划新闻报道。新闻报道方案的设计要以新闻报道能全面、真实地反映客观存在为基准，不能脱离实际，闭门造车。歪曲事物原貌的报道一旦为受众识破，传播者的立场和倾向非但不可能为受众接受，而且还会引起受众强烈的逆反心理。

2007年8月12日北京市第二中级人民法院依法公开开庭审理了"纸箱馅包子"虚假新闻炮制者訾北佳涉嫌损害商品声誉案。訾北佳因犯损害商品声誉罪，被一审判处有期徒刑1年，并处罚金1000元。訾北佳系北京电视台《透明度》栏目组的临时聘用人员。为了完成栏目组下达的指标任务，为了谋取所谓的业绩，訾北佳化名"胡月"，冒充建筑工地负责人，于6月初先后两次找到朝阳区太阳宫乡十字口村13号院，对制作早餐的陕西省来京人员卫全峰等四人谎称需定购大量包子，要求卫全峰等人为其加工制作。后訾北佳携带秘拍设备、纸箱和自己购买的面粉、肉馅等再次来到十字口村13号院。訾北佳以喂狗为由，要求卫全峰等人将浸泡后的纸箱板剁碎掺入肉馅，制作了20余个"纸箱馅包子"。与此同时，訾北佳秘拍了卫全峰等人制作"纸箱馅包子"的过程。在节目后期制作中，訾北佳采用剪辑画面、虚假配音等方法，编辑制作了虚假电视专题片《纸做的包子》播出带，对北京电视台隐瞒了事实真相，使该虚假新闻得以于2007年7月8日在北京电视台生活频道《透明度》栏目播出，引起了国内外民众的广泛关注，严重损害了相关行业商品的声誉，使许多消费者对中国食品乃至整个中国商品的质量都产生了怀疑，造成了极其恶劣的影响。

二、创新性原则

创新是新闻报道策划的灵魂。各个媒体绞尽脑汁，纷纷进行新闻报道策划，就是想求新、求异，在激烈的竞争中追求与众不同，创造差异，塑造个性，形成特色。当今社会，媒体高度发达，传统媒体做强、做大，新兴媒体异军突起，媒介市场竞争激烈，如何脱颖而出，形成特色，各媒介都把侧重点放在媒介的创新上。从内容到形式，从平台到渠道，都在谋求创新和发展。在这样一个信息泛滥的时代，没有个性和特色的媒体，按部就班的工作方式，缺乏创意的报道形式，必定会被受众和时代所抛弃。

对于媒介来讲，新闻是其核心资源和产品，新闻报道策划的目的就是通过精心谋划和周密安排使报道取得不同凡响的传播效果。因此，从报道选题决策到报道方案设计都要追求与众不同、标新立异。在策划过程中，突破传统思维方式的创意、集思广益的脑力激荡、源源不断地创造灵感构成了策划的精彩内核，孕育出令人耳目一新、出奇制胜的报道。如果没有创新，报道策划也就失去了存在的必要性。

具体来讲，报道的创新可从以下几方面进行：

首先，报道内容的创新。即在报道中寻找新意，打破事件报道模式化，人物报道的脸谱化，在报道内容的深度或广度上突破以往同类报道的局限性。新闻报道内容是否新颖多样，影响着观众对该新闻甚至该媒体的满意度和信心。因此，新闻记者和编辑在符合事实的基础上，必须创造性地选取和整合新闻内容，最大限度地满足观众的心理需求。

报道内容的创新不是说要求记者、编辑报道全新的事实,而是要求新闻编辑深入社会生活当中。只有深入社会生活的实际当中才能把握生活的方向和律动,优秀的报道一定是来自生活,来自实践。我国一大批优秀的名记者和名编辑都是这样对待新闻工作的,要从群众中来,到群众中去,才能做好新闻报道。

报道内容创新要求记者、编辑要有一双慧眼,注意细节。《温总理一件羽绒服穿10年》这样的好新闻就出自有心人的仔细观察。2006年1月30日,网友"老旗"在大众网的论坛上发表了一个200字的帖子《温总理相隔10年后来山东农村,还穿着那件冬装!》。

"今年除夕,温总理在济宁、菏泽与农民一起过春节。看《大众日报》报道,感动于总理的亲民情怀。细看照片,似曾相识——10年了,总理还穿着那件冬装……10年前,即1995年冬天,我随时任中共中央政治局候补委员、书记处书记的温家宝前往寿光,在蔬菜批发市场留下了这张照片……这是今年除夕温总理在菏泽的照片,身上穿的似乎还是10年前的那件羽绒服。仔细看了又看,应该是同一件……总理啊总理!"

在帖子后边,"老旗"登载了两张时隔10年的照片。这个细节是一位网友在新华社记者报道的新闻中发现的,如果不是这两张由新华社记者拍摄的新闻照片为证,人们很难相信:现任国家总理温家宝仍穿着10年前的那件羽绒服。这一新闻后来被新华网、人民网、央视网等各大媒体纷纷转载,几十万网民的关注正说明了细节力量的巨大无穷。同理,细节也决定着媒体报道策划的成败。

其次,报道形式的创新。即进行报道的方式要不同寻常、令人耳目一新。报道方式的创新包括很多内容,从稿件构成来看,可以是通讯、消息、调研报告、读者来信等;从报道参与者程度来看,有通讯社的通稿、本报记者报道、专家的访谈、受众参与等;从报道方式来看,新闻专题、特刊专栏、网络访谈、视频直播、微博互动等。根据报道的目的和计划,有选择的创新新闻报道的形式。

如《南方日报》创新"十八大"报道形式,采取了全媒体的报道形式。南方日报十八大前方报道团队,共分为三个组:会场组、专题组、全媒体组。其中全媒体组由4人负责,运送了150公斤的拍摄器材到北京,与集团旗下的南方网、南网、奥一网联合设立"南方报业全媒体访谈室"。每天邀请广东团代表与网友在线访谈,访谈全文和视频在南方网、南网上线,精彩内容则浓缩包装推上报纸版面。此外,还推出出镜主持人、录制视频短片,在南网首页、官方微博、户外LED大屏幕播放。官方微博的即时新闻也是一个重点。11月8日上午十八大开幕,8时37分,南方日报在新浪网、腾讯网的官方微博就发表第一条相关微博,到11时25分一共发布了10条相关消息,及时传播了来自新华网、人民网等权威媒体的最新资讯,及时引导网络舆论。在报道视角的选择上,也力求有所突破创新。南方日报的十八大报道,既有权威专家高端访谈,也有基层代表说大白话,官员代表抛开官话套话说"人话",用群众喜闻乐见的话语传达党的声音,不断增强宣传的吸引力、感染力和针对性、实效性,体现了思想性与可读性的有机统一。面对复杂多变的舆论新环境,主流媒体要积极作为、勇于创新,拓展网络等新媒体传播渠道,才能真正主动适应舆论变革,在多元中寻求共识、凝聚力量,确立主流主导地位。

最后,新闻编排的创新。在新闻报道编排上精心构思,尤其是平面媒体,版式设计尤为重要,一定要巧妙、新颖、醒目。要讲究版面的形式美,版面是报纸的形象,是报纸的整体语言。不管新闻内容策划得如何精彩,读者接触到报纸的第一感受就是版面是否精美。调查发现,大多数读者都会在报摊前的五秒内决定购买哪份报纸。平面媒体的任何一个报道都要以版面形式首先吸引读者注意,然后才能谈得上报道效果。

我们已经进入了"视觉文化"时代,图行、图像因其形象直观,易于理解,容易接受。在报道中尽量把抽象的理论形象化,把新闻场景图像化是一个趋势。《北京青年报》的两会报道就是一个很好的说明。两会年年开,媒体年年报,要想出新、出奇是很困难的。《北京青年报》采取的是图文并茂的形式,以直观化、具体化的方式对两会中涉及我国基本的政治制度进行了剖析和说明。其实,生活中很多受众对我国的两会制度不是很了解,借此可以向民众普及我国的人大、政协制度。《北京青年报》尽可能多地利用图示的形式,直观地呈现两会,在报道期间,共推出11 期图示版,获得了很好的反响。

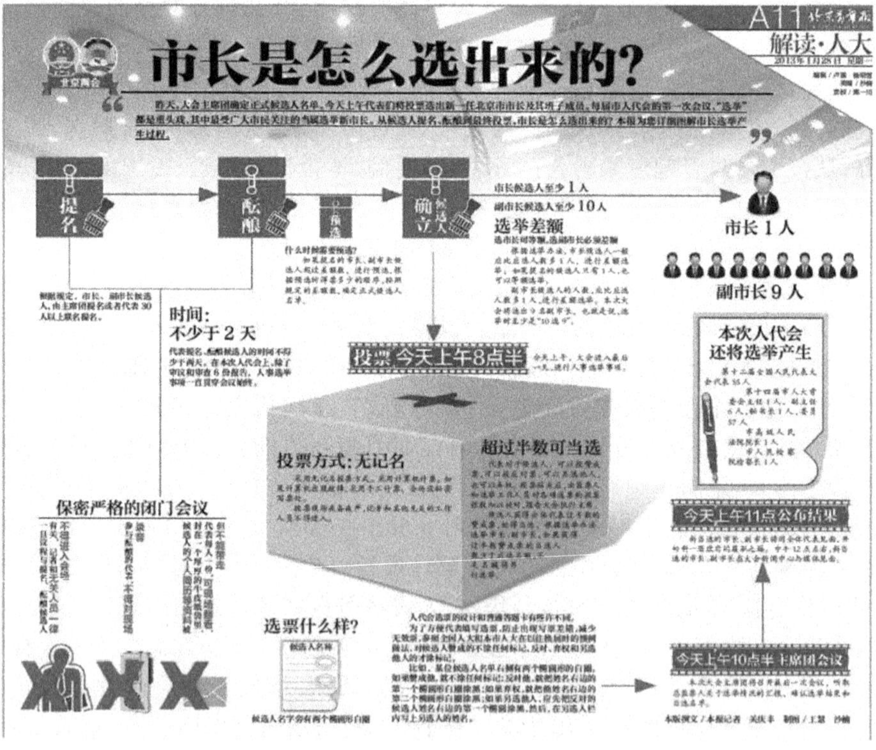
A11
解读·人大
市长是怎么选出来的?
提名
酝酿
预选
确立候选人
市长候选人至少1人
副市长候选人至少10人
选举差额
市长1人
副市长9人
时间:
不少于2天
投票 今天上午8点半
本次人代会还将选举产生
投票方式:无记名
超过半数可当选
保密严格的闭门会议
今天上午11点公布结果
选票什么样?
今天上午10点半 主席团会议

08
解读·人大
人代会主席团是怎样运行的?
大会中枢神经
主席团
85人
人员构成
常务主席
12人
主席团会议
执行主席
17人
1
2
3
4

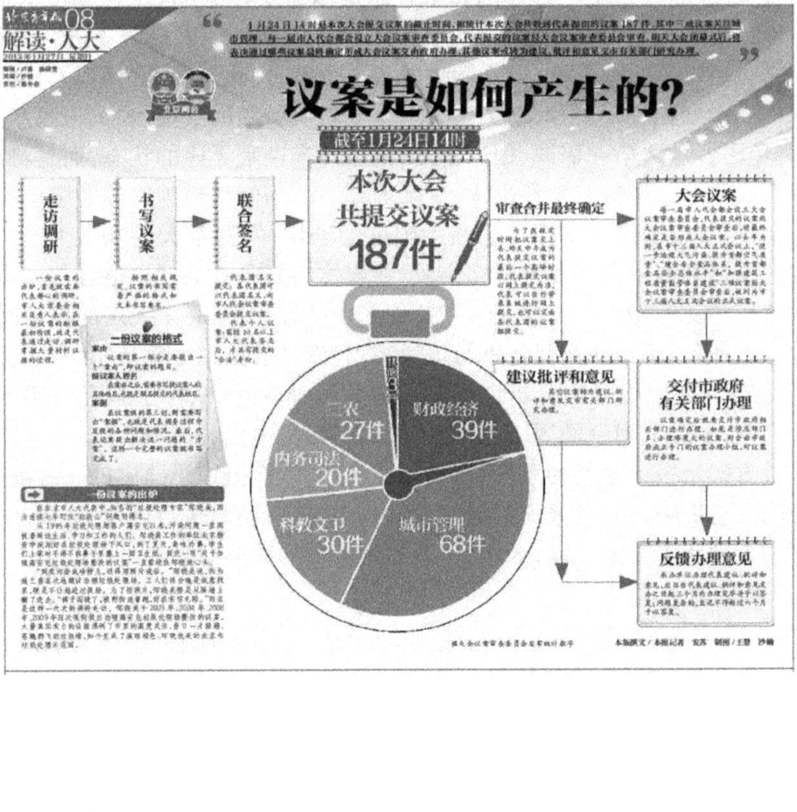
08
解读·人大
议案是如何产生的?
截至1月24日14时
走访调研
书写议案
联合签名
本次大会
共提交议案
187件
审查合并最终确定
大会议案
建议批评和意见
交付市政府
有关部门办理
反馈办理意见
一份议案的格式
一份议案的出炉
财政经济
39件
三农
27件
内务司法
20件
科教文卫
30件
城市管理
68件

在版式设计中既要注意图文并茂、多姿多彩、错落有致,又要注意标题、字号、图片、空白的相得益彰,还要发挥饰题、字形、花边、网底等的装饰作用,使版面整体形成视觉冲击力,以增强传播效果。

总之,新闻报道工作就是一项与时俱进的创新实践活动。如何最大限度地满足观众的观看需求成为新闻工作者锐意创新的标尺和方向,只有把更丰富、更全面的新闻新鲜、迅速地传递给广大受众,才会实现媒体效益的最大化。为了创造出更优秀的新闻产品,广大记者、编辑要善于运用创新思维,选取独特视角,从新闻内容和新闻形式上大胆探索,从而使新闻达到创新、创优的目标。

三、计划性原则

新闻报道策划是媒体对报道活动的整体谋划和安排,通过前期调研,确定新闻选题,设计报道方案,确定报道范围与重点,设计报道规模和进程,设计报道方式,制订发稿计划,建立报道的组织机构和运作机制。新闻报道策划是各媒体新闻报道工作的重点,大型的重点新闻报道,一般由总编辑亲自主持,制定详细的报道方案。报道方案是报道思路的系统化、具体化产物,它将报道思路中的所有细节有条理地明确表述出来。

如《黑龙江林业报》为打好国庆报道战役,早在年初就开始组织策划,多次召开编采工作会议,反复研究讨论报道主题、报道内容,确定了以展示新成就、新变化为主的报道主题,并提出了具体的要求。制定出台了详细的《庆祝新中国成立60周年报道计划》,对各版的栏目设计、稿件内容、报道形式、人员分工进行了精心细致的安排。拟就了详细周密、操作性强的报道方案,细化落实、责任到人,而且在报道进程中不断细化方案,分解任务到人。这样就使各版的报道内容、报道形式各有侧重,避免了各版之争夺稿源、报道重复、报道内容杂乱无序的状态,而是将所有的稿件整合成了一个集体。重拳出击,变平面单一的新闻报道为立体的多层次、多方位的报道,使有限的新闻资源得到最大限度的利用,发挥最大的功效。[3] 一些重要选题的报道策划一般还要形成文字稿,在媒体内部向有关的报道参与人员公布,并听取他们的意见做进一步修正。在策划新中国成立50周年大庆的报道时,中央电视台认真准备,调集精兵强将进行报道策划,设计的报道方案从第一稿到最后一稿,前后修改了12次,全面分析了可能发生的各种变化,制作了多套备用方案,由于准备充分,中央电视台的国庆50周年报道获得了很大的成功。

报道方案是报道思路的系统化、具体化产物,它将报道思路中的所有细节有条理地明确表述出来。一旦报道策划的方案确定,在后期的执行过程中,要严格按照报道策划方案要求来做,只有这样,才能达到策划的整体效果。

---

〔3〕 周海英:“精心策划　全力以赴——从迎庆新中国成立60周年报道看重大报道战役的组织实施”,载《新闻传播》2009年第11期。

四、灵活性原则

报道策划要讲究灵活性，随机应变。任何策划都是对未来行动的谋略和规划，是对未来将发生的情况作当前的决策。策划为了提高决策的正确率，应当对未来情况作出尽可能周密的预测。但由于未来情况不是静态的，而是动态的，包括社会环境、报道主体、报道对象和受众都存在某种变化的可能性或某种不确定性，这种发展变化并不以人的意志为转移，随时都可能会出现策划者未曾预计到的新情况，而策划者总是在报道客体发展变化的某一点上谋划报道，因而即使看似很全面的预测，也难免会出现偏差。

策划者要善于审时度势，随时变通。报道策划所形成的方案需要有一定的弹性，在报道的内容、范围、时间、方法、形式以及人、财、物的配置等方面，不能规定得太细太死，算得太紧太满。特别是对于那些时间跨度大、涉及范围广的战役性报道，更要考虑到可能发生的意外情况，留有足够的余地，以免造成被动和损失。策划报道时应尽可能对各种可能出现的情况进行分析，使方案具有灵活性、应变性；在报道实施过程中，要紧密关注各方面情况的变化，随时对报道方案作出修正和调整，以增强适应性，这样才能把握传播的主动权。

第三节　新闻报道策划的类型

新闻报道策划，在不同类型的媒介表现出不同的形态，根据不同的标准，可以将新闻报道策划划分为不同的类型：

（一）以报道客体发生状态作为分类标准，新闻报道策划可分为可预见性报道策划和非可预见性报道策划两类

可预见性的新闻报道策划，是指对能够提前获知的事件性新闻和非事件性新闻的报道策划。预先能够知道的重要社会活动和自然现象，包括例行或拟议中的会议、谈判、庆典，按计划开展的活动，周而复始的节假日和纪念日的活动等。如香港回归、澳门回归、中国载人飞船的发射、新中国成立60周年庆典、奥运会、上海世博会的举行，都属于可预见的新闻报道内容。这类新闻报道往往是报道策划的主要对象，可以提前进行。

可预见性新闻报道比较多的是庆典、活动、比赛、会议等。长期以来，我国新闻媒介在可预见性报道策划方面取得了丰富的经验，比如纪念中华人民共和国成立60周年的报道、北京奥运会的报道都通过精心的策划与组织，取得了成功。可预见性报道策划的特点是时间相对充裕，策划者可以充分利用报道开始之前的时段进行精心的设计和安排，做好前期准备工作。另外，新闻媒介对这一类型的报道一

般都积累了较丰富的经验，包括资料的储备也相对丰富，为报道策划提供了良好的基础。

可预见性新闻报道策划也有其难点。一是由于新闻媒介对这类报道展开较多，容易形成固定的选题和报道模式，要有所突破和创新比较难。二是由于这类报道的对象往往具有重大的现实意义，受到所有新闻媒介的重视，成为共同性的报道题材，因此要在报道中表现出与众不同的风格特色也比较难。三是新闻受众对这类报道接触较多，以往报道中存在的种种不足，比如司空见惯的选题、千篇一律的角度、老生常谈的内容、千报一面的形式等，容易造成受众的厌烦甚至逆反心理，对他们接受新闻信息会产生不利的影响。

非可预见性的新闻报道策划，是指对无法预见的突发事件的报道策划，如地震、火灾、飞机失事、战争爆发等，都属于非可预见性的新闻报道内容。对这类新闻的报道策划一般无法提前进行，通常是在事件发生之后立即策划报道活动。

非可预见性报道因为报道的是突发事件，报道内容影响力大，冲击性强，极容易引起受众的广泛关注和获得广泛的社会影响。但是，此类新闻报道策划的难度很大。一是突发新闻事件，难以预料，时间仓促，没有给新闻媒体单位一定的准备时间；二是突发新闻事件一般影响力大、关注度高，对新闻报道策划的要求高，报道的立场、报道的目的、报道的水平对媒体应急处理能力来讲是一个考验；三是我国处在一个社会转型时期，情况比较复杂，执政党和政府对新闻媒体正确引导社会舆论的要求很高，对于灾难性突发事件报道控制严格，进行这类报道，既要考虑政治因素，又要满足受众需求，难度很大。

（二）以报道策划的运行时态作为分类标准，新闻报道策划可分为周期性报道策划和非周期性报道策划两类

周期性报道策划，是指报社新闻采编部门对日常新闻报道的一种常规性策划，策划的时间具有周期性特点，如按季度、月、周等进行的报道策划。

随着报道策划在媒体中重要性的凸显，我国越来越多的媒体采用周期性的新闻报道策划。周期性新闻报道策划的优点，是以制度化、规范化的策划运作保证新闻传播的质量和效果，这对于新闻媒介做好日常状态下的新闻报道，从而保证新闻媒介产品的质量稳定，具有重要意义。

非周期性报道策划，是指根据报道需要临时进行的报道策划，如对突发性新闻事件的报道，一般不可能提前纳入常规性的报道策划中，只有在事件发生之后立即策划报道。这种策划是周期性策划之外的一种应变策划。还有一些重要活动、会议的报道，虽然可以提前准备，纳入周期性报道策划中，但由于报道内容非常重要，需要以长时间、大规模的报道战役来完成，有时也在周期性策划之外专门进行报道策划，如香港、澳门的回归，世博会的举行等。

如果说周期性的报道策划是媒介新闻质量长期保持稳定的必要措施，那么，非

周期性的新闻报道策划是媒介赢得突发性重大新闻报道竞争的必要策略。周期性新闻报道策划需要有制度保障与流程管理，而非周期性新闻报道策划恰恰不受常规流程约束，强调迅速反应和因时因地制宜。在激烈的新闻竞争中，新闻媒介只有将这两种新闻报道策划有机地结合起来，才能够真正掌握新闻报道话语的主动权。

（三）以报道策划的运行方式作为分类标准，新闻报道策划可分为独立型报道策划和参与型报道策划两类

独立型报道策划，是指报道策划独立存在，与其他策划活动无关。报道策划只单独策划对新闻事件的报道活动，报道者并不介入报道客体中。如报道国务院机构改革、“9·11”事件、“两会”的召开等，新闻媒介通常是站在旁观者的角度，进行客观报道。这种报道策划是独立运行的。

在日常新闻传播活动中，媒体的绝大部分的报道策划都是独立型的新闻报道策划。新闻媒介是新闻信息的发现者、记录者和传播者，对于新闻传播活动要做到尽可能的客观、公正和独立，不能受偏见和利益的诱惑歪曲事实，要基于新闻事实本身来策划新闻报道活动，这是新闻真实性和客观性的要求。

参与型报道策划，是指报道策划与其他策划有关，并互相间发生作用。如报道策划者同时还参与策划报道之外的其他活动，如策划救助贫困学生的公益活动、策划宣传媒介的公关活动等，并且使这些活动成为报道客体，报道策划与活动策划“连动”，报道者身兼“报道者”与“当事人”双重角色，新闻报道策划与活动的策划、组织相互配合进行。如《北京青年报》世界杯赛报道策划案例就属于参与型的新闻报道策划，在整个策划方案中，新闻报道与报社策划组织的各种活动结合在一起，如征集世界杯故事的活动，邀请读者和球迷参加精彩互动的活动，指导彩民参加足球竞猜的活动，重奖邀请足彩高手在版面上打擂，招募外语志愿者，办“北青酒吧”，打造多语种平台的活动等，都是与对世界杯赛本身的新闻报道紧密联系、同步运行的。

第四节　新闻报道策划的流程

一、策划预备阶段

在新闻报道策划的预备阶段，最重要的工作就是确定新闻选题。新闻报道选题策划作为整个策划的第一个环节，发挥着极其关键的作用。选择一个好的新闻选题，新闻报道策划就成功了一半。新闻媒体每天面对充满变化和不确定性的世界，面对海量的新闻信息，媒体总是要决定报道什么，报道重点在哪里，从什么角度去报道，要进行深入的分析、评断和选择。对于不同的新闻媒介，由于受众定位、媒

介功能、传播目的的差异性，选题决策往往也有所不同。同一个新闻事实，能够成为一些媒介的重要报道选题，但在另一些媒介却可能不受重视，得不到充分的报道。新闻报道选题策划体现了一个媒体对新闻事件的把握能力和报道水平。

媒体在进行新闻选题报道策划选题决策时，需要注意以下几个问题：

（1）注重新闻线索的搜集和新闻信息的开掘。新闻线索是指为新闻采访报道提供有待证实、扩展和深化的讯息，可能成为新闻的或具有一定新闻价值的某种事实所传播的信息。新闻线索不等于新闻事实，是记者发掘题材的一种凭据。它比较简略，要素不全，没有事物的全貌和全部过程，常常只是一个片断或概况。但是新闻线索对于新闻媒体来讲非常重要，发现新闻线索是产生报道选题的前提。

媒体获得新闻线索的途径有很多，如党和政府有关部门发布的有关新闻，这类新闻一般都具有较高的新闻价值，应当主动地与党政机关、企事业单位、群众团体保持经常性的联系，以便及时得到新闻线索；广大媒体通讯员和读者（受众）提供的新闻线索，要重视通讯员队伍建设，重视与读者的信息交流；记者的采访中发现、寻找和挖掘的新闻线索；互联网的最新报道和其他媒体的报道内容中寻找的线索等。编辑、记者每天从不同途径获得大量的新闻线索，要根据媒体的定位和新闻选择的标准对这些新闻线索进行鉴别、分析、判断，挑选出适合报道的线索，让记者进行深入的采访和调查。当然，并不是媒体挑选出的每一条新闻线索都需要进行报道策划，编辑会选择一些内容重要、影响力大、意义重大的选题进行专题报道。

新闻线索较为简略，相对于新闻事实，新闻线索往往是比较零碎的，信息不完整。这就要求确定了新闻线索之后，要进行新闻信息资源的搜集和整理。要对新闻事件有一个全面的认知，对新闻事件发生的前因后果作仔细深入的调查研究，了解这一事件发生的背景，掌握目前事件发生的势态，各方面的反应，有关专家对事态发展的分析预测，与此事件有关的其他事件和人物的情况，以往发生的类似事件等。还要清楚政府和相关部门对事件的反应和态度，了解社会公众对此新闻事件的看法和反应，社会公众的关注点在哪，信息需求点在哪，竞争对手对此有何反应，有没有预计推出相关策划报道的打算和计划，报道的规模如何，报道的重点在哪里等。这些信息对前期的选题决策至关重要，信息是决策的依据。

（2）报道选题决策的个性化追求。新闻媒体对新闻报道进行策划，其目的就是通过对新闻信息的选择加工，形成媒体报道的差异化，将自己媒体与其他媒体区别开来，塑造媒体的个性，形成媒体的特色，这样在激烈的市场竞争中才能处于优势地位。媒体的定位、功能和个性就体现在媒体的新闻报道中。

二、方案设计阶段

报道方案设计是指根据报道效果目标，对报道进程、报道方式、表现形式大胆设想，最终形成系统的报道设计方案的这一阶段，这是报道策划的核心环节。根据报道活动的重要程度、报道活动的大小的不同，报道方案的策划与设计也各不相同,大型的报道活动会设计好几套报道方案,从中择优实行。但是无论哪种形式的报道方案,都要遵循报道策划的基本规律,这是报道策划的共性特征。

(一)确定报道范围与报道重点

报道范围是报道的面,体现了报道内容的广度。报道涉及哪些人,哪些事。报道重点是报道中重点突出的部分,规定了报道的核心人物、核心事件和核心问题,需要报道者投入更多的力量,在媒体上要突出表现。

如1999年8月初,《人民日报》专门成立了中华人民共和国成立50周年报道领导小组,做了国庆报道策划。策划大体思路是:(1)通过社论热情讴歌中华人民共和国成立50周年和改革开放20年的成就,唱响祖国颂、社会主义颂和改革开放颂。(2)发表理论文章,侧重从理论上深刻阐述邓小平理论的指导意义。(3)推出中华人民共和国成立50周年重点系列报道,在要闻版和有关专版上开辟一些国庆专栏,采访一些国际知名人士和外国朋友,请他们谈对新中国的感受。(4)通过网络版推出国庆有关专题,包括音频和视频。许多记者被要求写"两个50年"的报道,要求8月15日前交稿,8月20日,有关中华人民共和国成立50周年的报道就在《人民日报》展开,到10月1日,共有40天的报道时间。也就是说,有关中华人民共和国成立50周年的报道,是一个重视提前量的庞大策划。对《人民日报》来说,在40天里,策划的报道要占据主要版面。

(二)设计报道规模和进程

报道规模是报到时间、空间与人力三方面因素的组合,即报道在媒体上持续多长时间、占据多大版面空间和多少栏目配置、动用多少采编力量。报道进程是指报道全过程中时段的分割与安排,规定报道分多少阶段进行、何时开头、何时扩展、何时结束以及各阶段之间如何衔接。

如中央电视台1997年7月对香港回归的报道。中央电视台在确定报道方案时就明确要做一次盛况空前的大规模的报道。以北京为中心,以香港为重点,从天津、上海、重庆、广州、深圳、南京、东莞等国内8大城市和洛杉矶、伦敦、里斯本等海外15个大城市为报道点,形成全方位、多角度、立体式的报道阵式。其报道规模之大,"不仅在中国电视史上尚无先例,在世界电视史上也不多见"。为了搞好这次大规模的报道,中央电视台投入了巨大的物力和财力。技术系统投入了有史以来数量最多、性能最先进的设备,相当于一个省级台的规模。其中包括:11辆转播车、9个演播室、21个卫星转发器、43套中继微波设备、200套ENG、250台录像机、11套多媒体设备和3驾供航拍用的直升机。中央电视台为这次报道还建立了"战时机制"。5月就成立了香港回归电视报道总指挥部,台长任总指挥,指挥部下设北京对内分指挥部、香港分指挥部、对外分指挥部、技术分指挥部、综合分指挥部和指挥部办公室。各分部还拟定了详细的实施方案和倒计时表,各环节准备了至少一套备播方案。总指挥部办公室印刷了《97香港回归电视报道实施手册》和《97

香港回归电视报道技术实施方案》,以指导各部门工作。[4]

（三）制订发稿计划

发稿计划是新闻报道进程中,各阶段刊出新闻稿件的统筹规划,包括确定每条稿件的题目、内容、位置和篇幅,确定稿件刊出的先后次序与具体时间,稿件在版面上的位置。发稿计划是对报道规模与报道进程的具体落实。

（四）设计报道方式

1. 集中式报道

集中式报道指短期内组织大规模、多篇幅的稿件集中于一定的版面或时段,全方位地反映某一事物的全貌和特征,报道形成较大的声势,影响力大,关注度高。它的主要特点是,在一定的报道空间和时间内,发稿数量多,同类内容的稿件呈密集状态,使整个报道突出、醒目,可以表示重大的主题和强烈的感情。这种报道方式比较多地运用在一些大型活动、重大事件和重大问题的报道,如“香港、澳门回归”、汶川大地震、北京奥运会、上海世博会等重大事件,各种媒体都拿出看家本领,调集精兵强将,进行了大量的集中式报道。如上海世博会开幕的前五天里,据统计《新民晚报》关于世博会的报道版面总数达 62 版,参与报道的记者 240 余人,发稿 158 篇,报道总字数在 10 万字以上,多次以专版、专刊的形式,全方位的对世博会进行深入的报道,产生广泛的影响,收到了较好的效果。

2. 连续式报道

连续式报道指紧跟事件或问题的发展变化,连续及时地发出报道,反映事物发展变化的全过程。这种报道的时效性强,能够对现实作出迅速的反映,事情有什么最新进展就报道什么,持续关注,这样事情发展过程中的许多新闻,都能及时得到传播。这类报道具有完整性,充分展示事物发展的整个过程,不管事物发展过程有多曲折,都能得到充分的展示。随着报道的陆续展开,人们对事物的认识也在不断深化。在安排上,连续报道的调整较为灵活,在报道开始前将报道的整个布局全盘定下来,可在报道开始后,视新闻事件或问题的发展,随时对报道作出新的安排和变更,决定发稿的数量多少及报道过程的长短。对前面报道中的不足和不妥之处,后续报道随时可以补充和修正。

连续报道多用于突发性事件的报道,如 1998 年抗洪事件、汶川地震等。事件发生后,读者急于了解下一步情况,报社的连续追踪会提供事件的最新进展,满足读者的需求。

3. 系列报道

系列报道是从事物的各个侧面集中展开的报道。它不是单纯地去追踪和描述事件的发展过程,而是深入解剖事物,表现某种事物的各个侧面或同一类事物的各

---

[4] 杨伟光:“立足中国面向世界——香港回归电视报道回报”,载《电视研究》1997 年第 8 期。

个组成部分，以全面深入地反映现实。如1987年大兴安岭森林火灾，《中国青年报》的《黑色的咏叹》、《绿色的悲哀》、《红色的警告》三篇长通讯，多层次多角度地报道了火灾的前因后果，以及带给我们的教训。这次报道采用的就是系列式的报道方式。

系列报道多用于报道一些具有一定深度、带有启示性和研讨性的问题，有时也用于反映重大的典型。它以深刻、系统见长，各篇稿件相互关联、相互补充，共同组成一个报道整体。系列报道在结构方面要求比较严，各篇稿件的主题都是预先按整体的布置配置的，彼此联系紧密，缺一不可，各篇稿件的规模、形式也较为统一。但系列报道在迅速及时方面不如连续报道。

4. 组合报道

组合报道就是组织一批报道力量在同一时间围绕同一主题进行大规模的采访，用一组稿件反映在同一时间、不同地点所发生的同一类型的情况，或针对同一主题进行报道。组合报道所选的题材或问题比较集中，同时又对时间、地点等要素作了限定，这样能够以有限的篇幅提供有关某一事物的全貌，对读者有一定的认识价值。

中央电视台经济频道关于金融危机的报道就是组合报道一个很好的例子。央视经济频道《直击华尔街风暴》通过对金融海啸的全方位报道，全面深刻地梳理了“金融风暴”的来龙去脉以及在世界范围内波及的影响，如《雷曼兄弟的破产原因》、《从次货危机到金融风暴到底如何发生》、《美国政府救市为何遭到国会质疑》、《亚洲实体经济受到美国金融风暴的影响程度》等内容，增加了观众对这场金融海啸的理性认知；《华尔街这些事》则是通过梳理历史的方式，以《华尔街制造了什么》、《华尔街的赢家和输家》、《拯救华尔街》、《寻找中国智慧》为主题，站在宏观的角度上介绍华尔街的历史由来、阐明华尔街金融风暴的来龙去脉、分析整理华尔街拯救行动；《对话》特别节目《华尔街风云》则是请那些与华尔街有过某种联系的嘉宾结合自身的实际体验，以更加专业的视角和深刻的层面对华尔街风暴进行解读，用其亲身经历形象、生动地为观众勾勒出真实的华尔街。

组合报道是预先经过周密设计的报道，它的每篇稿件的主题、规模、形式基本相同。应注意的是这种设计要合情合理，如果人工雕琢的味道过浓，效果不一定好。这种报道方式不大适用于突发性事件，多用于报道面较宽、报道对象较多的报道，报道非事件性新闻或用于揭示某种现状和存在的问题，通过众多报道对象的比较说明问题。

5. 受众参与式报道

受众参与式报道指引导和组织受众参与报道活动。受众参与报道的形式多样，可以邀请受众参与新闻采访写作活动、可以发动受众对报道内容展开讨论等，这种报道方式多用于报道社会发展中出现的新现象、新问题、新观念等。如《中国青年报》在“青年话题”专版中，设置了“百姓说话”、“校园视点”、“百姓语录”、“热点话题”等栏目，经常组织各界人士对某一话题发表意见，形成百家争鸣之势，深受广大读者好评。

现在，网络媒体的发达，受众参与新闻生产的方式、态度、表现、频率及其作用、成效已经大为提高，网民在收听收看新闻时，可以随时评价和议论，发表自己的意见，甚至部分重大的新闻事件最先的报道者往往是网络媒体，如温州动车事故，最先报道者就是来自网民的微博报道，几个小时以后才有新华社和传统媒体的报道。参与式报道在网络媒介的新闻报道中出现得更加频繁，已经对传统媒体形成了强大冲击，当然，也给传统媒体的新闻生产带来诸多影响与改变。

6. 媒体联动式报道

媒体联动式报道是指媒体合作，一家媒体与其他媒体共同进行同一主题的报道方式。在联动式报道中，各媒体发挥自己媒体的特点和优势，选择恰当的角度和表现手法，使报道主题在各个媒介上又各具特色的展示。所有联动媒体的报道形成合力，造成声势浩大的效果。

今天，大众传媒一体化与合作化成为历史潮流。许多媒体逐渐意识到合作比竞争更重要，为寻求“双赢”或“多赢”，作为一种新的运作方式，媒体联动报道开始为各类媒体所重视和采用，并随着媒体合作的不断深化日益成熟。

常见媒体联动式报道有两种类型：一种是同类型的新闻媒介的联动报道，2002年11月，为迎接党的十六大胜利召开，东方电视台、南京电视台、杭州电视台等华东15家城市台精心策划、联手打造，共同推出了“喜迎十六大”大型系列专题报道《一同走过的路》。这组报道以记者实地采访和具体人物事件报道为线索，以百姓生活发展变化为新闻点，全方位、多角度地揭示了所在城市的经济建设变化和人们思想观念的变迁，表现出与时俱进的鲜明主题，在观众中获得了极佳的声誉。本次15家电视台的成功合作，打破了地域界限，满足了不同地区受众理解和探求周围世界的欲望。借2008年奥运会之机，中国广播界也走出了一条联动之路。“全国奥运广播联盟”由140家电台共同参与、合作报道，从2008年8月6日起正式开始了联合行动。联盟的成立使没有特权转播证的地方电台能够共享中央台的转播资源，广播的整体传播优势得以提升。对于联盟的倡导者——中央台而言，除了获得上述优势外，还有利于其国家大台媒介形象的树立与展示。

媒体联动的另一种方式是不同类型的媒介的联动报道，也就是跨媒体联动报道。大规模的跨媒体联动可以是几十家甚至上百家报纸、电视、广播和网络多种媒体同时进行，其合作力度、规模效应和宣传声势都是非常大的。2004年5月13日，上海文广新闻传媒集团、新浪集团和《体坛周报》三家媒体，就2004年中超联赛电视转播结成战略合作伙伴关系，充分发挥各自传播优势，通过电视、广播、平面媒体和网络的全面覆盖，把中超的资讯最快速、最全面、最生动地展现在广大球迷观众面前，使网络媒体和传统媒体的联动走上了更高层次。媒体联动的优势显而易见，如可以有效地整合资讯、发挥各家之长，形成舆论强势、引导舆论宣传，节约成本、壮大了媒体竞争力。

（五）报道力量的配置和建立报道运行机制

报道力量的配置是指参与报道的人力、物力、资金和技术力量的配置。报道运行机制是指为实施报道而临时建立起来的组织机构、工作流程及其管理制度。报道的组织机构是根据完成某一次策划报道的需要而成立的组织机构，建立报道的组织机构的目的就是明确报道组织和执行人员的责任和权力，将每一项工作分配具体到人。要明确完成一次报道任务需要哪些工种，有多少岗位，要给参与者规定工作内容，使其了解工作的要求。如果是工作小组制，还要明确工作小组的职责，工作小组的运作机制等。新闻媒介在报道的组织工作中出现的问题往往与这些因素安排不当有关。大型的报道活动实施，一定要注意报道力量的优化配置，建立良好的报道运行机制，这是报道活动能否成功的保证。

三、方案实施阶段

（一）新闻报道策划方案的实施

新闻报道策划方案是对报道活动的整体规划和安排，能否发挥报道策划的作用，重在方案的实施。

首先，要瞅准报道时机，就是报道进行的时间。一件事件或事实中潜存着有利于报道取得良好效果的机会，能否把握住这个机会，往往决定报道的成败。如果错失报道的时机或者时机选择不当，都会影响报道的效果。

其次，认真部署。部署就是按照报道方案的要求，编辑部向记者、通讯员下达采访、写作、拍摄、制作任务。部署的内容包括布置稿件选题、采访对象、体裁、篇幅、交稿时间等，对采访中特别要注意的问题和事项也应交代清楚，要让每一个参与的记者和工作人员了解媒体报道的意图。

《人民日报》关于中共十五大的专题报道提供了成功的范例。为了做好十五大的宣传工作，报社编委会总结了以往历次重大报道的经验，多次召开会议进行专题部署。并按照"政治强、业务精、纪律严、作风好"的要求，挑选35名编辑、记者组成专题报道组。对计划中的各个部分，包括从十四届七中全会开幕时就开始刊出的重点报道，以及刊登"特邀代表访谈录"、"党代表风采录"等专题报道，设立专版和开辟"党代表论坛"、"十五大感情"、"世纪之交话伟业"等10个专栏一一作了具体布置，做到定题、定人、定交稿时间，责任到人，各司其职，层层负责。由于精心部署，实施顺利，使十五大报道全面、充分、有声势、有力度，受到中央领导和社会各界的好评。

最后，做好报道的开篇和控制。报道的开篇是指报道活动的开始，报道开篇的方式有很多种，可以采取开门见山直接陈述的方式，也可以采用前期铺垫、后期逐渐展开的方式来进入。具体情况,要根据新闻事件的特点做选择。一些突发性新闻事件,如“9·11恐怖事件”、汶川大地震等,此类新闻事件报道时效强,直接进入主题报道。部分新闻事件报道时效性要求不高,可以采取先铺垫报道的方式,为正式报道做准备,如“两会”的报道。在召开两会之前,很多媒体已经开始报道两会代表的产生、优秀代表的介绍,这些都是为正式的“两会”报道做铺垫。2010年,举世瞩目的世界博览会在我国上海举行,文汇报和新民晚报在前期做了大量的与世博会相关的报道,向市民介绍世博会的历史、历届世博会的举办情况、关于世博会的逸闻趣事等等,起到了很好的普及介绍作用,也引起了人们对世博会的持续关注。到2010年5月1日,世博会开幕,正式的大规模报道拉开序幕。在开幕当日,《东方早报》共24版内容,关于世博会的报道有20版,报道世博会的稿件有20篇,参与报道的记者有19人,《新民晚报》共60版,关于世博会的报道33版,报道世博会的稿件有54篇,参与报道的记者有45人。对世博的报道全方位展开,形成了冲击力,产生了广泛的影响。

报道开始后,便要根据报道设计将报道展开进行,使报道持续下去。它包括报道的深化和拓展两方面。随着新闻事件的发展,会不断出现新情况和新变化,我们对事件的认识也随着事态的发展不断深入,报道活动也要不断深化。2007年,杨丽娟事件的报道即是如此。开始媒体的报道重点集中在杨丽娟追星问题上,随着事态的进展,2007年3月26日杨丽娟的父亲跳海自杀,事情的发展超出了所有人的预料,大家都没有想到是这个结局。这时媒体报道的重点转移,开始引导公众认真思考杨丽娟现象。曾经最先披露“丽娟事件”的《兰州晨报》发表了《健康追星倡议书》。报道在深度上、广度上的开拓,可以更深刻地揭示事物的本质和内在特征。

(二)新闻报道策划方案实施后的反馈

报道过程中需要对报道效果有所把握,并随时根据情况的变化进行调整,这就涉及报道的反馈和控制。报道计划的制订,早于新闻事实的发展进程,有一定的超前性。在报道展开过程中,原计划的设想可能会与发展变动的事实不符合,报道的外部条件发生了变化,受众对报道的态度发生了变化等,给报道按原计划进行带来困难,这就需要我们建立信息反馈机制,主动接收和搜集各方面的反馈信息,及时作出调整,修正报道方案,使报道平稳地进行下去。

策划者要注意收集以下四类信息反馈:

1. 报道者的反馈。

媒体的记者、通讯员、摄影师是采访报道的直接参与者,是报道方案的执行者,他们对新闻报道的事件有着最直观的了解,对报道有切身的感受,既是新闻的采访者,又是专业的传播者,报道者的新闻敏感对编辑有很重要的参考价值,他们都能对报道提出专业的高水平的意见和建议。要注意和尊重报道者的反馈。

2. 报道对象的反馈。

报道对象是新闻事件的当事人,他们接不接受采访和报道、他们在报道中能否说明自己的立场和观点,有没有在报道中改变自己的行为和观点,都直接影响到下一步报道的展开。因此,在报道中,要注意报道对象的反馈。不同类别的报道,报道对象的反应也有很大差异,批评性的报道,报道对象往往不太愿意配合,提出各种问题质疑报道内容的真实性。

3. 受众的反馈。

新闻报道是否成功的关键就是看新闻报道有没有很好地满足广大受众的需求。受众的需求是新闻报道策划的出发点和落脚点。如果报道在进行的过程中,没有引起受众的关注,或者关注度不高,那就说明报道的实际效果与报道目标效果之间存在很大差距。从报道活动一开始就要密切关注受众的反应。

4. 有关部门和主管单位的反馈。

新闻媒介的报道具有较大的社会影响力,对某一问题的几种调研和报道,会引起有关部门的重视,使报道反应的问题得到解决。最近一段时间,关于食品安全的报道增多,就引起了国家相关部门的注意,制定了一些政策,采取了相关措施来解决食品安全问题。有关部门和主管单位的反馈是对新闻报道工作的肯定。

四、方案修正阶段

1. 调整报道思路

调整报道思路是指改变原来的报道思想、报道重心、报道态度等。报道思路的调整意味着对报道选题的重新认识,相应地还要改变报道的范围和重心、报道规模、报道方法等。事物总是充满变化发展的,对事实认识不清或事实的发展出现了重大转折变化,与策划时预期的设想有较大出入,设计方案的执行遇到较大阻力,新形势下,不再切合实际,必须重新修改。如 1999 年,清华大学四位在读大学生得到上海某企业 5000 万元创业风险金资助,未毕业先创业。有些媒体对此大量报道,把这个事件的报道做得很大,于是一股“休学创业”的热潮在部分学生心中涌动。后来媒体意识到休学并不是创业的必要前提,更不是创业的充分条件。少数大学生未毕业先创业并不具有普遍性。因此媒体调整报道思路,策划报道社会对此事件的讨论。其实人的能力虽有早晚差异,但就大多数人来说,成才出成果的最佳年龄是成年或壮年时期。

2. 调整报道内容

调整报道内容是指在不改变报道思路的前提下补充或压缩报道内容,改变原来的选题和发稿计划。如 1999 年下半年《羊城晚报》关于追踪农村电价的一组报道,开始是读者来信,晚报派记者去调查,本想写一篇调查报告就可以了。后来在调查中发现问题带有普遍性(广东某些农村电价每度高达 3 元),编辑改变发稿计划,针对问题开始报道各地采取的整顿措施以及解决问题出现的反复性,并做了大量的后续报道,最后还报道了各地整治的效果。报道前后持续了半年,共刊出 34 篇文字稿和 16 幅照片。由于政府下大力解决,到年底电价已降至一元以下。可见,根据事实的新闻价值调整报道内容是必要的。

3. 调整报道规模

报道的规模体现在报道的时段、报道的时长、报道的版面位置、报道的数量、报道的文体和报道的力度。通过延长或缩短报道时间,增加或减少报道篇幅,提高或降低报道的版面地位等手段,改变报道的阵势和力度。甚至报道的体裁的变化和调整,也会影响到报道的效果。范敬宜先生介绍,他在任《经济日报》总编时,1990 年年初新华社发了一批建设成就报道。第一篇是介绍 1989 年全国钢产量突破 6000 万吨的。《经济日报》将这一事件写成一条简讯刊登在一版很不醒目的位置。有关部门看到后认为这样处理不够规格,既不能引起人们对这一事实的重视,也不能激发人们对这一事实所蕴含的意义的思索。《经济日报》意识到这一点后,决定"补课",于是马上补写刊发了大篇幅文章《6000 万吨钢意味着什么》。此后又围绕这一事件组织采写编发了 5 篇以"变迁"为主题《吃的变迁》、《穿的变迁》、《住的变迁》、《用的变迁》、《行的变迁》五个"变迁"的系列报道,接着又采写刊发了 5 篇"变迁的背后"的系列报道,表现了各个行业发展的巨大成就。由使用"轻武器"——简讯,到改用"重武器"——通讯和系列报道,且数量也大幅增加。这样处置后,报道规模加大了,报道客体所享受的报道规格得到了提高,报道也就到位了。

4. 调整报道形式

调整报道形式是指变更报道的组织方面,使报道取得好的效果。一次报道的组织方式,应该灵活地、交替地运用多种报道方式,不拘一格,随机应变。连续报道、组合报道甚至与其他一些灵活多变的报道方式交替使用,有利于达到好的传播效果。

2011 年 8 月 9 日中宣部等五部门部署在新闻战线开展"走基层、转作风、改文风"活动以来,北京日报的"走转改"报道已从最初的行业体验式报道,发展到更高的阶段:即编辑部配合市委市政府中心工作进行选题策划,增加帮助群众解决困难和实际问题的民生报道,强化自主策划的深度报道选题。由于头版经常被重大时政新闻占用,栏目难以保证刊出频数,北京日报在北京新闻、光影叙事、文化新闻、调查观察、政府与市民等各个版面开辟"走转改"专栏,先后推出"文化之都探文化"、"记者在基层 · 一线写真"、"践行北京精神 厚德润京华"、"妙手仁心"、"干部在一线"等一大批特色专栏。这些报道形式,从多方面丰富和突出了"走转改"的主题,收到很好的报道效果。

5. 调整报道力量

改变原定的报道人员部署,如增加或引入新的报道人员,寻找新的合作伙伴等。这个调整是由报道内容和报道规模的调整而来的。它是实现报道调控的一项基本保证。

如《中华工商时报》对郑州商战报道之初,报道人员仅限于本报记者。到如何结束商战报道时,编辑动了一些脑筋,总的要求是要升华和圆满。于是他们邀请北京大学经济学教授肖灼基撰写了两篇评论,从理论上谈了郑州商战的意义,又采访了时任河南省省长李长春,从当地最高行政首脑口中肯定了这场商战;又发表了从采访中获得的一个新信息:六大商场加紧争夺农村批发市场,郑州商战正向全国范围扩展。同时,编辑注意到郑州毕竟只有一百余万人口,购买力有限,而六大商场的销售额均在上涨,那么中小企业的日子肯定受影响。编辑便又约人写了一篇"郑州中小企业在夹缝中求生存"的报道。这样就使报道从深度和广度上均得到了提升。

报道调控与报道实施是报道活动中的不可分割,相互依存的两个方面,在报道的进行过程中,策划者要自始至终搜集报道的反馈,并据此调整和修正报道方案,从而有效地控制报道活动,促使新闻报道能够最好地满足受众的需求。

思考与练习

1 新闻报道策划的类型有哪些?

2 新闻报道策划的流程是什么?

3 新闻报道策划的原则有哪些?

4 结合近期相关媒体的报道策划案例,论述在新闻报道策划中如何求新、求异。

第五章　新闻稿件选择

知识要点

1. 新闻稿件选择的三个意义
2. 新闻稿件选择的四个基本标准
3. 新闻稿件选择的途径
4. 新闻稿件选择的四个注意事项

内容摘要

1. 对新闻稿件的选择就是对新闻的选择，这是新闻传播能否成功的前提。每家新闻媒介都有自己的编辑方针，编辑方针为媒介编辑进行新闻策划、新闻稿件选择、新闻编排与设计指明了方向。新闻稿件选择要依据媒体的编辑方针，结合媒体的特点，选用的新闻稿件要体现媒体的定位、特色和发展战略，把新闻媒体的编辑方针体现在每一次新闻报道中。

2. 新闻选择考虑的因素很多，要评判事件的新闻价值；要考虑新闻传播的社会效果；要注意新闻信息对媒介的适用；要预测新闻信息是否能够满足社会公众的信息需求。这些构成了新闻选择的基本标准。

3. 新闻编辑在处理新闻稿件时一定要非常慎重，认真、全面地分析和预测新闻报道后产生的社会影响。新闻编辑在处理新闻稿件时，应具有较高的鉴别能力，能从众多的新闻稿件中，去粗取精，去伪存真。今天的媒体如电视、广播、网络媒体越来越多采用多媒体的形式报道新闻、更加形象生动，给受众呈现一个完整的新闻事件，使新闻信息资源得到最大程度的开发和利用。

第一节　新闻稿件选择的意义

新闻作为对新近发生和正在发生的事件的报道，服务人们对信息的需求。作为信息传播方式，新闻报道必须遵循信息传播的规律，同其他信息资源一样，只有经过选择、加工、处理，使之符合新闻传播的规律和某种新闻媒介形式，才能得以传播。对新闻稿件的选择就是对新闻的选择，这是新闻传播能否成功的前提。

一、落实新闻媒体的编辑方针

新闻稿件选择是落实新闻媒体编辑方针的需求。编辑方针是根据办报、办台方针以及实际情况对报纸和广播电视节目的内容和形式所作的总体设计，是编辑工作所应遵循的基本准则。编辑方针规定了媒体的读者对象、传播内容、传播水准与风格特色。

每家新闻媒介都有自己的编辑方针，编辑方针为媒介编辑进行新闻策划、新闻稿件选择、新闻编排与设计指明了方向。如日本的《读卖新闻》突出的是"群众性、庶民性"的编辑方针，形成了从内容到形式、从图片到文字通俗易懂，"初中文化的人都能阅读"的风格和形式，成为了全球知名的大众化报纸。《纽约时报》追求的是"不供火车乘客消遣浏览，而对50年后的历史学者负责"的编辑方针，使该报逐渐形成了一个"大事不漏"、"材料真实"的严谨办报风格。《金融时报》的编辑方针是"准确、迅捷、权威、专业、创新"。《金融时报》是国家主管金融业务部门的机关报，专业性强是该报的一大基石。"愉快的阅读，阅读的愉快"是《文汇读书周报》的编辑方针。《文汇读书周报》是一份专门研究、报道和教你如何读书的专业性报纸，它的这一编辑方针，使你享受到"愉快的阅读，阅读的愉快"，而这一专长是其他报纸难以达到的。

新闻稿件选择要依据媒体的编辑方针，结合媒体的特点，选用的新闻稿件要体现媒体的定位、特色和发展战略，把新闻媒体的编辑方针体现在每一次新闻报道中。

二、实现报道宗旨的基本保障

新闻稿件选择是实现新闻报道宗旨的基本保障。新闻报道宗旨是新闻报道的目的和意义。我国新闻工作的根本宗旨是：全心全意为人民服务，促进社会主义物质文明、政治文明和精神文明建设。《中国新闻工作者职业道德准则》（2009年修订版）第一条"全心全意为人民服务"共有三款，其也构成了新时期坚守媒体新闻报道宗旨的内容：

一是积极宣传党和政府的重大决策部署，及时传播国内外各领域的信息，满足人民群众日益增长的新闻信息需求，保证人民群众的知情权、参与权、表达权、监督权；

二是牢固树立群众观点，把人民群众作为报道主体和服务对象，多宣传基层群众的先进典型，多挖掘群众身边的具体事例，多反映平凡人物的工作生活，多运用群众的生动语言，使新闻报道为人民群众喜闻乐见；

三是积极反映人民群众的正确意见和呼声，批评侵害人民利益的现象和行为，依法保护人民群众的正当权益。

这些报道宗旨靠什么来实现呢？靠新闻选择。选择新闻稿件时要把体现党的主张与反映人民心声统一起来，把坚持正确导向与通达社情民意统一起来，把坚持正面宣传为主与加强和改进舆论监督统一起来，努力为人民群众提供丰富的新闻产品。

三、满足社会公众的信息需求

新闻信息数量庞大，可以满足人们多样化的需求。大千世界，每天发生的事情可以用海量来形容。有些事情关系到国计民生、关系到人民群众的工作和日常生活，这些新闻因其重要性、相关性会得到及时的、大范围的报道和传播，引起人们的关注；而有些事情是属于娱乐性、趣味性的“软新闻”，如明星的绯闻、体育赛事、逸闻趣事等，这些信息也会得到报道和传播，但是其传播受众、关注度、影响力与前者相比会有较大差别。此外，还有大量的稿件通过各种渠道诸如通讯社、互联网、本报记者、通讯员源源不断地传送到报社编辑部，它们的数量十分庞大，通常都要远远大于媒体可能刊登的容量。面对海量的新闻信息，要根据社会公众需求的差异性进行选择和甄别。

不同的新闻媒体有着不同的受众群体，不同的读者对信息的需求自然也不同。比如日报的读者关注的是党的政策方针和对重大国际国内事件的立场和评价；晚报的读者关心的是本地化的新闻信息和生活服务类的资讯；行业报纸的读者关注的是本行业发生的重大事件和行业资讯；体育、娱乐类报纸读者关注的是体育、娱乐新闻。每一类读者对不同媒介的需求是不一样的。因此，每一家新闻媒体都要认真研究自己的媒体定位和自己的受众需求特点，认真编选新闻，满足社会公众的信息需求。

第二节　新闻稿件选择的基本标准

新闻选择考虑的因素很多，要评判事件的新闻价值；要考虑新闻传播的社会效果；要注意新闻信息对媒介的适用；要预测新闻信息是否能够满足社会公众的信息需求。这些构成了新闻选择的基本标准。

一、新闻价值

新闻能够满足人们特定的需求，属于特殊的精神产品。新闻之所以成为新闻，有其自身的特殊规定性。这种特殊规定性就是新闻价值。判定一则信息能否成为新闻，就看其有没有新闻价值，或者新闻价值的大小。新闻选择首先要判定新闻是否真实，是否确有其事；其次就是判定新闻价值的大小。

所谓新闻价值，是指选择和衡量新闻事实的客观标准，即事实本身具有的足以

构成新闻的特殊素质的总和。事实具有的这种特殊素质越多,新闻价值也就越大。新闻价值由以下几个要素组成:

(一)时新性

新闻时新性有两层含义:一是要求新闻信息要新鲜,包含人们需要的最新的信息;二是要求新闻报道的时间距离事件发生的时间越近越好,最迅速、最及时地把新鲜的信息传达给受众。

新闻贵在"新",只有最迅速、最及时地把新近发生和正在发生的信息传达给公众,才能满足人们对新闻信息的需要。新闻对时间的要求很高,这是新闻与其他专业显著的差异。尤其是当今传媒技术的日新月异,新闻传播的时新性越来越强,正在发生的事情,甚至可以采取直播的形式,新闻信息的采集和传播几乎与事实发展是同步的。

2003 年 3 月 20 日,以英、美军队为主的联合部队对伊拉克发动军事行动,这场伊拉克战争被称为是"传媒的战争",从战争的筹划到实施,每一步都在传媒的密切关注之下,当美军的导弹第一次轰炸伊拉克时,通过电视直播的方式,全世界人民看到了伊拉克建筑在美军导弹攻击下轰然倒塌,翻滚起浓浓黑烟。几乎是与听到的炸弹爆炸声同步,中央电视台第四套《中国新闻》就立刻打出"伊拉克战争打响,巴格达发出爆炸声"的字幕,同时播放美国轰炸伊拉克的战争画面和同期声,接着中央电视台第一套中断正常节目,进行战争直播,几分钟后,央视第九套也及时加入,充分利用现代科技,发挥电视传播的特长,通过多点联线,实时报道的方法,让观众获得实时战况同时滚动字幕报告最新情况,密集、高效、快速地向观众传递最新信息。直播报道成为中央电视台这场战事报道的主要样式,令人耳目一新。

同时,各大网络新媒体也不甘示弱,专题的网页已经上线,每分钟不断更新标题、内容和图片,使众多网民差不多是在第一时间了解了战争的进展情况。许多网络还在广度、深度上多层次开发新闻信息资源,推出与战争有关的专题新闻报道和深度报道。报纸媒体则根据自己纸媒的特点,采取多层次、多角度、多时态、多样式地报道这一焦点事件,许多报纸采用打破常规,以专刊、专版、专题、号外的形式聚焦伊拉克战争,深度解析美伊战争,形成规模化、集约化报道气势,并且在报道中大量使用背景新闻、深度报道、图片新闻、分析报道,显示出纸媒新闻报道的优势和魅力。伊拉克战争的每一进程,都被媒体记录下来,通过发达的现代传媒传播到全世界,事后,评论将这次战争称为"一场直播的战争"。

新闻的时新性是对新闻的基本要求,昨天的新闻是今天的历史,这是对新闻信息传播及时性的要求。新闻不仅要新,还要包含人们需要的信息。有些事件虽然已近过去了很长时间,但是因为特殊原因没有公开传播,时过境迁,可以公开报道了,因为事件自身的重要影响,也是新闻。如我国在 1976 年 7 月 28 日,在唐山发生了里氏 7.8 级地震,造成 24.2 万人死亡,重伤 16.4 万人,名列 20 世纪世界地震史死亡人数第一。当时由于特殊原因没有公开报道，后来这一段事件公开后，1979年11月23日，《人民日报》刊登新闻《唐山地震死亡24万多人》。关于唐山大地震伤亡人数的相关报道，对公众而言，依然是重大的新闻。

（二）重要性

重要性是指新闻报道的事件、人物、信息对受众产生的影响。新闻的重要性是由新闻所报道的事件、现象对社会所产生的影响所决定的。影响所涉及的社会领域、社会成员越广泛，影响的程度越深刻，则重要性越是显著。如果一条新闻报道的事件、现象所影响的社会面很广，影响的程度又很深，则无疑是一条很重要的新闻。新闻重要性体现了新闻报道与社会公众之间关系，也体现了新闻报道的效用。新闻的重要性要通过新闻报道才能体现出来，在选择稿件阶段，新闻编辑只能够对这种效用和影响进行预测和判断。新闻事件的重要性可以从不同的角度加以判断：

1. 新闻信息涉及受众人群的广度。也就是说，涉及的人越多，新闻就越重要。涉及的人越多关注的人越多，新闻信息的影响力就越大。政府新制定的法律、法规会影响到全国各族人民，如新《婚姻法》颁布、新的税收政策的实行等都跟每个受众息息相关，所以这类信息对于任何媒体来讲，一定都是重要新闻。

2. 新闻信息涉及受众人群的利益的深度。新闻信息对社会成员影响越大，新闻就越重要。新闻信息涉及社会公众的全局利益和长远利益，国家利益和民族利益，这是与每个受众的切身利益休戚相关的，新闻重要性强。如我国近期频繁发生的食品安全事件，引发了社会公众的高度关注，从“三鹿奶粉三聚氰胺事件”、“白酒塑化剂事件”，到“毒胶囊事件”、“毒生姜事件”等，社会公众对食品安全新闻的关注度增加。新闻报道对相关食品安全方面的报道相应也就增多。

3. 新闻信息具有重大影响力。一些新闻信息对于区域性的受众来说，没有特别紧密的相关性和影响力，但也是重要新闻。比如经常在媒体中见到的世界上其他国家的政局的变动、国与国之间的军事冲突和贸易纠纷、自然灾害和事故、名人政要活动和声明等，这些新闻信息看似跟我们没有直接的联系，对我们工作、生产、生活也没有产生直接的影响，但是，这些事件的发生在我们生活的世界上，我们有必要了解这些信息。当今时代，全球一体化把世界各国人民紧紧地联系在一起，世界变成了一个“地球村”，在世界经济一体化的过程中，很难说谁能置身事外，某一国家的动荡和灾害可能会引起国际市场上原材料的上涨，进而影响到我们的生活。2010年，东南亚国家遭遇数十年不遇特大洪水，结果整个国际市场上数字存储设备价格普遍上扬。

2001年9月11日上午，恐怖分子劫持的4架民航客机撞击美国纽约世界贸易中心和华盛顿五角大楼，“9·11”事件成为全人类的一个恐怖事件，世界各国媒体纷纷在第一时间报道了此事，并对美国政府和伤亡者的家属表示慰问，对造成这一惨绝人寰事件的恐怖分子进行了强烈谴责。《人民日报》是中国共产党的中央机关报，是中国最权威的报纸，在第一时间对“9·11”事件进行了报道，其中上头版的共有 11 篇，总的报道数量达到 135 篇之多。恐怖事件是人类社会面临的共同威胁，恐怖行为也是全社会共同谴责的对象，在这一点上，美国人民的伤痛，我们也是感同身受。所以这样的新闻，其重要性不言而喻。

（三）显著性

显著性是指新闻中所包含的要素如时间、地点、人物、事件越著名，越容易引起受众关注。新闻编辑在选择稿件时候对新闻中出现的这些要素要格外关注。这些要素在某种程度上构成了某段特定时间内新闻媒体传播的焦点。

新闻涉及人物的显著性。新闻涉及的人是政府首脑、知名专家、明星、艺术家、舆论领袖等名人，他们的知名度高、影响力大，他们的言行举止都会有较大的关注度，都会成为新闻的重要来源。人们关注名人，崇尚名流，渴望了解和接近名人，有关名人的消息，即使是平常的小事也会感兴趣。西方新闻中有观点称，“新闻就是不平常人 + 平常事；或者是平常人 + 不平常事”，从这个角度看也是有些道理的。2013 年，新当选的国家主席习近平首次出访，作为夫人的彭丽媛随行出访。彭丽媛作为中国著名的歌唱艺术家家喻户晓，此次出访中，彭丽媛通过其举手投足将中国女性的美丽、善良、雍容、睿智、贤淑展现在世界面前，赢得世人的尊重和爱戴，通过其独特而又闪亮的女性魅力开拓新的外交风格。在世界各国媒体的报道中，彭丽媛的衣着打扮，言行举止都成为重要的新闻点，在国内外时尚界还引起了一片模仿的风潮。

彭丽媛出访身着中国品牌　习彭着装体现情侣搭配

昨天，彭丽媛以一身绿色旗袍配白色小西服出现在习近平身边，习近平则佩戴一条与旗袍颜色比较接近的领带出镜，两处细节体现出“情侣色”搭配。

对此，费加罗杂志时装总监 Mix 说，领导人夫人出访时，因为要遵守一些国际惯例，一般都穿着制服化的服装，简单的搭配就可以，不过最难的就在细节，“比如这次习主席的领带和夫人的旗袍颜色非常接近，就是从细节处体现两人的恩爱”。Mix 表示，反观今年 3 月习近平偕夫人出访俄罗斯及非洲三国的过程，其实每次都有类似“情侣色”的搭配。

他举例说，3 月 24 日，习近平与彭丽媛抵达坦桑尼亚港口城市达累斯萨拉姆，一身白色套装的彭丽媛与丈夫挽手走下飞机，彭丽媛天蓝色的丝巾与习近平淡蓝色的领带，堪称“情侣色”搭配。

习近平赴援坦中国专家公墓凭吊时，彭丽媛陪同吊唁。彭丽媛着装为黑白两色，尽显庄重肃穆。习近平也以黑白蓝的沉稳色调来呼应。

3 月 27 日，习近平与彭丽媛牵手走下飞机，抵达南非第二大城市德班。彭丽媛身着黑色旗袍，搭配藕荷色与杏色双面刺绣丝巾，配以杏色手袋。习近平以一条银红领带与妻子丝巾上的藕荷色呼应。

3月29日，习近平乘坐的专机抵达布拉柴维尔的玛雅国际机场。彭丽媛身着一袭优雅的白色改良旗袍套装，配以水蓝色丝巾，展现出古雅的中国风格。习近平以浅蓝色领带与她的丝巾搭配。

3月30日，习近平和彭丽媛在布拉柴维尔出席恩古瓦比大学图书馆启用和中国馆揭牌仪式，彭丽媛穿了香槟粉的套装，光泽感的面料使她显得仪态万方。习近平则以富有光泽感的柔和色系领带与她的套装进行搭配，雅致且华丽。

Mix表示，彭丽媛衣着时尚靓丽，也都是中国设计师设计的品牌，提高了中国时尚界在世界上的地位。"这么多年的世界时装周，很多人还在讨论中国人都穿什么"。他说，第一夫人的出访形象，对于树立中国人的穿衣形象有一个很大的改观。（记者　孙雪梅）

（选自2013年6月2日《京华时报》）

显著性还体现在地点、时间和事件方面，同样事件发生在不同的地方，其意义的大小和新闻价值的有无就截然不同了。2013年年6月20日，中国女航天员王亚平在中国首个目标飞行器天宫一号上为青少年授课，讲授失重环境中的物理现象等，成为中国首位"太空教师"。这次授课的形式的意义大于内容，物理课程中小学生老师都讲解过，但是这次不一样，这是中国人第一次在太空中自己的空间飞行器中为青少年授课，意义重大。

解码中国首次太空授课　中国首位"太空教师"王亚平

2013年6月20日，女航天员王亚平将在中国首个目标飞行器天宫一号上为青少年授课，讲授失重环境中的物理现象等，成为中国首位"太空教师"。太空科普课是中国神舟十号各项任务中的一大看点。

此次太空授课主要面向中小学生，使其了解失重条件下物体运动的特点、液体表面张力的作用，加深对质量、重量以及牛顿定律等基本物理概念的理解。航天员将进行在轨讲解和实验演示，并与地面师生进行双向互动交流。

太空授课　自行车将成讲课工具

锻炼身体，是航天员在太空的重要任务。去年神九航天员花10分钟将天宫里的一辆"自行车"组装好。一身蓝色"运动短打"的刘洋，在景海鹏和刘旺的帮助下率先体验了一番在太空骑自行车的滋味。

刘洋两脚蹬车，一手扶墙，一手对着镜头挥手，笑脸洋溢，这是我国航天员首次在太空使用自行车功量计。而据央视消息，这辆太空自行车，即将成为神十女航天员王亚平太空第一课的教具。

相比地面上人们骑的自行车,这辆"自行车"要小巧得多,而且只能在原地运动,并不能骑着它绕天宫一号满处跑。骑车时为防止飘走,航天员还要通过束缚带把自己固定在车座上,也没有把手,他们骑车时需要一手扶墙。

航天员在失重环境下长期飞行将引起肌肉萎缩,自行车功量计就是用来锻炼下肢肌肉的,它由中国航天员科研训练中心自主研制。

在备受期待的中国太空第一课中,这辆"自行车"将以怎样的形式和地球上的学生见面?让我们拭目以待。

演示如何回收飘浮的水

在失重环境下,水不能倒进杯子里,航天员在太空怎么喝水呢?别急,有办法。原来航天员在太空中是用吸管喝水的,水装在袋子里,用饮水管就可以喝到水,管子还有开关,一次喝不完就得卡住,以免水跑出来。

一旦跑出来,这些水珠不会掉在地板上,而是飘浮在空气中,航天员不小心就会呛到,也会影响很多仪器设备的安全。而无论是喝水,还是做实验,抑或用水在太空洗澡,都难免把水洒出来,那怎么才能把这些飘浮的水收拾干净?

航天员有自己的办法,能把这些跑冒滴漏的"水球"吸干净,具体怎么吸?答案也将在王亚平的太空课上揭晓。

航天员刘伯明参与策划

在神十太空授课专家组中,有神七航天员刘伯明的身影。自神七飞天返回后,低调的刘伯明很少出现在公众媒体面前。神九、神十任务中,他主要参与一些技术支持工作。

"毕竟我上过太空,可以就失重情况给他们一些建议",刘伯明参与了神十太空授课专家组,与其他成员一起讨论策划太空授课的脚本。

世界第一位在太空授课的美国女教师、前美国航天局宇航员芭芭拉·摩根,致信即将在"天宫"上授课的女航天员王亚平,提醒她记得遥望地球,并代表全球师生向她表达祝愿。

(选自《京华时报》)

(四)接近性

接近性是指新闻报道的内容与受众的接近性。接近性表现在,一是新闻报道涉及的人或事与受众在地理上的接近性;二是指新闻报道的内容与受众在心理上的接近性,新闻报道能引起受众注意、同情和共鸣。

人们一般比较注意身边发生的事,身边发生的事总是与自己息息相关。大到城市的规划建设,小到出租车涨价、公交线路的调整,甚至附近商场超市的打折信息,受众都会比较关注,反之别的地方发生的事情往往不太关注,这是人们日常生活的正常表现。虽然现在全球一体化的趋势越来越明显,世界日益变成了"地球村”,但是人们关心周围的事物,依然要胜过关心遥远地区的事物。人们适应环境,改造环境总是从近处开始的,这可以解释本地新闻为什么特别受读者青睐。在当今世界的传媒改革中,各媒体纷纷加重了对本地新闻的关注和投入。这是一个传媒业的发展趋势。在美国,全国性的媒体在日益减少,地方性的媒体却在不断增加,尤其是报纸媒体,地方性报纸一直是美国新闻传媒的主导力量。可以说,美国是世界上地方性报纸发展形态最好的国家。在过去的40年间,美国报业一直以地方性报纸为主。1996年《新闻界时间》(Press time)杂志所做的一份问卷调查显示,受访的318位发行人与总编辑全部认为,地方新闻对于读者的吸引力是非常高的,全国性的新闻排名第七,落后于地方新闻、讣闻、分类广告、普通广告、体育新闻以及娱乐新闻。

新闻报道心理上的接近性是指新新闻事实与人们在心理上、情感上的距离关系。社会类型相同的人会具有相似的心理需要,对某一新闻事实会表现出相同的关注程度。与地理上的接近性相比,心理上的接近性在新闻价值属性中更显得重要。新闻报道要报道人民群众关注的热点、难点问题,与群众切身利益休戚相关的信息。报道这些新闻要针对群众的思想,重在疏导,以理服人,做好新闻解读,体现出寻求公正、公平的价值取向。近些年兴起的民生新闻类节目,坚持“平民视角、民生内容、民本取向”的定位,以城市居民为传播对象,以频道主要覆盖城市为报道范围,以与市民日常经济、社会生活息息相关的新闻事件为主要题材,注重新闻的实用价值、情感价值,获得了社会的好评和肯定。

(五)趣味性

趣味性是指新闻报道的事件富有情趣、故事性和人情味。此类新闻形式多样,人间奇闻、世间轶事、奇异的自然现象,以及人间的悲欢离合、生老病死、儿女情长故事。特别是那些奇特、反常、感伤的人生故事,最能引起新闻接受者的共鸣。通过阅听充满趣味的新闻,人们既消除心理上的孤独感觉,同时引起某种所希望的愉快、欢乐与满意等情感,获得美的享受。

趣味性的新闻充满平民意识和人文情怀,贴近生活,更能打动人,能引起受众强烈的兴趣,形成共鸣。“两会”是我国的政治社会生活中的大事,每年“两会”期间,新闻媒体将焦点对准了参会的代表,他们代表人民参政议政。每年“两会”新闻报道总有一些让人难忘的亮点。

带着老公儿子开两会——最美孕妇人大代表彭伟平:
既然当选了,绝不当“摆设”

从“最美孕妇”到“中国好人”,从“安徽省道德模范”到“2011～2012年度中国十大最美公民”,在彭伟平看来,这些都不及当选全国人大代表更让她感到意外和高兴。

全国人大代表彭伟平获准带着儿子和丈夫一起进京参加两会。“虽然我是一个普通的农民,但是我知道全国人大代表意味着什么,那是一种责任,是要我们把基层老百姓的心声带到会上去的"。彭伟平说,既然当选了,就要做好,绝不当"摆设",这是她对自己的要求。

2日晚上,记者来到驻地房间采访彭伟平时,她正准备起草议案,她的丈夫索磊正在一边哄着哭闹不停的儿子。"孩子七个月大了,还没断奶,很黏我,特别是到了晚上"。彭伟平说,这次出发前,儿子突然生病了,本想请假,但是因为这是自己第一次参会,不想缺席,于是试着向全国人大递出申请,没想到被批准了。

也许是因为自己当初身怀六甲时下水救人,原本怀着双胞胎的彭伟平,最终只保住了这一个孩子,所以她对儿子格外疼惜。

2012年6月6日中午,安徽省灵璧县高楼镇村民彭伟平正在家中休息,突然听见有人喊"有孩子掉到水里了,快救人",当时已怀孕的她丝毫没有犹豫,纵身跳入2米多深的塘水中施救。

不谙水性的她拼尽全力将2岁的溺水幼童举出水面,拍打落水幼童的后背,孩子最终得救了。

(选自2013年3月4日《钱江晚报》A5版)

二、社会效果

具有新闻价值的新闻稿件并不都会被编辑选用,新闻媒介作为社会整体结构的重要成员,还要考虑和顾及新闻传播所带来的影响。新闻媒体作为舆论载体所担负的社会责任决定了它不可能毫无选择地发布任何新闻。作为把关人,新闻媒介会采取一定的标准,对新闻信息进行一定的筛选。新闻编辑要预测新闻信息发布后对社会和受众产生的影响,新闻编辑要预测新闻报道的社会效果,根据社会效果来选择、编排和发布新闻。预测新闻报道的社会效果是一个复杂而艰难的工作,一方面是因为社会是一个复杂的有机体,由不同的组织和群体来构成,不同组织和群体的利益诉求也是多种多样的,新闻编辑以哪个群体和组织的利益为重,需要作出不同的考量和选择。另一方面是因为新闻事实本身的复杂性,新闻事件包含了众多的信息,受众会根据自己的认知作出不同的解读,所谓的仁者见仁,智者见智,这样的新闻接受方式,给新闻报道带来了很大的困难。

对新闻编辑而言,非常准确地预测与掌握每一则新闻和每一次新闻报道的社会效益是很困难的一件事情,但是经过长期的新闻工作实践,可以从中总结出一些可资借鉴的规律。如何分析一则新闻稿件的社会效果,可以从新闻稿件报道后可能产生的政治的、经济的、社会的、法律的影响和效果来分析、预测和把握。

新闻报道的政治效果。在所有的社会效果中,政治效果是最重要的因素。新闻报道因其强大的舆论影响力,在各个国家的政治生活中都占据着重要的地位。不同国家通过各种方式规范和引导新闻媒体的报道活动,有的国家采取的是新闻立法的形式,有的国家采取的是行业自律的形式,有的国家实行的是事前审查或事后惩罚的形式,规定媒体的报道范围。

我国是中国共产党领导下的社会主义国家,新闻媒体是共产党领导下的社会主义性质的大众传媒,所以,我们的新闻媒介有一个基本原则,那就是新闻传播必须对党和国家、人民的事业有利,对社会主义现代化建设和社会生产力的发展有利。具体来说,就是要求我国新闻编辑在选择稿件时要注意:新闻信息是否有利于宣传党的方针、路线、政策;是否有利于推动我国经济、社会发展;是否反映了我国广大人民群众的主张和意愿,发挥舆论监督的作用;是否传播了科学文化,丰富人民的物质文化生活,提高人民群众的文化素质。

新闻报道的经济效果。新闻报道的经济效果是指新闻报道经济政策、金融信息、市场动态、消费资讯对企业和社会公众的影响。现代社会经济发达,全球经济一体化,一个国家和地区的经济方面的变动都会引起一系列的连锁反应。前几年,全球的金融危机就是起源于美国的房地产金融市场的"次贷危机";中国限制稀有金属稀土出口的政策,也导致了国际市场上稀土价格的上扬。经济新闻因为其巨大的影响力,成为现代新闻媒体报道的重要内容。新闻编辑在选择经济新闻时要有宏观意识,注意经济政策和经济形势的变动,在众多的经济信息中把握本质性和关键性的信息,把那些对受众生活有较大影响的新闻信息报道出来。

新闻报道的社会效果。新闻报道的社会效果指的是新闻报道对社会的影响,这个影响是多方面的,新闻报道的社会活动、社会事件、社会问题、社会风貌都会对社会的发展产生影响。新闻报道是人民了解外部信息、熟悉环境、认知事物的重要途径,大部分情况下,受众对外部世界的看法是由媒体的报道所塑造的。如果一段时间以来,媒体报道的都是一些凶杀、抢劫、偷盗等暴力事件,就会给受众造成社会治安不好的印象。就像最近国内频发食品安全事件,媒体曝出了一些奶粉企业在生产加工的过程出了一些问题,后来造成了国内消费者在消费婴幼儿奶制品时,认为国产的婴幼儿奶粉都有质量问题,纷纷购买国外的品牌,而殊不知,很多"洋品牌"的奶粉也都是在国内生产的。这样看来,新闻报道的社会影响是很广泛的。

关于社会新闻稿件的选择。社会新闻的范围很广,灾难事故、好人好事、感情纠葛、道德风尚、官司纠纷、奇异现象、生活变化、婚姻家庭、风俗习惯、趣闻轶事等都可划为社会新闻之列。社会新闻稿件的选择要注意选择那些能反映生活、意识、问题、现象,有深度、有教育、有传播意义的事实新闻进行报道,要新奇而不猎奇,要清新而不猎艳,要通俗而不庸俗,要有人文情怀,要善于拓展社会新闻的领域,发掘有深度的内容;要善于深化社会新闻的主题,提升社会新闻的品位和价值。

关于批评报道的新闻稿件的选择。批评报道稿件需要编辑审慎来对待,在选择批评报道时,需从两个方面加以考虑:一方面,要贴近实际,贴近社会,寻找那些群众关心、突出存在的带有倾向性的问题;另一方面,这个问题也是党和政府重视并亟须解决的。因此，批评报道要把群众普遍关心的问题和政府亟须解决的问题结合起来。这个“结合”便是批评报道稿件选择的“切入点”。批评报道的出发点必须是积极的、建设性的，有利于解决问题，有利于推动社会进步，维护党和国家、人民的根本利益。因此，不能追求数量，不要事事指责，也不要人为地集中在某一点上一哄而起，进行炒作。要根据不同时期社会现实中带有倾向性的、迫切需要着重解决的问题来形成批评的主调，着眼于问题的普遍教育意义，着眼于批评报道的准确性，切实发挥新闻舆论的监督作用。

关于灾害报道的新闻稿件的选择。只要报道的态度是正确的、积极的，就可以让人们客观地了解灾祸的真相，就能稳定人们的情绪，增强战胜灾祸的信心，并鼓励人们切实采取积极的对策去改变不利因素。当然，对报道这类事件的稿件一定要认真、慎重、严格地进行筛选和校正。国家有关政策对此类报道作了如下一些规定：

1. 报道内容必须准确、真实，有利于社会的安定和经济的稳定发展，有利于改革开放的顺利进行，有利于维护我国的国际形象，不得在事实未弄清或未按规定经有关领导批准的情况下抢发新闻，要充分考虑新闻报道的复杂性、敏感性和报道后在国内外可能产生的影响，并据此决定是否报道，如何报道以及报道范围等。一般自然灾害，只在有关地方进行报道，对影响不大的地方不必都报道；重大自然灾害，由中央新闻单位请示国务院后向全国报道。

2. 对于各种严重事故的报道，也要注意不要过分集中在一个时期。对造成重大事故的原因，在主管部门正式得出结论前，新闻稿件不要发表一些猜测之词，以免给事故处理增加人为的困难。

3. 对于正在侦查、起诉或审理的案件，以及尚未作出终审、判决的案件，不宜播载。个别必须播载的，要先报道破案、起诉或审理的消息，以后再报道判决结果，不得超越司法程序抢先报道，更不得利用新闻报道制造对司法机关施加压力的舆论。

4. 对报道的案件进行评论，要努力做到了解案件的全貌和问题的实质。对于涉及案件适用政策、法律有不同理解时，不要轻率发表肯定或否定的结论性意见。为了维护法律的尊严，对已发生法律效力的终审判决，如有不同意见，可以内部提出或登内参反映。

5. 对于恐怖主义行为及重大政治事件，一定要严格遵守有关规定，切不可擅自报道。地方性重大案件的新闻，除在必要时由新华社统一发稿外，各省之间不必相互转载。

总之，对于揭露社会丑恶现象、报道天灾人祸等重大事件等，一定要有政治观点和全局观点，既要考虑到积极效果，也不能忽视可能引起的在社会上、国际上的不良影响，千万不能出于猎奇，有闻必录。

新闻报道的法律效果的评判。现代社会是一个法治社会，新闻传播活动要依据法律的规范来进行。新闻报道活动不仅要符合政治、经济、社会要求，还要遵循法律、法规的要求。

部分新闻稿件可能不会涉及政治立场、经济利益，也不会对社会产生积极的意义，完全是中性的。对这类新闻稿件最基本的要求就是不得触犯社会的法律和道德。而对于那些违反法律和有悖道德的稿件，一律禁止刊载。

1984 年 3 月至 4 月在日内瓦召开的联合国新闻自由会议上，曾通过《国际新闻自由公约草案》，对不许传播的内容作了如下规定：

1. 为国家安全应守秘密之事项。

2. 意图煽动他人以暴力变动政府制度或扰乱治安者。

3. 意图煽惑人民犯罪者。

4. 发表不洁、有害于青年之文字，或供青年阅读之出版物者。

5. 妨碍法庭审判之公正进行者。

6. 侵犯著作权及艺术权者。

7. 意图毁损他人之名誉，或有害他人而无益于公众者，无论其毁损者为自然人或法人皆然。

8. 违反因由职业上、契约关系或其他法律关系而产生之法律责任者，包括泄露因职业上或官方资格而获得之机密消息。

9. 有意欺骗者。

10. 有计划地传播足以损害人民或国家友好关系之虚构或曲解新闻者。

目前，我国尚未制定新闻法，根据宪法、刑法、民法及其他有关法律的规定，下列两类是禁止刊载的内容。

第一类，属于危害国家和社会方面的：煽动抗拒、破坏宪法和法律实施的；反对中国共产党的领导，煽动推翻无产阶级专政的政权和社会主义制度的；主张分裂祖国，煽动民族、种族歧视或仇视，破坏民族团结的；煽动闹事，扰乱社会安定的；传播谣言的；宣扬凶杀、淫秽、色情、封建迷信或伪科学教唆犯罪和有害青少年身心健康的；泄露国家机密的；危害国家安全、损害国家利益的。

第二类，属于侵犯公民人身权利和民主权利的：诽谤——故意捏造事实，羞辱他人的；侮辱——故意用下流语言，羞辱他人的；侵犯隐私权——未经本人同意，公布私人生活方面的秘密，如公布他人的信件、日记等。

三、媒介适用

新闻编辑在分析选择新闻稿件时，不仅要分析和评判稿件的新闻价值和社会的适用性，还要对稿件是否适合自己的媒体定位、媒体的特点进行分析评判，从中挑选出适合自己媒体的新闻稿件。

(一)符合媒介的特点

媒介的特点是指媒介区别于其他媒介的表现特征,也是各媒介间的差异性。正是这个差异性的存在造就了当今社会媒介的多样化存在。媒介的特点体现在媒介的定位、媒介的内容、媒介的表现形态、媒介的传播方式、媒介的接收方式等方面。编辑在进行新闻稿件的选择和评判的时候,要将新闻信息与媒介的特点结合起来,为新闻信息找到最适合的媒介表达形式。在现实生活中,经常会出现这种情况,一则新闻报道后,往往没有反映,而换被其他媒体报道后,引起了受众和社会的广泛关注,反响强烈,这就意味着,编辑在选择新闻稿件时,没有很好地结合媒体的特点。如何结合媒体的特点进行新闻稿件选择?

首先,新闻稿件选择要符合媒介的定位。每一个新闻媒介在创办之初都会有自己明确的定位和宗旨。新闻编辑在日常工作中,要把这些新闻媒介的定位和宗旨贯穿到新闻报道中,对新闻稿件是否适用的判断,必须要考虑新闻报道内容和形式是否符合媒介的特定受众群体的需要,是否符合媒介自身的定位。

媒介的定位包括功能定位和受众定位。媒介的功能定位是指确定媒介所要担负的职能和所要发挥的功用,是立足于受众需求和传播目的对媒介产品的决策。功能定位是媒介实现传播效益,包括社会效益和经济效益的指向性规定。媒介的功能定位决定了媒介的内容和传播水平,决定了对每一条新闻稿件的取舍。即使是面向同一地区受众群体的媒介,也可以有不同的功能定位,比如在同一个城市发行的报纸,有主要承担政治任务的机关报,也有主要为市场生活提供信息服务的晚报、都市报,还有专门为市民提供某一类实用信息的生活服务类报纸,如购物导报、广播电视报等。覆盖同一区域的电视节目,也有新闻频道、经济频道、文艺频道、教育频道、生活频道等,划分每一频道的功能定位也是不同的。媒介的功能定位是建立在受众定位的基础上的。新闻媒介作为一种信息载体,固然要以满足媒介消费者的信息需求为己任,但它作为一种舆论引导工具的特殊性,决定其不能完全被动地迎合受众,在传递信息的同时,还要担负起正确引导人民的重任。

其次,新闻稿件要符合媒介的传播特点。媒介的传播特点是指新闻媒介的传播内容和形式的差异。现在,媒介形式可以形式多样,异彩纷呈,传统的四大媒体如广播、电视、报纸、杂志,新媒体形式更加多样,以门户网站为代表的网络媒体,以手机为代表的手持移动媒体,以楼宇视频为代表的户外媒体,以微博、优酷为代表的自媒体,以微信、QQ 空间为代表的社区媒体等,这些构成了今天社会媒体传播的格局。每一种媒介都可以刊载和传递新闻,新媒介的介入使传统的新闻传播的形式有了革命性的变化。

传统的四大媒介报纸、杂志、广播、电视,都有各自的特点。报纸作为最早出现的新闻媒介,也是发展最为成熟的媒体形式。报纸作为综合性内容的媒介,以文字符号为主,图片为辅来传递信息,其容量较大。报纸还具有地域性的特点,分为全国性的报纸和地方性的报纸。全国性的报纸适合刊载对全国读者有意义的新闻消息,地方性的报纸刊载越多本地新闻越受欢迎。报纸和杂志作为传统的纸质媒介发展到今天,在新闻传播的及时性上不及广播、电视、互联网这些电子媒介,但是报纸媒介长期以来形成的权威性和影响力却不可小觑。重大的新闻事件和对新闻的深度解读与评论,报纸仍然是最合适的媒介之一。新媒介的兴起,使新闻媒介的形式和种类更加丰富,新媒介在新闻报道中发挥的作用越来越重要,一些重大的事件第一时间都是通过网络媒介来发布的,一批发展成熟的网站也成为重要的新闻媒体。

新闻编辑在选择新闻稿件时,要对稿件进行媒介适宜性的分析,要对新闻稿件的内容、形式是否合适作出判断。要考虑这条稿件是否具有本媒介所需要的那些因素,报道的内容是不是目前本媒介所要报道的范围内的、是不是现在本媒介报道的重点;新闻稿件的表现形式是不是为本媒介受众所习惯和喜爱,能否引起受众的关注;它的报道风格和水平是否符合媒介一贯的标准版,报道形式是否可以发挥本媒介的优势和特点,增强媒介的特色和影响力。

(二)注意报道的平衡

新闻不仅要符合媒体的特点,还要注意报道的平衡。在新闻报道中做到平衡是新闻编辑的工作准则之一,也是保持新闻客观、公正的重要手段。

对于新闻报道平衡的理解,传播学者孙旭培先生在《论新闻报道的平衡》一文中说:“平衡就是在突出报道一种主要因素时,还要顾及其他因素,特别是相反的因素,在突出报道一种主要意见时,还要注意点出其他意见,特别是相反的意见。”《新闻报道与写作》的作者梅尔文·门彻对新闻报道平衡的定义是:“平衡就是尽可能给每一方,尤其是受到指正的一方说话的机会。”两人的观点相同,都强调了在新闻报道中尽可能做到平衡,如果新闻只呈现利益一方的观点,或者只对利益一方进行报道,就会使新闻报道片面化,误导受众的试听,损害新闻客观性与真实性。

新闻报道的平衡,应该从两个层面来理解。在宏观层面上,媒体一定时期内的各种报道在整体上应该平衡,比较典型的例子就是正面报道与负面报道的平衡。在微观层面上,新闻报道如果涉及双方或者多方,那么应该体现出意见的差异性,全面报道每一方的真实情况。具体体现在编辑工作中,要求新闻编辑注意以下问题。

1. 注意报道重点与报道范围的平衡,做到“点面结合”

编辑在选择新闻稿时,既要有重点,又要注意扩大报道面。重点是这一阶段发生的重大事件和主流事件,具有重大的影响力,是某一时期社会生活关注的重点和中心。我国正处在建设社会主义现代化时期,经济建设是整个社会的中心。对于媒体而言,报道重心就应该向经济报道倾斜,多关注经济发展的形势、新机遇和新挑战,关注经济建设中出现的问题和对策,大力宣传和推广我国经济建设中取得的成就和先进经验。某一时期,社会有主要的关注点。2008 年奥运会,是一次世界人民的盛会,在我国举行。这一时期围绕奥运会的报道成为各媒体关注的焦点。从奥运场馆的设计、建设到奥运会的开幕,每一个有关奥运的话题都会引起受众高度关注。

当然,社会生活是多方面的,选稿时不能将重点代替全局,使报道面过于狭窄,既不可能全面反映现实生活,也不利于报纸与广大读者的联系。因此,编辑选稿的视野既要有重点又要开阔。战斗在各条战线、各个岗位上的广大人民群众的劳动、学习、生活,他们的创造,他们的要求,都应该是新闻报道交响乐中的一个旋律。生活多么宽广,新闻的报道面就应该多么宽广。

2. 注意正面报道与负面报道的平衡

长期以来,我国新闻媒体对正面的新闻信息的报道比较重视,数量多、篇幅大,而对负面新闻信息则不够重视,呈现出正面新闻信息与负面新闻信息严重不平衡的状态。很多人简单地认为负面新闻信息不利于社会的和谐稳定。新闻报道应该坚持以正面宣传为主的方针,可以在全社会形成比较好的氛围,激发人民建设和谐社会的热情和斗志,但一味地高唱赞歌,对负面事件视而不见,则会使人们错误地估计形势,认识不到客观环境中存在的危险,从而成为麻痹大众的工具,因此负面新闻信息在构建和谐社会中同样不可缺少。

负面新闻信息往往也是公众关注的焦点,对于媒体来说,要占领新闻舆论引导先机必须"更快捷、更亲近、更主动"。在舆论公开多元的环境中,越主动就越有利,越主动就越有为。2008 年5 月12 日,四川汶川大地震刚刚发生,新华社就迅速播发了新闻,国内主要媒体也立即跟进,第一时间出击,第一现场采访,拿回第一手素材;在报道内容上,更关注人本身的命运和感受,体现出贴近性和亲和力。地震发生后,虽然社会上各类谣言很多,但由于媒体掌握了舆论引导权,相关辟谣报道很容易得到了公众信任。这就要求编辑在进行新闻稿件选择时,应该从大局出发,从全局着眼,平衡报道内容,侧重对真、善、美主旋律的弘扬。切不可为一时之利吸引眼球,无原则地满足受众的猎奇、猎艳心理,将报道重心置于坑蒙拐骗、杀人放火、情色车祸等负面信息上,这不仅是对媒体责任的亵渎,也是对社会的不负责。

3. 注意不同社会群体和不同地区报道的平衡

社会是由不同群体构成的。因为职业、生活、地域、利益、兴趣爱好等因素,人们形成了各种不同的社会群体。如公务员群体、大学生群体、农民工群体、老人群体、青少年群体等。每一个群体都有自己的关注点、兴趣、爱好和追求,都有自己的利益诉求。改革开放以来,我国进入了一个多元化发展的时代,人们需求日益多样化。同时,一些群体比较活跃,有较大的话语权,善于运用媒体表达自己的利益和主张,而有一些群体不善于使用媒体表达自己的利益和主张。这就需要新闻媒体在选择新闻时,要尽量照顾到不同社会群体的需求,平衡不同社会群体的报道。

新闻媒体同时应注意不同地区间报道数量的大致平衡。地方媒体侧重对本地的报道理所当然，但作为有影响力的中央媒体，不同地区新闻报道分量过度地不平衡则是不正常现象。北京领导决策信息中心数据分析课题组曾经对中央电视台"新闻联播"、"焦点访谈"、新华网"焦点网谈"、《人民日报》头版头条中对地方政治、经济、社会类新闻报道（不含中央领导地方考察工作）2005 年 1 月 1 日至 3 月 31 日的报道内容进行了分析，结果显示各省区的媒体上镜频率差异较大，地区间分布较为分散。北京的上镜率较为突出，一季度总的播发条数为 27 条，远高于其他地区。吉林、河南、四川、黑龙江四省也分别占到了全部报道的 5% 以上。与之相对的是青海、西藏、云南、新疆等经济较为落后的地区报道条数都在 5 条以下，其中值得一提的是新疆，在这一时段，三家媒体竟然没有关于该省区的任何报道。此外，在一季度《人民日报》头版头条位置刊发地区稿件总计 34 条，分地区统计，山西、广东、上海、浙江 4 省市的稿件数量最多。[1] 先进地区、单位的报道常常要比较多一些，这是正常的，因为它们的先进经验、先进人物对实际工作有较大的指导、示范作用，是广大群众所关注的。但不能因此而忽视其他地区、单位的报道。一般地区、单位也有自己的特点，也有先进人物、先进经验。即使是后进地区、后进单位也是一分为二的，绝非全是落后。选稿时要适当注意平衡，这样才有利于调动各种积极因素，才能促进后进向先进转化。

四、受众需求

新闻报道最重要的功能就是新闻报道的信息能够满足广大受众的需求，新闻报道海量的信息包含了受众需要的各种信息，政治信息、经济信息、文化信息、科技信息、生活服务信息、休闲娱乐信息等。正是这些信息，让受众广泛的了解外部世界的变动、社会发展的状况、科学文化知识的进展，极大地开拓了受众的视野，提高了受众的科学文化水平，方便了受众的工作和生活。同时，从信息论的角度来看，这些新闻信息提供了大量可供参考判断的依据，消除了人们的不确定性，提高了人们作出科学判断和决策的能力。

新闻编辑在选择稿件时要注意受众的需求。认真研究受众的需求特点，受众对新闻信息的需求有共同点，也存在差异。

首先，要注意受众需求的差异性。每个媒体的定位不一样，针对的受众群体也不一样，党报的受众主要是我国各级政府部门和事业单位的工作人员，党报新闻选择是能体现国家方针政策的新闻，中央和省市的党委机关报（日报）侧重于信息性、指导性的新闻。晚报、都市生活服务类报纸满足市民的日常的工作生活，所以，晚报、文化生活类的报纸则更多侧重于知识性、服务性、趣味性新闻。专业性报纸满足某一领域的专业人士的需求，专业性报纸多选择行业动态和最新发展的专业

---

〔1〕 北京国际城市发展研究院首都发展研究中心：《从一季度"地区形象"媒体监测报告看北京市政府相关工作状态》2005 年 5 月 12 日。

新闻,满足特定的专业需求。

其次,要注意受众需求的层次性。受众是由不同年龄、性别、职业、文化、政治态度以及道德修养、兴趣爱好的各种人构成的,每个人的角色不同,使这个群体具有多层次性。不同层次的人有对新闻需求的共性,同一层次的人也有对新闻需求的差异性。这种共性和个性形成了受众对新闻需求的多样性。

最后,要注意受众需求的动态性。受众作为社会的人,对新闻内容的需求是多方面的。按地域分,有国际的、国内的、本地的、本行业的;按内容类别分,有政治的、经济的、文教的、体育的等;按内容特点分,有信息性的、知识性的、指导性的、服务性的等。受众的需求是千差万别的,而且是处于不断变化之中的。每一个受众都是一个"角色丛",在社会生活中"扮演"不同的角色,不同的角色对其有不同的要求,同样对新闻信息的需求也是不一样的。比如,现代社会网络越来越发达,人们的工作生活越来越离不开互联网,对网络信息的需求量比以往任何时候都大,社会在发展,新闻编辑要善于动态地把握受众的需求变化的特点。

第三节 新闻稿件选择的注意事项

一、审慎、及时地处理每一篇稿件

新闻工作与其他工作相比有其特殊性,新闻报道的时效性强、社会影响力大。新闻稿件与其他稿件不同,新闻稿件经过媒体公开报道后,会引起很受众的广泛关注,产生一定的社会影响。新闻编辑在处理新闻稿件时一定要非常慎重,认真、全面地分析和预测新闻报道后产生的社会影响。同时,还要有强烈的时间观念,分秒必争,有的放矢,不能错过报道时机,争取在第一时间报道出去。成为独家新闻是新闻工作者的追求,尤其是网络时代,对新闻时效性的争夺是以分、秒来计算的。但是,在追求新闻时效性的前提下,不能为了抢新闻而出现稿件的差错。曾经就有一个知名的网络媒体在报道一场体育比赛时,结果还没有完全出来的时候,网站编辑就把预先准备的稿件发布在网站的首页上,造成了恶劣的影响,这在新闻编辑的工作中要高度注意,一定要避免发生类似的事件。

二、注意新闻信息的精确选择

新闻编辑在处理新闻稿件时,应具有较高的鉴别能力,能从众多的新闻稿件中,去粗取精,去伪存真。

每天世界上发生的新闻事件多如牛毛,我们进入了一个信息极大丰富的时代,甚至说到了信息爆炸的时代,社会信息总量急剧上涨,以致超过了人的信息处理能力,使人们承受着过度的信息冲击,今天的一份《纽约时报》比 17 世纪一个普通英国人一生的经历还多,可用的信息平均 4 年就增加一倍,各种资料信息、画面如排山倒海般涌来。因特网是这个世界最大的信息网络,正以惊人的速度传播着大量的信息;互联网上一天产生的信息量有多少? 中国工程院院士邬贺铨表示约有 800EB,如果装在 DVD 光盘中要装 1. 68 亿张,装在硬盘中要装 80 万个。如今即使在信息不发达的中国,每天也有 2000 多份报纸、上千种图书杂志在印刷机上滚动。现代传媒技术的发达,使新闻信息的传播水平有了质的飞跃。大量的新闻信息借助网络和移动平台广泛传播,泥沙俱下,真伪难辨,这其中充斥着大量虚假新闻、负面新闻、黄色新闻、流言蜚语。网络空间的开放性,使这些信息找到了安身之所。大量自媒体传播形式的兴起,加剧了这一趋势,QQ 空间、博客、微博、微信、个人网络电台、各种论坛、新闻附加评论、视频分享网站、社区网站等在今天部分承担由传统媒体所掌控的新闻信息的发布权,这些是最新消息的来源,也是虚假新闻和不良信息的诞生地。面对如此众多的新闻信息,如何从中抓住主要新闻信息去粗取精,去伪存真,是现代编辑们面临的一大挑战。

编辑每天要面对大量的新闻源发过来的新闻稿件,有新华社的稿件,有本媒体记者的采访稿件,有通讯员发来的稿件,有爆料人员提供的新闻线索,有新闻跟帖提供的新闻信息,有来自网络媒体的新闻信息,有来自手机、微博等移动媒体的新闻信息,有读者的来信、来电和留言等。这些新闻稿件水平层次不一,良莠不齐,真假难辨,这就需要新闻编辑不断提高自身水平,练就一双“慧眼”,提高审稿的能力。

三、充分发挥稿件用途,最大程度开发利用新闻信息资源

新闻稿件是新闻媒体的最重要的资源,如果没有大量新闻稿件的支持,新闻媒体也是“巧妇难为无米之炊”,新闻稿件是新闻媒体的“粮食”。但是有了“食材”,能不能做成饕餮美味,还要新闻编辑们下一番工夫。编辑在分析处理稿件时,不仅要立足本媒体的功能定位,还要有全局意识,深入分析和研究每一条新闻稿件的潜在价值。每一条新闻稿件都有其特定的价值,要根据其所包含的信息进行有效的分类和评估。稿件如果是涉及敏感信息,不宜公开发布,这类稿件可以做内参发表,使其在一定范围内产生影响。一些稿件本身包含了重要的新闻信息,但是其表述影响了新闻信息的表达,可以经进一步核实订正后使用。部分稿件反映的新闻信息时效性不强,但可以作为新闻背景材料来使用。

同时,当今编辑处在一个全媒体的时代,大量的新闻信息不仅有文字稿件,还有以图片、视频、音频等形式存在的新闻稿。对于这些形式存在的新闻稿件,编辑要充分利用媒体资源管理系统,做好多媒体资源的分类管理,对同一事件的报道,既可以采取新闻消息和通讯的方式,也可以配上现场图片,往往就更具说服力。今天的媒体如电视、广播、网络媒体越来越多采用多媒体的形式报道新闻、更加形象生动,给受众呈现一个完整的新闻事件,使新闻信息资源得到最大程度上的开发和

利用。

四、注意“更正”的处理

在新闻报道工作中，每天媒体要处理大量的新闻信息，由于各种主客观原因，新闻报道中难免会出现一些小的差错，一旦媒体发现这些差错，就要采取相应的方法加以补救，进行“更正”处理。与一般稿件不同的是，“更正”是因已经发表的稿件出现差错而进行补救的文字。

早在1977年，美国知名的严肃性报纸《纽约时报》就在第一版组的第二版上专门开辟了“更正”专栏，与“新闻简要与索引”专栏放在一起，位置固定不变，每天都针对散布在各个版面上的稿件中的差错集中进行更正。该报社执行总编辑说：“这种勇于认错的原则应当成为我们一般性的新闻原则。”

“更正”对于媒体有重要的意义，因为新闻的生命是真实的，任何新闻稿都必须准确、客观、公正、全面地揭示事物的原貌。而由于新闻从业人员认识水平、采访手段的有限，以及新闻对时效性的要求，有时新闻报道中某些内容或字句发生错误又是难以避免的。为了保持新闻传媒的公正形象和社会信誉，当新闻报道中的错误或过失涉及公民或法人权益问题时，在媒体上进行公开更正是必要而有积极意义的。

因为，无论出现哪种差错，都会对报道对象产生一定的影响。如果报道涉及个人隐私和组织名誉，其差错对当事人和单位影响和伤害会更大，所以要进行及时的更正。一方面，公开更正是对被涉及者的必要的、有效的补偿形式；另一方面，它可以作为一种补救手段，使一些可能发生的侵权诉讼得以避免，或者在诉讼后使媒体由被动转为主动。

稿件刊出后，编辑如果自行发现错误，即使当事人还没有发现和提出更正要求，媒体也应该主动更正。

对于从媒体来的要求更正的信件、来电或稿件，编辑处理时需要注意下列问题：

（一）耐心听取对方的申诉，对来信来稿及时作出回复，给予恰当的安慰，表明媒体坚持真理、实事求是、有错必纠的态度，以稳定对方的情绪，争取时间进行调查解决。

（二）进行周密细致的调查，作出鉴定。调查一般不宜让原作者去办，而应由媒体专派人员组织调查，取得充分的材料，作出是非判定。如果确定原稿有错，就要及时进行更正；如果原稿没有差错，就要立即通知申诉者调查结果，说明不能满足其发更正要求的理由。

（三）对需要更正的稿件本着实事求是的态度，确定更正的内容和形式，尽快见报。更正的内容是什么，要根据报社调查所掌握的材料，错什么就更正什么，没有错的内容，当事人提出的更正要求不应给予满足。公开更正的形式大体有以下四种：

1. 更正启事。就错改错，或附带致歉。主要责任在作者的，由作者署名更正；主要责任在编辑的，由编辑部署名更正；两者都有责任的，共同署名更正。

2. 来函照登。这种更正主要是作者或者其他有关部门或人员写的，从形式上看报社不担负责任，但公开见报表示了报社默认原稿有错，也同样能为涉及者公开澄清真相和进行反批评。

3. 更正性报道。这是一种分量较重的更正，通常由报社派出记者，针对原稿中的错误，用正面报道的形式，以消除影响，恢复名誉。

4. 公开检讨。一般只用于更正特别大的过错，是一种带有惩罚性的措施。对于影响特别恶劣的事件，媒体不仅要更正差错，还需要向当事人和广大受众公开致歉检讨，必要时还需要说明对有关编辑记者人员的处理结果和媒体内部的整改措施。

思考与练习

1 新闻选择的意义是什么?

2 如何分析稿件的新闻价值?

3 如何在新闻选择中落实新闻报道的平衡原则?

第六章 新闻价值发掘

知识要点

1. 了解新闻价值概念的提出,新闻价值观,新闻价值标准内涵
2. 了解新闻价值发掘的原则、拓展新闻受众的原则、新闻内容原创的重要性
3. 学会关注热点话题、注重深度报道、整合新闻报道
4. 掌握新闻价值发掘的途径

内容摘要

在互联网媒体上,新闻价值面临着新的挑战,即时性、实用性、趣味性对于广大受众显得尤为关键,因此,网络新闻采集与传播的宗旨满足受众的需求。

1. 新闻价值的概念

新闻价值这一概念最早是由美国著名报人J. 普利策提出的。在中国新闻界,新闻价值这一概念由徐宝璜从美国、邵飘萍从日本引进。新闻价值是选择和衡量新闻事实的客观标准,是新闻事实的政治价值,是新闻机构发布的新闻在群众中受到重视的程度。重要性、时新行、接近性、显著性、异常性、冲突性、人情味是新闻价值的判断标准。

2. 新闻价值概念的提出

新闻价值这个概念最早形成于美国。1833 年 9 月 3 日美国大众化报纸《太阳报》创刊,推动了面向全社会的"便士报"的迅速发展。在报业竞争中,各报社老板和主编为扩大报纸发行量,十分重视对新闻事实的选择。美国著名报人J. 普利策要求记者采访"与众不同的、有特色的、戏剧性的、浪漫的、动人心魄的、独一无二的、奇妙的、幽默的、别出心裁的"新闻,认为符合上述要求的,是有价值的新闻。20世纪初,美国、日本的一些新闻学者,把新闻事实的选择标准,统一到新闻价值这一概念上。1903 年出版的美国新新闻学专著《实用新闻学》,提出"新闻必是以动社会全体之兴趣者,当注意新闻价值。"到 20 世纪 20 年代,美国和日本的新闻学著作对新闻价值已有较完整的论述。

在中国新闻界,新闻价值这一概念由徐宝璜从美国、邵飘萍从日本引进。1918年,他们在北京大学新闻学研究会上各自讲述了新闻价值问题。从 20 世纪 30 年

代起,这一概念在中国新闻界得到普遍应用。1957年,新闻价值曾被认为是资产阶级新闻学观点遭到批判。1978年中国共产党第十一届三中全会以后,中国新闻界重新讨论新闻价值问题;并确认按新闻价值来选择新闻事实是新闻工作的客观规律。

3. 几种新闻价值观

一种观点认为,新闻价值是选择和衡量新闻事实的客观标准,即事实本身所具有的足以构成新闻的特殊素质的总和,素质的级数越丰富越高,价值就越大。另一种观点认为,新闻价值主要是指新闻事实的政治价值,即它对人民群众的启发、教育作用,对实际工作的指导作用等。还有一种观点认为,新闻价值是新闻机构发布的新闻在群众中受到重视的程度。

4. 新闻价值的判断标准[1]

(1)影响力(或称"重要性")

即受众可能对该事实有多大的关注程度,是否能在发表后产生影响。

(2)及时性(或称"时新性")

由于事实每时每刻都在发生着,及时的新闻对于受众的刺激大于过时的,因而新闻及时本身亦是一种新闻价值的要素。

(3)接近性

由于人们与同一事实的心理距离不同,愈接近媒体报道对象心理的新闻,愈有新闻价值。例如事实发生地点的远近、与受众利益关系的远近、与受众年龄、性别、种族(民族、家族)、职业、受教育程度的远近等,因此接近性成为衡量新闻值得报道与否的重要标准。

(4)显著性

这是指发生在著名人物(政治、娱乐和体育明星)身上和发生在著名地点的变动的事实,容易引起受众的普遍关注。其心理原因是明星崇拜或领导崇拜、对著名地点的向往。

(5)异常性

明显地偏离常规的事实,通常会构成吸引受众的魅力。

(6)冲突性

冲突可以表现为竞技、论战、贸易摩擦、外交斡旋、谈判、战争等。和谐等于平淡,冲突打破了平静而容易引起受众的普遍关注。

(7)人情味

凡是能够表现人的浓厚生活情感或情趣的事实,从各种悲欢离合的故事到同

---

〔1〕 此部分引自中文百科在线。

质异构的动物活动，都会引发受众的普遍兴趣。[2]

第一节　新闻价值发掘的原则

一、新闻信息资源发掘最大化的原则

新闻信息资源是新闻媒介所拥有的新闻信息渠道及其产品，包括新闻提供者，新闻合作者，新闻线索，新闻稿件，新闻资料等。信息资源实际是依托环境资源而派生的，新闻环境资源为新闻媒介提供了可供报道的客体，也预备了乐于为媒介提供线索和稿件的新闻爱好者，以及从事与新闻相关的宣传工作人员，对新闻信息资源的占有率决定了媒介新闻传播的数量和质量。

新闻信息资源的一个显著特点是，它属于一般现象，是记者直接看到的、听到的感性东西；对于这些资源的开发与利用，首先需要用理性的眼光去审视和分析。当接触到采访主体后，记者要多作横向、纵向的思考，不断从中“拎”出可以成为新闻的素材和话题。[3]

对新闻资源进行多重挖掘，常见的有三种形式：第一，那些有明确对象和具体意图的采访，触及的是一个简单事实或采访对象的一个方面；这类被视作“规定动作”的采访，记者带有完成任务的想法，往往忽视对其多次利用、多重挖掘成为另类新闻的价值。第二，由于一次采访，引起记者对某一事件和现象的关注；随着事件的发展，其新闻价值也不断凸显，常常会引出记者对事件的连续、纵深报道。第三，即由一件新闻引发记者对其内在信息价值的思考。就像艺术创作中的灵感一般，因为这一个新闻源触动了记者的信息储备，或者激发了记者对这类新闻的新的认识，从而派生出一个或几个关联新闻。

新闻传播过程就是对新闻信息资源的发现、挖掘、加工及交流的过程。新闻信息资源运用的最大化和深层次开发，不仅仅需要新闻从业人员运用对新闻价值的判断能力和对新闻采写的实际操作能力去及时地发现、发掘、加工客观存在的新闻信息资源，而且需要根据媒介自身的定位、功能和特点，对新闻信息资源进行合理加工，以个性化的角度和方法提示新闻事实的本质和内涵，从而提升新闻信息资源的使用价值，满足受众需求。因此，对新闻信息资源的深层次开发和利用，体现了新闻媒介对受众信息需求的最大化满足和对市场竞争需要的适应能力，也是强势

---

〔2〕 http://www.zwbk.org/MyLemmaShow.aspx? zh = zh - tw&id = 92328。

〔3〕 作者杜若原，人民日报驻湖北记者站记者，《新闻战线》2002 年第 1 期。

媒体在重要历史时期、重大新闻事件中能否引领舆论、服务大局的权威体现。[4]

二、拓展新闻受众的原则

1. 新闻受众

受众指的是信息传播的接收者,包括报刊和书籍的读者、广播的听众、电影电视的观众、网民。受众从宏观上看是一个巨大的集合体,从微观上看又体现为具有丰富的社会多样性的人。

新闻传播活动的中心一直是众多学者研究和讨论的焦点之一。早期的传播学者从宣传的角度出发,先后提出了“枪弹论”、“强效果论”等理论,其实质就是把受众看作是被动的信息的接收者,很明显,在这些理论中传者是居于中心地位的。随着研究的发展,传播学者们发现受众并不是单纯的、被动的接收者,也不是同质的,不同的受众对于同一传播信息会产生不同的反应,受众在传播过程中的作用开始受到重视。

受众的特点真正实现从传者中心论到受众中心论的转变是在20世纪60年代。受众中心论的研究者认为,受众是传播的主动者,媒介是被动者。受众并不是消极地“接收”信息,而是积极地寻求信息为自己所用。这也就是所谓的受众本位意识论。

施拉姆曾这样解释:受众参与传播就好像在自助餐厅就餐,媒介在这种传播环境中的作用只是为受众服务,提供尽可能让受众满意的饭菜(信息)。至于受众吃什么,吃多少,吃还是不吃,全在于受众自身的意愿和喜好,媒介是无能为力的。换句话说:“这个理论假设的中心是受众。它主张受传者的行为在很大程度上是由个人的需求和兴趣来决定的,人们使用媒介是为了满足个人的需求和愿望。”除此之外,德国学者伊丽莎白·纽曼提出“沉默的螺旋”受众模式与理论,从而在新闻理论界确立了受众在新闻传播过程中的中心地位。

在实践中,西方新闻界也经历了一个从漠视受众到重视受众的转变过程,甚至一度把受众中心论发挥到了极端,如黄色新闻的泛滥。西方新闻界先后通过行业自律和社会责任理论的提出,对新闻传播过程中的种种弊端进行限制和革除。无可置疑的是,受众在新闻传播活动中的中心地位已经牢牢确立了。西方新闻的传播观念对我国新闻事业的影响是方方面面的。

已经步入信息时代,信息的获取和处理是现代人生活的一个重要内容。但新闻作为人们获取信息的一条重要渠道,受众在接受新闻事实时,总是有所选择的。新闻是公众的事业,受众是新闻的“上帝”,尊重受众是新闻事业发展的基础。尤其是在新闻竞争日益激烈的今天,谁能赢得更多的受众,谁就能获得更多的市场分额和发展机会。因此,新闻竞争从某种意义上讲也就是对受众的争取。事实表明,新闻要赢得受众,关键是要把握住受众在接受新闻时的心理,也就是要根据受众的

---

〔4〕 http://news.xinhuanet.com/newmedia/2008-11/18/content_10375690_2.htm。

心理特点去选择和挖掘新闻事实的新闻价值。

2. 新闻受众的特点

一般来说,受众在选择新闻时主要有以下几种心理:一是认知心理。认知心理是指受众根据自己的求知需要来选择新闻,并根据新闻所提供的信息,运用自己的知识和技术来处理现实问题的心理。二是好奇心理。受众在选择新闻时往往对新奇、新鲜的信息更能产生浓郁兴趣,这也是人们的一种普遍心理。三是求同心理。受众在选择新闻时一般愿意选择与自己群体接近,与自己生活和工作环境或者利益相关的新闻事实,希望通过新闻来了解自己的生存群体,以找准自己在社会中的位置。四是参与心理。受众在选择新闻时往往为了体现自身的存在价值和显示自己在群体中的地位。

受众对网络新闻信息的接收,存在如下特点:

(1)快速获取最新信息。进入网络新闻传播过程中的受众,往往需要快速了解自己生存环境发生的最新变化。目前以计算机上网和手机新闻订阅作为主流信息接收模式的受众群,无论是从职业构成还是年龄构成上看,通过网络高速获取最新信息是他们的普遍需求。

(2)主动选择有用信息。在网络新闻传播中,交互性信息传播的特性得到最充分的体现,受众因此对信息进行自主选择的欲望更加强烈,并且希望在最短的时间内以最便捷的方式获得自己最需要的信息。

(3)精确接近深度信息。深度信息已经成为广大受众索取新闻的普遍要求。在网络新闻传播领域,由于信息的“海量”存储、数据库检索、信息发布时间的多级梯度布列等全新技术手段的采用,使网络媒体拥有了突破时间与空间限制,向受众提供全方位深度新闻信息的特殊优势。正因为如此,在网络新闻传播过程中,受众渴望接近深度信息。他们不仅希望了解主体新闻本身,而且渴望了解与主体新闻相关的各种背景,主体新闻对社会生活的各个领域产生的影响,以及主体新闻事件的发展趋向。[5]

3. 受众的细分

(1)按接触媒介的类别,分为报纸受众,电视受众,广播受众,网络受众,手机受众;

(2)按人口统计学原理,分为年龄、性别、职业、地域等层次不同的受众;

(3)按接触新闻媒介的频率,分为稳定受众、不稳定受众;

(4)按受众不同的信息需求,分为一般受众(对信息内容抱有一致的共同需求)、特殊受众(对某几类信息有相应需求);

(5)按接触新闻媒介的确定性,分为现实受众(已接触媒介、使用媒介的受

---

〔5〕 作者高钢,中国人民大学新闻学院教授,《新闻战线》2004年第4期。

众)、潜在受众(还没有接触使用媒介的受众);

(6)按新闻媒介明确的传播对象,分为核心受众(各媒体针对某些固定、明确对象所制作的特定风格和内容的节目或栏目)、边缘受众。

4. 受众定位时,关键的步骤是在正确定位的原则指导下,确定核心受众。总体的定位原则是"窄适度,范围适中"

5. 受众的权利

受众不仅是信息传播的接收者,在国家社会生活中,在法律意义上,受众又是公民,在法定范围内享有作为公民应当享有的一切权利。

(1)知情权。

定义:指公民获取有关社会公共领域信息以及与本人相关信息的权利。

内涵:知情权不是媒介的特权,它是人民权利,受众作为公民,理所当然享有知情权,特别是通过媒介了解公共信息的权利,新闻媒介作为职业化的专门从事社会信息整合和传播的公共部门,其行使知情权的权利和义务得以明确和加强。

(2)表达权(表达自由)。

定义:是指公民通过口头或书面以及特定行为表达自己意见的自由。

内涵:

①新闻传播领域,主要是指新闻媒介的表达自由和受众通过新闻媒介表达自己意见的权利和自由;

②(媒介接近权)包括针对媒介批评自己的意见提出反驳的权利;参与媒介上的关于社会问题的讨论发表意见的权利;

③公民的表达权是在一定的法律限制范围之内的;

④媒介表达自由与受众表达自由之间的矛盾——媒介资源的相对有限。

(3)批评建议权和监督权。

内涵:

①受众借助媒介行使舆论监督权;

②受众针对新闻媒介的活动所行使的批评建议权和监督权(媒介带有一定的"公共性"是其力量的源泉,所以其建议权、监督权是受众作为公民应该享有的自然权利)。

(4)名誉权:受众对自己社会生活中所获得的社会评价(即自己名誉)依法享有的不可侵犯的权利。

(5)隐私权:受众拥有对个人的身体或日常生活不愿公开的情况的权利。

(6)付酬阅听的消费者权利、机关媒体受众的成员权利、信息传播受众的终端权利。

6. 拓展新闻受众的原则

要赢得受众,关键是要根据受众的心理特点来选择和挖掘新闻事实的新闻价值。为此新闻工作者应注意把握好以下问题：

一是突出和深化与受众息息相关的重大事件的新闻价值；

二是迅速准确地为受众提供新鲜的立体化信息；

三是努力缩小新闻与受众之间的距离；

四是增强新闻的知识性和趣味性；

五是增强新闻的可读（视、听）性。

三、新闻内容原创的原则

（一）新闻内容原创的概念

新闻内容原创是指新闻报道的内容必须是写作者亲自采访而获得的素材，经过写作者的加工处理，形成独一无二的新闻报道。

网络新闻原创，主要是指具有登载新闻业务资格的互联网站所登载的新闻中非转载于传统媒体或其他新闻网站的新闻信息内容，一般包括网站人员自采、约稿、网友投稿、网站变法网友发帖等。

新闻内容伪原创，主要是指以其他媒体所发表的新闻报道为基础，对之进行改编，重新拟制标题，改变原新闻报道的结构顺序，缩减文章字数等，形成适合于自身媒体的定位的新闻报道。这种伪原创的新闻报道是随着互联网站的出现而产生的一种创作方式。

新闻内容原创涉及《中华人民共和国著作权法》[6]规定的署名权与所有权，以及《互联网新闻信息服务管理规定》[7]第三章第16条规定“第五条第一款第（二）项规定的互联网新闻信息服务单位，不得登载自行采编的新闻信息。”[8]

（二）新闻内容原创的发展过程

1. 传统媒体新闻内容原创

在互联网出现之前，传统大众媒体，包括报纸、广播、电视等的新闻信息大多是由媒体自行采集素材、编辑加工而成的新闻报道，这一部分的新闻报道属于新闻原创内容，只有少数的新闻内容转播签署协议的媒体单位提供的新闻内容。比如，关于国际新闻，中国大陆大多数媒体没有采访权与发布权，只能转发（或播）新华社提供的新闻报道。

随着互联网的出现，网络新闻平台传递信息的时效性、广泛性、多媒体性、互动性、多向性等优势吸引着传统媒体进军互联网。各传统媒体纷纷在互联网上建立自己的传播平台，以提高自身的影响力。由于电脑复制信息的便捷性，有些人就把

---

〔6〕 1990年9月7日第七届全国人民代表大会常务委员会第十五次会议通过。

〔7〕 国务院新闻办公室、信息产业部于2005年9月25日联合发布。

〔8〕 中国就业培训技术指导中心组织编写：《网络编辑员：国家职业资格培训教程（基础知识）》，中央广播电视大学出版社2006年版，第119页。

有影响力，或自己感兴趣的信息加以复制粘贴，进行广泛传播，形成一种临时的惯性：网络新闻内容重复，以致人们贬斥网络信息虽然海量，但欠缺原创信息，从而影响了网络新闻传播平台的形象。

2. 网络新闻内容原创

网络新闻原创是依托于网络新闻网站而进行网络传播的原创内容。从CNNIC（中国互联网信息中心）2006 年 7 月发布的《第十八次中国互联网发展统计报告》看，在网民获取信息的主要途径的统计中，选择网络的比率是 82. 6%；在用户经常使用的网络功能的统计中，选择浏览新闻的比率为 66. 3%。中国网络对网上新闻是较为认同的，而网络新闻的这种权威性必须仰赖其出处。也就是说，网络新闻不同于网络文学、网络日记等原创内容，可以出自任何一个个人网站，网络新闻必须刊载于具有一定权威性的新闻网站，才会具有一定的新闻传播价值。具体来说：

（1）第一阶段为翻版阶段。新闻网站是指那些设置有专门的新闻频道或以其他形式定时或全天 24 小时提供新闻信息的网站。网络研究学者闵大洪认为，国内网上影响力较大的新闻性网站可以分为三类：一是由传统新闻媒体建立的网站，如报刊、广播电台、电视台、通讯社所建立的新闻性网站，即通常所说的媒体上网型网站；二是虽然没有传统新闻媒体为“母体”，但以发布新闻为主要业务的网站，包括网络报刊、网络广播台、网络电视台、网络通讯社等，例如台湾的《明日报》就属于网络新闻原创网站；三是如雅虎、搜狐、新浪等门户网站或者综合性网站的新闻频道，它们实力雄厚，又获得了有关管理部门颁发的转播新闻信息的许可，成为了国内新闻传播活动中发挥重要作用的新闻集散地。

新闻网站的三种类型就代表着网络原创新闻的发展过程。最早的网络新闻基本上是从传统媒体上复制而来，也就是传统新闻信息的网络版，这些新闻未做具有网络特色的编辑、整理，直接照搬原文。这也就是第一阶段——翻版阶段。

（2）第二阶段为变化阶段。新闻网站开始自觉地利用网络传播的特点来进行内容与形式的取舍。新增加的内容主要是针对网络读者对象的特点和利用网络优势开设的新服务项目，形式上也注重追求时效性，开始建立有关的数据库，对关键字或有关背景建立超链接，以方便读者查阅相关信息。

（3）第三阶段为综合发展阶段。新闻网站开始摆脱传统媒体的思维方式与制作方式的影响，使网络成为一种真正的独立媒体，综合了多种媒体形式，即声音、图像、影像、动画等，打破了任何一种传统媒体自身所存在的局限性，真正实现了网络在传播信息方面具有的无可比拟的真实性、形象性、及时性。

3. 网络原创新闻的特殊性

在网络上刊布的新闻，除具备新闻的基本价值外，网络编辑还会根据网络媒体自身特点对网络原创新闻进行采集、制作，即使是从传统媒体上采集的新闻，也不仅仅局限于翻版复制，而是通过筛选、整理、编辑等手段获得了信息的进一步增值，具有了网络原创新闻的特点。

(1)超文本结构的写作

超链接打破了传统新闻文本的线性结构,对一些重要的人物、事件、背景或概念进行扩展,有助于读者更直接接触新闻深层背景,获得丰富的相关信息,增加新闻深度、广度,形成专题式报道。同时改变传统新闻写作模式,不仅仅局限于"倒金字塔"的结构模式,而是将材料分层,把最关键的信息作为第一层写作,即用一个骨架的方式描写对象,而有关细节分别用超链接给出,这样就给了读者一个更为自由的阅读空间。

(2)实时更新动态写作

网络新闻由于时效性的需要,往往把写作过程变成了一个开放的动态过程。它记录了事件事实发展过程,将每一个重要时间点的信息以最快的速度传达给网民。这就使网络新闻更加及时、更加形象,甚至达到"文字直播"的效果。

(3)多媒体化表现

随着网络技术的提高,网络新闻逐步进入多媒体化表现阶段,即在同一报道中,将文字、声音与视频等多种媒体手段有机结合在一起。以文字信息提供报道的线索和主要新闻要素,提供事件、人物与历史、地理等背景,音频和视频信息用于表现现场氛围,甚至形成一种新的报道形式,即"多媒体特写"(multimedia features)。

(4)网络新闻的易读性

网民在使用网络时更注重便捷性,所以网络新闻的易读性是网络原创新闻的一个重要特征。所谓易读性,是指估量一位读者在阅读和理解一段文字时能否成功的一种测量方法。从网络特点出发,结合文字的易读性,网络新闻应该注意:文章宜短、段落宜短、句子宜短(句子的长度控制在20字内)、文字要朴实等。

(5)网络新闻的互动性

网络新闻一经发布,便会设有留言板给网民提供发表新闻看法的空间。网络编辑、新闻当事人、网民的观点态度经过碰撞后又会产生更多的新闻信息,甚至形成一种动态的专题报道形式,涵盖了传统的深度报道、分析性报道、解释性报道、调查性报道等多种形式,使新闻事件和新闻议题不断发展扩大,其发展走势和内容关注点的变化都处在动态之中。从某种意义上讲,网络更能反映大众观点态度,是形式更为开放的舆论环境。

例如,《李双江之子涉嫌强奸被拘》〔9〕最新《网友评论》"5447290人参与,评论223305条"。对于以唱红色革命歌曲闻名的李双江,他与现任妻子的婚姻(两人年龄差距27岁)很受关注,二者都属于演唱艺人,媒体和受众对他们以及其子女的关注会更多一些,由于其妻子的不当言行,更会引起轰动,有关他们的新闻信息

---

〔9〕 2013年7月15日截取凤凰网站网页信息,网址:http://ent.ifeng.com/idolnews/special/lgf/。

吸引网民,网友互动性尤其热烈。

(三)新闻内容原创的原则

新闻内容原创当然不是盲无目的的,它有一定的原则。

第一,真实性。真实是新闻信息的生命,任何不真实的新闻信息,不管其多么炫目,多么吸引受众的眼球,最终都会招致受众的摒弃。

第二,独特性。由新闻内容原创得知,原创就意味着其内容“前无古人,后无来者”。之前,无人发现,更无人撰写此新闻报道。任何一个新闻事件发生,有众多的媒体采访,媒体发布了无数的新闻报道,新闻信息的同质化现象普遍存在。但是真正要做到独一无二地报道新闻事件,还需要记者、编辑在采访方面下工夫,搜集详尽的素材,还要具备一双慧眼,发现其中的特别之处,另外具备纵观全局的辩证思维,找到他人尚未发掘的内容,形成自己的独特报道。例如,下图信息“斯诺登揭露美国监听项目”从2013年6月23日携带监听材料出走香港以来,“监听门”事件可谓在全球不断发酵,令全球恼怒。斯诺登也从中国香港经由俄罗斯前往他国,但不幸,美国政府取消斯诺登护照,使斯诺登没有护照,寸步难行。同一事件,取材角度不同,文章《普京:斯诺登是不请自来　请尽快离开俄罗斯》、《瑞典教授提名斯诺登为诺贝尔和平奖候选人》、《美媒称奥巴马政府处处暗箱操作　诚信受质疑》精彩纷呈。

图6-1　2013年7月16日从凤凰网站截取的画面〔10〕

〔10〕 截取2013年7月16日凤凰网站网页信息,网址:http://news.ifeng.com/world/special/sndxiemi/。

第三,即时性。新闻产品的新鲜性决定了新闻报道应争取第一时间发表新闻作品。尤其在今天互联网媒体与手机媒体时代,新闻信息的采集与传播工具数字化、大众化、简易化,媒体记者有时还不如新闻事件现场的草根记者,新闻信息的传递都可以在瞬间完成。新鲜性的反面,即易腐性,过期失效,受众如果接收到的新闻信息不是最新的,那么媒体的关注度就会极大地降低,因此,也很快失去受众群,那么某一媒体生存就成问题。

以上三点是新闻内容原创最重要的原则。

第二节　聚焦已报道的新闻

对其他媒体已经报道的新闻或评论性报道进行再加工,不仅可以成为本媒体的原创新闻,又可以扩大受众面。对新闻的再加工要关注两方面的信息,即热点话题和深度报道。

一、关注热点话题

热点话题是指在一定范围内,引起社会大众广泛关注的话题。这些话题往往反映了当前社会亟须解决,或对社会产生重大影响的问题。如当前社会的热门话题应该就是人民群众最关心、最直接、最现实的教育、社保、医疗、楼市、股市、劳动就业问题等,这些热点问题近年来很多都是通过互联网而引起公众强烈关注和政府实际干预的。具体时间来说,主要指近阶段、近一周,或近一两天大众媒体上广泛关注与传播的问题。例如:

【新华社上海3月1日电】2013年全国两会即将开幕,网络上网民也开始围绕两会表达了各自的关注,“雾霾治理”、“光盘行动”、“网络反腐”、“法治中国”、“先看病后付费”,这些话题成为很多网民热议的焦点。[11]

再如,《清华教授回应挺李天一言论惹众怒:网络不理性》[12],名人子女与法律之博弈,著名高等学府学者的言论与社会公共道德之较量,颇受网民关注,此类信息的点击率高毋庸置疑。

---

〔11〕 2013年7月17日截取百度搜索引擎,网址:http://news.sina.com.cn/o/2013-03-02/083926404252.shtml。

〔12〕 2013年7月17日截取腾讯网迷你版,网址:http://news.qq.com/a/20130717/001969.htm?pgv_ref=aio2012&ptlang=2052。

网络编辑可以抓住其他媒体在热点报道和新闻评论中出现的亮点，进行新闻信息再加工。以十八大代表选举为例，十八大代表选举从 2011 年 10 月到 2012 年 7 月，历时 9 个月，选举出各行业代表 2270 名。其中有不少创新举措。如十八大首创对初选人实行差额考察；在选举结构上做到了“两增两减”和“一个提高”。“两增两减”即增加生产和工作第一线的党员比例，由十七大的不低于 30% 提高到十八大的不低于 32%，减少党员领导干部所占比例，由十七大的不超过 70% 减少到十八大的不超过 68%；“一个提高”即大幅度提高工人党员代表比例，其中省区市工人党员代表所占比例一般要达到本省区市代表总数的 10%，中央企业系统（在京）的工人党员代表数要明显增加。[13] 人民网的编辑及时抓住十八大的选举特点，在已有相关新闻报道的基础上从中遴选出这些亮点，邀请了中央党校教授李民女士，湖北襄阳组织部部长刘仲初，上海农民工代表洪刚和网民代表三江韵，以网络视频的形式对这一特点进行再加工，引起了网民极大的关注和兴趣。

二、注重深度报道

深度报道是一种系统反映重大新闻事件和社会问题，深入挖掘和阐明事件的因果关系以揭示其实质和意义，追踪和探索其发展趋向的报道方式。[14] 它是各家媒体所重点关注的话题，容易引起受众的关注。网络编辑可以在各媒体深度报道的基础上，独辟蹊径，采取创新思维进行新闻再加工。这里以新浪的“深度之后”为例。2010 年 4 月中旬，新浪开设了特别报道栏目“深度之后”，专门关注各新闻周刊的封面深度报道。在这个专栏中，新浪每期集中展示 8 到 10 家新闻周刊的封

〔13〕《中组部谈十八大代表选举：两增两减、一个提高》，http://www.chinanews.com/gn/2011/11-02/3433472.shtml，2013 年 10 月 7 日访问。

〔14〕词条“深度报道”，http://baike.baidu.com/view/425205.htm，2013 年 10 月 7 日访问。

面深度报道，通过网民评价和投票机制，由网民投票选择本期最适合再加工的新闻。这种方式有两个特点：一是把各新闻周刊的封面深度报道进行集中展示，可以显示它们关注的热点；二是通过网民投票，从得票数中，显示出他们最关心的热点。除去对已报道的深度报道进行再加工外，从新闻价值的显著性和接近性而言，仅就这两个特点已经具有了一定程度的新闻价值。[15]

三、整合普通新闻

就实际工作而言，对普通新闻事件进行综合，仍然可以起到出人意料的效果。主要有两种方式：一是对同类事件的综合。一个新闻事件经常会因为事件较小而不会引起人们的关注，但把类似的相关事件集中在一起排列，就很有可能成为引起网民关注的重要新闻。这里以东方网为例。东方网一条独家新闻《24 小时内 7 架飞机出意外》是东方网将其他媒体报道的信息进行整合后形成的一条原创的独家新闻。东方网的编辑将从 2000 年 10 月 31 日晚上 11 时至 11 月 1 日晚上 11 时，全世界先后发生的 7 起大小飞机事故进行综合，发布后获得单篇点击率排行榜首。[16] 二是对某一时段新闻的综合。如在固定的时间里推出的《一周要闻综述》等。目前，新华网在各种类别的新闻版块中都会推出《每日要闻导读》，拥有很高的点击率。

第三节 新闻价值发掘的途径

一、从网民发布和反馈的信息中发现新闻价值

根据 CNNIC 发布的《第 30 次中国互联网络发展状况统计报告》显示，截至 2012 年 6 月，中国网民规模达到 5.38 亿，互联网普及率为 39.9%；中国手机网民规模已达到 3.88 亿，超过台式电脑网民数 3.8 亿。[17] 他们中的许多人既是新闻信息的接收者，又是新闻信息的生产者。如新华网论坛每天的网民帖子就有好几万条。网民发布和反馈信息的渠道主要是各大网站的论坛、博客、微博等，从这些渠道中发现新闻线索，通过精心的选择和编辑，可以成为有价值的新闻。这里以微博为例。微博是一个基于用户关系的信息分享、传播和获取平台，用户可以通过互联网、手机以及各种客户端，以 140 字左右的文字更新信息，并实现即时分享，文

---

〔15〕 裴永刚："网络新闻编辑对新闻的发掘途径探析"，载《西南政法大学全球新闻与传播学院学报》。

〔16〕 穆小苗："整合与策划——网络新闻编辑的两把利剑"，载《网络财富》2009 年第 7 期。

〔17〕 中国互联网络信息中心：《第 30 次中国互联网络发展状况统计报告》，http://www.cnnic.cn/hlwfzyj/hlwxzbg/hlwtjbg/201207/P020120723477451202474.pdf，2013 年 10 月 7 日访问。

字、图片、视频、链接都可以嵌入其中。[18] 一些大型新闻网站和门户网站均开设微博，网络编辑可以从中进行新闻的开发。这里以《扬子晚报》为例。2012 年 10 月 16 日，腾讯微博网友“刘鼎磊”发布了这样一条微博，“与女友相恋不到两年，每次不见面的时候就会折一颗心送给她……现在起价一元拍卖，有意者私信”。微博发布后，迅速引发了网友热议。微博网友“许逸”表示支持，“拍吧，拍吧，多浪漫的，不知道你曾经的无价现在多少钱呢？”网友“何卓鑫”也凑起热闹，直接叫价：“2 元，一口价。”[19]《扬子晚报》网的编辑以《男生分手后微博拍卖爱情信物　网友态度不一》为题，把网友的微博回帖进行了精选，引发了包括中新网、中原网在内的各大网站的转载。

二、从报纸、广播、电视、其他网媒等介质信息中寻找新闻

目前对同一新闻事件，报纸、电台、电视、网络等各种不同的媒介都会进行报道。网络新闻编辑通过把不同媒介所承载的信息转换成本网络媒介所需要的信息，如把文字、图片转化为声频、视频报道或者反之，以满足网民多样化的需求。如 2010 年 7 月，广州发生一起嫌疑犯劫持人质被击毙的报道。一名湖北籍男子在广州进行抢劫，遭到反抗后，嫌疑犯逃跑，在警方进行追捕的过程中，该名男子劫持了一名过路女子。在警方与嫌疑犯多次交涉无果，嫌疑犯情绪激动，可能危及被劫持人质生命安全的情况下，警方果断将其击毙。《羊城晚报》、《广州日报》等媒体纷纷对这一新闻进行了报道，还插入多张电视截屏图片，展示女民警送水、掏钱、射击的过程。[20] 搜狐网也进行了转载，但它采用了多种形式，除了转载文字报道和女民警击毙嫌疑犯的电视截屏外，还通过图解的形式把这一劫持事件发生的过程一一呈现，成为一种独特的图解新闻。

三、从新闻排行榜中发掘新闻

新闻排行榜就是把各热点新闻事件按照网民的关注程度进行排列，从而显示一段时期内公众舆论的动向。新闻排行榜来自网民的选择，可以避免网络编辑的主观判断，从而更容易得到网民的信赖。新闻排行榜一般按时、日、周、月、季和年的方式进行排行。现在包括人民网、千龙网、新浪网、搜狐网等均按日、周、月显示新闻排行，网易还增加了按每小时显示新闻排行，更增添了排行榜的时效性。除了总排行外，还有分类排行，一般有三种方式：一是点击排行榜。各大新闻网站和门户网站在排行榜右侧均有网友的点击量统计数，从中可以看出该帖的关注程度。

---

〔18〕 刘超、裴永刚：“媒介融合视域中的报刊微博互动”，载《出版发行研究》2012 年第 7 期。

〔19〕 何敏：《男生分手后微博拍卖爱情信物　网友态度不一》，http://news.zynews.com/2012-10/20/content_3275343.htm，2012 年 10 月 7 日访问。

〔20〕 陈翔、龚宣、越公宣：《广州劫持人质被击毙疑犯身份查明》，http://www.tianjinwe.com/rollnews/sh/201007/t20100709_1185161.html，2012 年 10 月 7 日访问。

二是表情排行榜。网站的每篇新闻报道下面均设有表情排行榜，通过网民回复的各类有趣的表情，一方面吸引网民参与，另一方面也从中可以看出网民对这一新闻事件的态度。三是跟帖排行榜。就是对某一比较热门的话题，网民对新闻发表评论和看法。跟帖排行榜与前两种排行榜相比，传递的信息更多，对话题的关注程度也更高。网络编辑从排行榜中可以更好地获知网民的需求，从而发掘具有新闻价值的信息进行报道。

第四节　新闻价值发掘的几个注意点

网络编辑在进行新闻发掘时，还应该注意以下三个方面。

一、时间节点

任何一项报道均有重要的时间节点。新闻发掘同样也离不开时间节点。每年国家有很多法定假日，这是一个季节性时间节点；有一系列政策出台时间，这是政策性时间节点；还有一些商务活动，这是活动性时间节点。网络编辑要关注这些时间节点，进行新闻的再加工，使新闻焕发出新的生命力。

二、题材选择

网络编辑要进行专题分工，在各自负责的范围内建立“题材档案”。题材可以是近期的热点、重要的报道和普通的新闻，网络编辑从中选出适合的题材进行新闻信息的再加工，从中发掘出事件蕴含的新的新闻价值。

三、角度选择

“横看成岭侧成峰，远近高低各不同”，新闻的角度选择至关重要，新颖、独特的视角是新闻稿件成功的点睛之笔。[21] 网络编辑负责整个页面的编辑工作，更需要从大的角度来体现网站的报道思想和报道宗旨。因此对新闻进行发掘时，必须考虑页面和网站的特色，从中选择合适的角度进行新闻的发掘。

思考与练习

1 改写下列句子，使句子更为紧凑、简明，并使用陈述句来表达。

（1）据目击者称，彼得森被一辆在59大街上向西行驶的摩托车撞了。

（2）据说，星期五晚上，威廉姆斯涉嫌试图从正在抓捕他的警察手中逃跑，之后他被捕了。

---

〔21〕 乔永华：“发掘深度新闻要咬定青山不放松”，载《青年记者》2010年7月（中）期。

(3)据警官所说，在抢劫案发生时克鲁兹在银行里，但他们不知道是他干的。

(4)布莱恩特的儿子丹尼的确喜欢这场表演，当被问及这个话题时，他说他最喜欢的角色是老虎。

(5)尽管雪莱没有被期望进入前十名，但结果她在参加比赛的女性中获得了第二名。

2 依据下列信息写一则导语和一个核心段，要强调你知道的而不是你不知道的内容。

聊城鲁西化工厂发生爆炸。鲁西化工厂是一家精细化工生产企业，主要产品有硫酸、化肥等。

记者从山东省有关部门获悉，发生爆炸的聊城鲁西化工起火点为一个双氧水生产装置，相应的阀门已经关闭。由于担心现场不溶于水的芳香烃溢出，救援部门没有采取出水扑救的方式，将在合适情况下采取灭火行动。目前，起火位置正在消防官兵的可控制下燃烧。

据大众网快讯：鲁西化工双氧水装置萃取塔着火未有人员伤亡

7月27日16时45分，聊城鲁西化工双氧水装置萃取塔着火。大众网记者刚刚从聊城官方获悉，目前火势得到控制，没有蔓延，未造成人员伤害。

据央视最新报道【事故未造成伤亡没有产生有毒气体】今天下午16点45分，位于山东聊城的鲁西化工双氧水装置萃取塔着火。目前，火势已得到完全控制。经环保部门现场监测，没有产生有毒有害气体。事故未造成人员伤亡，事故原因有待进一步调查。

3 根据以下关于美国棱镜事件的图片，谈谈斯诺登是一个信息传播自由的维护者，还是一个国家机密的泄密者，试分析信息自由与新闻秘密之间的关系。

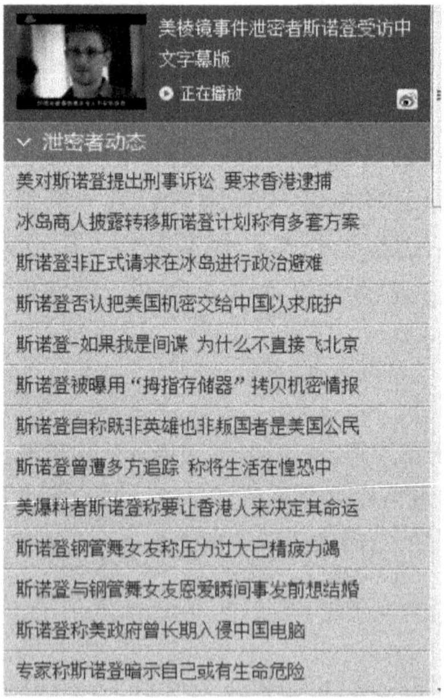

第七章　新闻稿件修改

知识要点

1. 了解新闻观点修正的内涵
2. 掌握新闻稿件修改的具体方法
3. 学会新闻稿件修改的方式与程序

内容摘要

网络新闻稿件的修改应从尊重新闻事件出发，客观地反映新闻事实。新闻观点的提出、修改的方法、修改的程序，都要以事实为中心，为社会传递有效信息。

第一节　新闻观点的修正

“新闻是客观世界的反应，一经网络传播后，就可能对网民的思想、行为产生影响，从而对客观世界产生巨大的能动作用。因此，编辑选择新闻时不能不考虑新闻发表后产生的社会效果。对新闻可能产生的社会效果的好坏、利弊的评价，就是社会评价。对新闻的社会评价，包括对可能产生的政治、经济、法律、文化道德等各方面的社会效果的评价。”〔1〕

《联合国国际新闻道德规约二则》：〔2〕

其一，《国际新闻道德信条》草案：

“当报业及所有其他新闻媒介的工作人员，经常自动努力保持高度的责任感，切实履行道德义务、忠于事实，以及在报道、说明和解释事实中追求真理时，这项自由将获得更好的保障。”

---

〔1〕 蒋晓丽：《网络新闻编辑学》，高等教育出版社2006年版，第119页。

〔2〕 李良荣：《新闻学概论》，复旦大学出版社2009年版，第363页。

其二,《记者行为原则宣言》:

"一、尊重真理及尊重公众获得真实的权利,是新闻记者的首要责任……"

根据《国际新闻道德信条》的规定,新闻观点就是尊重事实,满足新闻自由的原则。这是全世界新闻行业的理想目标,新闻从业人员的追求宗旨。但是,每个国家对新闻道德都赋予了更多的内涵,根据各个国家历史背景、文化传统,具体地确定了新闻道德信条。

《中国新闻工作者职业道德准则》规定:[3]

"新闻工作者要适应形势发展的需要,努力学习和宣传马克思列宁主义、毛泽东思想和邓小平建设有中国特色社会主义理论,坚决贯彻执行党的基本路线、基本方针,坚持以科学的理论武装人,以正确的舆论引导人,以高尚的精神塑造人,以优秀的作品鼓舞人,牢牢把握正确的舆论导向,为人民服务,为社会主义服务,为全党全国工作大局服务,为推动社会主义物质文明建设和社会主义精神文明建设,实现我国社会主义现代化的宏伟目标努力奋斗。"

由此可见,中国的新闻传播活动要根据中国的实际情况出发,"全心全意为人民服务","坚持正确的舆论导向","遵守宪法、法律和纪律","维护新闻的真实性","保持清正廉洁的作风"和"发扬团结协作精神"。为社会主义建设服务,为社会的发展、社会的稳定和民族的团结服务,这是稿件修改的社会评价标准。

一、识别不当观点

新闻稿中观点与提法的不当,表现形式多种多样,最常见的有两种:

(一)对理论、政策的直接表述不当

新闻中的观点错误最显而易见的一种方式是直接出现于用字、用词中,由于语言陈述的不当,使新闻在政治、政策方面与党和国家目前的方针政策相违背。例如,有篇稿件中有这样的话:"县政府认真落实政策,努力减轻农民不合理的负担。"这里体现出的观点就不妥当。农民的不合理的负担不是减轻的问题,而是应该去掉的问题。稿件中那样表述,容易让人产生误解,似乎农民的不合理的负担只是政府要减轻一些,但还得要负担某些不合理的部分。这样的观点所产生的效果显然是不好的。再如1991年有一篇旨在报道我国引进外资形势喜人的消息,文中说"今年以来,已有中外客商77批、共834人次到青岛技术开发区考察洽谈,外商主要来自日本、韩、加拿大、丹麦和台湾、香港等地"。这种提法就不当,尽管台商和港商来大陆投资可以享受同外商一样的待遇,但在新闻中,仍不能把他们同外国商人并列在一起,统称"外商";否则,就违反了我国一贯坚持的台湾与香港是中国领土的一个组成部分这一立场,造成政治错误。

---

[3] 李良荣:《新闻学概论》,复旦大学出版社2009年版,第359页。

（二）对事实理解与阐述的错误隐藏在字里行间

还有一类差错是作者在叙事状物的过程中，通过字里行间流露出来的，显得比较婉转，不加以仔细的分析和推敲就很难发现。比如，1998 年 12 月 24 日某报有篇报道，写某个城市的市政建设、市容环境在领导关心下发生了新的变化，其中有这样的描述："××书记早上一起床，先上街，全城转一圈，哪儿的灯不亮，哪儿有垃圾，他都知道。每次从北京开会回来，下飞机后不回家，先在路上转，对市里的每个角落的状况都一清二楚。市政工程管理处处长××说，'晚上施工，市领导在现场干到 1 点多。他能做，我们做不到，说不过去。'"市第一领导关注城市环境与建设自然是好事，体现出认真为人民服务的精神。但是作为一个城市的主要负责人，更应该抓的是全局，是大政方针。事必躬亲，连施工也要到现场陪到深夜，这种方式是不是就好？作为市委书记过分投入本应是下属的工作中去，很可能反而会使那里的主管部门不能各司其职。其表现出的思想是值得推敲的，因为它并没有表现出那位书记的现代素质。

由此可见，在校正稿件的观点时，既要注意到直接陈述出来的错误，也要注意到字里行间间接流露出来的错误，这样才能彻底消灭差错，保证稿件在思想上、观点上的正确性。

二、消除错误观点

如何消除稿件中观点的一些差错？基本原则是：掌握国家政策，用辩证的观点看问题。

修改稿件时，编辑一定要严格把握好有关的政策界限，具体问题具体分析，不能偏离国家政策。比如一篇关于某县发展第三产业的报道写道：县委书记、县长等领导干部不仅支持农民办第三产业，而且还亲自"搭台"办企业，和农民一样"唱戏"。作者这样写就是没有区分不同事物的性质，偏离了党的政策。农民办第三产业无疑是对的，县领导支持农民办第三产业也是对的，但县领导自己也办企业，就违背了关于国家干部不能经商的规定，因而是不正确的。

对于新闻稿中有关事实的表述，编辑要注意用辩证的观点加以分析，要注意防止主观性与片面性。因为这类差错的主要表现是，在报道某一事物时，不适当地突出矛盾的一方，或者为了强调矛盾的一方，忽略甚至否定矛盾的另一方。如有篇稿件写道：近几年来北京市有 100 多家有污染的企业迁出城区移往郊县，从而减少了城区的污染，治理了城市环境，并说"迁往郊区的企业获得了较大的生存空间"。这里看似是好事，城市减少了污染，居民生活环境得到了改善。但从另一方面看，"污染源"并没有真正消除，只不过从城市移到了农村，同样会危害到郊区群众，同时也会影响到自身的发展。如果是这些企业在搬迁的同时又进行了技术改造，减轻甚至是消除了污染，才是真正解决了矛盾。有的报道在写典型人物时也有这方面的毛病，只写成绩，回避缺点与问题，往往还把缺点也写成优点，如把专横武断说成有主见、敢拍板，用贬低周围的人的方法来突出所谓先进人物等。这种写法反而会影响被报道对象。有的劳模针对这种情况就说:"报纸报道我一次,我的威信就下降一次。"因此,在修改稿件时要以全面、客观、公正的态度,以辩证的眼光来看事物,在肯定成绩的同时,也要说明成绩背后的原因,以及还存在什么不足,这样才能使稿件在思想方面表现正确,使读者真正地接受。

三、防止新闻审判

(一)新闻审判概念

"新闻审判"(trial by newspaper)又名"媒介审判"(trial by media),原初是西方新闻传播法中的一个概念,意指新闻媒介报道正在审理的案件时超越法律规定,影响审判独立和公正,侵犯人权的现象,这种现象多数是发生在刑事案件报道中。一些国家通过法律或新闻专业规范来制止和防范此类行为。[4]

(二)新闻审判行为产生的主要原因

1. 新闻监督行为缺少有效的约束机制

新闻媒体的新闻监督权利并不是无限制的,需要一套"制度外的制度"对新闻媒体的监督行为进行必要的约束。当前,我国《新闻法》尚未出台,各项法律法规对于新闻媒体的监督行为规定也不够明确,此外,由于国内新闻媒体整体处于转制阶段,其监督管理工作的实施主体也不够明确,对于一些职能交叉领域,主管部门尚缺少相应的联动管理机制,因此新闻监督行为约束机制的缺失是导致新闻监督行为与新闻审判经常混淆的最主要原因。

2. 部分新闻从业人员职业道德水平和素质较低

很多新闻媒体及其从业人员为了追求新闻报道的社会影响力,不惜采取夸大事实,煽动社会情绪等手段,对司法机关的审判行为产生不利影响。这与西方新闻界臭名昭著的"黄色新闻"有着很强的相似性,是我们必须加以抵制的。还有一些新闻媒体从业人员,业务素质不够过硬,无法正确区分新闻审判与新闻监督之间的区别和联系,导致新闻报道滑入了新闻审判的泥沼之中。

3. 社会舆论对于新闻审判行为持相对宽容的态度

许多受众在接受媒体发布的司法案件审理信息的过程中,会自愿地接受信息之中包含的媒体主观判断,进而对新闻审判行为持相对宽容的态度。笔者曾经就某省级报纸的司法案件报道进行过分析调查,在笔者询问的读者中关于"如果报道最后记者没有就案情进行分析和总结,你是否会觉得遗憾"一项,选择"是"的受众就占了60%以上,由此可见,读者在接受媒体案件报道的同时,还需要媒体的"新闻审判",以此满足阅读和求知的兴趣。因此"受众的需要"也成为新闻审判行为存在的又一个主要原因。

---

〔4〕 2013年7月21日截取百度搜索引擎,网址:http://baike.baidu.com/view/1591482.htm。

（三）避免新闻审判

对于尚未判决，事实又未查清的案件，要防止新闻审判。新闻要避免报道的预设立场，公平客观地报道新闻事件，少用评论性语言，不用带感情色彩的词语。

美国的一个典型案例，1954年6月4日美国的一个外科医生谢帕德被指控是谋杀自己的妻子的凶手。由于当时在事发现场没有留下任何线索，使案情无法开展。但是，民众和媒体的合理想象认定谢帕德医生是杀死其妻子的凶手。媒体为了炒作的需要，不断制造新闻，以此来刺激受众情绪，致使法院最终裁定谢帕德医生有罪。作为无辜的受害者谢帕德医生每年上诉，一直上诉了十二年，屡次被法院驳回。直到1965年，美国最高法院接受谢帕德医生的请求，重新审判，被判无罪，这就是媒介审判。[5]

案例报道是法制报道的一个重要方面，有的稿件往往在法院对案件的审理前就抢先评断，这是不对的。按照我国的《刑事诉讼法》和《民事诉讼法》的规定，诉讼是“以事实为根据，以法律为准绳”。法院根据调查属实的证据，通过公开审理、控辩双方的辩论情况，依法对被告人进行判决，它不受报道的约束。但由于新闻面向社会，它对案件的报道与评议能产生重大影响，形成一种舆论力量，会对一些尚未查清或有争论的案件的审理、判决形成干扰。因而稿件中要避免出现“新闻审判”。案例报道只能客观介绍案情，不要轻率发表评论，认定某人是否有罪，以防引起新闻官司。对于立案、侦查和提起公诉的当事人，在法院尚未判决的情况下，一概只能称之为“犯罪嫌疑人”，不能称之为“罪犯”、“案犯”。

四、防止新闻泄密

《中华人民共和国保守国家秘密法》中规定，有关报刊等信息载体应遵守有关保密规定，不得泄露国家秘密的规定。有的报道往往忽视了“保密法”，稿件中会无意泄露出某些国家机密，编辑改稿时则要注意校正，以防泄密。稿件中的泄密现象一般有这么几种情况：一是报道过细，“言多必失”而泄密，如报道高新科技领域的重大成果、军事演习、战况、灾情等，对其中的某些人名、地名、具体细节和数据等叙述过于详细。二是时间把握不当。有些事情今天不是机密，但在昨天可能就不得外传，如物价的调整、银行利率的升降就是如此，新闻报道不能盲目地抢时效而使国家蒙受损失。三是不注意内外有别。所谓“内外”是指国内国外、内部发行与公开发表等。有的信息对国内公开但对国外需要保密；有的信息是内部传达无需公开报道。内外不分往往会造成泄密。总之，机密是以一定的时间、地点、条件为转移的，编辑修改稿件时务必对报道内容作细致的推敲，对某些难以判断的内容应向有关部门请示，防止泄密事件在报纸上出现。

---

〔5〕 2013年7月21日截取百度搜索引擎，网址：http://zhidao.baidu.com/question/144097253.html。

第二节 新闻改稿的具体方法

网络编辑对新闻稿件的修改，是指网络新闻内容的修改，它包含对文字、图片、视频等传播形式的修改。以下主要分析文字稿件形式的修改。稿件修改的具体方法有压缩、增补、校正、分篇、改写等方法。

一、压缩

在新闻稿的修改中，压缩是一种最常用的改稿方法。压缩就是删除稿件中的某些部分，使主题更加突出，结构紧凑，文字精练。压缩不是一般的删除，而是根据网站的特色、定位和规定进行。有些稿件内容没有太多问题，但是它的篇幅太长，不符合网站的规定，因而，要对它进行“挤水分”或“蒸发”的工作，将精华保留下来。

追求凝练的八种编辑技巧〔6〕

①聚焦于报道。去掉次要角度，聚焦于一个事件或问题。把报道想象成一条从导语贯穿到最后一段的直线，其间没有绕弯路，也没有死胡同。

②寻找一句话引语。政府官员习惯于大段大段地讲话。从讲话的中间部分寻找一句能概括全部意思的话。摒弃开场白和总结性句子。

③使用简略表达法。在一篇紧凑的报道中，house speaker（众议院议长）可以完全清楚地表达 speaker of the House of Representatives（众议院议长）的意义。“campus police”（校园警方）完全可以代替“university public safety officers”（大学公安官员）。

④删除附带性背景信息。阿曼达·温思罗普（Amanda Winthrop）在她家门廊处对记者说，或者候选人史密斯（Smith）在一个没有什么样特征的工业园区办公室筹备他的选战，这两句话里的地点其实并不重要。

⑤限制背景和历史。只保留跟事件的新发展有直接关系的要素，或者能帮助受众了解事件的来龙去脉的成分。

⑥删去叙事和“过程”。短篇报道中没有机会详细讲述事件的发展过程，或者解释复杂的法律和政府机构。把笔墨集中于清楚地概述事情现在的状态。

⑦消灭一两个词的行。当用所谓的“单词行”结束段落时，那些段落中的一些句子通常能缩短，足以去掉多余的一行。

⑧想到你的受众。如果在删节报道时面临棘手的选择，就问自己，阅听人想知道什么、需要知道什么。

---

〔6〕［美］塞西莉亚·弗兰德、唐纳德·查林杰、凯瑟琳·C. 麦克亚当斯：《美国当代媒体编辑操作教程》，展江、霍黎敏主译，南方日报出版社 2008 年版，第 264 页。

压缩有以下四种办法：

1. 压缩新闻导语。

导语是一条新闻中最重要的部分，好的导语一般都以简练的文字表述新闻的主要事实或观点。但是有的导语空话多，句子长，而信息较少。对于这样的导语要进行压缩。比如以下导语：

本报讯　目前，正在承担着较重的夏粮收购资金任务的山东省济南市农业银行想棉农之所想，急棉农之所需，在资金供需矛盾十分突出的情况下，克服种种困难，又为迎战二代棉铃虫筹措资金1200万元。这不仅为确保今年棉花丰收创造条件立下了汗马功劳，也为该行适应市场经济向国有商业银行转变进行了一次实战演练。

这条长达130余字的导语，真正有传播价值的信息，就是“济南市农业银行筹资1200万元帮助棉农抗虫灾”，写在导语前面的背景和后面的议论，全是多余的空话，没有写进导语的必要。它不仅以太多的无信息语言拉长篇幅，而且把真正的新闻事实掩盖起来，叫人无法一目了然，迅速抓住中心。原导语应改写为：

本报讯　最近，济南市农业银行筹资1200万元帮助棉农防治二代棉铃虫。

导语压缩的结果，是要使“倒金字塔”式的导语能以最简练的语言把最重要的新闻事实或观点概括出来，把次要的、可有可无的内容删去。导语的压缩，还要和全文放在一处考虑。比如有些新闻，标题做得较长，比较具体详细，导语也写得比较具体，两者在意思和表述上有所重复，在这种情况下，如果不考虑重新做标题，这条导语就需要压缩，以免读者感到重复阅读同一段话，浪费时间和版面。

2. 压缩新闻背景材料。

新闻背景是指新闻发生和发展的历史背景和现实的环境。新闻中必要的背景材料可以起到突出、深化主题，增强知识性和可读性的作用。但是，背景材料不能过多，多了反而会冲淡主题，“喧宾夺主”，并且使新闻臃肿，阅读不便，不易掌握要领。例如，下面这篇《卫星导航技术应用于京郊防治麦蚜虫》稿件：

当年在海湾战争中为“爱国者”导弹导航而力克“飞毛腿”的卫星导航技术，如今开始在北京农业上应用。日前，装有卫星导航接收仪的飞机，在北京昌平境内的北郊农场顺利完成了麦蚜防治任务，从而开创了我国乃至世界将卫星导航技术应用到农作物病虫害防治领域的先河。

麦蚜是危害小麦后期生长的主要害虫。北京市虽然从1983年就开始运用飞机防治麦蚜，但由于没有先进的导航技术，只能采用人工地面举打信号旗的方法为飞机导航，而这种方法往往会因林带、村庄、河流的阻隔和遮挡，使地面信号难以寻觅，从而造成漏喷、重喷现象。因此，改进飞机导航技术，已成为飞机防治麦蚜的关键技术环节。

1992 年，北京开始试验用卫星导航飞机防治麦蚜，今年正式在生产上推广。飞行前，科技人员将作业区域和飞行航线及有关数据，输入飞机和地面卫星接收站上的 GPS 卫星导航接收仪内，飞机作业时，通过全球卫星定位系统，将飞机飞行位置在导航仪屏幕上显示出来，驾驶员则可根据屏幕显示的航迹线及时调整，使飞机在设计的飞机防治航线上飞行，误差一般不会超过 10 米。这是我国也是世界首次将卫星导航技术应用到农作物病虫防治上。

日前在北郊农场应用卫星导航技术进行飞机防治麦蚜中，飞机防治面积为2.5万亩，共飞 10 架次。飞机是中国民航从内蒙古调来的运5 型飞机，每次装药液 800 公斤，正常情况下可喷4000 亩麦田。飞行间隙，记者现场采访了飞机驾驶员。他说飞行中卫星导航接收仪屏幕上显示的航线和作业区域清楚，飞机位置明显准确。地面观测点负责人、北京市植保站的高级农艺师余盛华告诉记者，农药雾滴喷洒均匀，飞幅交汇点符合设计要求，可以说，卫星导航飞机防治麦蚜技术是成功的。

卫星导航飞机防治麦蚜技术是由北京市农业局植保站、中科院、北京航空大学、清华大学、北京农业大学等 8 家科研院校和京郊有关区县组成的科研协作组完成的。

这篇稿件有 800 多字，叙述虽通顺，但是运用了过多的背景材料，淹没了主题。稿件一开始就是背景材料。尽管想用海湾战争使用卫星导航技术来引入主题，但毕竟是旧闻，而且是拐弯抹角才讲到新闻要点。第二段写为什么要采用先进导航技术来防治麦蚜，内容也多了些。后面就扯得更远了。从卫星导航技术防治麦蚜的试验、推广，到防治了多少面积，共飞多少架次，飞机从什么地方调来，什么型号，每次装液多少，甚至连驾驶员、地面观测点负责人的评论等，也都不厌其烦地写进去了。大量的背景材料冲淡了主题。真正的新闻反而偏于一隅不显眼。对这篇稿件的修改，就需要大刀阔斧，压缩多余的背景材料。下面是经修改后的稿件：

最近，装有卫星导航接收仪的飞机，在北京昌平境内的北郊农场顺利完成麦蚜防治任务。

北京以前采用飞机防治麦蚜，只能采用人工地面打信号旗为飞机导航。这种方法往往因地形阻隔信号，易造成漏喷、重喷现象。1992 年北京开始试验用卫星导航飞机防治麦蚜，今年正式示范推广。飞机作业时，通过全球卫星定位系统，将飞机位置在导航仪屏幕上显示出来，驾驶员则可根据屏幕显示的航迹线及时调整，使飞机在设计的防治航线上飞行，误差一般不超过 10 米。

两稿对照，压缩掉的三分之二的篇幅，都是背景材料。压缩稿只有 205 个字，内容精练，主题突出，完整地传达了一条信息。

3. 压缩新闻主体。

新闻主体指新闻稿中除导语和背景材料之外，主要报道新闻事实和观点的部分。一般情况下,新闻主体部分的篇幅在全篇中最长,有时如果不把它作为压缩的对象,就很难为稿件消肿。压缩新闻主体大致有以下几种方法:

(1)通过比较,将新闻的主要事实和主要观点根据其重要性以及与新闻主题关系的紧密程度进行“等级”划分,也就是区分出谁是最重要、最应该保留的;谁是次重要,也应该保留的;谁是不那么重要、可有可无的;谁是最不重要、可以删除的,等等。然后,根据这种划分,我们就不难删节新闻的主体,只把那些最重要的、最能反映主题的内容保留下来。

有些新闻稿本身已经符合简洁精练的要求,但因为要满足特定新闻传媒对它的篇幅限制,不得已要压缩,这种情况同样可以通过比较的方法,先把稿件的内容或段落作一个最重要、次重要、不重要的排列,再把不重要的部分删掉。比如:

本报珠海2003年11月8日电(记者王尧、潘圆) 国家工商总局局长王众孚说,中国企业将被分成“绿、蓝、黄、黑”四种颜色,对不同颜色的企业,工商局将给予不同的待遇和服务。企业信用是分色的依据。

王众孚是在11月7日召开的“世界经济发展宣言大会”分论坛“世界经济发展与企业信用”上介绍“企业信用分类监管制度”的。

他说,各级工商局将推进和完善这个制度。具体做法是,根据企业的信用,将企业分为A、B、C、D四个管理类别,分别用“绿、蓝、黄、黑”四种颜色表示。A级为守信企业,绿牌;B级为警示企业,蓝牌;C级为失信企业,黄牌;D级为严重失信企业,黑牌。

对不同颜色的企业,工商局将给予不同的待遇和服务。对A级企业,重点予以扶持,并享受年检免审、免日常检查、提供优质服务等待遇。这是信用激励机制。对B级企业,实行警示制度,在日常工作中予以提示,这是建立企业信用预警机制。对C级企业,作为重点监控对象,加强日常检查,并实施案后回查、办理登记和年检时重点审查等监管措施,这是建立企业失信惩戒机制。对D级企业,依法办理注销登记或发布吊销公告,这是建立企业严重失信淘汰机制。

为有效实施企业信用分类监管,工商行政管理机关将实施企业信用信息披露制度,依法公开企业身份记录(即企业登记信息)和违法行为记录,并对情节特别严重、社会反响强烈的典型案件予以曝光。

这条已经比较精练的消息,如果还要压缩,便可作比较分析:除了导语之外,主体部分的第一段是最重要的,它告诉读者该条信息的权威来源;其次是主体部分的第二段,因为它告诉读者国家工商局将对中国企业进行“绿、蓝、黄、黑”四种颜色的工商信用分类管理制度;再次是第四段,主要介绍工商行政管理机关将实施企业信用信息披露制度;最后才是第三段,因为这段主要是对第二段内容进行具体解释,而主要信息在导语和第二段都已出现。如果必须删除一段,则应该删去主体部分的第三段。

(2)在所有事实依据都必须保留,删除任何一个部分都将造成信息缺失的情况下,可以采取留要点舍详情、存骨架剔筋肉的办法。比如有的稿件在一个大问题下列举了多个要点,这些要点又都很重要,缺一不可。有的新闻按媒体特色定位没有必要将全文都登出来,这种情况就可采用“取要点,舍解释”的方法,将信息传播出去。如下面这篇稿件:

今年需要财政预算安排的八件大事

新华社北京3月6日电　财政部部长项怀诚今天在九届全国人大二次会议上谈到1999年中央和地方预算草案时说,从改革、发展和稳定的大局出发,今年有许多非办不可的大事需要财政预算作出安排:

(一)继续增加基础设施建设投资。为了保证去年以来国家陆续开工兴建的一批基础设施项目如期建成并发挥效益,需要中央财政在去年基础上再增加投资250亿元。

(二)加大农林水利和生态环境保护投入力度。必须赶在今年汛期之前完成长江、黄河、嫩江、松花江干堤的修复加固任务。同时,为保护生态环境,实现可持续发展,要继续在长江、黄河中上游及东北林区实施天然林保护工程。为此,1999年中央财政需增加农林水利投资约300亿元。

(三)积极支持外贸出口,进一步提高出口退税率。今年继续提高机械设备、电器和电子产品以及纺织品等20类产品的出口退税率,综合退税率平均提高2.56个百分点,出口退税额也要相应增加。

(四)全面落实党中央关于军队、武警部队、政法机关不再从事经商活动的决定。根据中央要求,军队、武警部队、政法机关与企业脱钩后,中央财政需给予适当补助。其中,给予军队的补助加上正常增长,今年国防费支出为1046.5亿元,比上年增长12.7%。此外,中央财政将增加海关、边防等部门缉私经费和贫困地区政法机关装备及办案经费30多亿元。

(五)落实各项粮棉政策。近几年农业连年丰收,为保护农民种粮积极性,国家实行了按保护价敞开收购粮食的政策。中央财政要支付库存粮食储备费用和利息,安排粮食风险基金,负担粮棉出口亏损以及1992年以来新增粮食财务挂账的利息补贴等500多亿元,比上年增加支出60多亿元。

(六)大力支持科教兴国战略的实施。今年中央财政本级教育事业费增加26亿元,增长21.4%;为支持创新工程和国家重点科研项目,中央财政增加科技投入8.2亿元,增长9.5%。

(七)加大转移支付力度,促进区域经济协调发展。要增加对地方的税收返还56亿元,增加对民族地区、经济不发达地区的扶贫资金和转移支付22亿元。

（八）继续做好国有企业下岗职工基本生活保障和再就业工作。今年，中央财政将继续安排中央所属企业下岗职工基本生活保障财政应负担的资金，同时对困难较多的中西部地区和老工业基地，在地方财政足额安排保障资金后的预算缺口，中央财政将以专项转移支付的方式给予适当补助。

稿件可作如下压缩：

据新华社3月6日电　财政部部长项怀诚今天在九届全国人大二次会议上谈到1999年中央和地方预算草案时说，今年需要财政预算安排的大事有八件：

（一）继续增加基础设施建设投资；

（二）加大农林水利和生态环境保护投入力度；

（三）积极支持外贸出口，进一步提高出口退税率；

（四）全面落实党中央关于军队、武警部队、政法机关不再从事经商活动的决定；

（五）落实各项粮棉政策；

（六）大力支持科教兴国战略的实施；

（七）加大转移支付力度，促进区域经济协调发展；

（八）继续做好国有企业下岗职工基本生活保障和再就业工作。

这种压缩，编辑所采取的就是取“骨架”而舍“筋肉”的方法，说明精简，字数便少了下来。

4. 压缩语言。

就是对稿件中表达多余的语句进行删削，使稿件顺畅精练。许多稿件内容很有意义，但往往在叙述、描写、议论、抒情、说明等表达方式上运用不当，夹杂着与主题无关的句子。比如叙述过于详细具体、描写脱离主题、议论夸大其辞、抒情矫揉造作等，这些都会既造成稿件臃肿累赘，又影响对内容的清晰领会，需要删繁就简，使稿件干净利落。需删削的话语主要有以下几种：

（1）删除过分详细和多余的解释。有些来稿生怕读者看不懂，对所叙述的事实喜欢进行解释。对于一些读者不知道的事进行解释当然是必要的，但是对于一些人尽皆知的事去进行解释，就是多余的了，必须删去。比如，一篇记述大豆之乡决心发挥优势，多种大豆的报道，其中对大豆的作用作了这样的解释：“大豆营养丰富，用途广泛，对人民生活、工业生产和外贸都是宝。”这就不必要解释，因为大豆是广大群众所熟悉的，而且这种解释也并没有超出一般人所了解的范围。

（2）删除过多的议论和抒情。在新闻稿中，画龙点睛的议论和恰到好处的抒情能使新闻大为增色，但是新闻稿重在用事实说话，重复新闻事实已经表达了的内容和观点的抒情议论与游离于新闻事实之外的抒情议论不仅增加新闻稿的篇幅，而且还会画蛇添足，因文害义，大大降低新闻稿的可读性，必须加以删除。例如，有篇题为《张扬生命的英雄女人》的通讯,内容是反映一位年轻女军人自强不息的事迹。其中写她的科研“42万字的专著《气爆》不日将由国家科技出版社出版,轰动在望。有人预言,她将是21世纪中国的居里夫人”。书还未出版就说“轰动在望”,还将成为“21世纪的居里夫人”,未免夸大。这些议论“逸词过壮,则与事相违”,无疑是要删削的。再如有篇新闻稿报道徐州酒厂某女工在粉碎葡萄时一只手被机器截断,该女工受伤后得到了各方大力协助,被及时送到上海,得到了救治。这件事本身就已十分感人,足以说明社会主义制度的优越性了,但报道还要加一笔:“真是社会主义好啊!”其实,作者站出来发感慨反而给人多此一举的感觉。

(3)删除不当的描写。有篇题为《“99”长江第一场灾难》的通讯,详细报道了1999年长江发生的新年水上特大交通事故。稿件在讲到沉船被打捞出水时有这样的描写:“舱内各具形态的死亡形象目不忍睹:遇难者一个个面容肿胀,一位年轻的女士身子卡在窗户里,双臂向外弯成凝固的求救状;一位70多岁的老人死死抱着撞坏的船舷;一对年轻的夫妻互相拥抱着怎么也分不开;另有两青年在逃生时被人抱住了双腿,最后同归于尽。”这里的描写虽然是客观真实,但是缺少人文关怀精神。遇难者的命运本来就令人饱含同情的泪水,而详细地展示他们的惨状,更刺激读者以及其家属的情感,扩大了悲伤的情绪,令人难以承受伤痛,将产生负面的传播效果。在一些社会新闻中,往往也掺杂了不少残暴的描写,这会使一些人产生恐惧心理,也属删削对象,而采用概述的方法,既保留了新闻的真实性,使信息能够及时真实地传递,满足受众的信息需求,又不至于刺激受众的不安全的情感。

另外,有的作者习惯用八股腔调写稿,在稿件中不看是否需要,往往喜欢习惯性地用一些“穿靴戴帽”式的套语。常见的有:“认真学习了……”,“为了贯彻……”,“提高了……认识”,“掀起了……热潮”,“在……推动下”,等,没有实质性内容。还有的写“大家认为”、“一致表示”、“全体建议”之类,“众口一词”也难免给人不实之感。这些都是文风不正的表现,应该删除。“惟陈言之务去”,还稿件以清新、利索。

(4)删除多余的文字。新闻稿件无论是短消息还是长通讯,是陈述还是说明,都要求简明扼要,以精练的语言来表达内容和思想。删除多余的文字就是在文字上推敲,“抠字眼儿”,尽量去掉那些多余的、可有可无的字词。一是删除重复的字词。比如,“过去的往事”,“目前的现状”,“周围的人们”,“活着的幸存者”,“胜利地战胜了洪水”,“在背上背着”,“凯旋归来”,“雍正年间时期”,“报纸杂志”,“意外的空难”等,词义重复,都需删除。分别改为“往事”,“现状”,“周围的人”,“幸存者”,“战胜了洪水”,“背着”,“凯旋”,“雍正年间”,“报刊”,“空难”。这样删节,字去而意留,文字准确明白。二是去掉可有可无的字词。比如,“新疆维吾尔自治区多方面筹集资金修建学校宿舍”,改为“新疆多方筹集资金修建校舍”,意思同样不变,字数少了近一半。

二、增补

编辑在修改新闻稿件时，一般不对新闻事实进行补充，这是因为新闻是记者亲眼所见、亲耳所闻的真实记录，编辑由于不了解情况，添加内容容易犯主观主义毛病，导致新闻失实。但是，由于新闻是写给读者看的，它对事实的交代必须完整、清楚，使读者能够准确地了解信息。如果一条新闻稿缺少新闻要素，对事实的介绍不全面、不具体，那么，编辑对这样的稿件还是要在改之有据的前提下进行必要的补充。所谓对稿件的增补，就是补充新闻稿中没有、但又必须交代的内容。

增补主要有两种情况：一种是对稿件的内容作一些必要的资料性补充；另一种是对新闻事实过去的事实、动机及信息的集合，它能够帮助读者弄清楚报道“目前”发生了什么。

（一）增补背景

资料性的补充，是对新闻中的人物、事件、地点的历史、背景和知识进行介绍。作者在采写新闻时由于时间紧迫，或者手头资料不足，往往对一些应该交代清楚的东西没有交代。编辑在处理这类稿件时，就应该充分利用自己占有资料的优势，对稿件缺少的部分作一些必要的补充。例如，1999 年 1 月 2 日《北京青年报》刊登了题为《桑兰点亮纽约新年》的消息，主要内容是报道 17 岁的中国体操运动员桑兰，应邀参加美国纽约市举行的迎新活动，在著名的时代广场同纽约市长一起按下 1999 年倒计时灯球的电钮，同数十万美国人共迎新年。报道的后面增加了这样的背景：“桑兰去年 7 月在友好运动会上意外受伤后，没有失去康复的信心。她以顽强的毅力战胜伤痛，刻苦锻炼手臂，努力学习英文，从卧床不起到能坐轮椅活动，从手臂不能动弹到能在椅把上做撑腕动作，从不懂英文到能讲简单英文词句。她的脸上常挂着甜蜜的微笑，好像什么伤痛都没有发生过。”增加了这段背景材料，读者就会明白纽约市为什么邀请桑兰出席那么隆重的庆祝活动，并且映衬了报道中纽约市长讲的话：“桑兰是勇敢者的楷模，能同她一起主持这一仪式，感到非常高兴。在 1999 年到来的时候，桑兰把纽约同整个世界联系了起来。”为深化主题，起到了很好的作用。

（二）增补注释

注释是指对报道中涉及读者不熟悉的有关知识、技术、人物、事件、名称等所作的说明。对报道中出现的令人陌生的事物给予必要的注释，可让读者一看就明白，并能理解其意义，免得要询问别人或查资料。如 1999 年 3 月 9 日，《北京晚报》转载了前一天中央电视台《新闻 30 分》中关于《黄河内蒙古段防凌形势严峻》的报道。报纸在报道中加入了这样的知识性材料：“这源于它特殊的地理条件。黄河流入内蒙古进入纬度最高地区，气候寒冷。因此在封河季节这一地区首先封冻，而上游地区则封冻较晚，下面的冰把水截住，使上游的水流不下去，形成空高水位，产生封河流凌。开河时则相反，上游先于下游开河，上游的凌块流不下去，在浅滩弯道处容易卡冰结坝，水只能漫堤而过，淹及沿岸地区，形成凌灾。"这样，读者就对黄河凌汛为什么以内蒙古地区最为严重，比较清楚了。

（三）增补回叙

回叙是对近期已报道过的新闻的简要复述。报纸上对一些处在发展过程中的事件往往进行连续报道，每次报道的都是事件发展的最新变化，但读者不一定都看过前面的报道；即便看过，也可能记得不清楚了。因此，在一些连续报道中，对已经报道过的重要内容作适当的回述，是为读者提供方便，使他们对事件的发展过程有比较全面的了解。比如报道一场球赛，新闻写的可能只是其中某一场，比如决赛，但这场决赛不是凭空而来的，它的"前因"是过去进行的预赛，这样，在写这场决赛时，就有必要对过去的预赛结果作一些简单的回叙，使读者能够完整地了解目前这场比赛的来由和情况。

编辑运用增补手法，是为读者着想，使稿件"锦上添花"，产生更好的传播效果。但编辑增补必须坚持这样的原则：增必有据，适可而止。首先，编辑是补稿件的不足，不是"妙笔生花"。所作的补充要有充分的缘由根据，所用的材料要完全可靠，是最新鲜的，最权威的。其次，增补的内容务必紧扣新闻事实，并且要少而精，不可偏离主题，喧宾夺主。

对通讯社的新闻稿一般不能自行增补（可作删节，并在电头前加"据"字——"据新华社……电"；如果将通讯社稿件重新作了结构调整，要注明"据新华社改写"字样，改写中也不能增加任何材料），如果认为有内容必须补充说明，则可以采取在文前、文中另加"编者按"的方式来解决。

三、校正

事实的校正包括内容和表述两个方面。事实的内容错了，必然会造成报道的不真实、不准确；事实的表述不当，同样会使事实模糊乃至歪曲。因而，对事实的校正必须做到内容是否真实、准确、科学、统一、清楚。

（一）内容是否真实

真实即指新闻报道中所涉及的现实方面的各种材料，必须完全符合事实的本来面貌。稿件中不真实因素一般有以下几种表现形式，要注意识别。

1. 虚构。即所说的事情并无任何事实根据，全是无中生有，凭空捏造的。

2. 添加。事实有一定根据，并非全部虚构，但其中某些情节和内容是"合理想象"，主观添加上去的。

3. 拼凑。即把不同人在不同时间、不同地点所做的事写成一个人在一个时间、一个地点所做的事，事实是拼凑而成的。这种做法，对于文学是允许的；对于新闻，则是不允许的。

4. 夸张。即夸大或缩小事实，把一分说成十分，把偶然的说成经常的，把个别的说成普遍的。

5. 偏颇。即抹杀事物发展中其他各种因素的作用,片面地夸大其中一种因素的作用。

6. 孤证。即根据几个孤立的事例得出与全局不相符合的结论。

7. 回避。即对一些有关全局的重要情况故意回避而不写,只强调某一方面。

8. 幻影。事出似乎有因,细查却无实据,以幻影代替真实。比如道听途说,捕风捉影。

9. 假象。只是根据一些表面现象来认识和判断事物,这些现象虽然是存在的,但并不能说明事物的本质,其中有些甚至是假象,是与本质相矛盾的。比如,某个单位问题严重,但却以它的点滴成绩来做主要肯定,造成宏观失真,本质失真。

10. 导演。事情虽然确已发生过,但记者为了要写报道而将事件重新导演出来,不是有了事实再作报道,而是为了报道去制造事实,与事物的基本情况不相符合。

(二)内容是否准确

准确有两方面的含义,即事实成分的准确和语言表述的准确。事实成分的准确,是指稿件中写到的所有事实的构成因素,诸如“五要素”中的时间、地点、人物、事件、原因,以及数字、计量、引语、图表等,无论是现实的还是历史的,都要完全准确无误,尽一切可能还原新闻事件的细节。新闻报道的真实性影响着人们的现实生活,因为新闻是人们应对当前以及未来生活的依据,也是政府机构采取重要社会措施的依据。特别是突发性新闻事件,比如地震、台风、地方性的骚乱等新闻事件,常常通过新闻报道传递信息,告知事件的主要状况。人们以及各级政府机构、社会组织以此为凭据,快速调动社会资源,进行紧急救助,时间就是生命。如果新闻报道没有真实地反映新闻事实,那么,多少生命在新闻报道的生命线中丧失。

1. 注意细节

检查事实成分,特别要注意细节上的准确性。细节因其不甚显眼,往往容易被忽略。从已见报的差错来看,不少都是出在细节上,像人名、地名、机构名称、动作形态等,都要格外留心。汉字中有许多同音不同形的字,或形状相似,稍不留心就会有误。例如,“吕叔湘”写成“吕淑湘”,“钱其琛”写成“钱其深”。有的公司名称中带有“省”“市”字样,有的则不带;有的公司是省名在前,市名在后,而有的公司却是市名在前,省名在后(如杭州浙江飞鱼办公机器技术公司),这些都要细致检查对照,不能混淆含糊。

2. 注意夹带

有一些差错往往是和正确混杂在一起的,不仔细检查容易被忽视。例如,“来自山西、河南、四川、贵州、宁夏等省的代表热烈地讨论了朱镕基总理作的政府工作报告”,这里显然有不准确的地方,因为宁夏与山西、河南、四川、贵州不一样,是自治区而不是省。再如有则报道中有这样的话:“今年 4 至 6 月,来承德旅游观光的外国游客比去年同期增加43%,其中日本、韩国、香港、台湾的游客增加幅度尤为明显。"这里把香港和台湾也归到"外国"中去,也是不正确的。类似这种差错,都混杂在看似正确的表述中,稍不留神,就容易忽略。

3. 注意变动

事物会随着时间的转移而出现新变化,事物变化了,再沿用过去的说法就不合适。机构名称的改变(如邮电部改为"信息产业部")、人的职务变化(如某人从副省长升为省长),这些都要注意检查。尤其是国际上一些国家的名称改换,领导人的升降,更要及时订正过来,以免引起不必要的外交纠纷。如有一年某国的国防部长来我国访问。此前该部长是副部长,是来我国前不久才升为正部长的。在到达我国当天,一家大报纸上仍然表述的是"××国国防部副部长应邀来我国访问",引起了该国的抗议,造成不良影响。

4. 注意缩略语

汉语缩略语在新闻稿中的运用频率非常高,这是因为新闻稿必须具备反应迅速、文字简明、信息量大等特点,汉语缩略语正好适应了新闻稿的这一需要。恰当地使用汉语缩略语,首先会使语言更加简明,使读和写都能省时快捷;其次在报纸中节省了空间,增加了载体的信息量;最后是有利于新闻标题的艺术设计和内容的措词安排,增强语言表现形式上的美感效果。近年来,随着科学技术和社会文化的高速发展,人们的工作和生活节奏越来越快,新闻稿中的汉语缩略语也越用越多。数量上的急剧增加,带来了不容忽视的问题,即缩略语自身的混乱。因此,在对缩略语进行检查时,要注意以下几个方面:

(1)新闻稿中出现的缩略语一定要是存在较久的、生命力较强的、使用比较普遍的。比如"政协"、"人大"、"妇联"等均是建国初期便存在的,人们早已接受并熟知。对于一些生命力不强,甚至一次性使用的缩略语,应尽量要避免。比如,"目前,市'纠治办'已收缴各种大盖帽1646个"中的"纠治办",还有"解困办"、"质效办"、"打投办"、"精退办"等,不胜枚举。这些显然都是临时性的机构或活动名称,生命力弱、影响面小,过多地使用它们,虽然节省了几个字,却影响了信息的交流。

(2)新闻稿中使用的缩略语应该词义单纯明确,能令接受者一听即懂、一看即明。这就要求我们在检查新闻稿时尽可能地避免把不同的概念缩略为相同的表现形式,以保证缩略语词义的明确性。例如,第一句:"广东高考评卷组委员、华师大中文系主任曹础基教授。"第二句:"华师大的实习教师卿正大和吴颖带领全班同学到长风公园游玩。"前句中的"华师大",指的是"华南师范大学",第二句指的却是"华东师范大学",一东一南,南辕北辙。

(3)缩略语应注重合理性。尽管汉语言中的缩略语有二字、三字或四字等不同形式,但其构成还是有其自身的规律,这就是必须准确提取缩略对象的核心内容来作为缩略语的构成要素,然后再进行组合。因此,新闻编辑在检查新闻中的缩略语时要注意那些不讲求科学、对缩写对象的核心内容把握不准的缩略语。比如，“苏东剧变最根本的原因就是党的性质变了。”“提前半小时去乘公汽是有保险系数的。”第一例“苏东”是“苏联和东欧”的缩略语。第二例中的“公汽”是“公共汽车”的缩略语。很显然，这两个缩略语都未能以原形式的核心内容为构成要素，结果产生了不规范的缩略语。

5. 注意提法

在检查新闻稿时，对于一些“高级”词，如“第一”、“首创”、“首次”、“破纪录”、“填补空白”、“达到××水平”、“一流”等，均要审慎对待。一般情况下，这些“高级”词是否用得恰当，很难查对，因此除了重大事件、重大人物有据可查外，均应删去。因为这些词用滥了，不仅不能拔高报道对象，反而会令人生厌，倒不如平实些好。还有一些提法如“一致”、“数十年如一日”、“家家户户”、“天天”、“人人”等词，说得太满，太绝对，有时会有失准确。

（三）内容是否科学

新闻报道往往要涉及自然科学和社会科学方面的一些知识，对于那些并非是有关学科的专家的作者来说，涉及这方面的事实就容易发生差错。编辑修改稿件时就有责任加以订正，使之符合科学。

例如，有篇报道在谈到艾滋病时说：“艾滋病传染的途径是性爱泛滥，只要杜绝不正常的性爱，就可防止这种可怕的瘟疫。”这里的说法就不甚正确。性爱泛滥的确是传播艾滋病的重要原因，但不是唯一的原因，如血液感染（针头注射）、输血感染、母体感染等也是其传播的途径。还有一篇稿件在写到卫星定点成功的消息时说：“卫星向着漫漫的宇宙深处飞去。”卫星定点成功，标志着发射成功，卫星与地球是同步运行的。如果“向……飞去”，恰恰说明定点不成功，卫星发射失败。因此说卫星定点成功“向……飞去”，既矛盾又违背科学。

（四）内容是否统一

稿件中关于事实的表述应该统一。这里所说的“统一”包含两层意思：一是指一篇稿件或一组稿件中同一地方、同一姓名、同一职务以及计量单位、译名、数字等写法要前后一致。比如，一篇稿件中公元纪年是用阿拉伯字（如1999年5月1日），就不要又采用汉字（如一九九九年五月一日）。二是指某些表述方式要和全国规定的或通用的方式相一致。比如译名，应按全国通用的译法。计量单位，应按照国务院发布的《关于在我国统一实行法定计量单位的命令》中所规定的单位书写。

（五）内容是否清楚

稿件中的事实、情节要清楚，让人一看就明白无误。各种事实成分都必须交代清晰，不能有残缺、含混，让人去猜疑。

经济报道中经常写到生产的增减，这就常常涉及时间与数字，有的稿件往往在这方面显得含混。例如,“1998 年的产量比 1989 年前增长 3 倍”,这里的“1989 年前”到底指哪一年?这就不清楚,所谓“增长 3 倍”也就没有着落。有的稿件把增加的“倍”与“番”混淆,也是错误的。比如,基数是 2,它的三倍是 6,而三番则是 16,完全不能等同。一些稿件经常使用“今年以来”的说法,也是不通的。“今年以来”就包括今年全年在内,如是在 8 月或 9 月写的稿件,就不能说“今年以来”,因为“今年”还没有完结。说“今年年初以来”或“今年 3 月以来”,时间上才清楚。此外,年份要写全。99 年、20 年要写 1999 年、2000 年。

(六)校正的方法

综上所述,校正稿件的目的,就是要修正稿件观点上的不正确以及稿件中事实的不真实、不准确、不科学、不统一、不清楚。要消除这些差错,首先要善于发现与认识,然后才能进行校正。发现上述差错的方法主要有以下几种:

1. 分析法。

分析法就是通过对稿件所叙述的事实和叙述方法、写作条件等的逻辑分析,发现其中的破绽和疑点。分析可以从内容分析、信源分析、作者分析、时间分析四个方面进行。

(1)内容分析。即通过分析稿件中所写的事实以及事实与事实之间、事实与判断之间的关系来发现稿件中存在的疑点和破绽。比如内容前后矛盾;描述不合情理;文艺色彩浓厚;某些情节内容和新闻要素方面写得笼统含混;内容显示记者超越采访可能(如描述死去的人的心理活动)等。

(2)信源分析。即分析消息来源,判断其权威性、可靠性,从而发现稿件可能存在的问题。如有的稿件报道足球比赛中裁判吹黑哨,而消息来源是比赛失利一方的教练或队员。这样的信息来源就存在不可靠的可能性。

(3)作者分析。即对照作者的身份与稿件的内容来进行分析。如果报道所写内容与作者身份不相适应,对报道的真实性也要多加怀疑。比如,作者是在一个偏远乡村当教师,而稿件内容写的是有关全市的工作情况,这就特别需要加以核对。

(4)时间分析。即对照写作时间和稿件内容来进行分析,从中发现可疑之处。比如一项工作刚刚开展,来稿已经在全面介绍成绩和经验了。对于这种“预制”的稿件的真实性,一定要进行核实。

2. 核对法。

核对法就是依据权威性资料对稿件内容进行检查。核对法的特点是对照、核实,所依据的资料包括权威性的书面材料和权威人士提供的口头材料。核对时所依据的资料要采用:

(1)用最权威的资料。包括权威的书面材料、权威人士提供的口头材料和权威机构提供的有关材料。通过与权威性资料的对照来发现和纠正稿件事实方面的差错。如查找全国生产数据,应该以国家统计局公布的资料为准。

(2)用最新的资料。资料的权威性并不是一成不变的,万事万物都在发展和变化之中,人们的认识也在不断地深化,以往最权威的资料和所记载的史实,随时都能因时迁、境迁、人变以及知识的修正和深化而发生改变。所以查对稿件中内容和数据,要找最新发布的、最新版本的资料。

(3)用直接的资料,而非转抄的资料。任何资料几经转抄都可能失真或出现差错。比如核对引文,应该找原著核对,而不能随意以某一篇文章中的引文作为依据。

在日常的编辑工作中,编辑运用权威的工具书来进行核对是常事,特别是像有关历史、地理等知识,很多都可通过工具书来发现差错和纠正。依据核对的工具书包括各类辞书、年鉴、法规、文献汇编等。编辑案头应该备有这些资料,以便随时查阅、核实。

核对也包括口头核对,如有些突发性事件、案件等即刻向有关部门打个电话,找具体负责人核实、印证,以确保报道的真实与及时。

3. 调查法。

调查法就是对稿件中所叙述的事实,通过直接的、现场的观察和了解来检查它的真实性和准确性。这种调查,可视情况用电话、信件和走访等方式进行。以下几类稿件要特别注意调查:

(1)重要的新闻。如重大典型、重大成果和发明,牵连重大政策问题的稿件。这类稿件由于社会影响大,务必准确无误。

(2)批评性新闻。这类稿件容易引起被批评者的挑剔,涉及的当事人会因稿件中的某些问题而发难,甚至可能提起诉讼,必须注意核实。

(3)新作者的稿件。由于编辑对新作者的情况不熟悉,一些新作者对新闻报道的要求也不明确,在稿件中"出错"的可能性相对要大一些,因此对他们的来稿应多做调查核实。

(4)容易失实的作者的来稿。有些通讯员和撰稿人在采访写作中经常犯有主观猜想、以文学创作手法写稿的毛病,对这些人的稿件,编辑要格外小心谨慎。

(5)放了一段时间的稿件。由于新闻是对某一时刻发生的事情或出现的现象的报道,时间变化了,情况也可能随之变化,因此在发表这类稿件时,必须对事实进行调查核实,必要时作出相应修改。

四、分篇

分篇,就是把一篇稿件改写成多篇稿件。有的稿件内容很重要,涉及方面较多,篇幅也长。如果是全文刊登,主题不突出,也占据大块版面甚至是一两个版,读者望而生畏,不去阅读,即便硬着头皮读了,也会因内容太多而记不住各方面的精要。在这种情况下,就可将原稿分成若干篇,每篇冠以标题,只谈一个问题,这样篇幅短小,重点突出,读者按不同需求和兴趣,查阅十分方便,也容易留下印象。

例如,1999年3月5日,九届全国人大二次会议在北京开幕,朱镕基总理在会上作政府工作报告。这个报告共分10个部分,约1.5万字。新华社在编发这个报告时,将其改写为16篇新闻,3月5日播发了11篇:《去年改革和发展各项目标基本实现》、《面临的困难和克服困难的有利条件》、《利用财政债券搞建设》、《继续扩大内需实施积极财政政策》、《促进农业和农村经济全面发展》、《大力推进国有企业改革》、《认真作好金融工作防范和化解金融风险》、《进一步实施可持续发展战略》、《建设廉洁勤政务实高效政府》、《坚持实施科教兴国战略》、《千方百计扩大出口和有效利用外资》。3月6日播发了5篇:《各级政府必须自觉接受监督》、《积极稳妥推进地方政府机构改革》、《一国两制方针得到全面贯彻落实》、《努力促进祖国完成统一大业》、《继续奉行独立自主外交政策》。这16篇报道,长的不过七八百字,短的字数只两三百,不同的读者可根据标题的提示去阅读,既节约时间又便于理解领会。

能够分篇的稿件有一定的要求,首先,它非常重要,各方面都很有价值,不能采用压缩中的"取概要"或"取要点"方法,那样会有损内容;其次,这篇稿件的若干个重点相互联系又相互独立,改成若干篇分别表述,也不会影响全文的主旨。对一些领导人的长篇重要讲话,或者政府某方面的长公告,通常就用分篇办法来处理。

五、改写

改写是修改稿件中难度最大、操作最复杂的一种修改。改写通常是因为来稿主题较好,材料也较好,但写得不好或不符合报道要求时才进行。如观点和材料不统一,内容与体裁不协调,或结构杂乱,或导语枯燥等,需要对稿件动"大手术",重新进行"包装"。改写常用的方法有以下几种:

1. 改变角度。

一篇文章的材料有时就那么多,写得好不好全在于作者用什么思路来运用这些材料,从什么角度来看问题。所以,修改一篇材料不错但写得不好的稿件,重新找角度是很有效的办法。

事物都有多面性,"横看成岭侧成峰,远近高低各不同",就是讲角度不同,得到的印象就各异。写作也如此,同一件事,写的角度不同,突出的重点就不一样,说明的问题也不完全相同。改变角度没有固定的模式,视内容、社会需求、读者兴趣而定。常见的角度改变有:从领导角度改为群众角度,从介绍经验角度改为报道成果角度,从报道成果角度改为发生新鲜事角度,从正面报道角度改为侧面报道角度,从会议角度改为解决问题角度,从这个网站改为另一个网站角度等。

2. 改变主题。

改变主题是对原稿中不够新颖的主题做改动,重新确立主题。

例如,有篇稿件的主题是反映在市场经济条件下,仍然有进行传统教育的必要性。内容主要写某单位领导如何用过去的英模、荣誉例子对青年进行传统教育,鼓励年轻人继承和发扬优良传统,为改革开放多做贡献。编辑觉得这种内容报纸已早有报道,主题已不新鲜了,但又发现稿件中有地方提到领导结合形势采用新的形式开展传统教育的内容,虽然着笔不多,这一点却有现实意义。于是编辑重新确立主题:传统教育要充实新内容,创造新形式,才能使老传统发扬光大,焕发新的活力。编辑对原稿进行改写,并让作者补充了有关材料。这样,稿件主题就有了新意,避免了雷同。

3. 改变体裁。

改变体裁就是把稿件的原有体裁形式改变为另一种体裁形式。文章的形式是为内容服务的,一定的体裁形式适应于一定的内容表现。有时为了突出原稿中的某一特定内容,往往需要相应地改变稿件的体裁形式,以求稿件刊登能发挥最佳效果。改变体裁一般都是将信息容量较大、篇幅较长的体裁改为信息容量较小、篇幅较短的体裁。通常是把通讯、经验总结、调查报告、讲话、文件、公告等改为消息,将消息改为简讯、花絮、标题新闻等。

4. 改变结构。

改变结构就是将原稿的结构进行调整,使之脉络清晰或富于变化。改变结构一般有两种情况:一是稿件结构有问题,条理不清,层次紊乱,需要进行对材料的重新组合,使之通顺。二是稿件本身结构没什么毛病,只不过平铺直叙,缺少变化,为了使稿件变得有起有伏,富有波澜而作结构变换。例如下面这篇稿件:

本报讯 去年西域旅行社升格为一类旅行社。

为使旅行社的规模、外联能力和导游的整体素质与一类旅行社的业务相适应,他们面向社会公开考试招聘了一批素质较好的骨干,开拓旅游市场。这些骨干进社后,立即独立开展工作,成效显著。仅从日本就自联旅行团14个,其中一个大型徒步登山旅游团80人。日本方面对在我国境内周到、细微、有条不紊的安排十分满意。仅接这个旅游团就为旅行社创利30多万元。

这个旅行社还十分注意对原有人员进行培训,根据个人的特点、能力,用其所长,充分发挥他们的才智,使该旅行社信誉、服务质量都获得好评。1998年他们共接待了17个国家和地区的144个团队,2947人次。

为进一步开拓旅游市场,多创利,首先,他们狠抓独联体客源,并利用出国招商时机扩大外联工作,使客源较上年上升128%;其次,他们狠抓日本和韩国市场,还参加了在新加坡、香港等地举办的展销会,扩大了自联团15个;最后,旅贸结合,积极开展对独联体的贸易,在自治区旅游单位中独占优势。去年他们不断扩大对外旅游业务,把旅游和贸易结合起来,实现利润261.23万元,较上年增长73%。

这篇稿件报道西域旅行社上一年开展对外业务所取得的成就、经验,但其结构不符合消息的写法。消息的结构通常是先讲最重要的事实,然后才详细交代其他材料，这便于一开始让读者抓住重点。而这条消息一开始就是“去年”，首先给人陈旧感，其后是写经验，最后才是稿件要反映的重点。并且，中间的结构也比较混乱，如第三段末尾谈了“1998 年他们共接待了 17 个国家和地区的 144 个团队，2947 人次”，但后面又接着写该旅行社的一些作法。因此必须调整结构，重新组织导语为：

“**本报讯** 西域旅行社不断扩大对外旅游业务，把旅游和贸易结合起来，1998 年共接待了 17 个国家和地区的近三千名游客，实现利润 261.23 万元，较上年增长 73%。”

接着再介绍他们取得这些成就的具体经验。这样，就符合消息写作的结构要求了。

类似上述结构有毛病的写法，究其原因都是按前因后果，即顺时针方向去报道发生的事情，而不明确新闻报道应按前果后因、逆时针方向去写。

六、综合

综合就是把几篇稿件合成一篇稿件。综合和分篇刚好相反。编辑往往会同时收到好几篇反映同一题材的报道，只是报道对象、角度不一样，每篇各有长短，单发既重复又单薄。这种情况下就可采用综合的办法，将几篇稿件合在一起，取各家所长，相互补充，这样涉及面比较广，具有普遍性，信息量也加大加重了，而且节约版面。

比如，1991 年《新华日报》的一位编辑收到苏州记者站两位记者的一篇稿件，题为《星光闪亮在蚕丝学研究的前沿》，约 3000 字，叙述了苏州丝绸工学院的科研人员勇攀丝绸研究高峰的事迹。恰巧镇江站记者也寄来一篇相关的文章，写的是中国农科院蚕业研究所多年来在蚕业研究、实践中的突破和贡献，也有近 3000 字。编辑感到这两篇长文都有可取之处，但都太一般、啰嗦。经过一番分析发现这两篇稿件各写了丝绸业的一个环节，可以设法合二为一，但还缺乏丝织厂这个中间环节。于是他请无锡站记者采写了无锡丝绸染织业在印染方面追赶国际先进水平的情况。最后，他将三篇稿件删改连缀成一篇见报稿《丝路之光》，全面描述了我国丝绸行业从养蚕、丝染到丝绸研究各环节摆脱落后状况走向世界的情况，获得好评。

第三节 新闻改稿的方式与程序

一、新闻改稿的方式

修改稿件是一项复杂的劳动，不仅要求掌握新闻采访与写作的基本技能，同时还要掌握修改稿件的一些技术性细节，还必须具备汉语言表达的基本功。修改稿件的方式有三种。

（一）作者修改

对于那些时间性不那么紧迫，又需要作较大修改的稿件，可采用编辑提出修改意见，记者参考意见自行修改的办法。这样可使修改者和写作者结合避免稿件出现风格脱节的缺点。

（二）合作修改

对于一些要作较大修改、牵涉的问题复杂的重要稿件，可采用编辑深入调查研究，并与记者合作修改的办法。这样可使采、写、改结合起来，是最保险的一种改稿方式。但由于这种方式需要时间，一般的稿件不大可能这样做。

（三）编辑修改

对于那些急用而改动又不太大的稿件，则可采用直接由编辑修改的办法。这种方式比较快捷，是用得最多的一种改稿方式。

二、新闻改稿的程序

对决定采用的稿件修改，一般要经过三个步骤。

（一）审读全文

这是修改稿件的基础。只有认真阅读稿件，才能了解稿件的主题、材料、结构、语言各方面情况。掌握这些情况便于分析稿件的优劣、得失，哪些是主要事实，哪些是次要事实，哪些是背景材料，哪些是议论说明，什么是重要的，什么是多余的，什么该补充等，这样才会对稿件有清楚的认识。审读分析是为了发现问题、解决问题。分析越仔细，认识越完整，下一步修改就越顺利。倘若在未审读全文、分析稿件的情况下贸然修改，就会事倍功半，甚至会越改越糟。“磨刀不误砍柴工”是很有道理的。对一些内容比较复杂的长稿，尤其应多看两遍，认真分析，以免返工更费时间。

（二）着手修改

经过对稿件的全面分析，对稿件的修改就会心中有数了。接下来是决定用什么方法进行修改，是校正、压缩，还是改写？时间允许的话不妨多设计几套方案，从中选出最合适的一个。如果是手工在校样上修改，应采用标准校对符号。要用不同于原稿字迹颜色的墨水，以便容易区别哪些是删削的，哪些是补充的。要是一篇稿件修改太多，最好打印出来，避免长时间眼睛盯着电脑屏幕而产生错觉。如果在电脑上直接修改，要按所使用的中文软件要求操作。特别是对稿件进行压缩时，事先要考虑好，因为删掉后就无法再恢复，到后来想保留某些被删的部分就很麻烦。对结构和材料作较大变动的稿件修改，最好复制一份原稿，在复制的电子文稿上修稿，把原稿与修改稿同时放在一个屏幕进行对照，即便改错了推倒重来，不至于丢失原稿,也便于依照改写思路另外重写。

(三)检查性阅读

稿件修改完后,要从头到尾通读一遍,重要的稿件还要多看两遍,检查修改是否恰当,符合准确、新鲜、生动的要求。一方面通过检查可以发现修改后是否遗下毛病,如衔接不紧、缺词落字、标点错误等,及时补正。另一方面通过检查往往发现个别地方还可以改得更好,也能马上再行修改,精益求精。

思考与练习

1 为下面三则新闻各添加一个标题。你可以发挥自己的想象力,但是首先要注意标题的首要目的是提供信息,其次才是娱乐受众。

(1)明尼阿波利斯市——据今天公布的投票结果显示,继《花花公子》杂志极具争议性的采访后,明尼苏达州政府 Jesse Ventura 州长的支持率直线下降。

《明尼阿波利斯星坛报》的一项投票显示:相比去年夏天的 73% 的支持率,目前只有 54% 的明尼苏达人认同 Ventura 的大体工作表现。同时,接近 60% 的市民表示,他们不认为州长是个好榜样。

在采访过程中,这位曾经的职业摔跤运动员把组织有序的宗教称为“意志薄弱之辈的虚伪外表和精神支柱”,并且误解了“海军性骚扰丑闻”中所涉及的罪犯。Ventura 还向《花花公子》透露,如果有来生,他希望转世做一个 38D 罩杯的乳罩。

(2)亚特兰大——建立在充分医学基础之上的最新研究表明,如果要孕育另一个健康、足月的婴儿,最理想的时间是与其他的孩子相差两年半。

疾病预防和控制中心的研究发现,虽然孩子岁数相差太小可能不利于婴儿的健康成长,但是相差太大的后果会更糟糕。这两种情况都可能会导致新生儿早产或过小,进而导致长期的健康问题,甚至死亡。

(3)纽约——最近一项名为 Toppik 的新产品问世,它声称可以超越假发、编织品、植发剂和护发品,对秃头的掩盖起到更加实际的作用。

Toppik 的原料是羊毛纤维,它通过一个振动筛把羊毛纤维洒在头皮上。这种羊毛纤维可以利用静电作用粘附在稀疏的头发上,达到一种相对浓密的效果。这比其他的方法花费要少得多。制造商声称只要你不用洗发剂反复地洗,它就会一直黏附在头发上。

2 在家或在学校的时候,录下一段当地或全国性的电视新闻报道。从中选取一则新闻,改变成篇幅至少两页的文字新闻,其中,你可以加入任何你能够在网上或别处找到的资料。然后将其编辑成网络新闻,并列出所使用的诸种元素,比如,要提供使用的照片和音频的细节内容,并且至少列出 3 个相关网站的名称、主题和地址。

3 把以下的新闻信息进行分篇写作,适合你所在地新闻网站的定位。

斯诺登向俄申请临时庇护　最终避难地是拉美

12 日,斯诺登向“人权观察”组织、国际特赦组织等国际人权组织发出会面邀请,对方接受后,斯诺登与10余名人权组织代表和律师等在莫斯科谢列梅捷沃机场中转区会谈。

斯诺登在会谈期间表示,由于目前无法动身前往其他国家,他决定向俄罗斯申请临时政治庇护,但最终他将寻求前往拉美国家。斯诺登说,他已被联合国人权事务高级专员办事处认定为“寻求庇护者”,但美国不予以承认。

俄罗斯媒体报道,斯诺登随后向俄罗斯申请临时政治庇护。据悉,斯诺登早些时候曾向俄罗斯提交政治庇护申请,但在俄总统普京做出“斯诺登必须停止损害美国的行为”才能进行庇护的表态后,撤回了申请。

据“人权观察”组织驻莫斯科的代表娜塔莉亚·洛克申娜称,斯诺登表示已经收到包括俄罗斯在内的五个国家愿意提供庇护的回馈信息,其中委内瑞拉已正式表示同意庇护,他“现在、将来”都会接受这些庇护,对这些国家表示感谢。

同时,与会人士称,斯诺登目前在机场很安全。斯诺登还表示,他认为自己的行为没有在“伤害美国”,斯诺登说,他觉得自己目前在机场的生活条件还算可以,但是他不可能永远待在机场。他的最终避难地将是拉美国家。

斯诺登于6月初通过媒体披露了美国情报部门大规模搜集通信和电子通讯用户个人信息的“棱镜”项目,并于6月23日作为中转旅客从香港抵达莫斯科,滞留莫斯科谢列梅捷沃机场至今。

克宫再提斯诺登留俄条件:停止伤害美国行为

在斯诺登提出向俄罗斯申请临时避难申请后,俄罗斯克里姆林宫12日回应称,如果斯诺登停止对美国造成伤害的泄密行为,他可以继续留在俄罗斯。

俄罗斯总统普京的发言人表示,如果斯诺登完全停止损害美国伙伴和俄美关系的行为,他可以继续留在俄罗斯。

分析称,俄罗斯方面对斯诺登的安排十分谨慎。如果斯诺登仍在莫斯科机场转机区,那么从法律意义上说斯诺登确实还没有踏上俄罗斯的国土。

美国政府认为,斯诺登的泄密行为给美国国家安全造成了严重损失,并在斯诺登抵达俄罗斯前就注销了他的护照。美国联邦调查局(FBI)6月中旬对斯诺登展开刑事调查,以多项罪名对他提起控诉。美国政府还多次向俄罗斯提出要求,希望引渡斯诺登回美受审。

不过,斯诺登护照已被注销,如何离开莫斯科,欧洲国家是否同意他乘坐的班机飞经领空或降落加油,都是有待解决的问题。

一个名叫“全球服务管理局”的非政府组织已给斯诺登签发了一本旅行护照。这本护照被认为是“世界公民护照”。但是目前仅毛里塔尼亚、坦桑尼亚、多哥和厄瓜多尔等6国接受该护照。

斯诺登7月初曾通过“维基解密”网站发表声明,猛烈批评美国政府和奥巴马。他说,奥巴马曾表示不会为引渡自己“不择手段”,但奥巴马随后却“命令副总统拜登向厄瓜多尔施压,要求厄方拒绝他的避难申请”。

在那份声明中,斯诺登形容奥巴马的“欺骗”手段是“不公正”的。他说,奥巴马政府"把公民身份作为武器",通过吊销护照将他变为无国籍人士。

斯诺登事件存两大焦点　美国"避重就轻"

目前,围绕着斯诺登事件存在两大焦点:一是斯诺登将大量美国的监控秘密公之于众,令"监控门"的细节引发关注,这也是此事的最关键问题;二是斯诺登本人的去向问题。这两大焦点均被外界高度关注。而美国却"避重就轻"。

美方近来一直有意强调对斯诺登本人去向的关注,在其实际行动中,美方也是在突出"追捕斯诺登",甚至已不再顾忌由此造成的更多负面国际影响。

本月初,因斯诺登被怀疑藏匿在玻利维亚总统专机上,多个欧洲国家拒绝玻总统专机过境,引发重大外交风波。玻利维亚称,美国是在幕后操控此事。西班牙也暗示,是根据某国情报做出关闭领空决定,从而也将矛头对准了美国。

与此同时,美国有意淡化"监控门"事件本身,已不愿就监控细节作更多说明和解释。事实上,美国实施大规模监控的对象,包括美国"盟友"的欧盟及其主要国家,以及巴西等众多拉美国家。外界所了解的美国大规模监控范围和程度,都在斯诺登的不断揭秘中持续扩大。

分析称,"监控门"事件细节的不断被披露,令美国的道德光环不断褪色,国际形象不断受损,深陷尴尬局面。美国因此也急于尽快捉住斯诺登,令美国不再受"监控门"影响而不断在国际社会饱受攻击。

而就斯诺登本人的命运,有航空业方面的专家指出,相比私人飞机或政府飞机,乘坐商业航班或许是斯诺登逃往受庇护地的最佳选择。据悉,商业航空公司有使用他国领空的自由,即第一航权,以确保全球的航空运输通畅。

英国律师事务所 Bird & Bird 的航空律师西蒙说,"芝加哥公约体系的原则之一是,商业航空公司有不经飞越国家许可飞越领空的权利和经停加油等权利"。相比之下,政府飞机需经许可后才能合法地进入他国领空。

阻止私人飞机进入领空的法律依据更为复杂,不同规则和相关解释对此都有规定。但法律专家认为,与阻止政府飞机或私人飞机相比,阻止商业航班的难度更大。

第八章　新 闻 标 题

知识要点

1. 了解新闻标题的功能
2. 掌握新闻标题的基本结构与基本类型
3. 了解新闻标题制作的四个步骤
4. 掌握新闻标题制作的技巧

内容摘要

新闻标题是编辑对修改过的新闻稿件的升华,具有画龙点睛的作用。一则好新闻不仅要有引人的事实,还要有好标题,才能激发读者的阅读兴趣。好的新闻标题不仅要能够一针见血地清楚说明新闻的重点,更要能够以精彩的文字使读者易于阅读、想去阅读、乐于阅读新闻。制作好新闻标题是编辑必备的基本素质。本章的主要内容涉及新闻标题的功能、结构、类型,以及新闻标题的制作程序、方法与技巧。

第一节　新闻标题的功能

如何理解"新闻标题"?

(1)有人说:"标题是报纸的门面。好标题如同一幅含义深远的名画,立意传神,令人经久不忘,有很强的宣传效果。"

(2)有人说:"标题是揭示稿件思想内容和表达报社立场的工具。"

(3)有人说:"标题是新闻与文学的最高技巧。"

(4)有人说:"标题是新闻的眼睛,新闻的广告。"

以上四种说法各有所长,也各有所短,但都不能说是新闻标题的定义。第一、二种说法讲的是标题的功能;第三种说法是指标题的写作;第四种说法是对标题形象化的比喻。

新闻标题的正确含义我们认为可以这样来表达:"通常位于新闻正文之前的对新闻内容加以提示的简短的文字,而且字号一般要大于正文。"这样表述就比较全面完整。其一,从内容方面揭示了标题是新闻内容的提示;其二,从制作方面强调了新闻标题的凝练简洁的特点;其三,从外在形式方面指明了标题的位置一般在新闻本文的前面。

新闻标题的定义揭示了它的部分功能。关于新闻标题的功能,徐宝璜在1919年所著的我国第一本《新闻学》中就有所论及。他认为,冠题目于新闻之前,有两个作用:其一,是"便利阅者";其二,是"引人注意"。徐宝璜之后,更多人对新闻标题的功能进行了论述。在前人研究的基础上,我们依据标题在新闻中所发挥的功能,概括为以五个方面。

一、揭示新闻内容

揭示新闻内容是新闻标题最基本面的功能。新闻标题是以最精练的文字将新闻中最重要、最新鲜的内容提示给读者。一则好的标题能够让读者一看到新闻标题就可知道新闻的内容是什么。标题实则为一则新闻精华的浓缩,编辑在将一篇新闻稿消化之后,将新闻的精髓以精简的文字、优美的声韵创造出易于阅读的标题,可以使读者在很短的时间内,了解新闻的大致内容,从而诱发进一步的阅读兴趣。

新闻标题是用精练的文字来提示内容的,因此它日益成为读者获得简明信息的重要渠道。新闻标题对于可能详读新闻的读者来说,为他们提供了新闻要点,获得先睹为快的满足;对于繁忙而不可能详读新闻的读者来说,标题即是新闻本身。他们通过浏览标题,获得对国内国外重要新闻的了解。尽管这种了解极其简单,但是毕竟知道了他所需要的信息。所以,许多读者在阅读报纸过程中所获得的信息,不少是从新闻标题中知其大概的。如1978年11月16日的《人民日报》第一版发表的关于天安门事件平反的消息,震惊了全国乃至全世界。当时的编辑拟定的标题是:

(引)中共北京市委宣布
(主)天安门事件完全是革命行动

总之,揭示新闻内容是新闻标题最基本的功能,无论是充当向导还是传播信息,都源于标题的这一提示功能。所以,制作标题对于"作读者向导"与"为读者提供信息"这两个方面都应该予以重视。如果作标题过分重视传播信息,势必不厌其详,越作越繁,以题代文;如果只重视标题的向导作用,忽视向繁忙的读者提供简要的信息,也不能满足读者对信息的需要。

二、引发读者兴趣

编辑制作标题,不仅要注意通过标题向读者提示新闻事实,而且要善于用生动优美的形式去吸引读者阅读新闻。人们常说,标题是新闻的眼睛。西方将标题称之为“eye－catch”。制作标题的艺术，就是“点睛”的艺术。传神的标题就如杨贵妃的迷人的眼神，“回眸一笑”，压倒“六宫粉黛”，令唐玄宗神魂颠倒。

标题吸引读者的最重要方面在于新闻内容重要、新鲜，也在于标题表现形式是否生动优美。表现同样的新闻内容的，文字简洁、通俗好懂的标题要比复杂、艰涩的标题吸引力强些；具体形象的标题要比抽象概括的标题吸引力强些；具有广泛兴趣的标题要比专业性强的标题吸引力强些。例如，《湖北日报》一则报道恩施、宜昌地区使用飞机播种造林、绿化荒山的消息，主题是：《“银燕”绕山乡，飞播织绿装》，形象地向读者展示出“银燕”一飞机盘旋在山乡上空，如同织布一样为大地编织绿装的生动画图。这无疑比直陈其事：“恩施、宜昌地区用飞机播种造林”，更能引起读者的兴趣。有许多新闻事实，本身很新鲜，标题只要敏锐地把最新的事实标出来，便会引起读者的阅读兴趣。例如：

管住公话私用　省下经费百万　(1996 年 6 月 16 日新华社发)
机器人商店开业　(1999 年 3 月 14 日《武汉晨报》)
(引)作家王蒙考语文，最好成绩 60 分，他感慨——
(主)语文教学，不改不行了　(1999 年 3 月 30 日《杭州日报・下午版》)

以上标题，虽没有修饰，但是它们标出了最新颖生动的事实，简洁明快，具有很强的吸引力。相反，标题即使用了许多修饰，但未标出精彩的内容，也会使读者感到扫兴，甚至放弃阅读。

三、评价新闻内容

一则好的新闻标题具有鲜明的思想性，不仅能向读者提示新闻内容，而且能帮助读者理解新闻内容的性质和意义。例如：

三年撤了 187 名民选官　(2002 年 9 月 12 日《南方周末》)

此标题隐含的意义：一是数字的对比，3 年时间与 187 名村官被撤。二是“民选”与“撤”之间明显的价值冲突。由此可见，标题通过评价可以进一步揭示新闻的实质，分辨新闻价值的大小，表明报纸的态度和立场。

标题对新闻内容的评价方法有很多，主要有如下几种：

1. 通过对新闻事实的选择进行评价。

一条新闻往往包括好几个事实，标题中写什么，不写什么，体现编辑对新闻内容的选择。写进标题中的是编辑认为重要的，想让读者重视的内容。

2. 通过把新闻事实安排到标题中的不同位置进行评价。

主题在标题中的位置最显著。编辑在制作标题时，把最重要的、新鲜的新闻事实放在主题位置上，而把有些相对是次要的事实，安排到比较次要的辅题位置上。从这种安排中，读者能体会出编辑对新闻内容的评价。

3. 通过对新闻事实的直接发表议论进行评价。

标题在叙事过程中发表议论，直接对新闻中的事件进行评价。这些评价可以表达党和政府的政策精神、决策意图和人民的意愿，也可以向广大读者发出倡议和号召，指明前进方向。例如：

1995年2月16日，《人民日报》制作了这样一个标题：《浙江涌暖流　各界攀穷亲》。"暖流"二字不仅点出了"攀穷亲"的性质，而且褒扬之情溢于言表。标题写得很简洁，但对新闻事实却作了很好的评价。

4. 通过特定的叙事方式进行评价。

这种评价不是通过发表议论来进行评价，而是在叙事过程中，采用特定的词语和叙述方式来表现报纸的倾向和态度，即是在叙事中评论。如果说直接评论的评价是显现的，这种评论则是含蓄的。例如：

大雪封路　领导出门（主题）

恩施地区春运抓得好，让旅客安全回家过春节

（1981年1月30日《湖北日报》）

标题在叙事中把"大雪封路"与"领导出门"作了鲜明对照，虽没有议论，但读者从中不难看到编辑对恩施地区交通部门领导干部深入实际的优良作风的肯定与赞扬。

可见，标题对新闻内容所作的评论，同一般的评论文章不同，有它自己的特点。其一，言简意赅，不作铺陈，因此有人称之为"一句话的评论"；其二，就实论虚，议题总是紧紧依托新闻事实来进行，而不是作一般的理论探讨；其三，发言的方式灵活，既可以由编者直接出面发表议论，也可以把议论巧妙地蕴藏在所叙的事实之中，或者借他人之口表达自己的观点。

四、美化活跃版面

标题具有美化活跃报纸版面的功能，主要体现在以下方面：

一是组织美化版面。我国早期报纸没有标题，一大堆稿件放在一起，一片片黑压压的，每篇稿件的起止，文字的衔接，混淆不清，读者阅读十分费力。后来报纸有了标题，就等于给各篇稿件安上了明显的标志，稿件之间的分界也就一目了然。有时，编辑把一组同类性质的新闻安排在一起，置于一个大标题之下，这时标题就是版面上新闻分类的标志。因此，有了标题可以避免版面的混沌无序。如果各个标题的排列错落有致，疏密相间，布局合理，还会使整个报纸版面显得生动活泼，富有情趣。

二是形式活跃版面。标题有不同形式、种类，有不同的字号和字体，运用恰当，还可以发挥装饰作用，避免版面的单调、呆板，增强报纸版面的美感。

有人认为，标题要真正起到活跃和美化版面的作用，需要具备下列条件：

一是标题本身要美。标题本身美，是版面美化的前提条件。

二是标题形式多样。在组织版面时，编辑可以根据内容的需要将多种形式的标题搭配使用，形成一种参差美。

三是标题编排要变而有序。标题变化的手段大致有：大小的变化；字体字号的变化；形状的变化；位置的变化；等等。将标题变化的多种手段有机地结合起来，形成一个统一体。

四是标题的装饰要精当。

五、凸显报纸风格

在展现报纸风格上，不管是综合性报纸，如《人民日报》、《文汇报》等；还是专业性报纸，如《经济日报》、《解放军报》等；或是众多的都市类报纸，如《大河报》、《重庆晨报》等，它们在标题制作上，会形成一种惯有的风格。如以《人民日报》为代表的大报在标题制作上坚持庄重严谨，注重导向性，以规规矩矩的形式呈现。例如：

(主)“党和政府就是我们的主心骨！”

(副)——西藏易贡灾区群众安置点见闻

(2000年5月18日《人民日报》第四版)

(引)纪念李富春蔡畅同志一百周年

(主)中共中央在京举行座谈会

(副)朱镕基出席座谈会并发表讲话

(2000年5月23日《人民日报》第一版)

但是都市类报纸在标题制作上则尽可能满足受众的阅读和心理需求，在标题的设计以及色彩的运用上较为大胆。因此，报纸的标题具有展现报纸风格的功能。

第二节 新闻标题的基本结构

新闻标题的结构是指一条新闻标题的组成部分及其相互联系的方式。新闻标题按其结构来分，有单一型结构和复合型结构两种。

一、单一型结构标题

单一型结构标题只有主题而无辅题，主题可以是一行题或两行题（又称双主题）。在形式上，单一型标题的字体字号没有变化。单一型标题多以实题为主，包含必要的新闻要素。对于内容简单、不太重要的新闻，或仅由主标题就能独立承担

标题任务的新闻,均适于采用单一型结构标题。目前,网络新闻标题也多采用单一型结构标题。例如:

▲ 去年八万人命丧交通违章

▲ 人民生活显著改善
　总体达到小康水平

▲ 印度人口突破十亿

▲ 重庆进出口贸易额前面

二、复合型结构标题

复合型结构标题有主题和辅题,辅题包括引题和副题。引题又称为肩题、眉题、上辅题;副题又称为子题、下辅题。在复合式标题中,可以同时具有引题和副题,也可以是只有其中的一种。

(一)主题与辅题

1. 主题是新闻题的核心部分

在任何新闻题中,主题是中心。从内容来说,主题说明新闻中最重要的事实和思想,是标题中最主要的部分。从结构来说,主题是标题中最主要的部分,是标题的枢纽,引题和副题都是直接与主题发生关系的。主题在整个标题中,所用的字号最大,最引人注意。辅题包括引题和副题,都是主题的辅助。辅题的字号要小于主题。

主题多为一行题,必要时也用两行,但不宜超过两行,行数太多,既臃肿又不醒目。例如:

(引)中纪委负责人就保定一轻局领导干部七天退出多占住房发表谈话
(主)对不正之风要挺起腰杆依靠群众敢抓敢管
(副)希望新闻单位再接再厉批评不良倾向,争取党风根本好转

(1983 年 4 月 15 日《人民日报》)

2. 引题和主题的关系

引题是位于主题之前的辅题,主要作用是引出主题。引题又称肩题、眉题、上辅题。引题文字宜简洁,最好不要超过一行,否则,喧宾夺主,不利于主题的突出。

引题引出主题,主要有以下方式:

一是引题交代主题的背景。例如:

(引)面对教师跳槽下海热:
(主)南阳高筑尊师台
　　凤凰还巢燕归来

(1993 年 8 月 22 日《人民日报》)

二是引题说明主题的目的。例如：

(引)了解国民文化素质　推动精神文明建设
(主)我国首次调查语言文字使用情况

(1999年8月10日《人民日报》)

三是引题说明主题引出的结果。例如：

(引)衬衣短裙出场　冷饮墨镜抢手
(主)上海早春高温百年罕见

(1988年2月14日《人民日报》)

四是主题讲事实,引题则是缘事而发的赞叹。例如：

(引)夕阳无限好　何怅近黄昏
(主)广州老年人生活丰富多彩

(1988年2月25日《人民日报》)

五是引题先交代部分事实,主题接着再交代部分事实。例如：

(引)中国围棋名人战弈完第三轮
(主)马晓春奋力反击扳回一盘

(1990年10月23日《北京晚报》)

六是引题提出疑问,主题作答。例如：

(引)240万青工再就业出路何在？
(主)团中央召开座谈会拓展思想

(1999年7月28日《中国青年报》)

3. 副题和主题的关系

副题位于主题之后,又称为子题、下辅题。主题不能完全包括或表述的重要内容,往往由副题来承担。副题主要起补充和解释主题的作用。副题对主题的补充、解释可分两类：

第一类是主题不写事实,只提出一个论断或疑问,标题要提示的新闻事实,全部写在副题中。例如：

(引)山舞银蛇,原驰蜡象
(主)江淮大地;好个雪
(副)万众上街铲雪,交通畅行无阻

(1996年1月23日《人民日报》)

引题是引用毛泽东同志的《沁园春·雪》中的两句词,主题是套用《红楼梦》里的

“丰年好大雪”的句式，形象生动，但不具体，副题是用具体事实对主题作出解释。

第二类是主题已承担部分叙事任务，副题则补充交代其他事实。例如：

（主）大庆3030万吨乙烯工程通过验收

（副）将于明年元旦正式投产

（1999年9月18日《人民日报》）

此题中，主题报告了大庆30万吨乙烯工程通过验收这个最新、最重要的事实，副题则预告了工程正式投产的日期，是对主题的一个补充。

又如：

（主）将军与演员“纸上谈兵”

（副）评书艺人袁阔成到王震同志家中做客

（1985年1月25日《新民晚报》）

单看主题，虽幽默风趣，但显得太笼统，以副题加以补充交代，则令人很容易明白。

从上可见引题、副题都是为主题服务的，但是，二者的具体任务不完全相同。前者主要是导，后者主要是续。从表现方式来看，二者也有区别。引题可以叙事、说理或抒情，而副题一般仅是叙事。

（二）复合型结构标题的结构方式及注意要点

1. 复合型结构标题的结构

（1）引题——主题构成式

如1984年2月1日《光明日报》报道中央领导同志和首都少年儿童喜迎新春的消息，题为：

（引）彩灯映照笑脸　歌声洋溢大厅

（主）中央领导同志和首都小朋友们喜迎新春

（2）主题——副题构成式

如1982年7月21日《羊城晚报》在第一版发的一条社会新闻，标题如下：

（主）一把黑纸扇　写万字唐诗

（副）唐诗万字扇轰动世界博览会

（3）引—主—副构成式

如1983年5月29日《羊城晚报》制作的一则新闻标题：

（引）上海有一个怪病人

（主）酒后昏睡三年未醒

（副）血压、心跳、呼吸正常，每天吃六顿

2. 安排标题结构应该注意的问题

(1)必须正确体现辅题与主题之间的逻辑关系

主题、引题、副题都是作为标题的一部分而存在的,因而它们之间就存在一定的逻辑关系,如因果关系、目的与手段的关系、虚实关系等。

制作标题时要注意把这种逻辑关系正确而清楚地表现出来。标题要求简洁,要特别注意把意思说清楚,否则会产生歧义,造成混乱。例如:

(主)"孤老人的好闺女"

(副)清洁工田明云热爱本职带动了全班青年

(1980 年 7 月 31 日 × 报)

主题是对姑娘的赞誉。据消息交代,这个姑娘利用业余时间为孤老人洗衣服、粉刷房屋,做了大量的好事。如果副题是具体说明这个姑娘帮助孤单老人们的行为,就能与主题相呼应,清楚地表达出事情的内在关系。上述副题说的似乎是另外的事,与主题缺乏逻辑关系,就使读者费解。

(引)打击赌博团伙　端正社会风气

(主)× × 县几名干部受处分

(1980 年 12 月 5 日 × 报)

主题的主语是"× × 县几名干部",引题的主语如果按以后省略理解,指的也应是"× × 县几名干部",这就与新闻原意完全相悖。如果主题改为《× 县处分几名违纪干部》,主题说的是行为,引题说的是行为的目的,逻辑关系清楚,容易明白,就不会造成误解。

(2)主题的分行要自然,便于阅读

安排标题的主题,常常会遇到这种情况:有的新闻事实需要较多的字才能讲清楚,可是标题排列太长,不仅读者阅读费力,而且影响版面的美观。遇到这种情况,可以把一句话分成两行来写,但要注意分行自然,切忌把词分开。例如:

积极组织春

耕物质资源

(1989 年 2 月 8 日 × 报)

"春耕"是一个词,题一却把它们拆开,分别放在两行来写,读完第一行不能停顿,就很拗口。我国现代汉语中有许多词,都是双音节,标题转行就要注意这个特点,不能任意将它们拆开。

(3)辅题与主题要有相对的独立性

主题与引题、副题在意义上虽然十分密切,但由于主题的位置显著,字号大,最易引人注意,有的读者往往只看主题而不看副题和引题。为此,主题最好在意义上能相对独立。例如：

(引)国务院发出通知要求各地
(主)严厉打击在商品中掺杂使假的行为

(1989 年 9 月 12 日 ×报)

这个标题如果单看主题，会认为已经严厉打击了在商品中掺杂使假的行为，其实这只是国务院最近发出的通知要求，并未成为事实。新闻中说："目前，掺假商品之多，手段之恶劣，已经到了令人发指的地步……必须坚决制止，严厉打击。"因此，标题主题要是在前头加上"必须"二字，语意相对独立，就能避免读者误解。

第三节　新闻标题的主要类型

"横看成岭侧成峰，远近高低各不同"，对于同一事物，采用不同的分类标准，就可归于不同的类别。新闻标题的主要类型如下：

一、消息标题与通讯标题

各种新闻媒体都需要新闻标题，但是不同的新闻媒体对新闻标题又有一些特殊要求。报纸以文字传播为主，要求标题特别注意词句的修饰，讲究语言的生动、形象、含蓄和凝练。就新闻的主要题材而言，可分为消息标题和通讯标题。消息就是我们常说的狭义的新闻，是最常用的新闻题材。制作消息标题必须揭示新闻事实，突出时新性，引人注目。例如：

(引)第四次推销美国和平计划又无结果
(主)舒尔茨离中东回国

和

(引)四赴中东推销美国和平计划
(主)舒尔茨又白跑一趟

两者对比，前者突出"回国"，对于我国多数受众而言，没有多少新闻性；后者突出"又白跑一趟"，加之巧用口语，令人耳目一新。

通讯标题的时新性要求不及消息，但是也要求突出新闻性。例如：

157 223 次铃声——广州市长专线电话十年纪

和

来晓：放羊的手接过国际奖章

这两个通讯标题，都个性鲜明，别开生面，具有不可替代性。

新闻标题除单一式结构之外，还大量采用复合式结构。新闻标题往往是通过主题、引题、副题的配合，向读者报告新闻的内容，指明其性质和意义的。通讯则一般不采用引题，在副题的运用上，也同消息不一样。通讯的副题，多数只用来说明作者写作本文的对象、意图以及采写的方式等，而不像新闻标题的副题那样，要补充报告新闻事实，因而通讯标题的副题前都标有破折号“——”，而新闻标题的副题则没有。

二、提要题

提要题也叫提示题或纲要题，一般放在新闻的前边。它提纲挈领地概括新闻的主要事实、做法、经验或问题等，对读者作概括扼要地介绍。一般都用在比较长或比较重要的新闻、文章中，起内容提要的作用。它的位置有时放在总标题的上方，有时放在题后文前，起着近似副题或编者按的作用。如 1984 年 2 月 11 日《北京日报》刊登新华社 2 月 10 日播发的《粟裕同志的生前意愿》这条消息时，就在文中摘出一段话放在题下作为提要题：

不要举行遗体告别和追悼会，把骨灰撒在曾经频繁转辗的江西等几省市土地上，与长眠在那里的战友们在一起。

有的提要题以花线围起来，放在文前，既引人注目，又美化了版面。

从内容上分，提要题用以提示新闻的要点；用以展示和突出新闻中最重要的事实；用以提出引人思考的问题；用以介绍新观点、新成果。

三、插题

插题又叫分题、小题，它是分别穿插在文中的小标题。它是文中某一段落内容的概括，使之编排更为醒目，中心更为突出，帮助读者更好阅读和理解新闻的思想内容。插题可以是内容提要式的，概括出段落的主要内容，也可以是画龙点睛式的，点出文中最精彩的一点；可以是客观的表达，也可以是主观评说。

插题通常多为一行，语言文字相对其他标题，要更简洁、凝练。一条新闻里，常有两三个以上插题。一般来说，制作插题应在不妨碍表达内容的前提下，形式整齐、醒目、美观。

还要讲究辞章文采，做到形象生动吸引人。如一篇报道以《一个优秀共产党员的精神风貌》为主题，文中插入了三个小题：《一盏闪闪发亮的灯》、《一只不知疲倦的钟》、《一颗旺盛求知的心》。

插题的使用，一来作为前后文衔接之用，二来也可以让版面生动活泼起来。

四、新闻评论标题

新闻评论的题目就是新闻评论标题。新闻评论是针对新近发生的新闻提出看法和意见的一种文体，就当前发生的具有重大或普遍意义的新闻事件和问题发议论、讲道理。因此新闻评论及其标题的写作要有鲜明的针对性和指导性,此外,还要兼顾新闻性和群众性。常见的新闻评论有社论、编辑部评论、评论员评论、短评、编者按、编后等形式,此外还有新闻时评、新闻述评、专栏评论以及新闻随笔等。它们的标题统称为新闻评论标题。

例如,2000 年 5 月 19 日,《人民日报》发表社论《"对谈三原则"的实质就是"两国论"》,同日同版发表本报评论员文章《大力发展我国保险事业》。

又如,2003 年 3 月 3 日,《文汇报》发表时评《营造企业家辈出的市场环境》。

再如,2000 年 5 月 10 日,《人民日报》第九版刊登了一则新闻,标题如下:

(引)公安局悬赏擒凶犯　五万元承诺不兑现
(主)陈延和讨公道

新闻下面配了一则编后《堂堂正正做人》,称"陈延和称得上是现代社会的合格公民"。"他冲破了落后传统意识的禁锢,这些禁锢都是塑造现代合格公民的障碍"。

五、实题与虚题

实题与虚题是从新闻标题的表意程度来划分的。

(一)实题

实题是指表意实在、具体的标题,其特点是具体标明新闻事实,呈现明显的新闻要素,如具体的人物、动作和事件等,直接点出新闻最重要的部分作为标题。单一型标题多以实题为主。在复合型结构的标题中,实题与虚题有时相对存在,有时虚实配合。比如,1981 年 10 月 18 日,我国足球队与科威特足球队进行了世界杯足球赛亚太区决赛的第四场比赛,以三比〇获得胜利。一家报纸做的标题如下:

(引)为中华民族长志气建奇功的一仗
(主)我足球队三比〇大胜科威特

这一标题的主题,就突出了我足球队三比〇大胜科威特这一新闻事实。引题则做了虚化处理,来阐明意义。

(二)虚题

虚题就是表意形象不强,虚化抽象的标题。它以说理为主,揭示新闻的本质,阐明意义,讲清道理、原则和愿望等。例如,同样是 1981 年 10 月 18 日,我国足球队与科威特足球队进行了世界杯足球赛亚太区决赛的第四场比赛,以三比〇获得胜利。19 日,《人民日报》的标题是:

(引)中国足球队教练赞赏科威特队的精湛球艺和良好作风
(主)中国队现在还不是祝捷的时候

(副)要想自身不足,想对方长处,想提高战斗力

这则标题的主题突出“中国队现在还不是祝捷的时候”这一道理,引导读者认清这次比赛的意义,对这场球的胜利要有一个正确的估计,要有克制态度,不能盲目乐观,起了很好的作用。这也充分显示了标题的引导作用。

六、标题新闻

当新闻标题以一种独立的形式传播新闻信息时,就是标题新闻。它没有正文或脱离正文而独立存在,如今已经成为运用较广的一种特殊的新闻品种了。标题新闻实质上是一种特殊的新闻标题,它具有以下特征:

(1)它的新闻要素比较齐备。因为它脱离正文独立存在,要想使读者了解新闻的主要内容,它必须具备不可缺少的新闻要素。

(2)它具备新闻标题的结构和特点。它虽然承载着传递新闻信息的职能,但在形式上它是标题,而不是文章。它在形式上可以是单一型的标题,也可以是复合型的标题。

(3)它通常比较严肃、简洁,不加修饰或渲染。这样的新闻标题主要用于内容比较严肃单一的政治、经济、外事文化等题材,只求简明扼要,一目了然。如《新民晚报》1998 年 1 月 1 日把新华社电讯做成了标题新闻。

中共中央总书记国家主席江泽民昨天发表 1998 年新年讲话:迈向充满希望的新世纪

目前许多报纸都乐于采用这一方式,它常常将数条新闻标题圈在一个栏目中发表。这样缓解了版面容量与信息传播量之间的矛盾,也在一定程度上满足了读者的信息需求欲。

第四节　新闻标题的制作程序与原则

标题制作过程,是一个艰苦的思想劳动过程。尽管新闻标题有各种各样,然而制作过程是基本相同的,一般都要经过读稿、择词、制题、修整四个步骤。

一、读稿

读稿,即精心阅读新闻稿件,这是制作新闻标题的基础。如何读稿呢?首先要细心阅读新闻导语。许多新闻是把最新鲜、最重要、最精彩的新闻事实放在导语里面,因此,导语往往是编辑拟写标题的重要依据。但是,要认真读导语,并不意味着可以只读导语而不细读全文,因为不少新闻的最重要、最引人的事不是写在导语之中,而是写在导语后面的文字里。不仔细看完全文,就不可能写出准确、精彩的标题。

阅读新闻稿件的过程,就是寻找新闻重点的过程。

二、择词

择词就是在通读原稿的基础上,通过思考,把新闻中最具有新闻价值和社会意义的关键词提炼选择出来。这需要编辑对新闻进行分析与比较,即将新闻中所包含的内容进行分解,弄清楚新闻一共记述了哪些内容以及这些内容是什么性质的,它们具有何种意义。

一篇新闻可能包含的内容有:

(1)新闻事实;

(2)非新闻事实,如背景、回叙等;

(3)记者的议论。

新闻事实是新闻中的精华、中心,新闻标题主要是表现新闻事实,因此,对何者是新闻事实必须把握准确。对非新闻事实的背景、回叙等也不可忽视,它不仅可以帮助了解新闻事实的意义,有时为了衬托新闻事实,还需要直接将它们写入标题之中。记者的议论一般不在新闻标题中表现,但精到的议论有助于编辑判断新闻事实的性质和意义,有的甚至可以作为标题的内容。

编辑要着重分析、比较与选择的是与新闻事实相关的关键词。新闻事实往往有若干个,编辑不仅要分析、衡量多个事实的意义,而且要对多个事实进行相互比较。通过分析与比较来确定哪一个新闻事实最具有新闻价值和社会意义,是标题所应该表现的内容。

通过对新闻内容的分析与比较,确定关键词后,才能够确定新闻标题的内容和它的表现方式。如确定标题是以务实为主,还是以务虚为主;是概括表现新闻内容,还是重点表现新闻内容。以务实为主的标题是重在报告事实,以务虚为主的标题是重在表意。概括表现新闻内容,重在说明新闻事实的全局;重点表现新闻内容,则重在揭示新闻事实的某一局部。

不论是确定标题的内容,还是确定标题的表现方式,都必须建立在对新闻事实的新闻价值和社会意义评估后进行择词的基础上。

三、制题

制题就是用适当的文字将新闻标题的内容与表现形式呈现出来。这既要考虑新闻标题句子的长短,也要考虑新闻标题的结构形式。制作新闻标题力求做到言简意赅,深入浅出,通俗易懂,生动引人。

对于一个内容不是很重要,信息量不是太大的短新闻,往往只制作单一式结构标题,即只写出主题,无须再做辅题。对一个内容很重要、信息量又大的新闻,往往就可能要制作复合式结构标题。如果决定采用复合式结构标题,通常应先写主题。因为在任何新闻标题中,主题在标题的内容上和结构上都是起着主导作用的,引题和副题都是分别同主题发生联系而存在的,是服务于主题的。写好了主题,标题就有了骨干,有了中心。主题写好后,如果觉得有必要加强主题的气氛和感情,说明主题的根据、原因、目的和意义等,可以再制作引题。如果需要解释说明主题的意义和补充主题的内容等,则可以再制作副题。制作新闻标题要注意避免主题与引题、副题之间的语义重复和文字重复。

制作标题有两种方式:一种是切题,另一种是破题。切题就是掌握新闻的实质内容,切合新闻的重点,从新闻的内容做标题。破题就是读完新闻稿后,编辑跳出新闻的事实叙述,把握精髓,经过思考改造原文的叙述,以画龙点睛之妙语来制题。例如:

(引)全国教育经费审计查出大量问题

(主)一株名贵花　千元教育费

(1986 年 12 月 13 日《人民日报》)

这个标题把挪用教育经费的一个突出事例作为主题,振聋发聩,发人深思。"一株名贵花　千元教育费",句式整齐,也不是照抄原文,而是经过改造的。这就要求编辑有较高的文字功底,头脑中有丰富的语言库存。

四、修整

修整,就是锤炼新闻标题的字句,是新闻标题制作的最后一道工序。古人作诗,"吟安一个字,拈断数茎须"。写文章是如此,对于制作标题也是如此。只要时间允许,编辑就应对标题进行仔细推敲。

修整标题,一方面要炼句。标题句要尽可能短,与扼要的内容相匹配。例如"强权政治和霸权主义是对民族自决权的最大威胁"就可改写为"强权政治和霸权主义　对民族自决权威胁最大",将前句的"最大威胁"改为"威胁最大",字少了两个,更易于阅读和理解。

修整标题,另一方面要炼字。标题要尽量去掉可有可无的字眼,力求每个字、词都有存在的理由。例如,"原料多　无污染　技术密集　市场广阔"就可改写为"原料多　无污染　技术密　市场广",删除了两个字,读起来也更容易上口。

修正标题,还涉及要保证标题中无语法语句错误,没有错别字。此外还应考虑到标题的字体字号的选择与搭配,考虑到报纸的整体风格。

制作新闻标题必须坚持忠于事实、简明扼要和客观公正的原则。必须无条件地忠于事实,这是作新闻标题必须遵循的基本原则。制作新闻标题必须从新闻事实出发,不能脱离新闻事实进行任何的虚构。新闻标题要能够客观地反映事实,具体说来就是:其一,标题所写的事实应是新闻中本来就有的,不是虚构的。其二,标题可以从新闻中选择某一事实,但是这种选择不能不顾及事物的全貌,不能歪曲新闻的基本事实。

简明扼要就是说标题用字要简洁有力,尽量避免累赘冗长或者拗口难读的句子。在文字的使用上要尽量节省,能用一句话说明白的就不要用两句,能用一行表达清楚的就不要用两行。一个简单的法则就是“新、速、实、简”四个字。“新”就是标题内容要新,把一则新闻中最新的讯息放在标题里,需要编辑有新闻敏感。“速”就是编辑做标题时,一定要能够充分把握时间,一定要在截稿时间内完稿交版。因此,如何善用时间,如何利用时间是编辑们的一门自修课。“实”就是真实可信,新闻人的工作就是追求真实,如果新闻标题有偏差,就会丧失新闻的真实性,也会影响新闻媒体的信誉。“简”就是用字简洁,用词精准。心理实验证明,人在阅读时,眼球跳动是看不见字的,只有在眼停即眼球不动时才能看清文字。实验证明,在眼停的情况下,六七个字的标题可以一目了然。标题越长,要求眼停次数越多,阅读也就越不容易。一般说来,读者在阅读标题时常是一扫而过,眼停的时间是极短的。因此,标题制作必须简明扼要。

客观公正涉及身为一个媒体工作者的立场问题。编辑在处理新闻的时候,必须坚持客观公正的原则,要公正、务实。在制作新闻标题时,在标题内容的切入点上,要保持“客观公正”的立场。比如对于一个事件的涉及方面,要有全面把握的能力,要有大局意识。再如经济纠纷案件,在案情尚未明朗的情况下,我们处理新闻时就要特别谨慎小心,否则,很容易造成媒体审判。

第五节　新闻标题的制作基本技巧

要作好标题,必须解决写什么和怎么写的问题。所谓写什么,就是要确定标题从新闻中提示出什么事实和观点;所谓怎么写,就是确定标题如何表述这些事实和观点。下面围绕这两个问题作一些阐述。

一、题文一致

题文一致,即新闻标题必须与新闻内容相一致。这种相一致,包含两种含义。

(一)标题所揭示的事实要与新闻内容一致

具体说来就是:其一,标题所写的事实应是新闻中本来就有的,不是虚构的。其二,标题可以从新闻中选择某一事实,但是这种选择不能不顾及事物全貌,不能歪曲整个新闻的基本事实。例如:

(引)中国柔道队员再试身手

(主)主队愈战愈勇三胜一平

(1986 年 11 月 16 日 × 报)

这条新闻是说中国队三胜一平四负，以一分之差负于日本队。可是，标题取舍的事实不当，只说“胜”与“平”，不说“负”，而恰恰是“负”多，导致了全局失利。标题现在的写法就可能给人造成误解，以为这场中日柔道比赛，胜者是中国队。

(二)标题中的论断在新闻中要有充分依据

标题可以具体描述新闻事实，也可以对新闻中的事实进行概括，作出论断，但所作概括和论断一定要有充足的新闻事实作为根据，而不能片面、夸张、拔高。

例如：

阿根廷人不惧巴西

(1999 年 7 月 8 日 × 电讯)

这则标题给人的印象是阿根廷足球队在场上勇猛善战，不畏巴西强队。可是，新闻报道的是美洲杯小组赛，阿根廷队若赢得乌拉圭的比赛才能会在下一轮比赛中与巴西队交锋，标题说“阿根廷人不惧巴西”，这个论断在新闻中并无根据，这样写就不妥。

二、突出精华

新闻的内容可能有许多方面，制作标题还必须对新闻内容进行选择。怎样选择呢？用一句话来说就是应突出精华。突出精华，具有两层含义：

1. 将新闻中的精彩部分作为标题写作的内容，即将新闻中最具有新闻价值和社会意义的事实写在标题之中。具体说来，就是要突出以下内容：

(1)最新的内容；

(2)广大读者所不知晓的内容；

(3)新异的内容；

(4)对广大读者关系密切的内容；

(5)在社会上已经发生重大影响的内容；

(6)事态正在发展将产生广泛和深远影响的内容；

(7)与广大读者地理上、心理上接近的内容；

(8)广大读者具有共同兴趣的内容；

(9)具有典型意义的内容；

(10)有利于解决社会迫切矛盾的内容；

(11)对广大读者有教益的内容。

2. 将标题所写内容中精彩部分放在主题中，即把新闻中的精彩内容写进标题里面，至于把它们放在标题的哪个位置，尚需再进行斟酌。

标题所写的事实，从数量来说，有的是一项，有的是两项或两项以上。对于两项或两项以上的事实，要加以比较，把价值最大的一项放入主题之中；若是只写一项事实，也要将它的各个组成部分加以比较，把其中价值最大的事实成分写入主题之中。唯有如此,才算突出了精华。

例如:

(引)疏影横斜关东月暗香浮动塞北风

(主)北方露天栽种辽梅成功

(1995年5月2日《人民日报》)

主题写明“北方”则很重要,因为自古就有梅花不能在长江以北地区栽种的说法,因此,在主题中突出“北方露天栽种”才能充分显示新闻价值。

三、准确鲜明

(一)表意用词准确

1. 标题表意要准确

标题表意要准确首要的要求就是概括事实要准确。标题要忠于事实,即在概括浓缩新闻事实时,不可虚构事实。那么,标题概括事实怎样才能客观地反映事实呢?具体说来就是:其一,标题所写的事实应是新闻中本来就有的,不是虚构的。其二,标题可以从新闻中选择某一事实,但是这种选择不能不顾及事物的全貌,不能歪曲新闻的基本事实。

例如,某市某报报道一辆吉普车因天雨路滑,车速快,碰撞右侧人行道的树之后弹向路中,随之相继而来的八辆车相撞。标题写成:

(主)天雨路滑　九车相撞

(副)本市昨晚发生一罕见事故

这则标题只标了“天雨路滑”,似乎九车相撞都是由客观原因造成的,其实也有主观原因,这就是新闻中说的“车速快”。标题不标出这一事实,既违背了新闻中的事实,也不利于人们从中吸取教训,削弱了新闻应有的作用。

2. 运用文字要准确

编辑人员在制作标题时,表情达意,遣字造句,必须做到切实准确。同时,还要善于选用最适当的字或词,做到恰如其分地表达新闻内容,不使人产生歧义,不让人造成误解。

此外,标题不能生造词语,否则,令读者“百猜不解”,影响新闻内容的传播效果。如某市某报一条标题:

(引)××商业服务急需解决什么问题?

(主)抓好“黑白绿”　搞好“细小杂”

此题中的“黑白绿”,指煤、米、菜,“细小杂”指日用小商品,这些都是财贸系统的业务术语,一般读者看了就未必能弄清是什么意思。

（二）表态立场鲜明

标题的表态立场要鲜明。新闻中所披露的事实，就其性质来说，是多种多样的：有美好的或丑恶的，有令人喜悦的或令人悲哀的，有令人气愤的或令人感叹的。标题表现这些事实的态度，不应该是冷漠的，而应该是鲜明的。

标题态度立场鲜明，即指标题报告事实有鲜明的倾向性，笔下带有感情。标题在报告真的、善的、美的事件和现象时，欣喜之态跃然纸上；披露假的、丑的、恶的事件和现象时，则愤懑之情溢于笔端。例如：

（引）最强烈抗议北约轰炸我驻南斯拉夫使馆

（主）我国政府发表严正声明

（副）以美国为首的北约必须对此承担全部责任　中国政府保留采取进一步措施的权利

（1999年5月9日《人民日报》）

这一则标题引题交代背景，副题对主题作具体补充和说明。主题的"严正声明"，引题的"最强烈抗议"以及副题的"必须对此承担全部责任"，都鲜明地表现了报纸的立场和态度。

一般说来，标题的态度可分为三类：肯定的态度（如歌颂、赞扬、支持、同情），否定的态度（如斥责、揭露、嘲笑、讥讽），既不肯定也不否定的态度。肯定与否定都有鲜明的倾向性，当然是一种鲜明态度，既不肯定也不否定只要不是含混，而是根据实际情况作客观报道，也是态度鲜明。如果片面强调要表现褒贬扬抑的态度，反而会使标题的导向发生偏差。例如，有些新闻报道是突发事件，事物的性质尚不清楚，事态的发展亦不明朗，编者在标题中就不能表示明确的态度；有些新闻报道的内容纯属别国的内部事务，编者也就不便在标题中妄加评论；有些报道是友好国家之间的冲突或纯属学术问题的争论，也不应在标题中表露明显的倾向，更不能偏袒一方；有些新闻所写的事情错综复杂，关系微妙，编者在标题中作简单的表态也不妥当。

例如：

（主）印巴就"击落飞机"相互指责

（副）国际社会呼吁两国保持克制

（1999年8月12日《人民日报》）

这一个标题只是对印度与巴基斯坦就巴基斯坦一架飞机被印度击落事件所进行的相互指责以及国际社会对此事的态度进行了客观报道，而没有作任何评论。这样写是与我国外交政策相一致的。标题虽未作任何评论，却也是表明了一种鲜明态度。

不含倾向性的标题，使用的词语不含有褒义或贬义，而是中性。这里虽未对新闻事件表示肯定或否定的态度，但这种不表态，本身就是一种态度，是不表态的表态。读者仍可从中得到某些启示，也有助于加深对新闻事实的理解。

新闻标题的表态，从制作方法上又分为实题表态和虚题表态两种。

实题表态主要是通过叙事中对事实和词语的选择以及表现方式的运用来表示。在标题中，虚与实是紧密结合在一起的，何者是讲事实，何者是评论很难分开来。如《大雪封路　领导出门》和《张洁世为人民吐尽最后一口丝》就是如此。

虚题表态则主要采用议论的方式来表现。在标题中，议论部分和叙事部分可以明显区分开来。如前面所举的标题《榜上无名　脚下有路（主题）》，是一个虚题，主要是议论。此标题还有一个副题：《京津自学青年代表交流成才经验》，主要是叙事。叙事和议论很容易分开。如果只留叙事的副题，标题依然能成立（当然未必好）。虚题表态需要实题作依托，否则就不能使读者了解新闻事实，这一点已在前文论及，这里不再赘述。

四、言简意明

标题简短明快，读者在一瞥之中就能了解其意义。要使标题简洁明快，可采用三种方法：

（一）善于省略

善于删去标题中那些可有可无的内容。具体做法是：

第一，只保留事实核心部分，省略其他部分；

第二，只保留事情发展结果，省略不必要的过程与细节；

第三，省略消息来源；

第四，省略不必要的议论；

第五，省略不必要的事实成分，如时间、地点、具体名称等。

（二）锤炼语言

标题经过压缩，删削了不必要的内容，尚需进一步在锤炼语言上下工夫。锤炼语言，是制作标题的一项硬功夫。

例如，下面这个标题：

（主）我国政府今起对香港恢复行使主权

（副）中国政府代表团出席交接仪式并在主席台上就座

主题中的“政府”二字，副题中的“并在主席台上就座”显然是多余的。

适当采用简称，也有助于标题的简练。标题受规定的地位限制，字数有限，遇到较大的词组，可以压缩简化。如采用缩合式简称，即把一个词组分成几节，在每节里选择一两个字组成简称。如“第八届全国人民代表大会第一次会议”，可以简称为“八届人大一次会议”。

（三）善于利用标题之间的关联性

组成标题的各部之间，存在一种有机联系，作题时如能巧妙利用，也有助于标题的简练。

第一，长句分行。有的标题由一个长句组成，作一行题显得过长，可以分作两行或三行。例如，《上海提出稳定经济对策　强调认真处理五个关系》分成两行，阅读比较容易。

第二，主题写得概括一些，具体事实放在引题或副题中交代。

例如：

（引）调整产品结构　提高产品质量

（主）北京上海工业生产回升

（副）头十一月总产值分别比去年同期增百分之四点九和三点五

（1990 年 12 月 15 日《人民日报》）

主题中的“工业生产回升”具有概括性。回升的原因由引题交代，回升的具体表现，则由副题去说明，这样就减轻了主题负担，使主题比较简明。

五、生动活泼

（一）巧用富有表现力的事物表现标题的内容

标题要把新闻中的精华告诉读者，还应讲究生动性，以优美的形式吸引读者。巧用现实生活中富有表现力的事物来表现标题的内容，有助于增加标题的生动性。这方面常用的修辞方法有比喻、比拟和借代等。

1. 比喻。比喻就是用现实生活中具体的、浅显的、熟知的事物来说明和描写那些抽象的、深奥的、生疏的内容。例如：

喜闻领导“跑龙套”

（1994 年 9 月 3 日《河北日报》）

“跑龙套”是指戏曲中随从或兵卒为主角跑前跑后，呐喊助威，引申到现实生活中可以理解为服务工作。此新闻报道某县县委书记、县长放下架子，转变作风，帮助企业开拓市场，提高经济效益。标题以“跑龙套”作比喻，形象而意味深长。

2. 比拟。就是把事物当作人来描写。采用这种修辞方法，可以抒发强烈的感情，给人以鲜明的印象和具体感受。例如：

醒来，铜陵！

（1991 年 11 月 14 日《经济日报》）

报道铜陵市解放思想，改变观念，标题把“铜陵市”当人来写，用“醒来”二字呼唤，生动而具有震撼力。

3. 借代。就是改换名称,不直接把人或事物的名称说出来,而用一个跟它有密切相关的名称或事物来代替。运用借代可以显示事物的特征,表达特定的感情,引起读者的联想,增加标题的生动性。例如:

(主)难舍千年"摇啊摇"
(副)绍兴设计新型乌篷船众说纷纭

(1996年12月2日《人民日报》)

"摇啊摇"是乌篷船的驾驭方式,以此借代乌篷船,不仅生动,而且避免与副题中的"乌篷船"重复。

(二)巧用诗词佳句或模仿现成句式格调表现标题内容

巧用诗词佳句或模仿现成句式格调来表现标题内容,可以使标题简练而富有情趣。这方面常用的修辞方法有引用、仿拟等。

1. 引用。就是把现成话如诗词佳句、成语、俗语等写入标题之中,用来叙事、抒情或议论,使标题更精练生动,富有文采,增强感染力。例如:

(引)爱鸟护鸟得到报偿
(主)金陵处处闻啼鸟

(1990年4月19日《扬子晚报》)

主题是引用唐朝诗人孟浩然《春晓》中的"春眠不觉晓,处处闻啼鸟"的后一句,使标题富有诗意,情趣盎然。

2. 仿拟。指模仿现成的句子格调,创造一种意义相反或相近、相似的词句,以取得讽刺、幽默的修辞效果。例如:

人面不知何处去　夜半大门八字开

(1984年1月20日《文汇报》)

这个标题是仿拟唐朝诗人崔护《题都城南》中的"人面不知何处去,桃花依旧笑春风",借以批评南京路一家点心店工场半夜大门敞开,空无一人值班的不负责任现象,既生动又贴切。

仿拟可以用来讥讽丑恶现象,也可以用来褒扬美好的事物。

(三)巧用词语或语句之间的各种联系表现标题内容

利用词语同句之间的各种联系来表示标题的内容,有助于标题的鲜明性和生动性。这方面常用的修辞方法有对比、对偶、排比、拈连、反复、联珠等。

1. 对比,或称对照。是把两个相反相对的事物或一个事物的相反、相对的两方面放在一起加以叙述,突出标题中对比的内容,使其更为鲜明。例如:

曾燕纯勇斗歹徒　众乘客袖手旁观

（1982 年 12 月 25 日《湖南日报》）

标题用“勇斗歹徒”与“袖手旁观”巧作对比，增强了表达的效果。

2. 对偶。即选用字数相等、词性相当、结构相同或相近的两个语句表达相关或相反的内容。形式整齐，语调和谐，是对偶这种修辞方法的显著优点。例如：

讴歌香港回归　吟赋神州大业

（1997 年 7 月 1 日《人民日报》）

香港回归日扬眉吐气时

（1997 年 7 月 1 日《新华日报》）

迎接香港回归，各报精心制作的一些对偶式标题生动优美，比一般陈述事实更具有表现力。

3. 排比。就是把三个或三个以上的结构相似的词句排在一起，表达同一性质、同一范围的内容，使整个标题铿锵有力，气势贯通。例如：

（引）自筹资金　自寻场地　自找活路　自负盈亏　自主用人
（主）一批待业青年自办集体企业很有生气

（1980 年 6 月 24 日《中国青年报》）

引题运用排比修辞，不仅对事理阐发更透彻有力，感情表达也更为充分。

4. 拈连。即用表现这一事物的词语拈来表现另一事物。特点是信手拈来，借题发挥，增加标题情趣。例如：

种葱种出大学问

（1989 年 9 月 5 日《文汇报》）

标题巧妙地运用前项“种葱”中的现成词“种”顺手拈来，连在“学问”上，使人在幽默风趣中得到教益。

5. 反复。即把同一词语反复陈述，以突出内容，加强语气。例如：

（主）未入洞房　先入班房
（副）石俊为结婚摆阔气，伙同弟弟四处盗窃，父亲帮助销赃，三人均被逮捕

（1981 年 4 月 20 日《人民日报》）

洞房与班房只是一字之差，但相距何止十万八千里！标题通过“房”的反复，使石俊团结婚摆阔气而犯罪的愚蠢和可悲显得更加分明。如把“班房”改为“监狱”，意思虽相同，但缺少反复，对比就不如原题尖锐、鲜明。

6. 联珠。即把前一句末尾的词语作为后一句的开头。其特点是语气贯通，首尾串联，有利于突出事物之间环环相扣的关系。例如：

工业上山　山尽其利　利国福民

(四)巧用词语多重含义表现标题内容

巧用词语在特定语言环境中的多重含义来表现新闻内容,可以增加标题的思想内涵和感情色彩。这方面常用的修辞方法有双关、反语等。

1. 双关。即用同一词语关顾两种不同的事物,产生言在此而意在彼的效果。例如:

六月艳阳,北京"考"得火热

(1995年6月14日《经济日报》)

"考"与"烤"谐音,通常人们在夏天只会说烤得火热,标题正是借"考"与"烤"的谐音关系做文章。听起来似在说"烤",而实际意思是指六月北京的学生、家长和学校都在忙于应付考试,"考"得热火朝天。标题采用双关修辞方法,不仅简练,而且显得诙谐生动。

2. 反语。即有意将反话正说,或将正话反说,具有幽默、风趣的特点,通常用于讽刺揭露。例如:

"好心"姨妈施毒计　一家四口入牢笼

(1984年10月17日《文汇报》)

"好心"显然是反语,是对"施毒计"的"姨妈"的嘲讽。

(五)巧用提问和呼唤方式表现标题内容

巧用提问和呼唤的方式来表现标题的内容,常用的修辞方法有设问、呼告等。

1. 设问。即在行文中故作无疑之问。有的作答,有的不作答,从而使标题语势波澜起伏,引起读者的注意。例如:

(主)冬天为什么不冷了

(副)有关人士认为主要原因是二氧化碳含量增加,强火山爆发减少

(1996年1月26日《人民日报》)

主题提问、副题作答。这种写法要比在主题中直写冬天不冷的具体原因更引人入胜,文字也比较简洁。

2. 呼告。即撇开读者,直接对第三者说话。用这种方法作标题,有助于加强标题的感染力。例如:

青年人,多读点书

(1995年10月26日《深圳特区报》)

标题一改通常面向读者讲话的方式,满怀深情地直接向青年们发出"多读点书"的呼吁和规劝,不仅引人注意,而且也更富有感情色彩。

思考与练习

1. 新闻标题有哪些功能?
2. 什么是新闻标题的结构? 新闻标题的结构形式有哪些?
3. 制作新闻标题要坚持哪些原则?
4. 制作新闻标题常用的修辞方法有哪些?
5. 练习制作多种形式的新闻标题。

第九章　多媒介形态中的图片编辑

知识要点

1. 了解多媒体形态中新闻图片的作用与类型
2. 理解与掌握多媒体形态中新闻图片的选择与编辑相关知识
3. 了解未来图片编辑的“瓶颈”与趋势

内容摘要

在科技进步的今天，人类进入“读图时代”。图片作为新闻的重要元素之一，在信息传递过程中，有着独特的表达优势。可以说，图片的传播已跨越了多种媒体。因此，了解当前多媒介形态中的新闻图片编辑的相关知识，有重要的意义。

第一节　多媒介形态中新闻图片的作用与类型

新闻图片，是通过视觉手段来传达信息的新闻报道体裁，是新闻的重要组成部分。一般来讲，新闻图片具有纪实性、证实性、实感性等特点。

广义的新闻图片主要包括：新闻照片，是利用摄影技术制作完成的用于报道新近发生的事实的图片；新闻漫画，是一种在特定新闻报道载体上，运用夸张、幽默的绘画形象和构图语言，专门报道或评议国内外新闻发生的时事、社会问题的绘画形式；新闻图表，分为统计图、示意图和地图，是指综合运用文字、图形符号、照片、线条、数据、色彩等有机成分，可以传达、解释新闻信息的图表。而狭义的新闻图片则仅仅是指新闻照片。

一、新闻图片的作用

（一）纪实性作用

作为独立报道体裁的新闻照片具有再现新闻现场、记载真实瞬间的作用，这类照片成为报纸上不可或缺的重要组成部分。俗话说，“一图胜千言”，新闻照片能够以文字新闻报道所没有的非语言信号，形象地再现新闻发生现场的每一处细节，读者可以最直观、最全面、最真实地看到实物的全貌。今天的新闻是明天的历史，而新闻照片无疑是一种最生动、最真实的历史纪实。

图 9－1　2013 年 5 月 31 日《南方周末》第 1 版
德国总理举行欢迎仪式欢迎李克强(新华社/图)

(二)证实性作用

非独立使用的新闻照片与非新闻照片具有证实文字报道的作用，这类照片对新闻资源的充分发掘，对提高新闻报道的可信度具有重要意义。文字报道固然能够说明新闻事件和新闻的人物，但是，如果阅读文字的同时还能通过照片看到当时的新闻现场，这就更加提高了读者对新闻的信任。

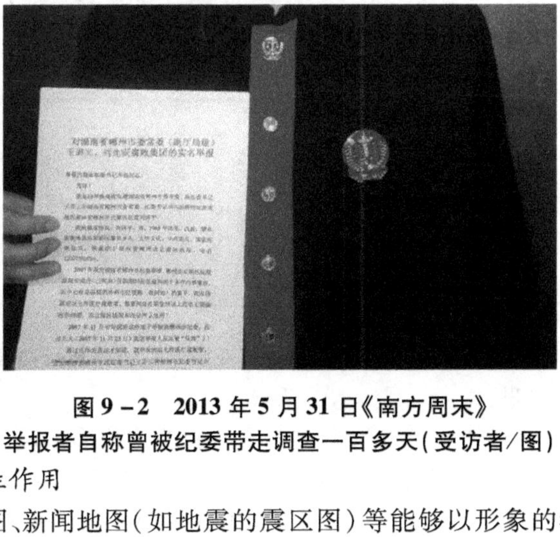

图 9－2　2013 年 5 月 31 日《南方周末》
举报者自称曾被纪委带走调查一百多天(受访者/图)

(三)解说性作用

图表、示意图、新闻地图(如地震的震区图)等能够以形象的符号统计和叙述新闻报道的某些内容，从而对比较枯燥的文字进行生动易懂的解释。尤其是编排专业性较强的新闻稿件时，制作相关的图表或者示意图帮助读者阅读理解。例如，南方周末第1523期题为《一份报告揭露的制度“黑洞”：水资源“大盗”是如何炼成的》的报道图片就是采用了这样的新闻图标，生动直观地给读者展示了报道的主题。

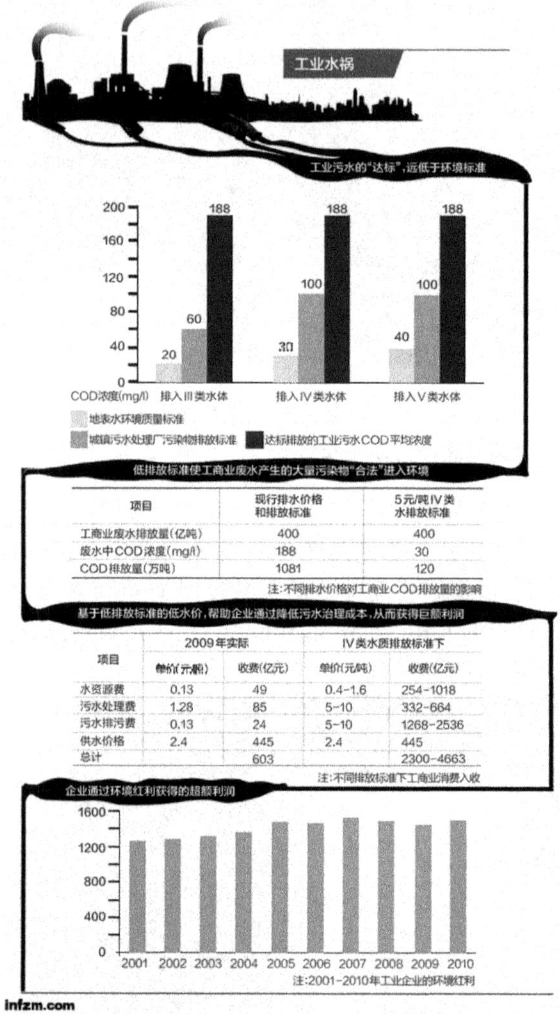

项目	现行排水价格和排放标准	5元/吨IV类水排放标准
工商业废水排放量(亿吨)	400	400
废水中COD浓度(mg/l)	188	30
COD排放量(万吨)	1081	120

项目	2009年实际		IV类水质排放标准下	
	单价(元/吨)	收费(亿元)	单价(元/吨)	收费(亿元)
水资源费	0.13	49	0.4-1.6	254-1018
污水处理费	1.28	85	5-10	332-664
污水排污费	0.13	24	5-10	1268-2536
供水价格	2.4	445	2.4	445
总计		603		2300-4663

图9-3　2013年4月25日《南方周末》：《水环境保护价格与税费政策示范研究》

（四）装饰性作用

图片的形象性特征使其可以作为文字稿件的美化装饰手段，例如照片可以来衬托新闻标题，漫画可以用来点缀文字报道，示意图穿插于文字稿件中除了有解说作用，也具有活跃和美化版面的作用。还有图饰，更是作为版面的装饰物灵活运用的,而且固定位置、频繁出现的图饰还具有标志版面的风格特色的作用。

(五)视觉冲击性作用

图片的形象和直观往往能够产生强烈的视觉冲击效果,产生巨大的吸引力与震撼力,这是文字报道所难达到的。

因此,我们在编辑新闻图片的时候一定要遵循新闻图片编辑的原则,这样才能够把新闻图片的作用发挥出来,否则就会造成假新闻等严重的后果。

在网络中,网络图片有着独特的作用:

1. 新闻照片是一种"易读"的信息。

2. 新闻照片是一种简洁而有力的表现形式:新闻照片一般是对事实的客观的呈现,文字信息是主观地描述对象的符号,而新闻照片往往是客观地呈现对象的符号。新闻照片具有"证实"的作用。

3. 在网络传播中,新闻照片可以作为导航的手段。

4. 对于网络来说,新闻照片还是一种活跃页面、调节人们情绪的方式。

5. 在网络中,还应建立一种观念,新闻照片不是绝对静态的。

由于新闻照片特有的表现力,以及网络技术手段对它表现方式的进一步开掘,新闻照片已成为网络多媒体新闻报道中必不可少的一种手段。

二、新闻图片的类型

目前报纸上经常采用的图片种类较多,主要归纳为四种:照片、漫画、图示、图饰。

(一)照片

照片在报纸所采用的图片中所占比例通常最大。因此,也是本文分析的重点。报纸上采用的照片可分为新闻照片与非新闻照片两大类。新闻照片就是以新闻事件、新闻人物为拍摄对象,再现新闻现场情景的照片,它可以作为独立的新闻报道出现在新闻版面上,也可配合文字报道一同编发。非新闻照片就不具有新闻照片的新闻性、时效性,如对自然景观的拍摄、为一些明星拍摄的艺术照等,这些照片一般不作为独立的报道体裁刊登在报纸上,但可以用作题饰,即压在标题下面,或者配合某些文字报道刊用。

图 9－4　2013 年 5 月 26 日《南方周末》(新华社记者　李木子/图)

(二)漫画

漫画是美术作品的一种,特点是以高度夸张、风趣幽默的表现手法揭示社会生活中的问题和现象,激发读者的兴趣,引导读者联想和思考。漫画在现代报纸应用广泛,有根据新闻事实进行艺术加工的新闻漫画,时效性较强,也有反映社会生活现象的社会性漫画。

图 9－5　2013 年 5 月 24 日《南方周末》(勾犇/图)

(三)图示

图示包括统计图表、示意图和新闻地图三类。统计图表就是将统计数字制成表格图,便于读者集中阅读。示意图不仅将统计数字集中绘制成图,而且用形象化的手法表现这些数据所说明的意义,如曲线图、柱状图。

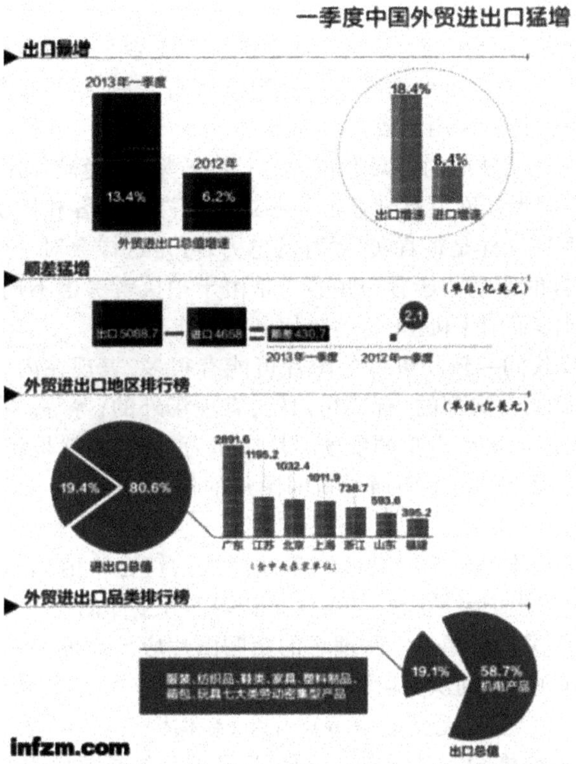

图 9－6　2013 年 5 月 10 日《南方周末》(数据来源:海关总署　何籽/图)

(四)图饰

图饰与图示不同,它不传播任何新闻要素信息,只是报纸版面的一种装饰。图饰一般是用美术图案点缀和烘托报纸的报头、报眉、标题、栏题或版面其他部位,使整个版面更加美观生动,恰当地运用图饰还能使版面编排思想得到更加充分的体现。

第二节　多媒介形态中新闻图片的选择与编辑

一、新闻图片的选择

(一)新闻图片的特点

1. 真实性:真实性指的是照片反映的内容是真实的、自然的,而不是摄影者造假或者摆拍出来的。

2. 价值性:编辑要分析照片所反映的新闻事实是否是新近发生的、重要的、显著的、具有趣味性的、与读者地理或心理上相接近的,一条新闻具备的新闻价值要素越多,新闻照片就越有采用价值。

3. 正面性:照片反映的内容具有正面的社会效果,避免副作用。例如,前段时间扫黄行动中,资阳大众网就有刊登了一些近乎全裸的嫖客和妓女交易现场的照片(有马赛克处理),这样是很真实、很有震撼力,可是这样会对一些未成年人造成很大的困扰和不良的影响。还有一些照片是由于拍摄者考虑不周,选择角度或取景不当,画面上泄露了国家机密,这类照片也是不能采用的。

4. 现场性:反映同一新闻事件的图片可能有很多,表现在内容上,有正面的,有侧面的;有整体的,有局部的;有现场内的,有现场外的;等等。在有限版面的前提下,能直观反映新闻事件本身的现场图片应作为首选,也就是我们常说的"新闻第一现场"。因为读者就是希望通过新闻图片的传达"身临其境",把一切真实都尽收眼底。

5. 主题性:镜头本身缺乏对新闻图景或元素的符合价值判断的过滤作用,也就是说,能够进入摄影记者镜头的不仅仅是新闻事件主体的影像,还有很多次要影像或与新闻本身无关的影像。一张理想的新闻图片应该新闻的主体影像突出,成为图片本身的视觉中心,而次要影像或无关影像只能作为陪衬,甚至被可有可无地"虚化"。如果次要影像或无关影像喧宾夺主,在构图上成为"主体影像",则这样的新闻照片就是不合格的。可以说,主题性强调的是新闻图片的表现力。

6. 完整性:新闻事件的主体也具有一定的系统性和完整性,作为新闻主体的人、物并不是孤立的,它与周围的人、物以及环境有着千丝万缕的联系。有时,摄影记者为了过分强调"震撼力"、"感人度",人为地割裂新闻主体与周边事物的联系,有时甚至将新闻主体本身也割裂开来,此种做法表现在图片上就是只有新闻主体,而没有与之发生联系的周边事物;或者只有新闻主体的局部而没有新闻主体的全部。比如,拍车祸图片,如果只有伤者躺在地上血淋淋的特写镜头,而没有肇事车辆(除非逃逸或者距离很远)、道路状况的影像,则这样的新闻图片就是残缺不全的,因为读者不仅关心伤者的受伤情况,还关心事发现场的真实场景。要知道,有时过分强调局部,可能会传导一种偏颇甚至是错误的信息。在这里,完整性不仅起到了美化图片的作用,更是传递正确信息的重要方式。

以上原则适用于有限版面条件的图片选择。在版面相对宽松的情况下,图片选择可以同时采用多种方式,如广角镜头与特写镜头、正面拍摄与旁敲侧击、散式物像与聚式影像、动态图片与静态图片等巧妙地组合、交织,这样会起到相得益彰、互相弥补的效果。

(二)新闻图片的新闻质量判断

使用好照片可以让传播行为事半功倍,选择传播效果好的照片也有规律可循。目前,在网络新闻的运作中,新闻照片大都来源于传统媒体,网站编辑的任务更多的是进行新闻照片的选择与加工。新闻照片的拍摄也是网络新闻工作者的一个重要能力。

1. 对于新闻照片,新闻质量控制是首要的。从新闻摄影的主题来看,需要考虑的新闻性因素包括:新闻性、真实性、直接性、及时性等特点。

(1)新闻性:即指摄影记者确定的摄影报道的主题,应是具有新闻价值的事物。新闻摄影报道应该最大限度地追求照片的新闻信息量。

(2)真实性:新闻照片必须具有合乎事件发展时空逻辑关系的真实性和准确性。通常那些交待典型情节和典型细节的照片最受欢迎。这就意味着拍摄的事实是真实的,照片应符合事实或人物的本来面目。

(3)直接性:所拍形象直接来自现实生活和新闻事件发生现场,直接呈现给读者,不经过再创作或加工。

(4)及时性:及时性也即时效性,及时性是对新闻报道的基本要求之一,新闻摄影也不例外,新闻摄影同样是对新近发生的事实的一种报道。

2. 在美学层面:新闻照片的视觉构成是否有趣、照片是否具有视觉冲击力、视觉构成是否有利于传达新闻信息,摄影记者都必须考虑。因此,除了新闻价值的判断外,评判一张新闻照片的好坏,还要考虑照片内部形式的好坏。好的新闻照片应在内部形式上具有以下特点:

(1)新闻照片应该具有瞬间的张力。一张照片只能抓住一个过程中的某个瞬间,如果这个瞬间抓拍得好,人们就能透过它感受到事物的全貌和发展、演化的过程,从瞬间中感受到事物发展的连续性、情节性。在新闻摄影中,瞬间可以有以下几种:

瞬间的黄金点:即高潮到来之前的那一刻,这一瞬间可以最大限度地调动人们的想象力。

高潮瞬间:即激情到达顶点的那一瞬间,这一瞬间往往具有强烈的感染力。

高潮后的瞬间:这一瞬间大多含蓄、深沉,令人回味。

情节瞬间:即情节正在展开的时候。

(2)新闻照片应具有强烈的现场气氛。好的新闻照片应该能将新闻事件发生现场和新闻人物活动现场的气氛加以如实记录,让人如临其境、如见其人、如闻其声。

(3)新闻照片应该体现人物的情感与性格。摄影记者应该将典型人物置于典型环境之中,用具体的、恰当的摄影语言表现人物的情感和性格。

(三)新闻照片的技术质量判断

在技术层面:好的新闻照片必须具备能够被相应媒体所接受的技术质量,比如合乎要求的曝光、相当的清晰度、逼真的色彩还原等,照片的技术指标不够好,势必会影响信息的准确传达和视觉感染力。

1. 成像清晰。新闻图片的特点是运用真实、生动的形象来表现新闻现场、传达新闻要素,成像清晰是实现新闻图片基本目标的基础。

2. 曝光准确、反差适中。

(1)摄影是光与影的艺术,控制好摄影的曝光,是摄影出好的照片的重要一部分。

(2)正确曝光的含义简而言之便是,在适当的时间里让感光片收到适当的光亮照射。

(3)影响曝光量大小的因素是光圈和快门速度。

(4)不同感光度的摄影胶片对光线的敏感度不同。

3. 构图合理、有新意。所谓摄影构图,就是把要表现的对象有机地安排在一幅画面中,使其产生一定的艺术形式,通过它把摄影者的意图和观念表达出来。

(1)摄影构图时要考虑的问题包括:被摄主体在画面中所处的位置;照片画幅的长宽比例;透视与空间深度的处理;影像清晰与模糊程度的控制;色彩的配置;影调与线条的应用;气氛的渲染。

(2)构图目的是更好地表达照片的主题内容,使作品更有艺术感染力,能给观众留下深刻的印象,增强照片的效果。

(3)摄影构图的基本要求是鲜明、易懂、有表现力。

(4)摄影构图要遵循的原则体现为以下几个方面:第一,突出主体:主体是画面上用以表达内容的主要对象,是画面内容和结构的中心。突出主体的基本方法是将主体置于画面的视觉中心;第二,充分利用陪体:陪体是指画面上与主体构成一定的情节,帮助表达主体的特征和内涵的对象。陪体对帮助说明主体的特征起着重要作用,也会使画面中的视觉语言更加丰富生动;第三,陪体的安排表现为,恰当烘托环境、适当留白、注重线条运用、讲求整体均衡。

4. 色彩还原正确。目前的新闻照片基本上都是彩色照片,要真实反映事物的原貌,色彩的真实非常重要。

二、新闻图片的编辑

(一)图片编辑思路

图片在传播中经历视觉、感觉、知觉三个认知阶段。

视觉阶段:读者对图片的感受是从眼球开始的。从生理规律来说,大的造型、鲜艳的色彩、有纵横感的线条,显然更容易捉住人的眼球。这种生理上的“第一眼效应”,就是我们通常选照片时所强调的视觉冲击力。“三秒五步”的封面编辑理论就是基于这样的生理规律。但吸引眼球只是信息传播中的第一步。

感觉阶段:读者的注意力从图片的形式转向内涵,图片的信息量越是丰富,图片中蕴含的具有情绪感染力的人性因素越多,吸引人阅读的时间也就越长,传播的效果越好。

知觉阶段:这是读图的最高级阶段。在获知图片的内容之后,阅读者结合自己的文化与生活经验,通过联想对图片展开深度理解。而能够让人过目难忘,再三回味的照片,总是在传递信息的同时还含有某种象征的意味,拥有一些可以跨越文化差异的属于人类共性的价值因素。当然,这种有能力对抗时间,有机会成为经典的新闻照片,对于报刊来说往往是可遇而不可求的。

对应这三个传播阶段,编辑图片时应该强调三个对应价值评估标准:

一是视觉冲击力优先的原则;

二是信息和情感价值优先原则;

三是象征价值优先原则。

根据视觉优先原则出现在报刊上的图片大致可以分为四类:一为新闻性与视觉表现俱佳,二为新闻性差而视觉表现佳,三为新闻性佳而视觉表现差,四为新闻性视觉表现俱差。原则上,第一类图片必用,第四类图片弃用。当一张第二类图片和一张第三类图片只能选其一时,第二类图片优先。因为一个版上的文字稿会有十多条,而图片常常不超过三张,所以有必要强调图片区别于文字的优势所在,保证图片视觉效果优先。

国内一些报刊设立视觉中心,专门负责图片的采集、选用、编辑和后期制作。在责编、美编、还有图片编辑这样一个平行的业务层面上,事实上,他们共同参与到图片编辑与设计的流程中来。合理的状况是图片编辑主导,与责编一起选择版面需要的图片,然后美术编辑对于图片在版面上的呈现形式,提供专业意见,如果版面责任编辑与图片编辑在处理图片上意见无法调和时,按图片编辑的想法来执行。

下面就是本章的重点,即从新闻照片的编辑内容来分析新闻照片的编辑原则,新闻照片编辑的内容可以大致分为:新闻照片的选择、裁剪及软件处理、文字说明、标题制作。尽管新闻照片的编辑有各方面的原则,但是笔者认为始终贯穿新闻编辑整个过程的最重要的和最根本的原则就是:真实性原则。所以,其他所有的原则都是力求真实而衍生出来的,在下面的分析中体现出真实性的意义。

根据真实性原则,新闻照片是不能裁剪和作其他处理的,但是为了适应版面的需要,或者说是受到报纸版面的限制,可以作适当的调整。例如,对新闻照片的剪裁和重定图片大小以及平衡色调和色彩。在这里会介绍在电脑软件上(主要是photoshop)的处理原则。

(二)新闻照片裁剪的原则

编辑对新闻照片进行剪裁的目的是让新闻照片能够更好地体现编辑思想,突出报道主题，同时也使新闻照片更有视觉冲击力。因此，在剪裁照片时应该注意以下几点：

1. 照片构图的修正。编辑在剪裁照片时，要根据报道意图分析照片的构图是否合理，对那些与主题关联不大的旁枝侧节的东西加以剪除，使画面的布局更加合理，新闻主题形象更加鲜明。例如，有些新闻编辑在采用新闻人物照片时，由于照片的背景太乱影响了人物形象，就干脆将照片的背景全部剪裁掉，只保留人物来突出人物形象。

2. 照片长宽比例的调整。编辑在剪裁照片时一方面要考虑到照片的长宽比例应该符合审美要求，通常"黄金比例"是最好的；另一方面也要考虑到照片在版面上的位置以及稿件配置的特殊需要。

3. 照片篇幅大小与外形的确定。编辑照片用到多大篇幅，一方面要考虑到照片新闻价值的大小、社会效果是否突出。一般对于重大主题的新闻照片都应该给予相对大的篇幅。如果照片拍摄的人物很多、图像比较复杂，也应该给予足够的篇幅使读者能够看清楚。另一方面还要考虑到照片的质量，如果照片本身清晰度不是很高，放得太大效果就会不佳。

（三）新闻照片在软件上（主要是 photoshop）的处理原则

Photoshop 是一个非常复杂的图片编辑软件。我们仅仅使用其巨大图片编辑功能中的一小部分，剪裁和重定图片大小以及平衡色调和色彩。

根据真实性这个总的原则，要注意以下几点：

1. 不得对原片的主体进行增加或减少，不得改变原始内容以及图片的新闻真实。

2. 不得过度调亮、调暗或模糊图片，不得通过对图片某些部分进行掩盖从而误导读者。

3. 不得过度调整颜色。

4. 在新闻现场只能通过 Photoshop 进行细微的调整（尤其在笔记本电脑上）。我们要求只能进行剪裁、调整图片大小、色阶以及分辨率调整至 300 像素/英寸。当有需要的时候，可以要求地区或者全球图片编辑室在其校准过的高分辨率屏幕上进一步对图片编辑。这些包括调亮/调暗、锐化、清楚污点以及基本颜色校准。

5. 在一流条件下，进一步的 Photoshop 细微调节（在以上规定内执行）是可以接受的。这些包括基本的颜色校准，部分区域轻微地调亮/调暗、锐化、去除污点以及其他在以上规则下进行的细微调整。路透社对于这些技术设置的推荐如下：摄影记者所能使用 Photoshop 程度的权限需要由首席摄影记者/高级摄影记者来处置。所有的摄影记者都必须理解他们笔记本电脑以及工作环境的局限性。

三、新闻图片文字说明应遵循的原则

参照路透社新闻图片编辑原则，新闻照片的文字说明应该遵循以下原则：

1. 新闻摄影是图片与文字相结合的传播方式，这意味着在这种传播方式中，文字与摄影同样重要。因此，图片说明的准确性是新闻摄影真实性的一部分。“清晰的图片说明”就是新闻的基本要素：五个“W”加一个“H”，即何时、何地、何事、何人、何故，如何。这个问题看起来简单，可是，无论是摄影记者，还是图片编辑，抑或是版面编辑，“应标注”的往往没有标注，应“清晰”的常常不清晰。

2. 一般情况下，图片说明用一句话概括，必要时增添第二句交代新闻背景。

3. 对于那些容易引起争议的信息，如死亡人数，必须提供来源。图片说明必须交代新闻事件发生时的现场情况以及准确时间。

4. 图片说明中不允许添加摄影记者的任何主观想象，即便是极有可能发生的现象。除了摄影记者亲身见证的信息，图片说明中的其他任何信息必须标明来源。

5. 图片说明中禁止出现对被摄对象主观想法的揣测，如“英格兰队世界杯淘汰后，队长贝克汉姆考虑着自己的前途……”在图片说明的写作中，必须准确地分辨画面中展示什么和你（摄影记者）知道什么。

6. 特殊控制情况下的敏感照片：在一些情况下，摄影记者不得不在受到局限的条件下工作，特别是在报道冲突时或者在新闻自由受到限制的国家。此时，图片说明必须交代该画面是在有（官方）组织的条件下拍摄的。

四、新闻图片标题制作应遵循的原则

新闻照片在单独发表时，为了使报道思想得到更加鲜明的体现，有时还需要配上标题。下面就谈谈新闻标题制作的原则：

1. 新闻照片的标题与文字报道的标题一样，要求内容真实准确、立场态度鲜明、语言生动简练。

2. 一般情况下，采用单一型的一行标题较多，但在编排系列新闻照片时，有时也采用多行题或复合式标题。

3. 新闻标题大致分为两类：一类是写实性的标题。这类标题以简洁的语言概括图片所反映的主要新闻事实。写实性标题都是实题，向读者交代最重要的新闻要素，标题向读者传递的信息能够帮助读者在最短的时间内准确把握照片的主题。另一类是写意性的标题。这类标题以包含感情色彩的语言，阐述观点、抒发情怀，揭发新闻照片的内在意义，使报道主题得到升华。值得注意的是，写意性标题的“意”是借助于图片表现的新闻事实来发生的，要做到“意”和“实”相符，编辑不能脱离画面本身随意引申，或者牵强附会。否则会引起负面的社会效果。

4. 应减少标题压图片的用法，如使用则必须与摄影者和图片编辑共同论证。压题图片是一种标题与图片的版面组合，是一种版面手段。标题字压在图片的什么部位，才能达到既突出整体新闻，又美化版面，同时又不会破坏图片的基本信息？这些都需要充分论证和准确的设计。

五、新闻图片在网络中的应用

（一）图片在网络新闻传播中的作用

1. 图片传播具有信息接受的高效性，实验表明人对图形、符号的反应与记忆有着较大差异，其中对图像所传达的丰富信息接受得最为充分，并保持最长时间的记忆，与抽象图形或其他符号相比更显示记忆的牢固性。

2. 图片在传播过程中具有直接性，相对于文字符号而言，图片具有便于理解的大众性，它不受读者区域语言和民族语言的局限，不受大众文化水平高低的局限，是人类文化传播中都能读懂的一种共同语言。

3. 图片传播具有强烈的视觉冲击力，图像是最接近事物真实的视觉语言，图像是艺术符号，具有丰富的情感，新闻事实如果用文字去表述通常会比较“干瘪”，而用图片去表现时却能显得十分“丰满”。“一幅图片胜千言”充分地阐述了图片传播的形象性、生动性与纪实性，他们能够优先唤起人们视觉神经感知的特性，给人们的视觉感官带来强烈的刺激，并能深深地震撼人类的心灵。

4. 网络新闻传播中，图片能激发人们的认知兴趣，网页打开后，人们首先关注的是图片，特别是动态图片，它们对受众的视觉有着不可抗拒的诱惑力，他能直接调动受众感性经验和视知觉思维，激发受众认知事物的参与性与认知兴趣。

5. 图片便于阅读，受众们对网页中图片的阅读速度要远远快于对文字的阅读。网络新闻传播中，充分发挥图片的造型特点，依靠图片所提供的形象来叙述事件、刻画人物，具有主题鲜明突出、一目了然的效果，并富有强烈的艺术感染力。这样能很快地抓住读者的心，使传播的容量得以扩大，传播节奏明显加快，满足现代社会生活快节奏、多信息的特点。

（二）网络中的新闻照片的应用形式

1. 简单图文组合

新闻照片以准确的纪实性可增加新闻报道的真实性，新闻照片中的人、事、物都是客观存在的真实反映，看起来真实可信。随着科技的发展，世间万物，大至星球、小至微生物，以至于人类难以涉足的领域，都能通过照片如实地记录下来进行报道。图片以直观和真实的特点，赢得了广泛的读者，也确立了自身在新闻传播中的地位。

（1）以新闻照片配合文字新闻；

（2）以文字说明配合新闻照片。

2. 焦点新闻

焦点新闻照片是目前国内新闻网站在其首页或新闻频道普遍采用的一种图片表现方式。它出现在页面的显著位置（通常是屏幕的左上角），形成页面的一个视觉中心。焦点图片是表达编辑意图、吸引受众注意力的一种重要方式。选择与处理焦点新闻照片，除了要注意新闻照片处理的一般原则外，还需要突出以下几点：

(1)新闻价值重大;

(2)足够的视觉冲击力;

(3)以少胜多;

(4)恰当表达。

3. 新闻图片专题

新闻图片专题是多张照片加上相关文字构成的一个报道,是报道摄影中的一个类别。专题新闻图片报道又称“组照”和“系列照片”,是用多幅图片共同报道一件新闻事件,能对新闻事件中的细节作较为详尽的报道。其最大的特点是内容丰富,反映新闻事件全面深入,能挖掘新闻深度。从专题中图片的内在关系角度讲,常见的图片专题分成组合报道式专题与图片故事两大类。

(1)组合报道式专题是针对某一个特定的主题,形成若干个报道单元,从不同侧面、不同角度或不同空间对主题加以表现。

(2)图片故事是运用一组图片及相关文字说明来反映新闻事件、讲述新闻故事或者表现一种社会现象。

(三)如何编辑网络图片

网络图片编辑区别于平面图片编辑的最大特点是时效性更快、信息量更大,不会受到印刷、纸张、版面等局限因素的影响。能更好、更多地整合相关信息。比如新华网的“图片中心”,里面的每一条图片新闻后面都有相关联或相近的图片新闻的链接,给读者更全面的信息。

所以,要做好网络图片编辑,就应该建立起自己的图片库,按类别、事件、时间分好类,编辑的时候能适当地用上,让读者有延伸的阅读,这一点很重要。

此外,如何凸显网络图片的“快”这一特点,第一时间把现场感的图片呈现在网友面前,这个在突发事件中尤为重要。

在一组图片里选出作为封面的图片是编辑的功夫所在,选到好的图片能让关注度增加数倍,这也就是上面所说的“大图放大原则”,到了网络就是封面图片的选择。还有图片说明及标题也是编辑的一大功课,好的图片说明不仅仅要说清图片上发生了什么事,还要能够说得更深入一些。不是简单地描述具体在做什么,尤其是图片故事或摄影散文的文字说明,要把人们从照片本身所表现的事件中引向一个更深的层次。

“眼球经济”要做到真实有度。图片产生的“眼球”经济,是许多网站赖以生存的重要部分。急功近利,为低俗化推波助澜,不少网络编辑更是潜心“钻研”打“擦边球”。2009 年开始,国家七部门联合整治互联网低俗之风专项行动,引起社会广泛关注。一时间,网站编辑成了众矢之的,被誉为低俗化的“实施者”。一位网络编辑曾向媒体透露:点击率是网站的生命线,为了留住眼球经济,得挖空心思打“擦边球”。“特别是最近,经济不景气,网站效益不好,虽然上网的人多了,但他们未必会到你的网站来,得想尽办法把网民吸引过来,还得保留一定回头率”。许多图片编辑游走在低俗边缘,最终只是希望网站点击量能高些。可是,作为一家知名网站,总是把低俗的内容刊登在显著位置,是非常不妥的,也不利于网站的长远健康发展。

网络上也经常出现一些“作假”的事。如今数据传输技术和数据储存技术的高速发展,可以实现更大范围内文本、图像或是图形的直接交换,避免了传统媒体中“以讹传讹”的现象。然而,也有人指出在科学技术如此发达的今天,只要轻击一下鼠标,就会使原图片真假难辨,甚至面目全非。为此,我国国内五大图片网站已联合发出了《五大图片网站联合抵制虚假图片联合公告》,承诺坚决不接受虚假新闻图片,积极维护新闻摄影的真实性。公告参照了国际新闻传媒界关于图片处理的相关规定,并结合我国的实际情况,强调图片报道要确保其真实、客观、公正,这无疑有力制止了那些想通过修改图片来诋毁事实的人。真实传播新闻是最基本的新闻道德,图片新闻应该更好地验证事实,更好地维护新闻的真实性。这是每个图片编辑必须做到的。

六、制约网络图片新闻报道发展的“瓶颈”

1. 网络容易滋生虚假的图片新闻。网络媒体作为一种开放型媒体,只要技术和设备支持,任何人都可以在互联网上发布信息,新闻信息的传播绕过了传统媒体的“议程设置”、“把关人”等程序。于是为了提高点击率,低俗、虚假的图片新闻在网络上蔓延。同时,由于数码技术的发展、网络传播的便捷、编辑选择图片标准不一等原因,近年来在网络传播对图片的需求量和使用量越来越大的同时,虚假图片也大行其道。

2. 宽带制约着网络图片新闻的传播效果。作为高科技的产物,互联网虽然能提供海量的新闻报道,但要实现成功传播还有赖于技术的支持。我国目前并没有实现实际意义上的“宽带”,上网速度的快慢在很大的程度上影响着网络图片新闻的传播效果。当图片像素过大时,图片新闻打开的速度将会很慢。而网络新闻受众通常是浮躁的,哪怕是短暂的十秒钟的等待,都很有可能使受众舍弃对这一部分新闻的关注,这就导致了大量的图片新闻传播中断。同时,随着网页资源的急剧扩张,网民使用搜索引擎时会检索到一大堆难辨真假、重复混杂的内容,这又使所需网页寻迹速度减慢,受众无心等待。

3. 网络图片新闻的著作权得不到有效的保护。网络世界的虚拟性使互联网在一定程度上成为一块自由之地。由于网络新闻的传播,目前国内相应法律法规还非常不健全,因而依据法律法规对网络新闻传播进行有效约束还显得比较困难。同时,在数字技术支持下,图片上传、下载、复制和粘贴功能操作极为方便,网民们可以对网站上发布的图片新闻进行随意地使用,这就使网络新闻图片的著作权处在难以保护的状态,容易受到损害。

4. 网络图片新闻同质化、低劣化现象严重。根据国家的有关规定，我国的商业网站及个人网站是没有新闻采访权的，这导致了网络信息来源渠道的单一。许多网络新闻媒体迫不得已，只好大量使"Copy"新闻及图片，以填补网站信息内容上的不足。这也给了部分崇尚"拿来主义"的网络编辑以借口，导致各网站的图片新闻报道内容单调重复，同质化现象严重，受众看到一条图片新闻时经常发生"似曾相识"的感觉，造成了时间和精力的极大浪费。同时，许多网络媒体为吸引受众眼球，为了抢时间，压缩了组稿、审稿时间。仅凭几张图片就进行新闻事件报道，甚至还美其名曰"独家报道"，受众看图片新闻后对新闻事实并不能全面了解，经常会产生"意犹未尽"的感觉。有些图片新闻甚至出现图文不符、文不对图的现象，受众很难将新闻图片与新闻内容实现对接，这些低劣的网络图片新闻制约了网络图片新闻的发展。

七、未来新闻图片编辑的发展趋势

从国际报刊界来看，图片空间加大、文字数量减少是一个趋势。当下中国的报刊，图文之间依然失衡，图片所拥有的版面空间、图片本身的专业水准，都还有很大的距离等待被缩短。在这一过程中，对于报纸来说，新闻本身是第一位的，至于它是一段文字还是一张照片这并不重要，新闻适合表现为一段文字还是适合表现为一张照片或者适合表现为图片与文字相结合的方式才是关键。事实上，图文结合是目前来看较为适合的平面传播方式。也就是说，图与文对报刊来讲其实是共生互益的关系，不是冲突对立的关系。

附：

《〈华盛顿邮报〉图片处理之15条军规》和《解读〈华盛顿邮报〉图片处理之15条"军规"》

作者：《人民日报》高级编辑　许　林

1. 所有的原始数码图像都必须由数码相机直接下载到图片库以备所需时编辑和回顾。

在进行本地传输时，原始文件需存盘。所有用于编辑目的的打印输出都必须来自数码相机的原始文件。

●解读：

○像保存底片档案一样，对原始数码图像下载和存档，是确保数码摄影采访新闻摄影信息真实性的一条极其重要的原则。

○每一位摄影记者或签约摄影师必须做到，不允许拍摄者对原始数码图像文件的数据做任何修改，以确保提供给图片编辑和版面编辑的照片是原始图像信息。

○在实际中，许多人对原始数码照片的构图、影调、色温、色相、色明度、色彩还原和色彩饱和度等不满意，经常自己动手在Photoshop上修改，这是可以理解的。

但是,你要注意:第一,要把修改的照片另存一个文件;第二,提交编辑部时把你修改的文件连同原始数码图像文件一起上交。这是摄影记者和签约摄影师必须做到的。

○“在进行本地传输时,原始文件需存盘”。笔者理解为,拍摄的数码原始文件不管传输与否,必须及时下载存盘。

○“所有用于编辑目的的打印输出都必须来自数码相机的原始文件”。是说编辑在选稿过程、编稿过程、排版过程、打印印刷过程中,“都必须”使用来自数码相机的原始文件,以确保照片信息的准确性。

○“以备所需时编辑和回顾”。“编辑”是指图片编辑或版面编辑对你修改后的照片不满意,需要重新编辑和修改;“回顾”是指编辑要对照原始文件所有信息的核查。

○每一位图片编辑和版面编辑也必须履行和遵守这条原则,确保原始数码图像资料的完整性和真实性。

2. 图片应标注清晰的图片说明。

●**解读:**

○“清晰的图片说明”就是新闻的基本要素:5 个“W”加一个“H”,即何时、何地、何事、何人、何故,如何。

○这个问题看起来简单,可是,无论是摄影记者,还是图片编辑,抑或是版面编辑,“应标注”的往往没有标注;该“清晰”的常常不清晰。

3. 读者认为图片应当是对事件的真实记录,我们绝不能背叛这种信任。纪实照片的完整性具有最高优先权,纪实照片边框内的所有内容都不能改变,包括改变背景,增加颜色,制造图片蒙太奇或者拼接图片。不能对图片中的内容作任何的增减,这意味着即使是一只手或者一根树枝出现在图片中的不合适的位置,我们也不能去掉他。

●**解读:**

○“读者认为图片应当是对事件的真实记录”:新闻学关于新闻的定义有几种说法,大多数人更愿意接受“新闻是新近发生的事实的报道”。根据这个定义,作为报道摄影的新闻图片,也是对新近发生的事实的真实记录和报道。

○记者是什么?记者是新闻事件的记录者和传播报道者。记者有权采访新闻事件的瞬间、片断和全部过程,通过报道传播给大众,形成社会舆论比并以社会舆论促进或者推动社会问题和矛盾的解决。但是,记者无权改变新闻事件的全部、片断和每一个瞬间的事实。对于摄影记者来说,就是无权改变新闻照片中的每一个细节新闻信息。

○“纪实照片的完整性具有最高优先权”：这里的“纪实照片”就是特指作为报道的新闻摄影；新闻照片原始图像的“完整性”是至高无上的、神圣的、不可侵犯的。

○“纪实照片边框内的所有内容都不能改变”：任何人不能对图片中的内容作任何的增减，尤其是不能“制造图片蒙太奇或者拼接图片”，以确保新闻照片的原始信息。

4. 摄影记者不能对新闻事件进行设置、重现、导演或者采取其他人为行为干扰新闻事实。

●解读：

○不能策划新闻；

○不能人为地干扰、摆布、导演正在发生着的新闻事实；

○不能在新闻事实过后再重新演习、摆拍；

○不能摆拍。

5. 报纸的任务是刊发纪实图片，导演现场只在下列状况下被允许：肖像摄影、时尚或室内设计摄影、工作室摄影，这些照片在使用时必须加以区别，其图像不能给人以纪实照片的错觉，一般情况下，这些照片在使用时应作文字说明。比如某人是为了被拍照而在现场工作，则图片说明不能是“某人正在办公室工作”。

●解读：

○新闻人物的肖像照、文体明星的时尚照、室内设计照等允许现场“导演”。

○“这些照片在使用时必须加以区别，其图像不能给人以纪实照片的错觉”。这句话的意思是：这些照片不能作为新闻照片来使用，不能让读者产生是新闻照片的错觉。

○新闻人物肖像照“使用时应做文字说明”：比如写作“某人是为了被拍照而在现场工作”，不能写作“某人正在办公室工作”，以此区别于在现场抓取的新闻照片。

6. 纪实照片应尽量减少侧面影像的图片的使用，这些图片容易造成特征性元素的缺失。

●解读：

○既然是“减少”，就不是不允许，不能绝对化。

○但是作为新闻照片，确实应当注意对影像“特征元素”的表现，尽量不要造成缺失现象。

7. 纪实照片不得被拉伸、变形以适应版面需要。

●**解读**：

○新闻照片不是哈哈镜，不能随意变形。有的编辑看到版面空一块，为了不改排文字，图省事把照片拉长或是压扁，使照片变形，借以填补空白。

首先，这样做违背了新闻摄影的真实性原则，他们在作变形处理的同时，把被报道对象的真实、客观的形象也改变了。

其次，这种版面处理还涉及四个问题：一是照片中人物形象被歪曲了，不尊重被报道对象；二是摄影作者作品的完整性被破坏了；三是读者一般不会认为是图制作得不好，而会责怪摄影者拍得不好，作者的名誉权也被损害；四是从美学角度来看，随意把人物形象拉长或压扁，在多数情况下，扭曲了正常的人体结构，丑化了人类自己。

新闻照片一般不存在侵犯肖像权问题。但是，使用新闻照片时改变了被报道者的形象，是不是侵犯了被报道者的肖像权呢？

8. 应减少标题压图片的用法，如使用则必须与摄影者和图片编辑共同论证。

●**解读**：

○"应减少标题压图片的用法"：这里说的是"减少"，不是不能使用。

○"如使用则必须与摄影者和图片编辑共同论证"：这里有两层含义：①强调尊重摄影者作品的完整性；②使用压题图片时，是否对图片的基本信息构成了伤害，需要论证。这个论证，除了需要论证可行性，还要论证不可行性。

○压题图片是一种标题与图片的版面组合，是一种版面手段。标题字压在图片的什么部位，才能达到既突出整体新闻，又美化版面；同时，又不会破坏图片的基本信息？这些都需要论证和正确的设计。

9. 数字图像改造技术的使用必须明显地显示出其虚构性。如果必须使用图片说明才能让读者明白此图片经过了数字技术的处理，那么这张图片不能被采用。

●**解读**：

○这是说制作数码照片一定要在视觉上有明显的符号特征，要让读者不用看文字说明，只要看照片本身就可以明白是经过数字处理过的图片。

10. 可以创造性地使用照片图示来表达编辑思想。照片图示一般不使用纪实照片。照片图示的制作必须会同摄影者本人、图片编辑、文字编辑、美术设计，使用的手法必须明显或者夸张，以避免读者误认为其为纪实照片。使用这种方法时必须得到新闻美术总监或其助理编辑的同意。

●**解读**：

○"照片图示"：这是一个好办法，也为版面选择和使用图片开通了一片新天地,增加了一个新的、强大的图片品种。

○“照片图示一般不使用纪实照片”:这句话在强调图示图片与新闻照片之间的区别,一般情况下不使用新闻照片,而使用那些新闻性不强或者没有新闻信息的照片。这种照片一般可以作为插图照片使用。

○“必须明显或者夸张”:这句话说明两点:①在视觉符号上与新闻照片的区别必须是明显的;②画面形象应当是夸张的,而不是纪实的。

○“必须得到新闻美术总监或其助理编辑的同意”:这句话是在说图示的美术设计很重要。当编辑要用作者拍的一张照片做图示使用时,应当而且必须得到美术总监或美术总监助理编辑的同意,才能进行。这里强调的是团队协作精神,是WED工作模式——写作、编辑、设计三合一概念:图文总体设计。

11. 应读者需要刊登的从读者那里获得的有关婚礼、讣告等的图片不能做任何改动。比如,讣告图片必须与原图保持一致,重现性是最重要的。

●解读:

○这是指应读者要求的有约定性的图片,要尊重读者意愿,保持图片信息的“重现性”。

12. 允许为了使图片有更好的效果而对于锐度和对比度的一般性调整。为了增加清晰度和精确度而对色彩或灰度进行的调整必须被限制到最低限度。

13. 可以通过加光或者减光改善图片的技术质量,可以使用数码技术修补照片中由于过多的灰尘和其他非人为因素造成的图片缺损。

●解读:

○“允许为了使图片有更好的效果而对于锐度和对比度的一般性调整”:这里讲的是“一般性调整”。

○“加光或者减光”:如同在暗房放大时对影调的调整。

○“其他非人为因素”:比如照片划痕、冲洗放大过程中由于药水和镜头有杂物造成照片出现的脏点等。

○在电脑上能不能修改新闻照片?修改新闻照片有没有底线?

①能修改。就像我们过去在暗房中冲洗放大照片一样,除用药水冲洗之外,电脑可以担当起传统暗房的全部工作。另外,在编辑、制版过程中,编辑也可以对照片作一些局部的修改和调整,例如:对影调、色彩、剪裁等的局部处理。

这里所说的“局部的修改和调整”与“一般性调整”大体相同。

②修改有底线。这里需要注意的是,所谓“局部”,是指对照片基本影像信息不构成伤害的修改。

例如：

——没有改变照片中影像主体形象的真实性；

——没有改变照片中影像信息的结构和布局；

——没有对影像进行变形处理；

——没有张冠李戴的“换头术”；

——没有移花接木的集锦，等等。

一句话，在不违背新闻真实性包括影像信息真实性原则基础上的修改，就是电脑修改新闻照片的底线。

14. 美术总监，责任编辑和编辑部应当对有疑点的图片及时作出质疑，必要时总编辑应参与决策。

●解读：

○使用图片要高度负责，对有疑点的照片，要行使把关人的职权，把住出口，不让有问题的照片传播出去。

15. 所有在本报刊登过的照片在参加摄影比赛时都必须遵照本报图片处理原则，依照原始图片加以调整。

●解读：

○“依照原始图片加以调整”：即使是参加比赛的照片，也还是以不破坏原始照片的基本新闻信息为尺度进行调整。

思考与练习

1. 新闻图片的作用有哪些?
2. 新闻图片的类型有哪些?
3. 多媒介形态中新闻图片的选择的方法有哪些?
4. 多媒介形态中新闻图片的编辑思路是什么?
5. 多媒介形态中新闻图片文字说明应遵循的原则有哪些?
6. 多媒介形态中新闻图片标题制作应遵循的原则有哪些?
7. 多媒介形态中新闻图片在网络新闻传播中的作用有哪些?
8. 多媒介形态中新闻图片的应用形式有哪些?
9. 如何编辑多媒介形态中新闻图片?
10. 制约网络图片新闻报道发展的“瓶颈”是什么?
11. 未来新闻图片编辑的发展趋势有哪些?

第十章 新 闻 配 置

知识要点

1. 了解新闻配置的意义
2. 了解稿件组合的具体操作
3. 了解稿件配合的主要方式
4. 了解跨媒体新闻的配置

内容摘要

进行新闻配置，将单篇稿件配置成稿群，可以丰富报道内容，扩展和深化报道思想，满足受众的需求，从整体上加大传播效果。理解新闻配置的两个方面：组合和配合，有助于高质高效完成新闻的组配，提升新闻报道的价值，最大化传播效力，对现代新闻业的发展有重要的意义。

第一节 新闻配置的意义

新闻配置，是指按一定的报道意图，对稿件进行改编和组合，使本来单独存在的稿件表现出相互之间的内在联系，在版面上形成一个个反映某一主题的区域。

进行新闻配置，将单篇稿件配置成稿群，是对单篇稿件的新闻潜能予以融合和提升，是对稿件意义的进一步深化和拓展。具体来说，新闻配置的意义如下：

一、消除单篇稿件的局限性，全方位反应报道客体

一篇新闻稿经过选择，修改和制作标题之后，就完成了单篇稿件本身的编辑工作，但围绕这篇稿件的编辑工作还未结束。此时，单稿从语言、事实、思想等方面都已达到见报的要求了，但是从某些方面看，它还具有一定局限性，需要编辑以稿群形式予以完善。

单稿对于事实的反应是不全面的。单篇稿件的写作，受主题、题材、篇幅等方面的限制，只能从一定的角度来反映客观事实，不可能将要反映的对象全盘托出，而读者往往对某一重大的事件、感兴趣的事物需求更详尽的了解。因此，单篇稿件容量的局限性与作者的需求就可能形成矛盾。

就具体新闻报道而言，单稿主要是报道新闻事实的，可能缺少理论的论证；是侧重报道现状的，很少涉及事实的由来；是从思想角度写的，缺乏技术问题的探讨；是文字报道的，不能提供可视的图像。而读者在阅读新闻报道时，往往希望在了解新闻事实的现状和思想意义的同时，也能对事实的历史以及所涉及的技术问题有一定认识；不仅希望通过文字体会新闻信息，也能够通过图像完成更深层次的认识。

这就需要编辑去寻找现有稿群之间可能存在的联系，通过技术手法，完成版面上稿群的组合，使报道从不充分变为相对充分，从分散的变为相互联系的，充分挖掘新闻信息资源，全方面反映报道客体，深化主题。

值得注意的是，单稿不可能多角度去反映事实，而读者也并非希望了解每一个新闻信息的各个方面。并不是每一篇稿件都需要新闻配置，一篇稿件如果已经提供了满足作者需求的信息，就可以单独发表，无须配置。仅仅对于重要的、吸引公众兴趣的信息，才会产生新闻配置的要求。

二、发挥 1 +1 >2 的组合效应，提高传播效率

根据 1 +1 >2 的组合效应，整体总是大于孤立部分的总和。对应到新闻编辑中，一个版中通常刊登多篇稿件，如果能将多篇稿件组合成整体，也就可以产生孤立的单篇稿件相加多不能具有的传播效果。

但是，单稿之间不一定存在关联性，新闻配置并非对于若干稿件的随意的编排。随意的稿群拼凑，并不能产生整体的优势，反而会因为组稿的混乱，破坏单稿本身的效果，甚至产生负面效果。新闻配置的真正含义，是从报道对象、主题、内容等出发，需求单稿间的内在关联性，再通过一定的编辑手段进行整合。

这种组合效应的取得，有赖于编辑精心配置稿件，是稿件在与其他稿件的配合中获得思想内容和表现力的提升。由此而形成的稿群，丰富了报道内容，升华了单稿涵盖的新闻价值，促进读者理解，有效地提高了传播的效率。

三、凸显版的个性，方便受众接受和理解信息

在现代传播的发展中，人们已经习惯了从整体的角度去认识事物，就新闻阅读而言，虽然读者以单稿为阅读单位，但是具体阅读过程中，读者已经形成了将相关内容联系起来阅读和理解的习惯，推动了现代传播中的“专栏策划”以及“版的策划”。

在新闻编辑中，每个版面都是在总的编辑方针指导下，对于自身的内容、组织、任务、特点等有明确的规定。正是这种规定，使一个版能够与其他版面区分开来，表现出自身的个性。“版的策划”以及“专栏策划”正是通过新闻配置，将有内在联系的新闻集中到一个专栏或者一个版中，方便了读者的信息查阅，促进其对于信息的阅读及理解。

同时,在新闻配置的过程中,各个版面的新闻信息得以区分和组合,突出了版面的特色。就版面的内容而言,产生了诸如以要闻、经济新闻、社会新闻、科教新闻、房产新闻等为区分的版面,方便读者根据自我需求对各类信息进行从容选取。

综上所述,新闻配置具有重要的意义:丰富了报道内容,扩展和深化了报道思想,满足了受众的需求,从整体上加大了传播效果。新闻配置主要包括两个方面的内容:一方面是稿件的组织,另一方面是稿件的配合。

第二节　新闻配置的组合

新闻配置的组合,就是指根据稿件之间的相互联系,将稿件组成统一的稿群。侧重将内容有紧密联系的稿件放在一个标题之下,将一组有联系的稿件配套集中在一起刊出,或者将若干具有共同性的稿件组成一个专栏等。

根据具体操作形式的不同,新闻配置的组合可区分为:同题组合、专栏组合、集纳组合以及专页组合。各组合的特点、实施手法及意义分析如下:

一、同题组合

同题组合,是指把内容相关联的新闻稿件置于一个标题之下集中发表。将稿群集中在一个标题之下,将稿件的信息量予以扩展和延伸,增强了稿件之间的凝聚力。标题的制作,将稿件间的关联性予以清晰的展示,读者可以通过标题清楚理解报道间的关系。

(一)同题组合的结构关系

同题组合是以单稿的内容的联系和相互补充为前提的,不同的联系形成不同的结构关系,常见的结构关系有如下几种:

1. 联合编排。

即对相同的内容或相同的报道对象,采用同题组合,突出其中同一的方面。2013 年 2 月 10 日(农历春节)的《人民日报》头版登载的关于春节的新闻报道,就是在一个标题《欢乐祥和度新春》下集合了分别发自上海、济南、广州、郑州、深圳的 5 条消息,报道了各地区祥和欢度春节的不同情景。在这样的组合下,人们了解到的不仅仅是单一的某一省市的春节景象,而是不同省市春节景象的集合,使报道中的春节景象更为丰富生动,人们对于春节的感触更为详尽客观,扩展了读者的视野。

2. 连续编排。

即把关于同一事件的连续发展过程,或同一人物的连续行为的报道,集中在一个标题下发表，可以鲜明的解释事件的来龙去脉，清晰的体现人物的行为过程。比如，《中国青年报》2012 年 6 月 15 日登载胡锦涛主席出访丹麦并出席二十国集团领导人第七次峰会的新闻报道，就是典型的连续编排。该报道在一个标题下集纳了两条信息：一条发自哥本哈根，报道国家主席胡锦涛当地时间 14 日 16 时 55 分许抵达哥本哈根，开始对丹麦进行国事访问；另一条发自北京，报道应丹麦女王玛格丽特二世、墨西哥总统卡尔德龙邀请，胡锦涛主席将出席在墨西哥洛斯卡沃斯举行的二十国集团领导人第七次峰会。报道主标题《胡锦涛抵达哥本哈根开始对丹麦进行国事访问》突出访问事实，副标题"访问丹麦后，将前往墨西哥出席二十国集团领导人第七次峰会"点明出席峰会的安排。如此，读者就对本次胡锦涛主题出国访问的行程有了具体清晰的了解。这两条消息分别刊登也未尝不可，但在占据更多的版面的同时，会影响读者完成连贯的事件认识。

3. 对比编排。

即把内容具有矛盾性质的稿件采用同题组合的方式编排，通过标题的对比，揭示事物的矛盾性质。对比编排中，稿群的矛盾性得以鲜明对比，比分散的单稿本身更具可读性和说服力，引发读者更多的联想和思考。如 2013 年 2 月 27 日《中国青年报》01 版的报道《北京"减负令"　家长不"领情"》，就反映了两个矛盾的事实：一方面"北京市教委出台新规，要求减轻中小学生课业负担"，另一方面"一些学生家长并不'领情'，中小学教辅市场依旧火暴"。先通过标题点明矛盾性，再通过具体的阐述，联系中国教育评价体系，引发了读者对于这一现象的进一步思考。

4. 参照编排。

即把几篇反映同一事实，但消息来源不同的稿件置于一个标题之下，这样有利于读者相互参照阅读，一方面有利于他们全面了解事实真相，另一方面也有利于他们作分析比较，进行正确的判断。如：《人民日报》2013 年 3 月 1 日 03 版的报道《美国向叙反对派提供 6000 万美元援助》，就结合了新华社罗马、大马士革、开罗、华盛顿、伦敦、柏林、莫斯科分社的相关报道，通过"美国也正考虑军事支持"、"叙利亚局势恶化将影响周边"、"俄美同意推进相关谈判"三个小标的内容展示，融合各国主要人士的发言、各国媒体报道内容，对叙利亚局势以及欧美的态度进行了详尽客观的分析，有助于读者客观全面了解整个事件的发展态势。

5. 相关编排。

即编辑在处理稿件时，把几篇内容虽不相同，却具有内在联系（呼应关系、因果关系、评述关系等）的稿件组织在一起，采取同题组合形式来表现。《中国青年报》2013 年 3 月 28 日 01 版报道中，大标题《爱心托起幸福青岛梦》下，除了凸显引题"草根平台释放凡人善举　'网络绵力'汇成公益大爱"的青岛公益现状的报道外，还有一篇记者手记"'中国梦'离不开公益心"是记者对于青岛公益的评述，是记者感想的呈现，这二者的组合编排，丰富了报道内容。

同题组合的稿件排列顺序具有一定规律性,具体而言:重要的在前,次要的在后;支持性言论在前,批评性言论在后;新近事实在前,较早发生的在后;叙事在前,评论在后。

(二)同题组合的优势和缺点

如上所述,组合的完成,并非单纯的数学上的稿件量的相加,而是通过巧妙的稿件组合,以及标题的点睛,使稿件的表现力得以深化;同时,同题组合大大减少了单独发表时标题的重复性,节约美化了版面,又在组合编辑的过程中,使报道更为精炼;此外,在没有合适作为头条报道的单稿时,可通过同题组合,形成一定有分量的报道。

作为一种编排手法,同题组合也有其缺点:同题组合的标题虽尽量照顾各单稿的内容,但因字数、排版等限制,往往很难全面揭示各篇稿件的主要内容,某些稿件的内容会被其他稿件更重要的内容覆盖,无法在标题中得以突出。因此,同题组合不太适合那些以单稿形式亦很重要的稿件。再者,同题组合中,稿群被放置在同一条标题下,题少文多,容易造成版面文字过密,使版面变得呆板臃肿。因此,同题组合中要注意适当压缩稿件,不宜压缩的稿件最好不要采用此种方法。

所以,是否采用同题集中的形式,要视具体情况而定,不应只顾其优点不顾其缺点,胡乱套用。

二、专栏组合

所谓专栏,就是由若干有共同性的稿件所组成的相对独立的局部版面。

(一)专栏的特点及要求

专栏的共同性可以是同一主题、同一内容或同一题材。如《中国青年报》“冰点·人物”的“点评专栏”均是对各特色人物相应事件的点评,以内容求同;而《人民日报》的“今日谈”均是刊登精短的小言论,以题材求同。

专栏在版面中自成格局,单独编排,四周围框或勾线,除了单稿自己的标题外,专栏通常还有栏题。不自成格局,即使是一组有共同性的稿件,也不能称之为专栏。从版面来看,专栏是版面中的若干栏,是版面的局部,如果一组有共同性的稿件占据的不是局部版面,而是整个版面,那就不再称之为专栏,而是专页。

在具体的专栏组合中,应精编文字,讲求整合,在提炼主题上下工夫。提炼稿件中最精彩的部分,删除重复的内容,使专栏中的各个稿件能够相互搭配,从不同角度、不同侧面表现主题,满足读者的需要。

(二)专栏的分类

专栏按其构成,可分为两种:单一性专栏及集纳性专栏。

1. 单一性专栏

单一性的专栏每期只刊发一两篇稿件,通常是连续的,其共同性在连续性中得以体现。由于单一性专栏的联系为不同刊发日期相同栏目,共同性体现上具有

“时差”，这就要求对专栏的主旨、内容、特点、名称等进行细致策划，设置相对稳定的栏目，要求专栏在版面上的位置相对固定，拥有固定的专栏标示，不能临时设置。比较著名的专栏有:《人民日报》的“今日谈”、《中国青年报》的“中青评论”（图10－1）。

实干成就中国梦

让公平成为“中国梦”的底色

图10－1 单一性专栏 《人民日报》2013年6月25日头版“今日谈”(左)

图10－1 单一性专栏 《中国青年报》2013年3月23日头版“中青评论”(右)

2. 集纳性专栏

集纳是集合、组合的意思，集纳性专栏由多篇稿件集合而成，有连续性和非连续性两种表现形式，是日常稿件编辑的一种重要方式。日常组版中最常采用的是非连续性的集纳专栏，它是根据稿件情况和报道意图在组版时临时决定的，其共同性在集纳中得以体现。如2013年2月19日《中国青年报》06版“消防连着你和我”专栏（图10－2），在春节期间，中青报福建、常州、德州三个地区的记者都就消防安全问题进行了采访，写作了三篇稿件。这三篇稿件如果单独刊发，会显得琐碎单薄，而这样通过设立“消防连着你和我”专栏的形式，较全面展示了各地区春节期间对于消防工作的重视，提升了单稿所不能负载的新闻价值。

福建：春节期间开展消防夜查

常州：1.2亿新建5个消防站

德州联合“体检”棉纺织企业消防安全

图 10－2 集纳性专栏 《中国青年报》
2013 年 2 月 19 日 06 版“消防连着你和我”专栏

此外，专栏按照内容，可以分为新闻性专栏、评论性专栏、知识性专栏及综合性专栏。新闻性专栏侧重于教育科学人文领域，贴近读者，塑造了形象鲜活，特色鲜明的新闻人物。如《中国青年报》的“冰点 · 点评”专栏；评论性专栏主要刊发时事评论，一般具有深厚的思想文化积淀，对读者有一定启发意义，如《中国青年报》的“中青评论”专栏；知识性专栏是对现代科学知识，人文知识的一种展示，用以丰富读者的知识，如《中国青年报》2013 年 1 月 11 日 06 版的“围脖一周”专栏；综合性专栏，如《中国青年报》2013 年 1 月 13 日 03 版的“大学生村官”专栏，在对江苏东台的大学生村官进行详尽报道的同时，展示了北京、浙江、四川等地的大学生村官代表及相关评论。

（三）专栏的优势和缺点

专栏作为稿件的一种组织形式，具有单稿所没有的一些优势。首先，专栏能够变分散为集中，按照报道要求提炼和突出稿件的某一共同因素，将分散的单稿组合成为联系紧密的稿群，更为深入的表现事物或问题，更能吸引读者的注意和思考；其次，专栏的每一篇稿件可以比较短小，只侧重说明事物的某一方面，作为整体时，能从不同角度、以不同形式，展示事物或问题的一定广度和深度，单篇短小精悍，组合突出主题，体现了整体优势；此外，专栏还能丰富版面设计，增加版面的情趣和美感，提升读者阅读兴趣；而精彩的连续性专栏能养成读者固定的阅读兴趣，吸引固定的受众群体，提升报纸的吸引力。

当然，专栏的使用也有其缺陷。首先，和同题组合一样，重要稿件不适合采用专栏组合。因为专栏组合集若干稿件于一体，不可能使每一单稿都得到突出的体现，且专栏篇幅有限，有可能对报道进行裁剪，重要的稿件如果放在专栏中，会减轻其作为单稿时的分量，影响传播效果；其次，为了配齐专栏所需的稿件，不得不费更多的时间，有时难免会影响到新闻的时效性。

三、集纳组合

集纳组合，即将几篇有联系的单稿组合在一起，集中刊发，使之相互补充，或相互映衬比较，从而在整体上取得更好地传播效果，方便读者阅读和理解。

集纳组合与同题组合不同，并非集于一个标题之下，采用集纳的稿件通常仍有自己的标题，总标题可以有也可以没有；集纳组合与专栏组合也有所不同，集纳都是非连续性的，没有栏目，没有栏题，在版面中也不以勾线、围框等形式与其他稿件分割，只是将各篇稿件编排在一起。集纳可以是版面中的一个小的组成部分，也可以占据整个版面，如果占据整版，就是版，包括专版、综合版。

相较于同题组合、专栏组合，集纳组合对于稿群的组合比较自由。但这种自由仅仅是相对的并非绝对的自由，集纳组合中稿件的编排同样要求稿件间拥有相同的因素。这种因素既可以是内容，也可以是形式。

稿件间的共同因素有不同的表现形式，有的是浅层的，容易被编辑捕捉到。如2013 年6 月25 日03 版《人民日报》（图10 –3）的集纳性专栏，就集合了《沈跃跃会见阿尔及利亚妇女代表团》、《缅甸总统吴登盛会见杨洁篪》、《王毅同英国外交大臣黑格通电话》、《王毅将出席东亚系列外长会》四条消息，它们的共同因素比较明显，都是国家公务人员的外交行为报道，这样的结合帮助读者更清楚了解中国外交行为的发展。2013 年3 月28 日03 版《中国青年报》（图10 –3）也体现了浅层共同因素的集纳组合，3 篇报道《第三届全国百家语文教师评选活动启动》、《长春：学校发生安全责任事故年度考核“一票否决”》、《北外——英国博尔顿大学全媒体国际新闻硕士项目启动》都是关于学校发展、教师活动的报道，组合刊发方便了读者的阅读行为。

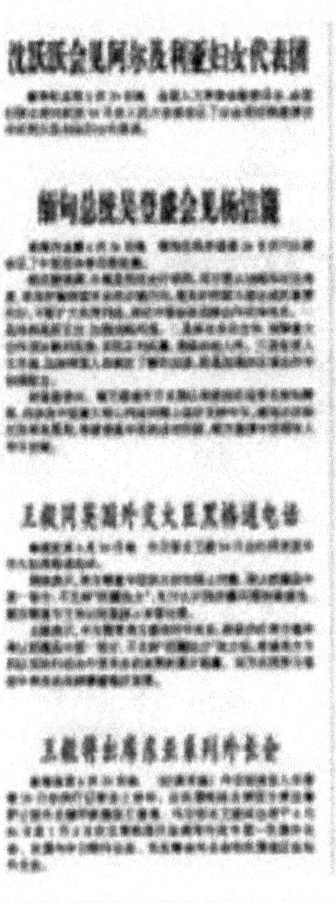

图 10－3　集纳组合　《人民日报》
2013 年 6 月 25 日 03 版(左)

图 10－3　集纳组合　《中国青年报》
2013 年 3 月 28 日 03 版(右)

有的稿件之间的共同因素是隐含的,不容易察觉。这种情况下,稿件间表面看起来说的是不相干的事情,彼此毫无关系,但仔细剖析,还是可以发现其共同因素,这也是时下诸多报刊头版排版所使用的手法。使用这种手法,让原本不相干的新闻在相互映衬中产生互动性,吸引读者的眼球,促进读者对于新闻信息的阅读。如 2013 年 4 月 7 日《新闻晨报》的头版(图 10－4),就是在报纸正中用黑色加黑字体引用王毅谈半岛局势时的原话“不允许在中国家门口生事”,下方刊登了“邹市明赢下职业拳坛首秀”的新闻。两篇新闻没有实质上的联系,但如此组合在一起,以邹市明霸气的胜利衬托了中国外交言辞的强硬,让读者会心一笑的同时,能更好理解中国外交的态度。

新闻晨报
SHANGHAI MORNING POST

■朝鲜建议外国使馆撤离　■中国外长王毅应约同潘基文通电话谈朝鲜半岛局势

“不允许在中国家门口生事” A6

A2
食药监总局批准应对H7N9新药可注射制剂上市

A4
极限运动新宠到上赛场风洞体验空中飞翔

31岁邹市明赢下职业拳坛首秀 A13

图10－4　集纳组合　《新闻晨报》2013年4月7日头版

四、专页组合

专页，也称专版，即以全部或除广告之外的大部分版面刊登一组具有共同性稿件的版。专页与专栏相似，都是由一组具有共同性的稿件组成，只是所占据的篇幅不同，前者是全版，后者只是版中的全部。

常见的专页往往用以表示版的分类，如汽车专页、房产专页、体育专页、旅游专页等。这种专页一般比较固定，多数还是定期的，如《中国青年报》的冰点专栏（图10－5），每周三刊发，多为长篇通讯报道，立意新锐，深受读者喜爱。有的专页是以某一事件、问题为共同点来组织的，通常因时而做，内容不固定，通常是一次性的。现代媒体在报道重要的事件和问题时，多采用专页“特别报道”的手法。如《重庆时报》2012年7月7日16版针对“七七事变”纪念日的特别报道，就使用了专页，以抗战时期报纸行文的格式进行刊载，给读者很强的视觉冲击力，加深了读者对于7月7日的感悟。《中国青年报》2013年3月1日07版，也采用了专页的形式对湄公河案进行了报道，组合了《以国家名义让正义得到伸张》、《“我们支持受害人家属到境外再打一场官司”》、《糯康犯罪集团案审结开中国司法先河》三篇文章，多方位多角度对湄公河案及其审理进行报道，强化了读者的信息理解。

一锅狂奔的市场 一刀切下的监管
谁为干细胞医疗乱象埋单
冰点周刊
安全门
油价“破8” 超值中级车选车全攻略

華北被突擊入作戰狀態
蘆溝橋日軍向我進攻
75年前的今天！

图 10－5　专业组合　《中国青年报》2012 年 4 月 25 日 05 版(左)

图 10－5　专业组合　《重庆时报》2012 年 7 月 7 日 16 版(右)

首先,对版的内容进行组织,将单稿组合成统一的稿群,不论是采用同题组合、专栏组合、集纳组合还是专页组合,都需要编辑精心做好编辑工作,确保组合的内容取得良好有效的传播。具体来讲,应该注意组合是在稿件有相同因素的前提下开展的,目的是使稿件在组合后相互映衬,切记生拉硬套,强行组合。其次,可多样稿件的组织形式,可消息、通讯、评论交相搭配的形式,增强组合的传播效果。最后,新闻稿件的组合要求编辑留心稿件的关联性,注意平时积累,在新闻时效允许的情况下,可跨天编辑组合稿件,以组合的形式提升单稿的新闻价值。

第三节　新闻配置的延伸

在新闻实践中,单稿由于篇幅和题材的限制,对新闻事实的报道往往有某些方面的不足,这就需要编辑对已有的稿件作必要的补充,这就是新闻配置的延伸——

稿件的配合。

稿件配合，指以一条稿件为中心，根据稿件内容和实际需要，给原有稿件增发各种新材料，对原有稿件的内容进行补充、解释或论述。其目的主要在于对新闻加以拓展，丰富新闻的内涵，深化新闻的意义，以增强其可读性、可视性、说服力和感染力。

配合的主要方式有四种：配评论、配资料、配图片、配音频、视频。

一、配评论

新闻评论，是就当前重大新闻事件或具普遍意义的问题，运用分析和统计的方法，就事论理，就实论虚，有着鲜明的针对性和指导性的一种新闻文体。报纸上的评论有很多，有社论、评论员文章、编者按、专栏评论等，它们有的是单独刊发的，有的是配合新闻发布的，配评论指的是后者。

（一）配置评论的文体分类

配置评论的具体种类包括：社论、评论员文章、编者按、专栏评论、短评等。

1. 社论

社论，代表编辑部就某一重大问题发表的权威性评论，集中反映并传播一定政党、社会政治集团或社会群众团体对当前重大事件和迫切问题的立场、观点以及主张。政党机关报的社论一般代表同级党组织的意见，我国影响力最大的社论来自《人民日报》（图 10－6），代表了党和国家的指导性声音，引导着最广泛的舆论。

社论

凝聚起实现“中国梦”的强大力量

——热烈祝贺十二届全国人大一次会议开幕

图 10－6　社论　《人民日报》　2013 年 3 月 5 日第 1 版

2. 评论员文章

评论员文章是新闻评论中常用的一种文体，是仅次于社论的重要评论，包括本报评论员文章、本报特约评论员文章、观察家评论。本报评论员文章一般不署名，体现编辑部的立场、观点和态度；本报特约评论员文章系社外人士撰写，一般不署名，必要时也署名，一般风格鲜明，内涵厚重；观察家评论通常用于重要的时事评论，以观察家身份出现，凸显评论的客观和权威。

在实际运用中，评论员文章与社论、短评、编者按等评论文体相互依存，取长补短，各显其能，以充分发挥其宣传、指导和启迪社会的功能。

3. 编者按

编者按是编辑人员对一篇文章或一条消息所加的意见、评论等，常放在文章或消息的前面，也可穿插于文中，就文中的某一段甚至某一句话发表评论。编者按一般起强调重点、表明态度的作用，一般不展开论证，只是提示要点、交代背景、补充材料。

编者按包括介绍性编者按、评论性编者按、综合性编者按，这里说的编者按主要指评论性编者按，编者通过自己对于文章的分析凸显文章的特点，便于读者快速把握。

4. 专栏评论

专栏评论是指在报纸固定的版面，特定的专栏中发表的评论。如《中国青年报》的“中青评论”，《新民晚报》的“新民时论”（图 10－7）等。专栏评论具有持续性，评论内容紧跟时事，比较应时，善于发现新人新事新风尚，针砭时弊，且位置、篇幅、风格及读者群都相对稳定。

新民时论
梦想，伟大现实的出发点

让法治为改革新征程护航

图 10－7　专栏评论　《新民晚报》2013 年 6 月 8 日 A07 版“新民时评”（左）

图 10－7　专栏评论　《中国青年报》2013 年 3 月 19 日第 1 版“中青评论”（右）

5. 短评

短评是对人和事物进行简短的评论，它是篇幅较小、内容单一、分析扼要、运用便捷的评论题材，在报纸、广播、电视中都可以使用，以在报纸中的使用最为常见。根据内容可分为文艺短评、政治短评、思想短评等。

在实际运用中，短评主要包括两种形式：一为针对某一事物或问题发表的独立的简短评论；二为配合新闻报道就事论理的短小评论，这里短评主要指后者，是更为常见的使用形式。短评主要评论具有重要意义又比较集中具体的问题，如《中国青年报》2013 年 2 月 21 日 11 版（图 10－8）关于“山西房媳”爆料人高勤荣的报道就配置了一篇短评：《英雄并不孤独》，肯定了高勤荣作为记者的“揭黑”行为，表达了对于高勤荣、高勤荣们的支持，深化了通讯报道的新闻内涵。

“山西房媳”爆料人高勤荣的悲喜人生

“让那些欺负老百姓的人无处可藏”

英雄并不孤独

图10－8 短评 《中国青年报》2013年2月21日11版

（二）配评论的具体操作

评论是为深化新闻服务的，应当“青出于蓝而胜于蓝”，切忌就事论事，述而不作，或仅仅对新闻内容加以概括，而后加上“应当提倡”、“大力倡导”之类的表态性话语。评论应该有理念有见解，比较独到和深刻，这需要将新闻与现实进行认真的思考和对照，看哪方面最值得阐发，最值得启迪。

与单独写的评论不同，配发的评论有其特殊之处。第一，评论的议题要来源于新闻报道，抓住新闻报道中最有意义、最能说明问题的一点，引申开来，进行议论；第二，配发的评论必须是对新闻主题的深化，要对新闻报道起补充作用，提出具有指导意义的建议和意见，给人以启迪；第三，配发的评论篇幅不宜过长，一般情况下不应长于原来的新闻报道。

具体而言,新闻配置中的评论所起的仅仅是辅助的作用,如果新闻报道本身已经将信息阐释得比较完整,就无须再配置评论。配置评论使用过多,反而可能造成过多观点的堆砌,不利于读者阅读和理解。评论的配置,一般需要存在以下情景:需要依托事例的论证来阐明方针政策的正确性;需要直接表明对某一现象或问题的态度;需要对文章的中心思想进行一定提炼;需要揭示典型现象的社会意义;需要展示事物的走向和未来发展规律;需要强化编辑部的观点和态度等。

二、配资料

新闻配发资料是用过去发生的事实或现有的知识等资料,配合相关的新闻同时发表,是延伸、扩展新闻报道的主要手段之一。就单稿而言,报道的重点是人与事的最新变动和状态,不涉及或很少涉及与事件有关的其他方面。对于某些报道,读者希望多一些背景的了解,以便完全理解新闻事件的意义和全貌;某些报道由于涉及一些专门的知识和术语,读者希望可以对此类词语加以解释,扫清阅读和理解的障碍。这时,就需要配发一些相关的资料。

资料对新闻报道的补充、扩展主要体现在两个方面:一是纵向的延伸,即追根溯源对事件人物的历史作必要的介绍,便于读者通过对事件人物的过去的了解,加深对新闻报道的现状的理解;二是横向的扩展,即对新闻报道中涉及的人物、地点、事件以及相关情况作补充交代,这种由点到面的扩展,可以丰富新闻报道,最大限度满足读者的阅读需求。

新闻所配发的资料从总体上说分为事实和知识两大类,具体包括新闻背景、新闻人物、新闻地理、科学知识、名词解释等。

1. 新闻背景

即介绍新闻事件的历史渊源和发展,使读者对事件的来龙去脉有所了解。新闻背景资料主要包括两类:一类是介绍事件本身的历史,使读者对事件的发展有纵向的了解。另一类是介绍同类事件的历史,既为读者提供一种纵向的了解,也为读者提供了一种横向的参考,扩大了读者阅读的背景知识,增加对新闻的理解。

2013 年 3 月 18 日《中国青年报》第 11 版新闻报道《政府须再接再厉攻克职教改革难题》的报道下端,就配置了《政府工作报告职教提法 10 年演变》的背景资料,让读者对于政府职教改革的历史和努力有了更深层次的理解。

2. 新闻人物

即新闻报道中出现的重要人物的生平作简要的介绍。新的政治人物的就职,重要国际友人的来访,某个领域的科学家获国际大奖时,新闻报道往往都仅仅就事实本身进行报道,没有对该人物个人生平作详细阐述,此时,就需要配置资料来弥补读者的缺憾,增强读者对于新闻人物的认识。

《中国青年报》2013 年 3 月 16 日第 2 版就刊登了新上任的国务院总理李克强的简历,对第 1 版的消息《十二届全国人大一次会议决定李克强为国务院总理》进行了补充，让普通民众清楚明晰的了解新一任国家总理的生平，强化对于总理的认识。

3. 新闻地理

即对与新闻报道有关的地方的自然地理、经济地理、政治情况作一定简要的介绍。“何地”是新闻的重要要素，新闻报道的价值，与报道所涉及的事件的发生地点、新闻人物的活动地点，有密切的联系。新闻地理的介绍能够帮助读者更好的理解新闻的意义。此外，对于读者不熟悉的新闻地点的地理进行介绍，也能够有效的增加读者的阅读兴趣。

4. 科学知识

即介绍新闻报道有关的自然科学、社会科学中的某些专门知识。在新闻报道中，有时候会涉及某些专业性较强的科学知识，这是一般读者很难理解，也无法在具体报道中详尽予以解释的。这就需要配发知识性资料进行补充介绍和通俗的讲解，以促进读者对于信息的吸收。

5. 名词解释

即对新闻报道中涉及的、不为大众熟知的历史典故、名人语录、成语、术语等进行解释和说明，如说明其出处，解释其内涵。作为大众读物，编辑不应该要求读者通过查阅工具书才能具体理解报道的内容，对于难解名词的解释，不仅仅是为了方便读者，更是为了增加可读性，拉近与读者之间的距离。

与配置评论相似，资料的配置也需谨慎，必须注意：一方面资料是配合新闻发表的，要与新闻密切配合，呼应新闻的同时要避免重复，既对新闻有所补充又不会离题太远；另一方面资料是对背景信息的客观介绍，要注意用事实说话，不宜过多的议论和抒情。

三、配图片

图片配置，是指给新闻报道配置相关的图片。图片是版面设置中不可缺少的重要组成部分，文字和图片的交叉使用和配合，美化了版面，缓解了读者的阅读压力。新闻配置中图片的使用，既丰富了报道的内容，又促进了读者的信息摄取。

随着现代科技的发展和生活节奏的加快，现代人对于文字的倦怠感日益加深，对图片的渴求也呈递增趋势，新闻配置中图片的重要性不言而喻，成为越来越引人注目的一个课题。

（一）图片选择和编辑

图片根据其种类的不同，可分为照片、漫画、图示、图饰四大类，在具体操作中，每一类别的选择和编辑有所不同。

1. 照片

照片通常是编辑所采用的图片中所占比例最大的，可简单分为新闻照片与非新闻照片两类。新闻照片就是以新闻事件、新闻人物为拍摄对象，再现新闻情景的照片，可作为独立的新闻报道出现在版面上，一般配有简短的文字说明，也可与文字报道配合刊发。非新闻照片包括对自然景观的拍摄，明星的艺术照，政治人物的肖像照等，不具备新闻照片的新闻性和时效性，不作为单独的体裁刊发，但可以装饰版面，或配合某些文字报道使用。

报纸编辑对于图片的选择，在长期的实践中形成了一定的标准，大致有以下几条：照片反应的内容必须是真实自然的，并非摆拍或 PS；照片需具有视觉冲击力和感染力；照片报道的内容需具有新闻价值；照片画质清晰，制作精良，利于制版印刷；照片反应的内容和形式需符合报纸的风格；需协调照片间的关系，避免画面的重复。

照片在报纸上最常见的编辑方式有如下几种。

（1）独立刊发的新闻照片

照片作为独立的新闻报道出现在版面上时，大多数情况只包含一幅新闻照片，有时是两三幅的组合，配以标题和简短的文字说明。独立刊发的新闻照片主要包括两类：一类是“图片新闻”，以图片形式反映报道事件或人物最典型的场面和瞬间，作用类似于消息。另一类是“新闻摄影报道”，以特写性镜头表现新闻典型，刻画局部和细节，作用类似于文字报道的深度报道。新闻摄影报道比图片新闻更有深度，更具表现力，但时效力较弱。

《中国青年报》2013 年 3 月 4 日第 2 版（图 10－9）刊登了一篇独立的新闻照片，在照片右下方配以如下文字说明：

3 月 3 日，全国政协十一届五次会议在北京人民大会堂开幕。会后，全国政协副主席、全国工商联主席黄孟复在直播间接受媒体的专访。日前，黄孟复就“2012 年中国民营经济面临的机遇与挑战”作出解读——对民企来说机遇大于挑战。

图 10－9　独立刊发的新闻照片　《中国青年报》2013 年 3 月 4 日第 2 版

（2）配合文字稿件刊发的新闻照片

文字稿件和新闻照片的组合，是新闻编辑最常使用的配置形式，具有解释和证实的作用。这类照片既可以是新闻照片,也可以是非新闻照片,根据文字与图片的关联度以及版面的情况,决定是否配以文字说明。

(3)专题新闻摄影的照片

专题新闻摄影是指围绕一个特定的主题,摄制不同角度多个瞬间的主题照片。编辑部有时会开展专题新闻摄影活动,并对活动照片进行有机地组合,多幅照片与标题、文字说明相组合,更为全面深刻的揭示新闻事物。因为专题新闻摄影活动多是临时开展组织的,这种形式的照片编辑也通常不具持续性。

(4)照片专栏

与专题新闻摄影照片不同的是,照片专栏一般在报纸版面上具有相对固定的位置,是有专门名称的一种以照片为主、标题和文字说明为辅的专栏,以连续的、有规律的方式出现。如《重庆时报》的随手拍专版,就是征集市民随手拍摄的图片,配以简短文字说明组合而成的照片专版,其互动性受到了读者的广泛关注。

2. 漫画

漫画是一种艺术形式,是采用简单而夸张的手法来描绘生活或时事,揭示社会生活中的问题和现象的图画。漫画一般运用变形、比拟、象征、暗示、隐射的方法,构成幽默诙谐的画面,以取得讽刺或歌颂的效果,具有较强的社会性,能够激发读者的兴趣,引导读者的思考。

新闻配置的漫画的使用比较广泛,包括针对某些政策,反应社会生活现象的政治、社会性漫画;配合文字报道的图解式漫画;逗人发乐的幽默漫画等。针对不同类别的漫画,有着不同的编辑要求。

(1)政治、社会性漫画

政治、社会性漫画是漫画的主要品种,这类漫画中时效性较强的又称为新闻漫画。漫画作者通过漫画形式对时事加以描绘和评论,具有较强的新闻性、政治意义和社会意义。《新民晚报》2012 年 5 月 15 日 A11 版(图 10 - 10)刊载了一篇题为《还是这边增值快》的社会性漫画,讽刺了现代社会中的经济腐败问题。

政治、社会性漫画是一种形象化的评论,与文字评论相比,它不能详细指涉具体的人或事,只能借助标题和文字说明来表达主题思想。由于画面的限制,漫画对于问题的分析也不如文字稿件一样的全面和深刻,需要读者联系实际,结合画面形象去思考和理解,才能得出结论。因此,并不是所有的题材都适合漫画这种呈现方式,应结合读者的理解能力去选择。

图 10－10　政治、社会性漫画　《新民晚报》2012 年 5 月 15 日 A11 版

(2)图解式漫画

图解式漫画是附属于文字稿件的漫画,这类漫画是对文字稿件进一步的解释说明,深化了文字报道的思想内涵,渲染了报道的感情色彩;也利用其形象性的特点,对文字报道中晦涩难懂的内容进行简要直观的图解,帮助读者完成信息理解,启发读者的想象。如《新民晚报》2012 年 5 月 15 日 A10 版(图 10－11)的新闻报道《寻找路人"试验"辣椒水》就配置了与文字信息联系紧密的"嬉笑着朝路人喷射辣椒水"的漫画,直观形象的再现了歹徒的凶残行为,更容易引起读者抵制此类行为的共鸣。

寻找路人"试验"辣椒水

三名女子面部受伤 2个歹徒分别领受刑事处罚

图 10－11　图解式漫画　《新民晚报》2012 年 5 月 15 日 A10 版

(3)幽默漫画

幽默漫画是选取人们日常生活中一些有趣的事例,以夸张的形式加以描绘,逗人发乐。优秀的幽默漫画在令人捧腹的同时,还能让人思索和联想,悟出人生的一些道理。

总的来说,编辑对漫画的选择和编排首先要注意政治思想上的把关,在此基础上传递思想,确保舆论导向的正确性。其次,编辑对漫画所反应的问题是否典型、表现的方式是否合适、揭露和讽刺的分寸是否把握得当都应该慎重考量。编辑还要对漫画的思想性、风趣度进行评估,尽量采用不落窠臼的漫画作品。

3. 图示

当新闻报道涉及大量统计数据、新闻发生地地理情况复杂,仅依靠文字难以理解时,就需要配置适当的图示。图示的使用鲜明生动的解释了数据,方便了读者的阅读和理解,提升了报道的精确性。

图示包括统计图表、示意图和新闻地图三大类。统计图表就是将统计数据制成简单明了的表格;示意图不仅仅是把统计数据集中绘制成图,还运用形象化的手法解释数据的含义,如借助饼图分析数据百分比,折线图表现数据的变化走势等;新闻地图则是依照标准地图,将新闻发生地的地理情况绘制成更简洁明确的地图。图示一般配合文字报道使用,极少的情况下,也可刊发相对独立的图表新闻。

4. 图饰

图饰是指用美术图案点缀和烘托报纸的报头、报眉、标题、栏题、版头或版面的其他位置,使版面更加美观生动。图饰不同于图示,只是版面的一种装饰,不传播任何新闻信息,适当地运用图饰可以更加充分的体现版面编排思想。

(二)配置图片的意义

报纸传递信息主要依靠两类符号:文字语言符号和视觉性非语言符号。文字语言符号包括文字稿件、标题、版题、栏题等,而视觉性非语言符号主要包含图片、色彩和版面结构。对文字语言符号的理解,需要读者拥有相通的共同意义空间,要求读者具备一定的文化水平。而图片这种非语言符号能够以直观的形象传递信息,还原其原始状态,即便是没有多少文化知识的人也能理解新闻图片的内涵。此外,文字语言信息的阅读耗时较多,看图片更加轻松和快速,图片在现代编辑中的作用越来越重要。

1. 纪实性作用

新闻照片具有再现新闻现场、记载真实瞬间的作用,是编辑中不可或缺的重要组成部分。新闻照片能够化解文字新闻报道的弊端,形象的再现新闻现场的每一处细节,使读者直观真实的观测到新闻事件的全貌,并通过照片里直观影像,最大程度接近新闻现实,增强现场感受。

2. 证实性作用

非独立使用的新闻照片和非新闻照片都具有证实文字报道的作用。这类照片是对新闻资源的充分挖掘,对提高新闻的可信度具有重要意义。文字报道固然能通过详尽的描述,展现新闻事件的发展,阐述其意义,但在读者看来“耳听为虚,眼见为实”,单纯的文字报道并不能使其完全信服。如果能配置与文字相关的图片,形象的观测到新闻现场,读者对于报道真实性的怀疑自然也就随之消除。

3. 解说性作用

文字报道的解说,需要读者逻辑性思维的跟进,而漫画、图示等能够以形象的图像符号,更为直观的展示文字报道的内涵,对相对枯燥的文字表述进行生动易懂的解释,深受读者的喜爱。越来越多的编辑,在面对专业性较强以及数据内容繁杂的新闻稿件时,更倾向于制作相关图示辅助说明,促进读者的阅读理解。

四、配音频、视频

现代科学技术的发展,丰富了传播手段,读者的信息摄取渠道不再局限于报纸,而开始更多的转向广播,电视、网络等新兴媒介。新闻配置的内涵也得以扩大,从传统的文字、资料、照片延伸到了包括音频和视频在类的新兴技术手段的使用。本小节主要以网站新闻的配置为例,解析新闻配置中对于音频和视频的使用。

(一)音频、视频的配置形式

按照内容组合的不同,网站新闻可分为三类:第一类是纯文字的新闻报道,读者通过文字信息的阅读来获取信息;第二类是配图片的新闻报道,读者结合图片的视觉感官以及文字的信息阅读,来完成对于新闻事实的理解;第三类是配音频、视频的新闻报道,读者在阅读文字的同时,还可以通过收听音频或观看视频,进一步直观形象的了解新闻事实。

音频、视频的配置形式主要包括:

1. 直观呈现文字报道。

在某些网站新闻报道中,文字报道仅仅是音频、视频中的内容的直接呈现,只是根据音频、视频资料完成文字录入工作,没有多余的背景资料叙述。此时,音频、视频仅仅起到音效化、视频化文字信息的作用,仅仅阅读文字报道,或者仅仅收听音频、观看视频,并不影响对于新闻信息的理解。如 2013 年 4 月 25 日,新浪中国军情频道的新闻报道《国防部:解放军越过中印实控线不符合事实》。

2. 文字报道为主,音频、视频作补充。

此种报道模式中,音频、视频资料多为文字报道中的新闻事实的某一个片段的展现,在体育报道、时事新闻、娱乐报道中较为常见,如篮球报道里运动员比赛中的精彩投球,时事新闻中领导人发言的重要部分。新闻信息的全面理解必须借助于文字报道的阅读,音频、视频仅仅作为文字报道的补充。某些情况下,音频、视频所涵盖的信息是文字信息中的重要部分,有助于提示新闻重点,加深读者的了解。

2013 年 6 月 9 日，新浪国内新闻频道发布报道《习近平向奥巴马阐明钓鱼岛及南海问题立场》，结合了文字报道和视频新闻。其中文字报道阐明了新闻背景“中美元首会晤”，揭露了视频人物的身份——国务委员杨洁篪，并具体报道了杨洁篪的发言，而视频仅仅是对于杨洁篪新闻发言的节选，没有明显的人物标示，需要借助文字才能完成信息的准确接收。

3. 音频、视频为主，文字起辅助作用。

主要运用于网站新闻的视频新闻版块，音频、视频是新闻报道的重点，是读者关于新闻事件信息的主要来源。仅在音频、视频的底部配以简要的文字信息，主要包括视频发布时间、来源以及新闻简介。如新浪视频 2013 年 6 月 19 日发布的新闻报道《雷阿伦 5.2 秒救命 3 分！热火起死回生扳平比分》就是以比赛视频实录片段为主要形式，在视频下方辅以文字信息的说明。（图 10－12）

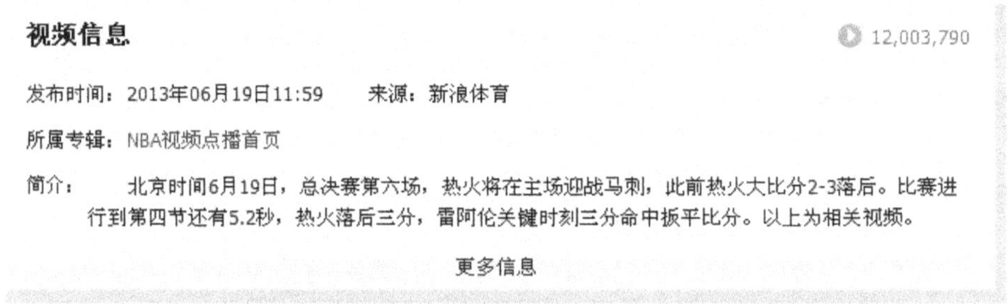
视频信息　12,003,790

发布时间：2013年06月19日11:59　来源：新浪体育

所属专辑：NBA视频点播首页

简介：北京时间6月19日，总决赛第六场，热火将在主场迎战马刺，此前热火大比分2-3落后。比赛进行到第四节还有5.2秒，热火落后三分，雷阿伦关键时刻三分命中扳平比分。以上为相关视频。

更多信息

图 10－12　“音频、视频为主，文字起辅助作用”　新浪视频　2013 年 6 月 19 日

（二）配音频、视频的意义

现代传播中，音频、视频的使用愈渐频繁，读者已经渐渐习惯并更倾向于结合音频、视频完成对于信息的理解，新闻报道中关于它们的配置，有效地促进了传播效果的取得。具体而言，配音频、视频有如下几方面的作用。

1. 降低信息理解的门槛

文字信息的摄取，对读者知识水平的要求较高，只有在识得大量文字的基础上，才能准确的理解新闻事件。而收听音频、观看视频并不受读者识字能力的限制，读者可在简单的收听和观看中，了解新闻信息，完成对于相关报道的理解。也就是说，音频、视频的配置，降低了信息理解的门槛，有效地推动了读者的信息浏览行为，促进了读者的信息理解，提高了信息传播的效率。

2. 通过声音和视觉形象，还原新闻场景

新闻事件要想通过文字进行还原，并通过文字达到大部分读者的透彻理解，实际操作起来有一定的难度。就算结合了新闻图片，让读者对新闻现场有了比较直观的感触，但这种静态的呈现比之于音频、视频的动态展示，还是有一定的差距。

通过音频和视频,新闻现场的声音和视觉图像得以还原,新闻场景得以镜子般的展示,读者透过这个途径,真实客观的重构了新闻场景,有助于其对于新闻报道的信息以及思想的领会。

3. 视听兼备,让读者深度卷入新闻信息

视频可以传递图像和声音,这种多样、灵活的视听组合方式,是真正所谓的"视听兼备"。视听兼备的情景包括两种:一是视听同步,即传递的是新闻事件的现场同期图像和声音;二是视听异步,即传递的是经过了后期的配图或配音加工的视频,如解说配画面。

两种情景都营造了一种形象化、触觉化的氛围,让人有身临其境的感觉,好像亲耳所听、亲眼所见、触手可及。在提高新闻真实性的同时,拉近了读者和新闻事件的距离,让读者深度卷入新闻信息,增强了理解力。

第四节　跨媒体新闻的配置

现代传播技术的发展,促进了传统媒体与新兴媒体的融合,跨媒体的信息交流日益增多。此时,信息在不同媒体之间流动与互动,读者根据自己的需求选取不同的手段摄取信息。为了提高新闻信息的接触率,就必须强化信息生产,提高新闻稿件的吸引力。作为丰富报道内容、深化报道思想、强化新闻价值的有效手段,新闻配置在跨媒体新闻中的重要性不言而喻。

跨媒体新闻的配置主要包括两个方面的内容:内涵式配置、外延式配置。

一、内涵式配置

(一)内涵式配置的特点

内涵,是指概念所揭示的事物的本质特征,即事物质的规定性。反映到跨媒体新闻配置中,内涵式配置要求稿件质量的优化、报道的深入,是对新闻深度的追求的体现。

在媒介融合的环境下,多种媒介形成互补效应,新闻素材的采集、使用呈多样化趋势,信息发布的平台也日益增加和趋于成熟,通过不同媒介信息的配置,跨媒体报道已经能够超越以往新闻深度的传统体现。

从图片到视频,新闻报道一直在尝试着用视觉的方式挖掘新闻事件的意义,可视信息的出现解放了传统信息在表达中的局限性,产生了突破性的视觉变现力。时至今日,虽然基本的媒介形态没有根本的改变,但跨媒体新闻报道实现了对各个媒体的融合使用,尤其是影像视觉媒体。这种融合使用包括从静态到动态、从单向传播到双向互动等,实现了不同于以往的对于新闻事件意义的深度挖掘、揭示和解释。

从信息来源的角度出发，跨媒体新闻报道可以使用的信息来源得到了极大的丰富。社交媒体的海量言论、资讯，成为记者进行深度报道的素材。也就是说，在某种媒介上获取的信息源，可能促进其他媒介以此展开深度报道，通过具体报道中的信息源揭示完成新闻配置。如微博某用户爆料某工厂违规操作，过度排放污水，记者浏览此信息后，可能进行实地采访，最终通过报纸、电视等媒介完成深度报道。

跨媒体新闻深度的体现源自媒体之间的互动，在不同的媒介平台之间、文本之间形成对话，在互动和碰撞中形成丰富多元而又形象可见的事实和观点，通过新闻的配置，完成跨媒体时代之前所未有的新闻深度。

（二）内涵式配置的形式

根据新闻报道最终载体的不同，可将内涵式配置的表现形式主要区分为：

1. 报纸：长篇通讯。

新闻深度在报纸的体现，主要来源于长篇通讯，在对新闻事件的细致描述中体现报道深度。一般来说，长篇通讯的信息源多来自网络爆料，如“雷政富事件”。此外，长篇通讯也有对视频热点新闻的进一步调查。相较于原本的爆料或简短视频新闻，深度通讯更为详尽地报道了新闻人物、新闻事件的细节，给读者全面深入了解相关内容的机会。报道的开展，基于记者对于各媒介信息的整合和配置，体现了新闻报道的内涵要求。

2. 电视：焦点聚焦。

社会事件在电视报道中，多是通过短讯的形式，在新闻节目中予以呈现。对于重大的事件、突出的社会问题，电视报道通常使用“焦点聚焦”的手法，通过时长较长的节目，在事件图像还原、新闻现场采访、嘉宾讨论的交叉表现中，体现新闻报道深度。值得注意的是，此类电视节目制作的缘起，包括报纸和网络的相关报道，节目制作人阅读相关信息时，看到了聚焦报道的价值，并以其为背景资料，开展电视节目的制作。

3. 网站：专题网页。

传统媒体有限的版面或时段对新闻深度的实现始终是一种局限，这在互联网空间得以纾解。互联网为新闻报道提供了广阔的平台，借助不同体裁的搭配，组合新闻报道，让文字、图片、视频三者相得益彰。具体到深度体现上，主要有专题网页的制作。在专题网页中，新闻事件能够以全面的文字和视觉展现，将对于同一新闻事件的报纸报道，电视报道予以组合，完善读者的阅读接触。

二、外延式配置

（一）外延式配置的内涵

外延是指概念所反映的本质属性的全部对象，说明概念多反映的事物“有哪些”，即概念的量的规定性。延伸到跨媒体新闻报道，外延式配置体现了对于稿件量的需求,希望就同一新闻事件集合大量的新闻报道,力求以数量大、形式多取胜,完成新闻事件的全方位展现。

在网络技术发达的今天,读者信息获取的局限性已经渐渐消弭,通过网络搜寻大量信息成为了可能。但是,网络信息过于繁杂,对相关信息的单独搜索通常要耗费大量的时间,为读者所不喜。此时,外延式配置的优势就得以大程度的体现。

首先,在跨媒体环境下,“报网互动”逐步向“报网一体”发展,现代报业集团一般设有各自的网站,网站内容多为本集团报纸内容的直接反应,也包括对其他报社的报道的转刊,它们共同构成了网站的海量信息。同时,网络的便捷性,让各网站信息的共享成为可能。外延式配置得以以整个网络空间的海量稿群为基础,提取其具有共同因素的部分,予以整合,方便读者的系统阅读。

其次,网络空间对于稿件容量的限制要求低,最大限度的减少了版面、时长等因素带来的局限,以超链接、专题等形式完成新闻配置。在读者可视范围内,组合了具有一定关联度的多方面信息,彼此间相互补充对照,很大程度上提升了读者对于报道的大主题的领会。

值得注意的是,相较于内涵式配置,外延式配置并未改变单稿的实质,丰富稿件的内涵。外延式配置中使用的稿件一般都保持了原样,配置只是单纯的对于单稿的量的组合,以稿件数量来吸引读者,方便读者广阔的信息摄取。

(二)外延式配置的形式

1. 报纸:微博内容展示

由于报纸的版面的局限性,跨媒体新闻配置中对于报纸的使用并不同,最具特色的配置形式即微博内容展示。通过在报纸上开辟专栏,整合有重要影响的数条微博,以“微博名称+微博内容”的形式展现,完成新闻配置。读者在阅读此类信息时,对微博舆论有大致理解,且可通过具体微博内容完成社会认知。

2. 电视:分类新闻报道

电视节目中,外延式配置的体现主要来源于分类新闻报道,如体育新闻、娱乐新闻、军事新闻等。不同的新闻受众拥有不同的兴趣爱好,其新闻接触也有所不同。在综合性新闻报道中,受众需要从各类信息中挑选自己感兴趣的部分,自我整合,耗时耗力。分类新闻报道的出现,有效解决了这一问题,分类新闻报道一般是针对社会生活的某一方面展开报道,综合了此类新闻的重要部分,让读者从整体认识理解此领域。

3 网站:文末超链接、专题新闻

网站外延式配置的具体操作中,内容相似、主题相仿、对象一致的新闻报道被整理出来,通过不同的形式编排于网页,一般包括文末超链接以及专题新闻。文末超链接是指将相关信息编排在文末,以超链接形式展示,如果读者有兴趣进一步阅读,可直接点击进入。与报纸不同的是,专题网页的所有新闻一般都是以标题的方式呈现,大大节约了版面空间,更有利于相关性新闻量上的集中,部分新闻以“关键字+图片”的方式呈现,很容易吸引读者去阅读。

思考与练习

1 联系实际,简述新闻配置的意义是什么。
2 同题组合主要包含哪些种类?简述其优势和缺点。
3 简述专栏的特点及具体分类。
4 结合实例,谈谈怎样寻找稿件关联性以完成集纳组合。
5 简要介绍配置评论的文体分布。具体操作中应注意哪些方面?
6 配置资料对于新闻稿件的扩展主要体现在哪些方面?
7 报纸上的图片有哪些种类?它们的选择和编辑应注意什么?
8 配置图片的意义是什么?
9 配音频、视频的具体操作是什么?
10 跨媒体新闻配置中,内涵式配置和外延式配置主要包含哪些特点?

第十一章 版面设计

知识要点

1. 熟练掌握报纸版面基本知识
2. 掌握报纸版面语言及版面设计的基本程序
3. 运用版面设计相关知识分析报纸的设计理念、设计风格及优劣
4. 灵活、正确运用版面设计知识进行相应风格的报纸版面设计

内容摘要

版面内容必须通过一定的形式来表现,本章着重分析介绍版的形式安排——版面设计。

版面是各类稿件在版上编排布局的综合体,是报纸一个版的整体表现形式。每个报纸的版面各不相同,即使同一个报纸的版面也不会重复。但是在这些不同的版面中,又可看到许多相同的东西:它们所运用的材料是大体相同的,运用这些材料时所采用的结构规则也是大体相同的。版面所运用的材料和结构规则构成版面表现内容的特殊语言——版面语言。

正如语言是由语音、词汇和语法三要素组成的一样,版面也是由版面语言组成的,而版面语言的“语音、词汇和语法”三要素就是版面空间、编排元素和版面布局结构。下面先介绍版面的一些常识和版面功能,然后再剖析版面语言的组成要素。只有对版的内容和版的形式即版面有了全面的认识,才能进行版面设计。

第一节 版面常识和功能

一、版面常识

在研究报纸版面之前,需要了解版面编辑工作中的一些基本常识。

(一)开张

报纸面积的大小用开张来表示。拿整张印刷纸裁开的若干等份的数目作标准

来表明报纸面积的大小叫开张。目前，我国报纸的开张主要有两种规格。一种是对开报纸，就是报纸的面积是整张印刷纸的二分之一。对开报纸的每一面分为左右两个相对的版，两面共四个版，每个版宽是 39 厘米，高是 55 厘米，其面积是整张印刷纸的四分之一，如《人民日报》。另一种是四开报纸，就是报纸的面积是整张印刷纸的四分之一。四开报纸的每一面也分为左右两个相对的版，两面共四个版，每个版宽是 27.5 厘米，高是 39 厘米，其面积是整张印刷纸的八分之一，如《新民晚报》。

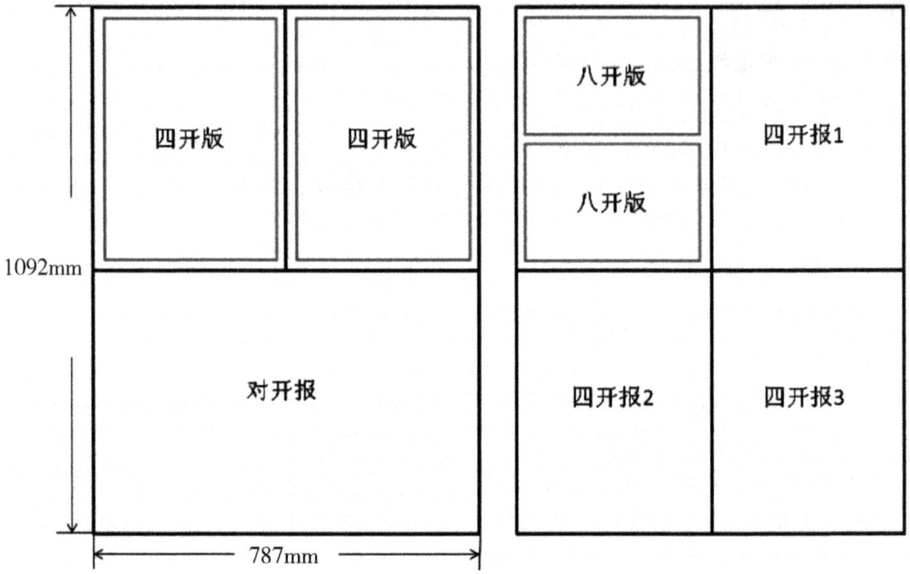

图 11－1　报纸开张示意图

（二）版芯（版心）

一块版除掉四周应留的空白外，中间容纳文字和图片的部分叫版芯。它的面积小于版的面积。对开报纸的版芯，一般为宽 35 厘米，高 49 厘米，面积 787.5 平方厘米。也有少数报纸版芯的高度是 50 厘米。各类稿件的编排布局都在版芯范围内进行，最终在版芯的面积上形成整体，所以版芯也就是通常所说的版面。

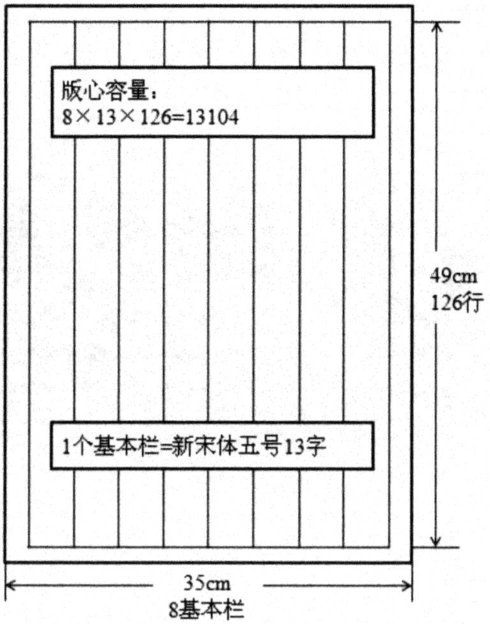

图 11－2 报纸版芯示意图

（三）版次

任何一份报纸都是由多个版组成的，少则四个版，多则几十个版甚至几百个版，按先后顺序给这些版排出的次序叫自然版次。报纸表现自然版次有两种形式。一种形式是报纸每一张单独折叠，独立排列版次，各张的自然版次相接。如《人民日报》的版次，第一张报纸是1、2、3、4版，第二张报纸就是5、6、7、8版。另一种形式是各张报纸重合折叠，依次安排自然版次。如《大河报》每份24个版，印成6张报纸，重合折叠，其版次是：第一张报纸左边的外页与内页为1、2版，第二张报纸左边的外页与内页为3、4版，第三张报纸左边的外页与内页为5、6版，依此类推。在第一种形式中，有的报纸根据内容需要又将报纸分为A叠、B叠、C叠、D叠，如A叠要闻、B叠财经新闻、C叠体育新闻、D叠副刊等，每一叠报纸单独折叠，根据自己的版数又重新安排版次自然衔接，《羊城晚报》等报纸就是这样安排的，这种版次非常方便阅读。

（四）报头

报头是指报纸刊登报名的地方，一般都在第一版的上端，横排报纸大多在上端偏左，竖排报纸大多在上端偏右，也有把报头放在上端正中的。除报名外，报头上还刊登出版单位、当日出版日期、当日出版版数、出版总期数、当日的天气预报、刊号、邮发代号等；上了计算机网的报纸还刊登本报的网址；有的还标明报纸的性质和隶属。报头的位置通常是固定的,但也有些报纸在某一特定日子移动报头的位置,以吸引读者注意。许多报纸的报头在特定的日子套色印刷,有的报纸报头每期都套色印刷。

（1）

（2）

（3）

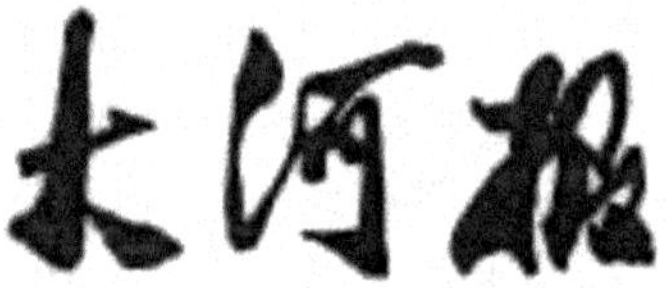

（4）

图 11－3　报头示意图

新民晚报
宣布将中塞战略伙伴关系提升为全面战略伙伴关系
2012年度上海环境状况公报今发布
苏州河水质有好转
大气污染投诉居首
微公益 梦启航
提高对小微企业不良贷款容忍度

南方周末
荒野无处叩首
最高法的想法和办法

图 11－4　报头示意图

（五）报眼（报耳）

报眼又称报耳，是指横排报纸报头旁边的版面。报眼所占版面不大，但因位置显著，一般用来刊登比较重要而又短小的新闻，也有用来刊登当天本报的内容提要（也有用来登广告的）。有时报眼不单独编排，而与其下面的版面打通编排。

大河报
一切为了群众 一切依靠群众
从此台湾任我行
中国体育彩票
相伴六年 亿元派奖
5月30日正式开启

人民日报
习近平会见苏里南和巴巴多斯领导人
全力以赴组织救援
最大限度减少人员伤亡
习近平抵达圣何塞

图 11－5　报眼（报耳）示意图

(六)报线

报线是指版芯的边线。目前多数报纸只有上端的边线,其宽度与版芯相同,叫天线,又叫眉线;只有最后一版既有天线又有地线(下端的边线)。地线之下刊登报社的地址、邮编、电话号码、定价、广告许可证号、昨天报纸开印时间、印完时间等。还有的报纸连天线也没有。

图 11-6 报线示意图

(七)报眉

报眉是指眉线上方所印的文字,包括报名、版次、出版日期、版面内容标识等。有的报纸报眉布局是:眉线上方正中是报名,一般都是一版上报名字体的缩小;眉线上方的一端是当天报纸的出版日期、版次,另一端是版面内容标识,如"经济"、"政治·法律·社会"、"教育·科学·文化"等。有的报纸,如《光明日报》没有眉线,而是在版芯上方靠近报纸折缝的一端放置版面内容标识,另一端置一短线,线上为报名、出版日期、版次。报眉的作用是便于读者检索。由于第一版放置报头,所以所有的报纸第一版都没有眉线和报眉。

图 11-7 报眉示意图

(八)中缝

中缝是指报纸同一面上两个相对的版的中间部分。一些大报为了版面的庄重大方,中缝保持空白。也有不少报纸,特别是四开报纸,为了充分地利用版面,在中缝刊登广告和知识性资料。

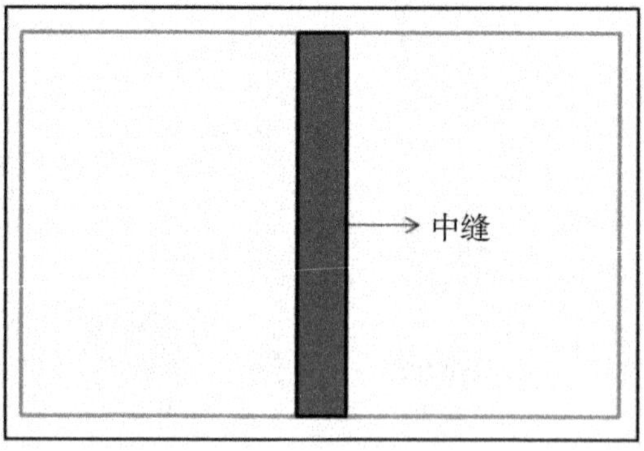

图 11-8 中缝示意图

（九）报尾

报尾是指报纸每版右下角的方寸之地。一般刊发不显著的新闻或简短告示，有时也用来发排广告。

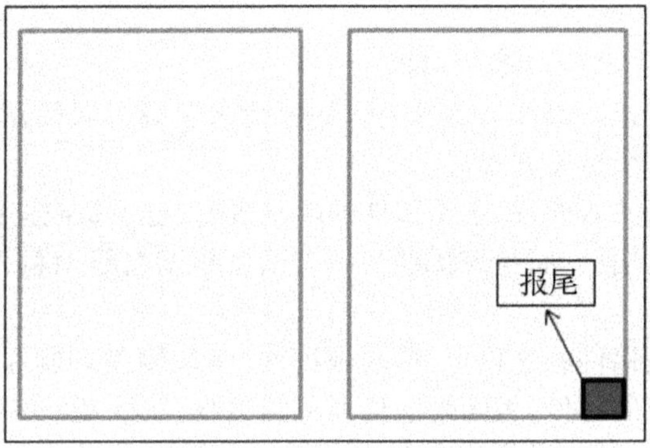

图 11－9　报尾示意图

（十）通版

通版是指把报纸同一面上两个相对的版打通而形成的版。通版的面积包括两个版和这两个版之间的中缝。通版一般用于报道重大事件，其优势在于可以将要刊登的材料放在更大的版面空间来安排，比较集中、灵活，且能采用较大的标题、图片和装饰，比一般版面更具有气势。但通版一般是围绕一个中心来组织的，内容比较单一，占据版面又多，不宜常用。对开报纸的版面本已较大，很少采用通版，采用通版形式的多为四开报纸。

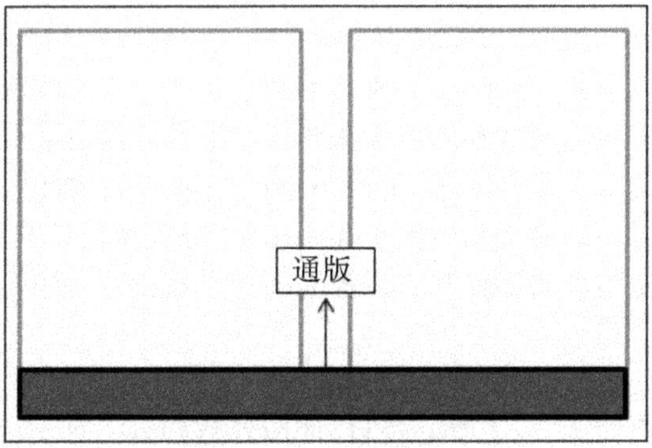

图 11－10　通版示意图

二、版面功能

报纸是新闻、文章、图片的集合体。版面人员在安排各类稿件时，绝不是不顾内容、随心所欲地进行拼凑，而是对各类稿件的内容作出确切的评价，赋予它们最恰当的形式。报纸的内容和版面形式是矛盾的统一。报纸内容是矛盾的主导方面，它对版面起支配和制约作用。版面形式必须适合内容的要求并为内容服务。具体来说，版面的功能如下。

（一）具有引导舆论的导向功能

版面是通过传递编辑部对稿件内容的评价来引导读者阅读的，这是报纸影响读者引导舆论的一个重要方式。

任何一家报纸的版面，都不是稿件的随意拼凑，也不是或按稿件大小或按收稿时间先后纯客观地摆放，而是编辑部为了向读者传递自己对稿件内容的评价而精心编排的产物。

编辑部在处理稿件的过程中，从取舍稿件、修改稿件到制作标题，每个环节都包含着对稿件内容的评价，版面是这种评价的继续，而且是最终评价。版面对内容的评价，可以强化、保持、弱化乃至改变其他编辑环节的评价。这是因为，版面上的每篇稿件都是版面全局中的一个局部，每篇稿件在版面上的地位都是与版面全局相联系的。因此，版面的评价是把每一篇稿件放到全版稿件的总体中，通过相互比较来评价。评价的结果，是确定每篇稿件在版面上的重要性程度，排出全版稿件的重要性顺序。这个结果，直接、鲜明地体现编辑部的倾向性。编辑按照这个结果以最恰当的方式安排稿件，从而形成某种特殊的“版面语言”，把编辑部的评价准确无误地传达给读者，引导社会舆论。如报纸要闻版头条，是读者关注的焦点，因而，在舆论导向中具有特别重要的作用。经常以什么作头条，往往表明报纸准备把读者的注意力引向那个方面。

（二）具有帮助和吸引读者阅读的导读功能

版面编排的层次、条理，与读者能否顺利阅读内容有密切关系。报纸上稿件的内容丰富多样，体裁也色彩缤纷。如果在版面上不分内容、体裁，不管轻重、主次，随意堆放稿件，稿件的不同特点就可能被淹没，稿件间的联系也可能被割断，版面就会杂乱无章，阅读就会发生困难，更谈不上引起读者的兴趣。相反，精心编排版面，分门别类地把有关的稿件相对固定在一个版，分别主次恰当地把稿件安排在版面上一定的位置，使稿件的特点和联系都清晰地表现出来，就可以帮助读者顺利地阅读内容。

版面不仅能帮助读者顺利地阅读内容，而且还能吸引读者来阅读。只要把版面编排、设计得美观大方，令人赏心悦目，使读者感到是一种美的享受，就可以吸引读者饶有兴味地去阅读内容。

（三）具有显示报纸个性的标志功能

“文如其人，报有其性”。报纸的风格由内容和形式两方面的独特性构成，是一张报纸不同于其他报纸的特色的综合表现。报纸内容的独特性，是由报纸的编辑方针、读者对象、发行范围等不同所决定。形式的独特性是内容独特性的表现形式。形式的独特性既形成了报纸形式的独特风格,同时也反映了内容的独特性。报纸版面是报纸形式独特风格的集中表现。如《人民日报》版面的庄重大方,《北京青年报》版面的浓眉大眼,《新民晚报》版面的纤巧精制。这种版面风格,不仅能够显示报纸外观的区别,使读者不看报名就能认出是什么报,而且能够深化报纸的内涵,使读者更容易认识报纸的内容特性。因此,读者通过版面,不仅可以认出报纸,而且可以了解报纸。

版面的上述功能,是通过向读者传递有关信息而实现的。报纸版面向读者传递信息,不是依靠文字,而是依靠版面语言来实现的。版面语言是版面特有的表现手段。版面语言有两个明显的特点。第一,版面语言是一种辅助性语言,它不能脱离报纸的主要传播符号——文字和图像而独立存在,但可以给文字和图像以附加信息,从而强化、削弱甚至改变它们的意义。第二,版面语言具有国际性,除某些具体语言形式的理解有差异外,其基本含义为各国报纸所认同。版面语言的基本形式包括版面空间、编排手段和版面的布局结构。版面就是通过这三种基本语言形式交叉配合,巧妙运用来传递各种信息,发挥上述功能的。

第二节　版面语言的表现形式

版面语言是版面表意、传情、叙事的符号。版面语言有丰富的表现力,版面语言的表现形式为版面空间、版面编排元素和版面布局结构。

一、版面空间

版面空间是一个版面所提供的用以表现编排思想和内容的空间,是构成版面的重要组成部分,也是版面语言的一种基本形式。版面空间包括的主要因素是:区域、面积、距离、形状。

(一)区域

报纸的每一个版都是一个版面空间。这些版面空间,由于存在于顺序不同的版上而具有不同的强势。在一个版面空间里,不同的区域也具有不同的强势。

强势,作为报纸编辑学中的一个概念,是指版面具有的吸引读者注意的特性。强势大,吸引读者注意的程度高;强势弱,吸引读者注意程度低。版面的这种特性,来自于版面空间的不同区域和不同面积吸引读者注意的程度不同,也来自于版面编排元素对读者视觉刺激强度的不同。强势的作用在于,不同的强势可以表现稿件的不同重要性。区分版面空间不同区域的强势的是版序和区序。

1. 版序

表示各个版的强势,即吸引读者注意程度的序列叫版序。吸引读者注意程度与重要程度是一致的,即越能吸引读者注意的版越重要。因此,也可以说,表示各个版的强势即重要程度的序列叫版序。报纸的第 1 版总是首先映入读者的眼帘。我国读者一般都习惯于看了第 1 版再去翻阅其他版。第 1 版与其他版相比,最能吸引读者的注意,最具有强势。因此,我国的报纸一般都把第 1 版作为要闻版,用以刊登当天最重要的新闻。

除第 1 版外,其他各版的强势程度规律大致如下:第 3 版强于第 2 版,第 5 版强于第 4 版。总之,单数版强于双数版。原因在于双数版一般在单数版的背面,双数版总是被翻动的,单数版总是静止的,人们的眼睛自然而然地落在静止的版上,看完单数版后再转向双数版,因此,往往把一些转版的稿件放在双数版上。

由于要闻版的强势优于其他版,同一版位,稿件放在要闻版要比放在其他版显得重要;如果标题大小等其他编排相同,放在其他版上的头条位置,也不如放在要闻版的一般位置突出。因此,最重要的新闻一般都放在要闻版。但每期报纸,要闻版只有一个,容量有限,常常出现重要稿件多而版面容纳不下的矛盾。解决这种矛盾有以下几种办法:

(1)文转其他版。这个办法的优点是:既突出了重要稿件,又可少占要闻版的篇幅;缺点是阅读一条新闻需要翻页,不太方便。因此,十分重要的稿件最好不要转版,一个版上转版的稿件也不宜很多。

(2)题在要闻版,文在其他版。重要而篇幅较长的文章,采用这种办法,在要闻版上占据的版面更少,又起了导读作用,因而为各报普遍采用。采用这种方法,需要在题周加框,与其他稿件区别开。

(3)全文登其他版,"导读"登要闻版。"导读"通常以专栏形式出现,内登若干当日其他各版的重要新闻或文章的简明标题,有的还附图片。

(4)全文登其他版,摘要登要闻版。这是处理重要而篇幅又比较长的文章的另一种方法,可以节省要闻版的版面,又可以使无法看完全文的读者从摘要中了解文章的主要内容。但它也有短处,就是摘要与全文免不了重复,要多占版面。另外,从全文摘出要点花费的时间比较多,如果时间紧迫就难以做到。过去,我国报纸采用这种办法比较多,现在较少。

(5)增加出版次数。即一天的报纸分为上午版和下午版,这样就等于增加了一个要闻版。

2. 区序

就一个版而言,版面空间可划分为若干区,各个区具有不同的强势。版面空间各个区根据强势大小所排列的次序,就是区序。

如果把一个版横截分为两半,其空间就出现了两个区:上区和下区(图 11 – 11

甲)。从强势来看,上区优于下区。这是因为,就横排报纸而言,行的连接是自上而下的;就竖排报纸而言,字的连接是自上而下的,人们阅读文章必须自上而下移动视线。因此,不论是横排报纸还是竖排报纸,上区都要比下区更能引起读者的注意。

如果把一个版垂直分为两半,其空间就出现了左区和右区(图 11 - 11 乙)。这两个区相比,哪个区更具有强势呢?这取决于报纸是竖排还是横排。如果是竖排,由于行的连接是自右至左的,读者在阅读时自然先注意右区,右区就具有较大的强势。横排报纸则不同。横排的文字是自左至右的,因此,左区就要比右区更容易引起读者的注意,从而具有更大的强势。

如果把上述两种版面的划分重合在一起,则版面空间可分为上左、上右、下左、下右四个区(图 11 - 11 丙)。对于横排报纸来说,上左是上区和左区的重合,因此,是最具有强势的区。其次是上右。下左和下右两区的强势相比,区别就没有上左、上右那么明显。如按照左区优于右区的分析,则下左应当优于下右。但是,从读者读报时视线的自然移动来看,大多是看了上左,再看上右,然后视线自然下移至下右,因为这比把视线移动至下左较为省力。还因为下左与上左接近,在版面上为了突出上左,一般不可能对下左再作突出处理。所以,一般说来,下右要优于下左。

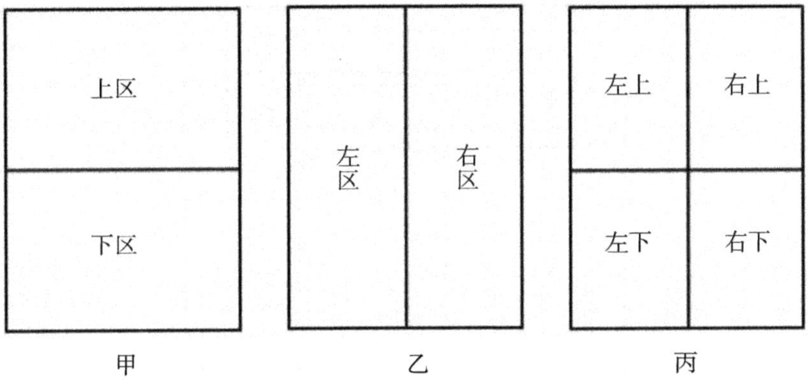

图 11 - 11　区序示意图

这样,我们就可以把横排报纸版面空间的各个区,按其强势从大到小排列次序如下:上左,上右,下右,下左。竖排报纸的各个区的强势则可按次序排列为:上右,上左,下左,下右。

在我国报纸的版面设计编排中,区序规律的运用占有重要地位,是表现设计编排思想的主要手段之一。比如,按照区序规律,重要的稿件要有意识地放在版面空间的上区,最重要的稿件则必须放在左上区,而不太重要的稿件就可有意识地放在版面的下区以至左下区。

要注意的是,版面上区的划分是无形的,既不用线也不用其他符号直接标示出来,而只是编辑设计心理上和读者阅读心理上的一种划分。

3. 栏和栏序

(1)基本栏。在版面上可以直接看到的划分是栏。报纸的版面都划分为若干栏。横排报纸的栏是自上而下垂直划分的,每一栏的宽度相等。一张报纸的各个版按几栏划分是统一的、固定的。这种统一的、固定的、宽度相等的栏,称为基本栏。如《人民日报》每个版都划分为 8 栏,每栏 13 个小五号字。这 13 个字宽的栏,就叫做基本栏。一个版应该划分为几个基本栏,主要考虑读者阅读是否方便,是否有利于版面的设计编排。分栏过多,基本栏过窄,阅读时视线移动频繁,容易造成眼睛疲劳;分栏太少,基本栏过宽,阅读时就容易错行,影响阅读的效率。一般说来,我国以汉字为字符的对开横排报纸的版面,划分为 6~8 个左右基本栏比较合适。至于采用 6 栏还是 8 栏,则要视报纸的内容和特点而定。如果报纸的短小新闻较多,版面以活泼为其风格基调,则采用 8 栏比较合适,因为 8 栏制的版面比 7 栏或 6 栏制的版面更富于变化,短小新闻处理起来比较容易,也显得比较活泼。如果报纸的长稿较多,报纸版面以庄重为其风格基调,则采用 6 栏或 7 栏比较合适。我国的四开报纸,一般采用六栏制,也有采用七栏制的。

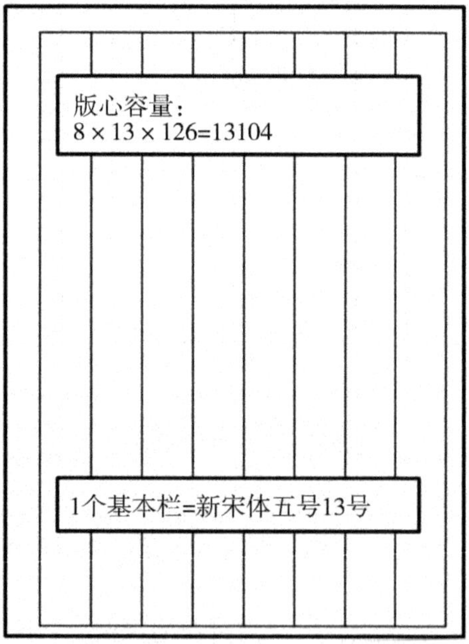

图 11-12　基本栏示意图

(2)变栏。版面除了采用基本栏之外,有时还采用变栏。所谓变栏就是以基本栏为基础而生化出来的栏。变栏有两种,一种是长栏,即宽度是整倍数于基本栏的栏,如两栏、三栏等;另一种是破栏,即宽度是非整倍数于基本栏的栏。破栏可以大于基本栏,如 3 破 2,4 破 3 等;也可以小于基本栏,如 2 破 3 等。采用变栏的意义在于:第一,在基本栏的基础上采用变栏,就比较醒目。为了突出某一篇稿件,采用变栏,可以收到比较好的效果。第二,变栏的大小可以根据稿件特点来决定,这样可以增加内容的表现力。内容比较严肃而又比较长的稿件,采用长栏(如两栏)的排法则显得比较庄重,视线的移动也较少,比较节省目力。第三,可以“量体裁衣”更有效地利用版面。比如排诗歌,采用变栏可以根据诗行的长短来确定栏的长短,做到既便于阅读,又节约版面。第四,适当采用变栏,可以使版面更富于变化,从而增加形式美。如《大河报》的一期就是一个变栏的版面,栏宽窄不等,这样的版面活泼、美丽、多变,很适合版面内容。

A04
“同学们,见证奇迹的时刻到了!”中国首次太空授课尽显科技魅力
王亚平老师让魔术师们都弱爆了
课堂为何放在“神十”而不是“神九”?
“希望能到太空转一圈”
2.9公斤!

A03
“97%公路免费”更像障眼法
2013
国际精品折扣季
欢迎报考河南理工大学
2013年在职工程硕士

图 11-13 变栏版面

(3)自然栏序。报纸版面的基本栏确定以后,就有一个个自然栏序。横排报纸的自然栏序是自左至右。以 8 栏制版面为例,最左边的一栏为第 1 栏,从左至右依次为第 2 栏、第 3 栏……最右边的一栏为第 8 栏。这就是自然栏序。自然栏序是栏的一般序列,没有意义上的区别。

(4)栏序。栏还有一种以强势来划分的次序，叫做栏序。我国报纸的栏序是左边的栏比右边的栏具有强势。但长期以来，我国报纸上的新闻和其他文章的题与文很少只排一栏，而是跨几个栏，因此，栏序在表现强势上意义不大。把题与文排在一个栏里的情况也有，但凡是采取这种设计编排方法的，除标题字数较少、字号较小的横题外，大多标题都采用竖题，字号比较大，题的长度约有两栏、三栏甚至更长的，仍然是靠标题的强势来表现稿件意义的大小。总之，我国报纸在编排上不大讲究栏序。

国外有些报纸讲究栏序。这是因为，它们往往把新闻的题和文排成一栏，这使靠标题来表现不同稿件的不同强势受到一定的局限，需要借助栏序来表现强势。例如，美国的报纸就注重栏序，其栏序有两种顺序。一种顺序是：最重要的是第8栏，其次是第1栏，再其次是第6栏，然后依次为第3、4、5、7、2栏。为突出第8栏和第1栏，所以把紧靠着它们的第7栏和第2栏排在重要性顺序的末尾（图11－14）。另一种顺序是：最重要的是第8栏和第6栏，其次为第5栏，再其次为第7栏，以下依次为1、4、3、2栏。其所以这样排列，是因为报纸在报摊上出售，折叠后能露出来的是第5、6、7、8栏。这四栏最先映入读者眼帘，自然有较大强势。其中尤以第8栏最具强势，紧挨着它的第7栏，要以自己的不突出来烘托第8栏，所以这四栏的顺序是8、6、5、7（图11－15）。美国报纸的内页登载大量广告，很难按照新闻要求来进行编排。报摊上出售报纸时，又只能显露第1版的局部，因此，上述栏序主要是就第1版而言。

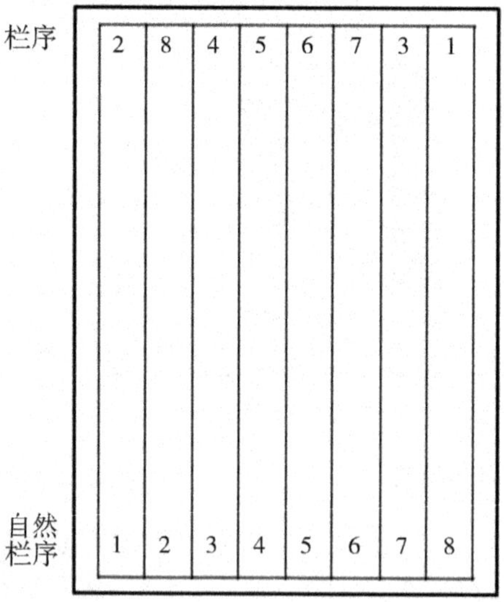

图11－14

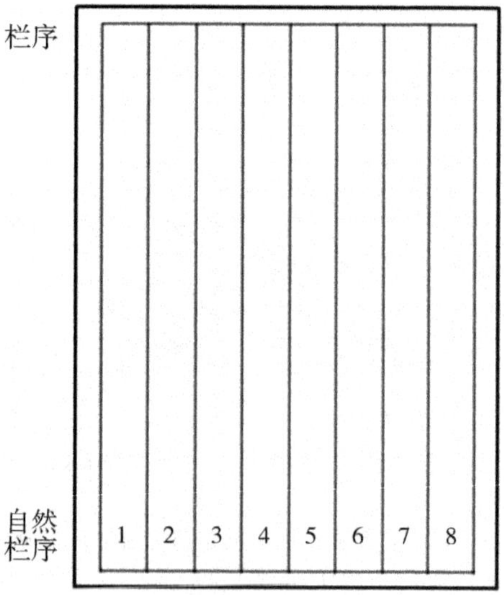

图11－15

(二)面积

面积表示以字为主的报纸在版面中由印刷字阵所构成的面的大小。在版面空间中,除了不同区域具有不同强势外,不同的面积也具有不同的强势。面积越大,给读者视觉上的刺激就越强烈,也就越容易吸引读者的注意,强势就越大;反之,强势就越小。因此,一篇稿件在版面中所占的面积大小与强势成正比,因而也与稿件的意义大小成正比。给予意义大的稿件以较大的面积,意义小的稿件以较小的面积,是版面评价稿件的一个重要手段。

文字稿和图片稿都可以利用面积来表现强势,但在利用的具体方法上有所不同。文字稿,特别是新闻,表现其强势的面积,主要不是指正文所占的面积,而是指标题所占的面积。这是因为,正文所占的面积,是由正文的字数决定的,而正文的字数,并不一定决定稿件的重要性。稿件字数不多却很重要是常有的,如果用正文的面积来表现强势即重要性大小,就会遇到无法解决的矛盾。标题所占面积大小,决定权是编辑掌握的。因此,文字稿的强势主要由标题的面积来决定。标题所占的面积,从两个方面看:一是标题的长度,二是标题的厚度。我国报纸主要是通过标题的长度,也就是标题所占的栏数来显示强势。标题所占栏数越多,强势越大,显示稿件越重要(如图 11 – 16 和图 11 – 17)。

图片与文字稿不同。图片一般没有标题,不能靠标题的长度来显示强势。即使有标题的图片,由于图片只能按比例放大或缩小,不能随意横向伸长而纵向缩短,或横向缩短而纵向伸长,也无法靠标题的长短来显示强势。因此,只能靠图片本身的面积来显示强势即重要性,图片面积越大强势越大,表明其内容越重要。当然图片的重要性必须把清晰的要求与强势的要求结合起来考虑,不能仅仅为了清晰把图片放得过大,使重要性不大的图片具有很大的强势;也避免过分强调强势的要求,使图片缺乏必要的清晰度。

中国青年报
WWW.CYOL.NET
习近平对天河二号超级计算机系统研制成功作出重要批示
坚持以我为主 勇于自主创新
习近平在党的群众路线教育实践活动工作会议上强调
人心向背关系党的生死存亡
要对作风之弊、行为之垢来一次大排查大检修大扫除
李克强张德江俞正声王岐山张高丽出席 刘云山主持
用青春的奋斗托举中国梦
搭载首位"乘客" "蛟龙"返回母船
马剑民：青春献给山里娃
方文墨：校准梦想的精度
一些官员为何经不起网络监督
中国代表出席G20国家青年峰会

图 11－16　2013 年 6 月 19 日《中国青年报》

解放军报
习近平对天河二号超级计算机系统研制成功作出重要批示
习近平在党的群众路线教育实践活动工作会议上强调
深入扎实开展党的群众路线教育实践活动
为实现党的十八大目标任务提供坚强保证
李克强张德江俞正声王岐山张高丽出席 刘云山主持
习近平会见古巴国务委员会第一副主席兼部长会议第一副主席迪亚斯-卡内尔时强调
推动中古中拉关系取得更大发展
围绕强军目标激发战斗豪情
青年学子，军营欢迎你

图 11－17　2013 年 6 月 19 日《解放军报》

（三）距离

版面空间不仅能够显示稿件间的强势差异，而且能够揭示稿件之间的联系。运用版面空间揭示稿件之间联系的方法，叫做空间组合。距离上的接近就是空间组合的重要条件之一。面对众多的物体，依靠知觉的主动性，人们容易在视觉上把距离接近的一组物体从其他物体中分离出来，作为统一的视觉对象。比如，有 9 条直线，由于每 3 条直线的距离接近，人们很容易把它们分成 A、B、C 三组（图 11－18）。基于这个道理，在版面上，就可以运用稿件距离接近来进行空间组合，把有紧密联系的稿件接连排在一起，使读者感到是一个统一的阅读对象。

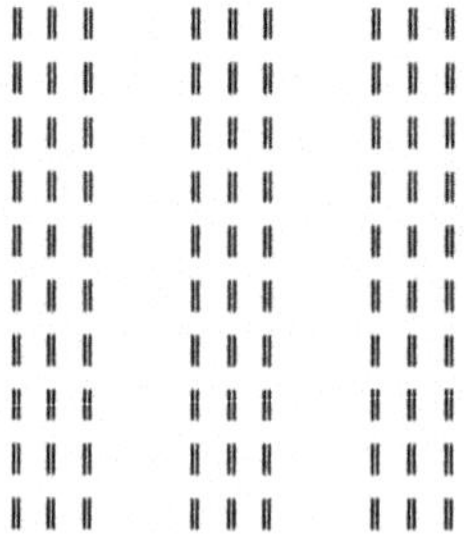

图 11－18

(四)形状

在版面上,不同的形状可以产生不同的视觉效果和强势效果。稿件在版面空间中的形状可分为两大类:一类是夹角为90度的四边形,另一类是夹角为90度的边数为6和6以上的多边形。四边形只有四条边,结构简单,浑然一体,容易与周围背景清晰地区别开来,因而比较醒目,容易引起读者注意。多边形边数多,结构比四边形复杂,相对说来,不容易与周围背景清晰地区别开来,不易引起读者注意。因此,四边形比多边形具有强势。利用不同形状所产生的强势上的区别,可以表现稿件的重要性不同。此外,四边形整齐规整,看起来比较庄重,而多边形变化较多,显得活泼,利用这个特点对不同风格色彩的稿件则可以采用不同形状进行设计编排。比如,重要的或内容比较严肃的稿件,可以排成四边形,次要的或较谐趣的稿件则可以有意识地排成多边形。因此,稿件在版面空间中的形状也是表现设计编排思想的一种手段。

另外,形状相同或相似的物体,也容易形成统一的视觉对象。比如,若干等距离的圆形和四边形,由于形状关系,人们很容易把圆形看作一组,把四边形看作一组(图11－19)。因此,形状与距离一样,也是空间组合的重要条件之一。在版面上,将稿件以相同或相似的形状编排,也可以揭示稿件之间的联系。

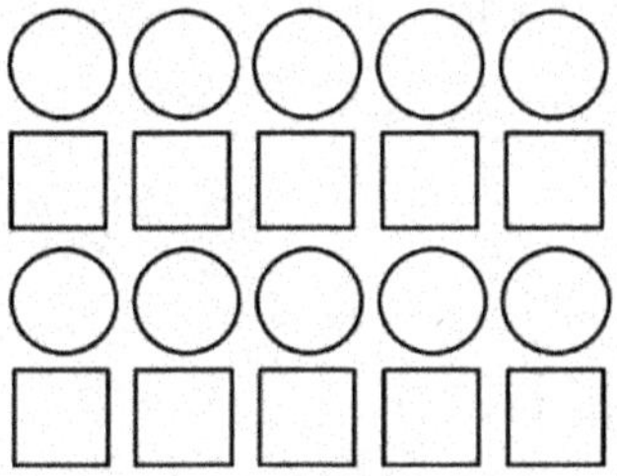

图11－19

上述版面空间包括的各种因素所具有的作用,也就是版面语言的具体语汇。

二、版面编排元素

版面编排元素是编辑安排版面所采用的物质手段,是构成版面的重要组成部分,也是版面语言的一种基本形式。

版面编排元素包括字符、图像、线条、色彩和空白。它们是版面空间中看得见的实体,都是版面语言的具体语汇。作为版面的编排元素,不同的字符、图像、线条、色彩具有不同的特点,对读者的视觉产生不同的刺激,引起不同的认识、感情和审美反应。正确认识各种版面编排元素的特点,对于设计编排版面是十分重要的。

报纸版面的构成分为:标题、正文、字符、图像、线条、色彩、空白。这些在版面设计中被称为版面的设计素材。

（一）标题

标题是报纸发展演变的产物。一方面，标题为了使文章的主题更加吸引人，更加突出；另一方面，为了使文章之间有明确的开始和终结标志。标题与留白之间形成的强烈对比，更是版面视觉停顿、休息、呼吸等重要的方法。加上标题位置不同的设计安排，字体的变化，可以演绎出许多的风格的效果，为版面争彩。另外，美术编辑在设计版面标题字的时候，一定注意合理的断句。

1. 标题字要有文采，达到鲜明而有力的效果，但是字数不宜太多。

假如报纸的读者对象是少儿，在标题的处理上，可以根据内文的性质、感情色彩、表达的情感，而合理的处理标题的字体，字体的运用相对就活泼一些。在这里，我们要注意，在一个版上，如果只有一个标题，那么这个标题的字号要大，字体可以多种变化。选择字体时一定要注意字体本身的特性是否和标题的本意是否合拍。

2. 标题字的颜色不要变化太多，特别是一个版面上有好几个标题的，一定要注意，不要在单个标题中还要有好多的颜色上的变化。

3. 标题字不宜做太多的电脑技术处理，以方便阅读为主。

4. 标题字的字体一定要规范，不要使用不规范的字体，以防误导读者。现在的字体字库很多，好多的字体不规范，所以，我们在运用这些字体的时候一定要慎重，不能仅仅因为字体好看，就忘记了它本身的功用性。

新民晚报

申城近日如罩大蒸笼
我国出现大范围高温

张氏家族再次捐赠宝贝
张佩纶手稿等入藏上图

我们要对作风之弊行为之垢
来一次大排查大检修大扫除

上海居住证管理办法
将于下月1日起施行

打击食品犯罪 保卫餐桌安全

明起有条件恢复活禽交易

国足惨败谁担责?先从管理层开刀

图 11－20 标题字体字号示意图

(二)正文

正文是构成报纸版面的基本素材,也是重要因素之一。因为无论怎样重要的信息,都要通过正文才能表达和传递得更加明确和充分。那么正文要考虑的因素有哪些呢?首先要考虑读者对象,然后就是阅读方便和习惯。成年人的报纸字号可以相对小一些,内容的容量可以大一些。儿童类的报纸,字号相对要大好多,内容的容量也要小好多。成年人的报纸正文的字体变化不宜过多,一般不要超过三种字体。儿童类的报纸的字体相对就宽泛些,但是也不宜超过五种字体。同时,正文字体的粗细,以及行距,字距也受读者的阅读习惯和要求不断试验,不断完善的。

(三)字符

报纸上传递信息最主要的符号是字,字是形、声、义的统一体,其中形是可见的,是代表声和义的符号。人们通过形而知声知义,因此,我们把报纸上的字叫字符。汉字是方块字,每一个字就是一个字符。

字符的形在版面中是一种重要的编排手段。字符的形的不同外部特征,可以给予读者的视觉以不同的刺激,给予读者的心理以不同的感受,从而显示不同的强势和风格色彩,成为表现编排思想的重要手段。

美国密苏里新闻学院达里尔－莫恩教授认为:字体是报纸个性的一个基本组成部分,好比什么样的人穿什么样的衣服,反映了一个人的情调,严肃的报纸不会使用花里胡哨的字体。

字符的形具有相对的独立性,即其形体或大或小,形状或长或扁,笔画或粗或细,并不改变字音,也不改变字义。字符的形在版面中是一种重要的设计编排元素。这是因为,字符的形具有的不同的外部特征,可以给予读者的视觉以不同的刺激,给予读者的心理以不同的感受,从而显示不同的强势和风格色彩,成为表现设计编排思想的重要手段。

以前,我国报纸所用的字符是用铅铸成,故称为“铅字”,由于在排版时可随取随用,也称为活字。活字有不同的字号,号数越小字越大。近年来,随着印刷技术的飞速发展,我国的报业告别了“铅与火”的历史,采用了计算机电子排版。电子排版系统的字符在字号、字体上与以往的铅字大致相同。

1. 字号

(1)号数制最小八号,最大初号,另外还有行字,六行、七行、八行。

(2)点数制0.35mm为1点,最大96点(32.8mm),最小8点(2.8mm)。

当前电子排版使用的字号共22个,最小字号是小七号,小七号以上由小到大的顺序是:八号、小七号、小六号、8点(六号)、9点(小五号)、10.5点(五号)、12点(小四号)、14点(四号)、16点(三号)、18点(小二号)、21点(二号)、24点(小一号)、28点(一号)、30点(小初号)、36点(初号)、42点(小特号)、45点(特号)、54点(大特号)、68点、72点、84点、96点字,最大字号是96点字。报纸排正文一般采用9点(小五号)字,10.5点(五号)字以上的字用于标题。

2. 字体

(1)电子排版使用的字体按形状分,也分为:正方体、长体、扁体。

(2)正方体按笔画特点不同,又划分为25种字体,其名称分别是:书宋、报宋、大标宋、小标宋、仿宋、宋三、黑体、大黑、细黑一、宋黑、琥珀、楷体、行楷、姚体、细等线、中等线、隶书、隶变、细圆、准圆、粗圆、舒体、水柱、魏碑、日文体。

报纸正文一般采用报宋体。在电子排版系统中,只贮存各种字体的基准字号,其他字号通过基准字号放大或缩小的变倍方式得到。变倍是无极的,所以还可以变出比96点字更大的字来。长体字和扁体字是通过电子排版系统的变倍功能,由正方体字变化出来的,将正方体字变扁就是扁体字,将正方体字变窄就是长体字。每一种正方体字都可以变扁或变窄,所以,长体字和扁体字按笔画特点分的字体种类与正方体字相同。此外,各种正方体、长体和扁体字,在电子排版系统中还能够加粗笔画,还能够变化出许多字形,如空心字、倾斜字、立体字、旋转字、阴阳字、勾边字、花心字等,使字体更加丰富。

3. 报纸正文常用字体

报纸正文一般常用四种字体:一是宋体,字形横平竖直,笔画直粗横细。取法于宋刻,定型于明朝,有的地方又称"明体"。二是黑体,笔画粗重,横竖一致,字形方正,又被称为"方体"。三是楷体,又称活体、正体,笔锋洒脱,近似手写体,清朝普遍使用,所以在日本被称为"清朝体"。四是仿宋体,笔画清瘦,横竖相近,成型于20世纪初。

我国报纸的正文以宋体字为主,评论文章正文一般用楷体字。

4. 标题字体与感情色彩

宋体庄重大方,黑体严肃沉重,楷体活泼生动,仿宋体清丽细巧,隶书体雅观醇厚,魏碑体刚毅遒劲。内容严肃、重要的,选用黑体;内容轻松有趣的,选用楷体、仿宋体;内容欢快热烈或富有情感的,选用隶书体;内容战斗性强或有气势的,选用魏碑体;宋体应用广泛,不拘内容。

5. 不同的字号、字体具有不同的特点

第一,强势不同。一般说来,大号字要比小号字醒目而更具有强势;同一字号中,笔画粗的字体要比其他字体醒目而更具有强势。版面上表现稿件不同重要性的一个重要方法,就是运用标题字号、字体的不同强势。有时特别重要的稿件的正文,也可以采用较大的字号,以强调其重要性。如目前我国报纸正文大多是用小五号字,特别重要的稿件可改用五号字甚至小四号字。

第二,不同的字体具有不同的风格色彩。宋体字正直大方,比较端庄;黑体字粗犷厚实,比较雄浑;楷体字流动自然,比较活泼;仿宋体纤细清秀,比较轻巧;隶书体古朴飘逸,比较典雅。在选用标题的字体时,就应根据标题的内容,采用风格色彩相应的字体。

光明日报

习近平对天河二号超级计算机系统研制成功作出重要批示

习近平在党的群众路线教育实践活动工作会议上强调

深入扎实开展党的群众路线教育实践活动
为实现党的十八大目标任务提供坚强保证

李克强张德江俞正声王岐山张高丽出席　刘云山主持

习近平会见古巴国务委员会第一副主席兼部长会议第一副主席迪亚斯－卡内尔时强调

推动中古、中拉关系取得更大发展

加强执政党建设的重大部署

——一论深入开展党的群众路线教育实践活动

群众路线教育实践活动官方网站开通

图 11－21　2013 年 6 月 19 日《光明日报》

北京晚报

习近平要求全党对作风之弊、行为之垢大排查、大检修、大扫除，总要求是——

照镜子正衣冠洗洗澡治治病

明天上午航天员首次太空授课

太空中怎样称体重

雷政富受审详述不雅视频始末

正规出租车将有电子身份证

五月北京空气达标8天

公务旅游团暑期减半

张金凤滚动炒房不违法?

图 11－22　2013 年 6 月 19 日《北京晚报》

（四）图像

图像是指报纸上通过摄影或绘画手段所显示的形象，其具体形式有：照片、绘画、图表、题头（经过美术装饰的标题）、栏头（专栏名称）、刊头（报纸专刊上标出名称、期数等项目的版面）、版花（专作装饰用的小画）等。图像除能向读者传递信息外，还具有增加强势和美化版面的作用。

随着现代社会的飞速发展，在现代报纸中，图片的作用越来越突出，也越来越重要，“图文并重”已经得到广泛的认可。图像传递信息、增加强势、美化版面。重视图像已经成为当代报纸改革版面的一个趋势，报纸进入“读图时代”。现在报纸版面的优劣标准，也多以运用图片、图表、插图的情况而论。图片等在报纸版面上的位置、大小、多少，运用的恰当与否，都成了评价一张报纸综合水平的重要标志。现在的报纸多以大图片，多图片作为时尚的第一因素。大的图片有很强的视觉冲击力，可以激发人的兴趣，吸引人和眼球，引起读者的注意。可以这么说，大凡有朝气的版面，都是用好的图片创造出来的。报纸版面中增加图片的数量，放大图片使用，可以使版面活泼丰富。多图片的应用，要注意形成大小之间的对比，主次上的搭配要非常明显，否则反而会影响读者的阅读质量，分散读者的注意力。

图像的画面是形象的、直观的，读者在一瞥之间就能迅速了解其内容；图像的画面大多有人物、动作,墨色往往是多层次的,在视觉上有动感和立体感;图像一般所占的面积比最大号的字大,而且墨色比较重。因此,与字符比,图像能给读者的视觉以更强的刺激,在强势上有明显优势。特别是大幅照片和绘画,其所具有的强势,即使与大字标题相比,也有过之而无不及。可以说,图像是最具有强势的版面编排元素。

图像都是经过精心挑选的绘画和摄影作品,或精心绘制的图表、图案,本身具有一定的美感。加之图像出现在一片密密麻麻的字符背景之中,加强了疏密、黑白对比,使版面更增加了美感。因此,恰当运用图像,可以大大美化版面,使版面活跃而有吸引力。重视图像已经成为当今报纸改革版面的一个趋势。

(五)线条

在确定了报纸的风格、性格和读者群体后,版面就会相应的规定每栏字数,栏数以及框、线的使用原则,现在的栏多使用横栏。例如,是四栏、六栏,还是五栏、七栏还是八栏?这都将决定着版面编排和所演绎的效果。一般情况下,上面的因素决定后,都会有一个明确的版样纸,还有一些报社会因此而设计规范的版式。它们将成为编辑与设计人员在版面上安排文、图位置、走向的骨架。《北京青年报》在这方面有非常明确的规定,不仅是栏、版式,并且颜色也有非常严格的规定的。所有的这些,使《北京青年报》在市场上有极强的进攻力和较高的占有率。

框与线,在版面上起着划分版面、间隔区域的重要作用。因为框与线有着同围墙一样的效果,在杂乱的版面中设计上框线,读者便能清楚地识别被划分出来的板块。框线在版面上是一种视觉支撑,如同人体中的骨骼一样,起到骨架的支撑作用。

铸在铅条上的线条有两种:水线,花线。水线可分为正线(细线)、反线(粗线)、双正线(两行平行细线)、双反线(两行平行粗线)、正反线(一细一粗两行平行线)、曲线、点线。花线是有花纹图案的线条。

铸在活字上的线条叫花边。准确地说,这种活字上铸的是某种图案,把铸有相同图案的活字排列成行,就形成由图案组成的花边。花边一般比水线、花线粗一些。花线、花边也统称为花边。

人民日报
RENMIN RIBAO
中央财政6年5500亿元支持义务教育
习近平在走访各民主党派中央和全国工商联时强调
坚持和发展中国共产党领导的多党合作
为实现中共十八大确定的目标任务而奋斗
人大常委会第三十次会议举行全体会议
上海追梦国际航运中心
认真开好民主生活会
明年新开工600万套
11月以来降水创纪录
全国用户超4000万

图11－23 2012年12月26日《人民日报》第1版

电子排版的线条种类，与铅排大致相同，分为水线和花边两类。其粗细和图案变化更多，达一百多种。铅排的线条容易出现弯曲、参差不齐和拐弯处脱节等现象，电子排版的线条不会出现这些毛病，线条整齐流畅，审美效果明显优于铅排。

线条在版面编排中有以下几个方面的作用：

1. 强势作用。在版面编排中，对重要的稿件，常常采用加线条的办法。这是因为稿件加上线条，更能引起读者的注意，也就是具有更大的强势。不同种类的线条，增加强势的程度不同。粗线条、双线条比细线条、单线条强势大。花边的强势一般来说要优于水线。为了增加稿件的强势，可以运用线条把稿件包围起来。方式之一是：围框，即把稿件四周全用线条围住，形成一个完全封闭的框。另一种是勾线，即沿着稿件的周边勾线，把稿件围起来，有的是围两面、三面，有的是围四面但不完全封闭。第三种是平行直线，即在稿件的上下或左右两边，各置一条线。上边三种方式的强势依次递减。

2. 区分作用。在稿件与稿件之间加上线条，在版面上能使相邻的稿件更清楚地区分开来。有时，作为分界用的线条，不仅可使两篇稿件在文字上不致混为一片，而且还可表示两篇稿件在内容上的区分。

3. 结合作用。用线条把几篇稿件围在一起，这几篇稿件的关系就会显得更紧密，同时与其他稿件的联系则减弱。

4. 表情作用。各种线条由于形状不同，给予读者的心理感受也不同。一般来说，花边比较绚丽，水线比较朴实。水线中，曲线比较活泼，反线比较深沉。因此，可以利用不同的线条来表达稿件不同的感情色彩。例如，春节等节庆报道可以用灯笼花边装饰，取得可喜成绩的报道，颂扬好人好事的报道，兴味盎然的报道，也用花边装饰；讣告性的新闻则饰以黑边。线条运用得好，可以使内容和形式相得益彰。运用得不好，就会使内容的表达受到损害。比如在版面编排中就不能以花边来装饰揭露性批评性的报道以及反映天灾人祸的报道。

5. 美化作用。花边和弯曲的水线，具有一定的造型美，能对版面起装饰作用。在字符、图像间适当穿插线条，能使版面增加变化，显得生动活泼。这两个方面都可使版面产生更强的审美效果。

（六）色彩

有这样的一句话，“世界上没有不好看的颜色，只是我们不会运用它罢了”，“好看的颜色是对比出来的”。所以，如何能使我们使用的色彩在媒体的版面设计上，更美、更舒服，这就需要我们很好的练习自己的编外功夫了。

在媒体版面的所有要素中，原则上都需要通过色彩这个因素来体现。如正文呈黑灰色，新闻纸是白色，图片、图表、插图、报头等可能是彩色的。报纸的性质、现代的制版、数字化的印刷技术，为我们提供了更多更丰富的色彩来选择。如何更好地运用，成了一个关键的问题，否则，一张盲目使用色彩的报纸，看起来是一团糟。

色彩的正确运用，是根据版面风格和需要加以确定。同时色彩要设定一个限度，要有一定的制约和章法，一般来讲，报头、图片、图表、插图和部分栏目的网底、标题都可能是彩色的。也可以这么讲，好多的报纸正因为更多、更好的运用彩色的大插图、大照片的图片色调来影响或统领版面的色彩倾向。包括报头、版别的色域的有意牵引，都会使版面的色彩因素发挥积极的作用，也是把握报纸版面成功与否的关键之处。

色彩的强势作用在彩色报纸时代最突出。色彩可为版面确定基本色调，塑造版面风格。空白也是色彩，版面留白很重要。

色彩有红、黄、蓝三种基本色（俗称三原色），这三种基本色经过相互调配，可以调出各种各样的色彩来。不同色彩的刺激，具有不同的视觉效果。尽管人们对色彩的感受往往带有主观随意性（即个性），但由于长期历史形成的民族心理、文化积淀和传统习惯，又使人们对色彩的感受具有某种共同性。版面运用色彩的作用是：

1. 传情作用。一般人都认为，红色是一种热烈、兴奋、庄严的色彩，往往象征着喜庆、胜利；绿色是一种安静、清新、愉快的色彩，往往象征着新生、青春、希望、繁荣、大自然；黄色是一种明朗、欢快的色彩，往往象征着光明、积极向上；蓝色是一种冷静的色彩，往往象征着广大无涯、高尚、尊严、和平；黑色是一种沉重的色彩，往往象征着严肃、坚毅、愤怒、悲痛。报纸在节日或报道喜庆事情时，往往套印红色，以表达欢快的感情。

2. 强势作用。版面上色彩鲜艳的地方，往往是读者最先注视的地方，具有较大强势。因而，黑白两色报纸利用套色可以突出重要稿件。

3. 美感作用。适当运用色彩，可以美化版面。因为一个版上运用色彩可以使版面更富于变化，避免了单一。

4. 表意作用。当版面以相应的色彩差来表现新闻的内容所涉及的客观事物的色彩时，新闻内容的特征和意义可以借此获得更形象、鲜明的展现。如 2013 年 4 月 20 日早晨 8 点 02 分，中国四川雅安发生 7.0 级地震。在关于地震的报道中，如果像平常一样都采用红色报头，读者的情感上就会很难接受。为此，2013 年 4 月 21 日，许多报纸一改常规，报头改为黑色，以示哀悼。许多网络媒体在第一时间将版面改为黑白，以体现对死者的尊敬。

中国青年报

WWW.CYOL.NET

积极借鉴我国历史上优秀廉政文化
不断提高拒腐防变和抵御风险能力

四川芦山县发生7.0级地震

奋力救援

芦山震后第一夜

芦山地震已致160人遇难

李克强乘直升机进入震中灾区

共青团组织迅速行动参与抗震救灾工作

图 11－24　具有表意功能的报头　2013 年 4 月 21 日《中国青年报》第 1 版

（七）空白

“密不透风，疏可走马”就是指留白的最高境界。在绘画中，高明的画家不会浪费自己的一点点笔墨的，纸白可以是白云，可以是雪地，也可以是光、是河流、是瀑布等。

但是，在版面设计中，留白往往会被设计者忽视。很多的设计者认为，用文字和图片把版面塞满，才能达到大信息量和不浪费版面的目的。其实，适当地在版面上留有空白，不仅可以让读者的阅读变得轻松起来，舒畅起来，版面也会生动清晰起来。所以说，留好空白和缝隙的版式设计是有品位、大智慧、甚至是有实力的体现。其实，我们想一想，生活中的报刊，越是有品位的报刊，留白越多。另外，根据报纸功用的不同，留白也是有度的。学辅类的报纸，因为容量和读者的需求不同，在留白处理上就会少一些。

留白主要指的是利用标题区留白、利用文章间的分隔制造空白，包括天地留白、左右留白，这些，都是版面设计很需要的方法。如装修：人有自己的活动区域，区域空间不够时，就会觉得不舒服，也觉得闷。人也有自己的空间区域，如果空间区域不够的话，就觉得心中发慌，例如两个人在站立的时候，会有一定的距离，如果两个人站的时候相互紧紧地贴着，就会觉得紧张。另外，空白还可以加强各自内容的独立性，空白又是版面增强节奏感的最佳方法。

城市 02

图 11－25　2013 年 6 月 18 日《上海壹周》02 版

文字与照片周围,标题与文章区之间,适当留有空白,能使版面黑、白组合疏密有致,呼吸畅通。这里的黑色是指版面上印有字符、图像、线条的部分,即着墨的部分。白色,就是未着墨的空白部分。空白是版面分割的天然材料,版面设计、创造新版式,都要通过驾驭空白来实现,达到版式变化无穷的新境界。所以,空白是版面的有机组成部分,虚实相生,黑白相成。读者看报,主要是阅读着墨的部分,但未着墨的空白所起的作用,不容忽视。空白的作用有:

1. 强势作用。着墨部分周围有较多空白,黑白对比就鲜明,引人注目,稿件就具有较大的强势。安排版面时,可以把加大空白作为加强稿件强势的手段。

2. 区分作用。稿件与稿件之间的空白,在视觉上自然就成为稿件之间的分界线。因此,空白可以帮助读者顺利阅读,与稿件之间的线条有异曲同工之效。

3. 美化作用。版面如果被文、图、线塞得满满的,黑压压一片,拥挤得令人透不过气来,自然没有美感。黑白相间,疏密有致,则使人感到开朗、舒畅,产生一种审美的快感。因此,安排版面时,不能把留下适当的空白视为浪费。

总之,空白并非真正的一无所有,而是一种不着色的色彩,是一种有力的版面编排元素。

三、版面的布局结构

版面的布局结构,就是版面各组成部分及各部分内部相互联系的表现形式,是版面保持整体的依据,也是版面语言的一种基本形式。

每一篇稿件,都是版面的一个组成部分,各个组成部分用什么方式结合成一个统一的版面,这就是版面的布局结构要解决的问题。如果说版面空间、编排元素是版面语言中的“词”,布局结构则是“语法”。前二者相同,布局结构不同,亦可表现不同的意义。

版面布局结构包括稿件的布局结构和题与文的布局结构两个方面。

(一)稿件的布局结构

稿件的布局结构是指版面中各篇稿件相互结合的表现形式。

稿件布局结构的基础是稿件在版面上的形状。整个版面就是由若干形状各异的稿件组成的。前面讲过,稿件在版面上的形状可分为两类,一类是四边形,另一类是多边形。稿件的形状不同,稿件之间就有不同的接壤关系。可以根据稿件之间不同的接壤关系,将稿件的布局结构分为排列、穿插两种方法。

排列,就是整体呈规则四边形的稿件一篇一篇排放在版面上。如 2013 年 6 月 19 日《中国青年报》第 2 版(图 11－26),每一篇稿件都是规则的四边形,采用的都是排列的布局结构方式。排列的长处是版面显得端庄、严肃,组版和阅读比较方便;短处是容易使版面缺乏必要的变化而显得单调、呆板。

最难就业年 不妨向西看

服务落实处 探索有回应

把专业社工留住

向团十七大献词的“红领巾”

用“青年体” 做青年事

“走听办”助青年梦想成真

图 11－26　排列的布局结构　2013 年 6 月 19 日《中国青年报》第 2 版

穿插，就是整体呈多边形的稿件互相镶嵌交错地结合在一起。穿插的形式多种多样，有的稿件只被一篇稿件所穿插，有的稿件同时被多篇稿件所穿插。如 2013 年 6 月 19 日《新民晚报》第 A13 版（图 11－27），就是运用穿插方法比较多的版面。穿插的长处是：版面曲折生动，富于变化，还可以使篇幅长的稿件几经穿插而化“短”，避免出现黑压压一大片，减轻读者阅读时的心理负担。穿插的短处是：由于转折多，组版较费时费力，阅读也不如排列那样方便。

新民晚报　中国新闻

A13

推开门，就像闷在蒸笼里

我国出现入夏以来最大范围高温天气

七万人冒领社保待遇

重庆多地中小学实行"半日教学"

豫一官员被执行死刑

江西　5岁男孩被遗忘在接送车内

新疆　一大巴因大雾翻入路边山沟

遗失声明

图 11－27　穿插布局结构　2013 年 6 月 19 日《新民晚报》第 A13 版

在一个版面上，稿件的布局结构可以全采用排列的方法（这种版面一般称为模块式结构或板块式结构），也可以两种方法并用，只要运用得好，都可以扬长避短，取得满意的效果。

（二）题与文的布局结构

报纸上的每篇新闻和文章都有标题。标题与正文是一个整体，但出现在版面上时，题处于文的哪个部位可以不尽相同。它构成不同的题文布局结构关系，是整个版面布局结构的一个重要组成部分。在对版面进行布局结构时，就面临这种不同题文关系的抉择。题文关系的安排应服从于一个基本原则：易读。具体说有两个要求：

第一，题对文具有明确的统领关系。即要让读者在阅读中能清楚而方便地认识到题与文的统领与从属的关系。

第二，阅读省力。即看到标题后，能便捷地去阅读正文，而无须视线作过长的或反向的移动。

从上述两个要求来审视，可以看到题与文的不同关系，其易读性是有强弱之分的。我国报纸常用的标题编排形式有横标题、竖标题两大类。仅就题对文的统领关系来说，横标题要优于竖标题。因为横标题（仅指用得最多的、居于文前的横标题而言)，可以居高临下，覆盖全文，题对文的统领关系有清晰的表现。而竖标题因为题仅居于文的一侧，题对文的统领关系就稍弱，文越长，转栏越多，题对文的统领关系就越弱。因此，我国报纸在刊登重要的长文时，更多采用覆盖全文的横标题。

我国报纸的横标题、竖标题与文的关系有多种表现形式。每种形式的易读性是不完全相同的。

1. 易读性最强的标题形式

盖文题(图 11－28)：即横标题完全盖住正文。

眉心题(图 11－29)：横标题不完全盖住正文，标题两端各有相等宽的整栏文字。

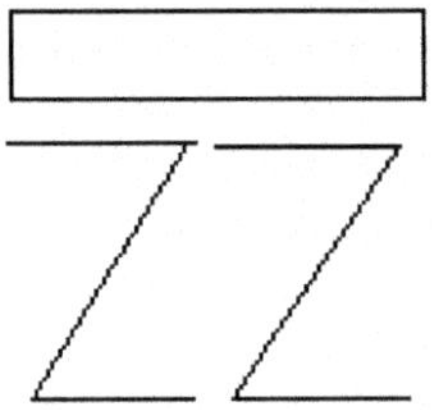

图 11－28　盖文题

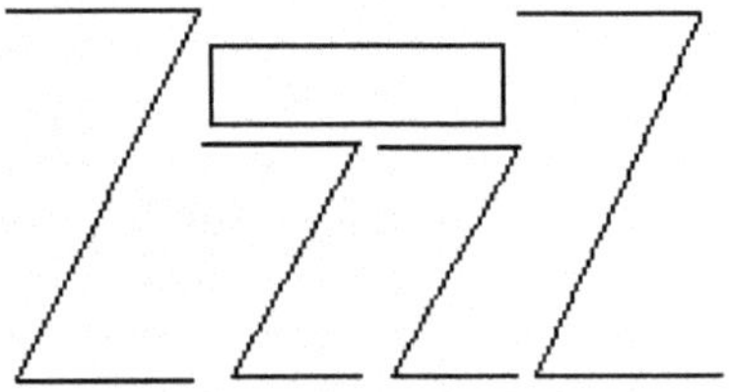

图 11－29　眉心题

串文题(图 11－30，图 11－31)：横标题两端或右端有非整栏的文字。

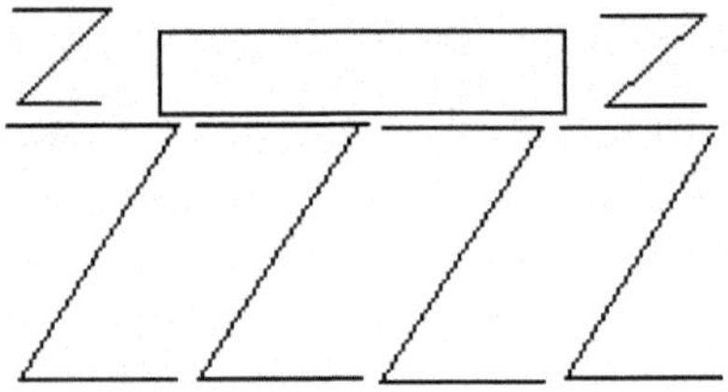

图 11－30　串文题一

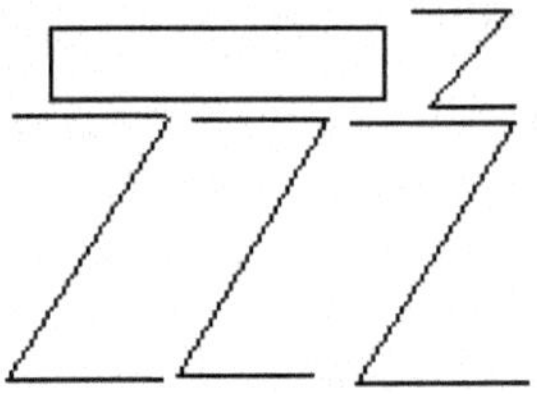

图 11－31　串文题二

上左题(图 11－32)：横标题的下方与右侧均排有整栏的文字。

旗式题(图 11－33)：横标题只有一部分盖住文，另一部分盖住其他稿件。

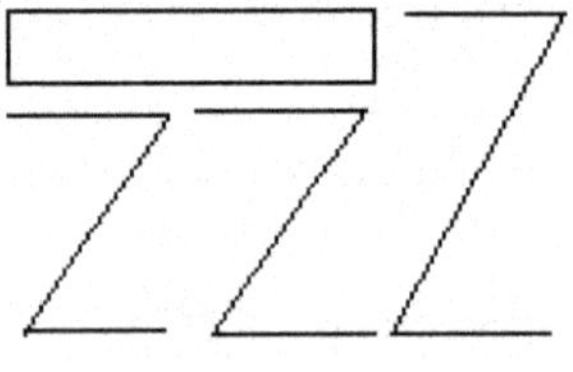

图 11－32　上左题

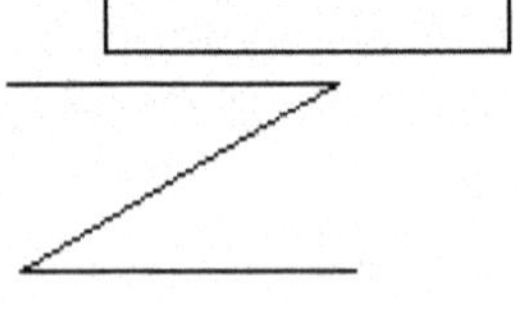

图 11－33　旗式题

左竖题(图 11－34):竖标题在文的左侧,文为横排。

串文左竖题(图 11－35):竖标题在文的左侧,文为横排,题下排有若干行文字。

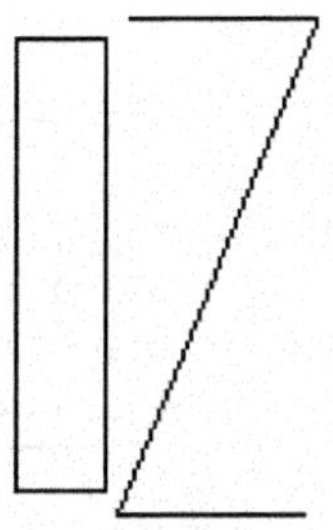

图 11－34　左竖题

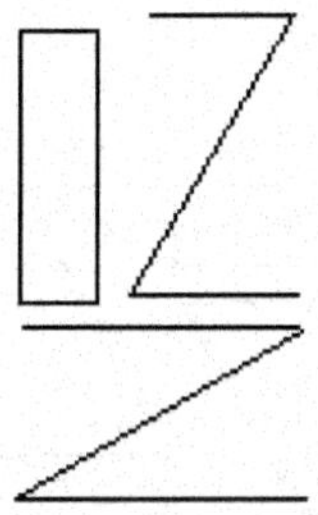

图 11－35　串文左竖题

旗式左竖题(图 11－36):竖标题在文的左侧,文为横排。但标题的右下侧还排有其他稿件。

右竖题(图 11－37,竖文):竖标题在文的右侧,文为竖排。

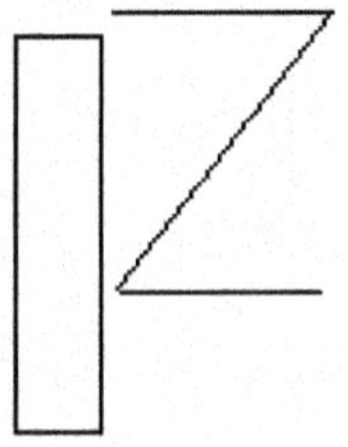

图 11－36　旗式左竖题

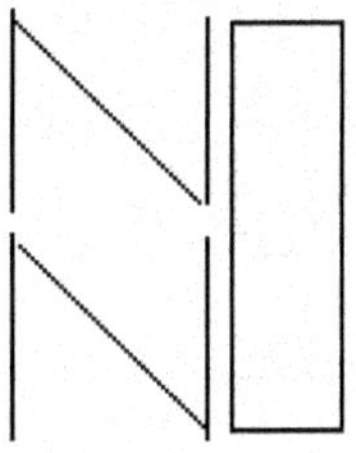

图 11－37　右竖题(竖文)

2. 易读性较弱的标题形式

上中心竖题(图 11－38):竖题插于文的中间的上端,文横排。

文包题(图 11－39):标题居于文的中心,四周被文所包围。

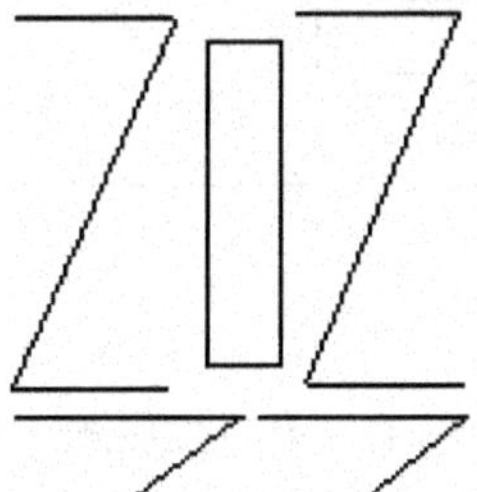

图 11－38　上中心竖题

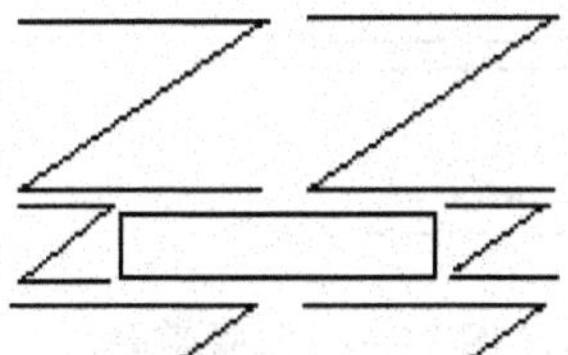

图 11－39　文包题

对角题(图 11－40):一篇新闻的主标题和副题或一组新闻的两个标题(大小可以相同,也可不同),以对角形式排于文的左上侧和右下测。

文包竖题(图 11－41):竖标题居于文的中心,文横排。

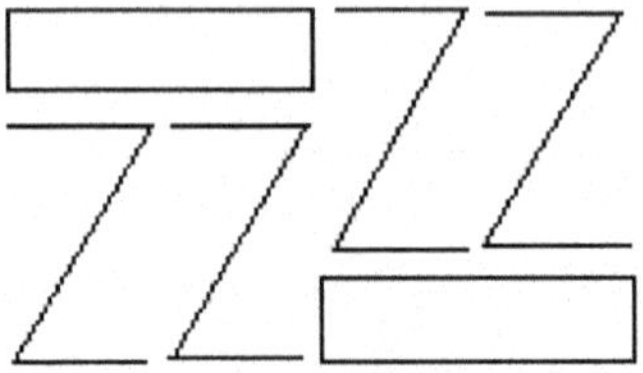

图 11－40　对角题

图 11－41　文包竖题

碑式竖题(图 11－42):竖题立于文的上端,文横排。

对角竖题(图 11－43):与对角题形式相同,只是题为竖排。

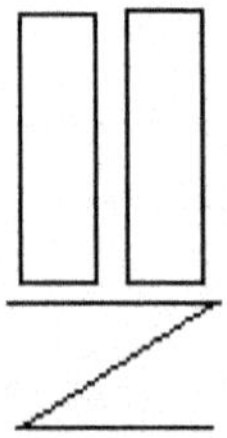

图 11－42　碑式竖题

图 11－43　对角竖题

腰带题(图 11－44):题居于文的中部,状似腰带。

左侧题(图 11－45):标题居于左侧,文则居于右侧。

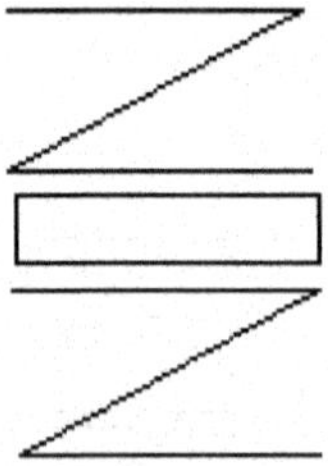

图 11－44　腰带题

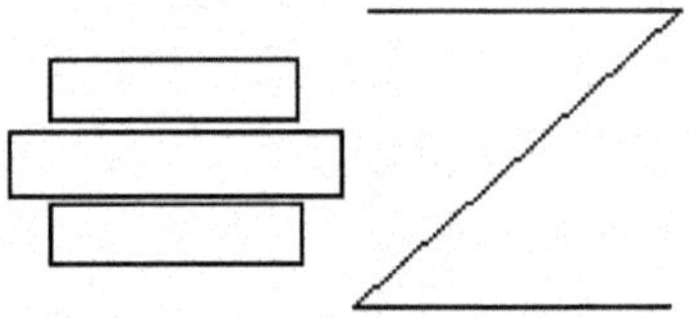

图 11－45　左侧题

盖文题(图 11－46,竖文):横题居于文的上端,文为竖排。

3. 易读性更弱的标题形式

上右题(图11－47):题居于文的上右方。

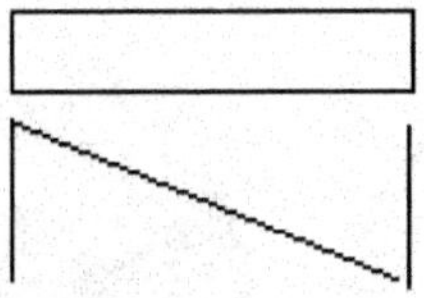

图11－46　盖文题(竖文)

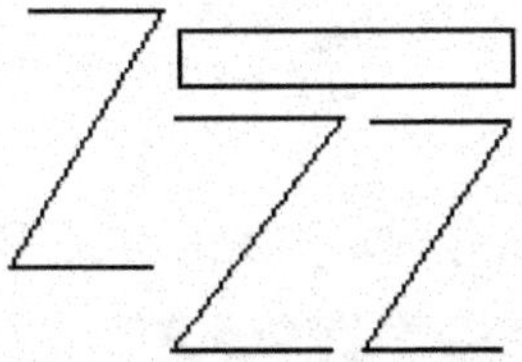

图11－47　上右题

中右题(图11－48):题居于文的右侧的中部。

右竖题(图11－49,横文):竖题居于文的右侧,文横排。

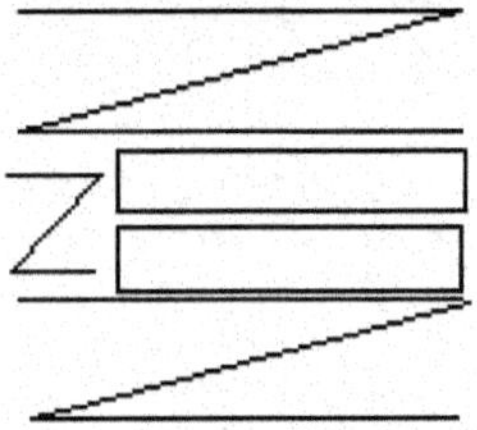

图11－48　中右题

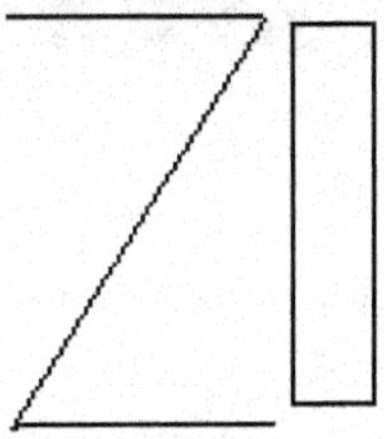

图11－49　右竖题(横文)

题文位置多种多样,近年来一些报纸又有创造。如将标题的字或词错落有致地排于文中。无论怎样变化,都不能脱离题对文应有的统领关系,读者看了标题就能找到文的开头并顺利地阅读下去。片面追求题文关系的新奇,而不考虑读者阅读的方便,是不可取的。

第三节　版面设计的程序

一、确立编排思想

版面的编排思想是编辑设计版面的指导思想,是版面编辑根据对各篇稿件的评价在版面上恰当安排这些稿件的整体构想。正如写文章要先立意一样,设计版面必须先确立编排思想。确立编排思想是版面设计的首要环节。

编排思想与报道思想是一致的,是报道思想通过版面编排的具体表现。所有的报纸都要通过编排思想来体现报道思想。形成的编排指导思想就是:要把这样重要的消息运用各种编排手段正确、有力地表现出来,同时还要符合本报的编辑方针和风格。

新民晚报

开应用性飞行先河 两次交会对接 首次太空授课 在轨飞行15天

今天17时38分 神十载人会天宫

飞行乘组由聂海胜、张晓光、王亚平(女)3人组成

辽宁舰首次离开青岛港出海训练

科学家瞄准11000米深"海底世界"

人民日报

RENMIN RIBAO

神舟十号今日发射

时代先锋

吹响青春的奋斗号角

居民收入稳步增长 消费贡献持续提升

马上就办，办就办好

从跨越太平洋的握手到跨越太平洋的合作

蛟龙首次试验性应用

图11－50　强势专栏　2013年6月11日《新民晚报》和《人民日报》第1版

由上可见，编排思想是版面的灵魂，决定版面的态度和倾向，对版面设计具有决定作用。在编排思想与编排技巧二者的关系中，编排思想是第一位的，编排技巧则是为编排思想服务的。

编排思想的形成在于对稿件作内容分析。内容分析主要从以下几方面入手：

第一，稿件的重要性。除了就稿件本身的重要性作出判断外，更重要的是把每一篇稿件放到版面的全局中进行比较，权衡轻重主次，从而确定其在全局中的地位。

第二，稿件的性质。分析稿件是表扬的还是批评的，是正面引导的还是反面鉴戒的。不同性质的稿件，在版面上要给予不同的处理。

第三，稿件的感情色彩。要根据稿件的内容和报纸的态度，确定稿件在版面上应有喜怒哀乐何种感情色彩。

第四，稿件的相互关系。同一版面中，稿件之间存在种种不同的关系，有的是从不同侧面表现同一主题的互补关系，有的是从相反方面表现同一主题的对比关系，有的表现不同的主题，相互间表现为平行关系。认清稿件之间的相互关系才能在版面上作出恰当的安排。

分析和评价稿件的内容，还必须从各报的特点出发。不同的报纸，其特定任务、发行地区和读者对象是不同的，这决定了各报有自己的特点。

所以，编排思想不是抽象的概念和政策条文本身，而是对版面所表现的具体内容进行分析所得到的基本认识。这个认识就是版面设计的基本依据。

编排思想确定以后，接着就要运用版面语言把它表现出来。这是一项富有创造性的工作。版面语言具有非常丰富的表现力，正如七个基本音符可以组合谱写出无数动听的乐曲一样，运用版面语言各个基本要素的千变万化的组合，可以设计出无数能动地表现内容的美的版面，这就是成百上千种同一天的报纸没有相同的版面，一种报纸成百上千期没有相同版面的原因所在。

二、计算稿件篇幅

前面已述及对用稿量的把握，在进行具体的版面设计时，还需要对每一篇稿件的篇幅作出准确的计算，以便画版样时给出大小恰当的版面空间。

（一）计算稿件（正文）篇幅

以基本栏为计算单位。我国报纸，对开的一般为 8 个基本栏，每栏 13 个小五号字；四开报纸一般为 6 个基本栏，每栏 11 个小五号字。栏空是栏与栏之间的分界空白，宽度是一个小五号字。为了版面编排的需要，可以将几个基本栏合并成为一个长栏，包括其中的栏空，把长栏再分成几个等份，就叫做破栏。

长栏字数的计算公式是：长栏栏数 × 基本栏字数 + 栏空数 = 长栏字数

破栏的计算公式是：（长栏字数 - 破栏需要留的栏空数）÷ 破成的栏数 = 破栏字数

运用这个公式，计算三破二的破栏字数如下：

长栏字数 = 41

破栏需要留的栏空数 = 1 字

破成的栏数 = 2

(41 - 1) ÷ 2 = 20 字

稿件一般在组版前都打成小样，为了便于计算小样的行数，可以制作一种计算尺，上刻以字行为单位的标志，用时以尺量小样，即可知文所占的行数。

（二）计算标题篇幅

标题所占的篇幅计算要复杂一些。横标题的长度确定后，只要计算标题的高度即可。计算标题的高度也以字行为单位。标题所用的字号、字体不同，行高就不相同。如果排文用的是 9 点的新 5 号字，36 点的方体字的高度约为 3 行（标题一行高为 11.25 点），21 点的方体字的高度为不到 2 行。如果标题的主题为 36 点的方体，引题为 21 点的方体，并均为单行，则这个标题所占的高度就是约 5 行。但标题的上下还需要有适当的空白，因此，5 行实际上是不够的。到底要留多少行空白，可视标题的具体情况而定。一般说来，标题越大，空白越要多留（少的一二行，多的六七行）。

竖标题计算的方法和横标题略有不同。竖标题的长度确定后，需要计算的是它的宽度。但计算的单位不是行数而是字数。比如，42 点的方体字的宽度不足 4 个字（新五号），30 × 36 点的长体字的宽度不足 4 个字。如果新闻标题的主题为 42 点的方体字，副题为 30 × 36 点的长体，且均为单行，那么这条标题所占的宽度约为 9 个字。但与横题一样，也必须加上适当的空白，一般少则加二三个字，多则加七八个字。

（三）图片的放大与缩小

图片一般是不符合版面要求的，要根据实际情况放大或缩小，其做法是在原图上采取画对角线后进行放大和缩小。例如下图（图 11 – 51）ABCD 为照片，如要放大，使 AB 延长至 AE，在 E 点作垂直线，与对角线 AC 的延长线交于 F，过 F 作平行线 FG 与 AE 平行，那么 AEFG 即为放大的图片，从 EF 的长度可算出放大后的照片在版面所占的行数，图片缩小的方法可依此进行。

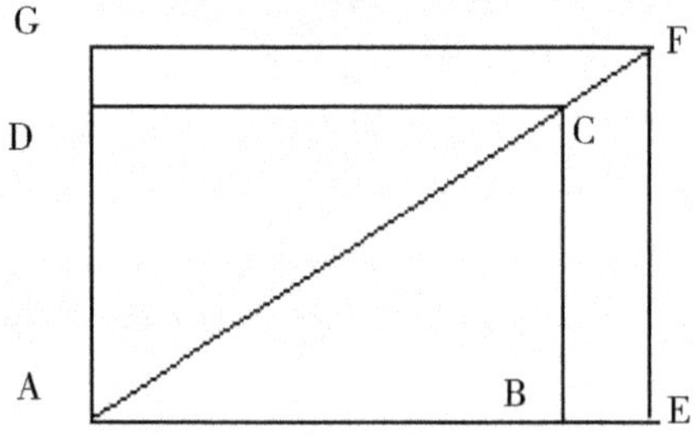

图 11 – 51

三、设计头条

头条稿的位置是一个版的重点所在，因此画版样前先要确定头条的规格和形状，对于头条占多大的篇幅，标题占几栏宽，是横是竖，要有一个初步的设想，然后将这个设想非常准确地、肯定地落实到版样上。

头条通常是版面上最重要的内容，在设计时一般以全版最高规格来表现它，因此，标题的位置要比其他稿件多，所用的字号也比其他标题大，但在有些情况下，如头条稿本身的分量不是很重，或是其他稿件的内容也很重要，就不能特别突出头条，而要考虑用双头条的方法来处理。一般来说，头条是放在版面的左上部，容易导致版面上半部重而下半部轻，不利于版面的美观，因而根据版位的特点可以考虑用上下双头条来处理版面的重点，形成一种对角对称的效果，使版面轻重均衡。

头条稿件的正文排列与稿件长短以及四周稿件的情况很有关系，比如短稿一般用厚题薄文的方法来突出，而长文则要尽可能破除视觉上给人带来的沉闷呆板的感觉。总之,对头条稿的处理需要重点突出又要注重均匀。

四、设计图片和专栏

图片、专栏一般都有固定的形状,而且以方形长形的居多,它们一方面在版面上会因色调较重,或装饰明显而引人注意,对于整个版面的平衡与美观举足轻重。另一方面由于大小和形状已定,排版时一般不随意改变,所以与一般稿件相比,这类稿件在设计版面时应先做安排。那么,该如何处理一幅图片和多幅图片在使用上的区别,大的图片和小的图片的区别,图表的出现原则以及插图的制作和应用等问题呢?

(一)以图片为中心进行构思、设计

图片在前,布局在后。以图片为中心,勾画和布置版面,可以使设计者牢牢地把握住版面的视觉形式,预想和结果不会有太大的差距。也就是说,利用图片这一极具形象感染的版面因素,首先支撑起版面视觉效果。图片的安排得当了,版面的成功就实现了一大半了。因为人们对形象信息的视觉感知,是在所有信息感觉之前进入头脑并做出反应最快的。图片提前占位,版面就容易均衡。

(二)给予不同图片不同的版面安排

一幅好的图片,就要求图片有很好的可读性和形象性,特别对单幅图片的质量上的要求就愈发显得重要。这样,它就可以占位大一些,位置也可以重要一些,安排上也大可以醒目一些。在它的安排上,周边的空白要相对放宽一些,给照片或者图片足够的张力和空间。版面上只有一幅图片时,图片就非常的重要,图片也就最突出,它的视觉平衡也就最为重要。如重心偏移,或者面积过小,都会造成版面的失衡。

图片不多,就会显得简练、醒目、优雅。

版面上采用两张图片的情况是比较普遍的,这样的版面比一张图片的版面就生动了许多。这个时候,设计者应该注意的问题就是要分清图片的主次,一般情况下,避免图片的面积等大。最好是将其中一幅图片质量较好,内容更优秀,形象更有说服力的图片放大,另一幅可以相对缩小。这样可以产生版面的节奏对比,出现立场和情感效果。

两张以上图片的处理,主要是突出一幅大的图片,拉开图片之间面积、位置的距离,使其有衬托、有呼应。也可以采用造形,造势以及图案排列等手法。

处理图片的注意事项:(1)图片要经过重新的剪裁;(2)图片的色彩要进行调整;(3)颜色过于花、乱的照片,可以加色线框或加颜色色块来衬托。

(三)插图和图表

插图比照片更有亲和力和表现力。插画应该注意的几个问题:(1)形象要可爱,适合报纸所面对的读者群。(2)插图要有趣味性。(3)要注意图文相符。(4)插图要选故事最有代表性的情节,在插画以前可以和插画工作室进行有效的

沟通。也可以对插画的风格、形象、构图以及插画的故事情节提前告诉插画公司，以免影响工作进度。(5)在要求插画题图和插图时，可以明确要求工作室区别对待。(6)在插画中，不得有知识性、常识性的错误。时代感、服饰、动物和昆虫的腿的数量、动物的颜色、季节等。(7)美术编辑不是拿来主义，约回来的图不加以审定，就直接采用。这是一种不可取的“好人思想”。现在的工作室和原来的插画家已经有了本质上的区别。原来的插画工作者是当成一种精神荣誉在精心地做这一事业，现在的工作室已经完全把插画当成了一种商业产品，作为一种商品在经营。所以，就需要我们在面对约回来的图时，严格把关，才能对得起自己的工作，对得起自己的读者。

图表：当照片和插图对所表述的事物没法表述清楚的时候，可以用图表的形式来向读者说明，如各项数字的说明、步骤图、说明图等，可能用图表图示的方式更一目了然，一看就明白。在视觉上可与照片、插图相媲美。

在版面安排上，虽然形状基本定好，但在设计版面时并不排除要根据版面的需要作出必要的调整。在设计时，特别要注意的是它们在版面上的分布要均匀、对称，内容上不关联的图片不应挤在一起，这样容易造成头重脚轻或左重右轻。因此设计版式时，一般从版面的四个角入手，把图片、专栏等定位于版面的四角或四周，然后再考虑其他稿件。

五、画版样

版式设计的最后一步是在版样纸上画出版样，大多数报纸都有自己特制的版样纸，有的大小与报纸的尺寸相同，有的是按报纸的面积成比例缩小的。这些版样纸上都标明了一个版的基本栏和行高数，编辑在画版样时无需细数，一目了然。

画版样时，必须正确地使用示意符号。如图 11 –52 所示：

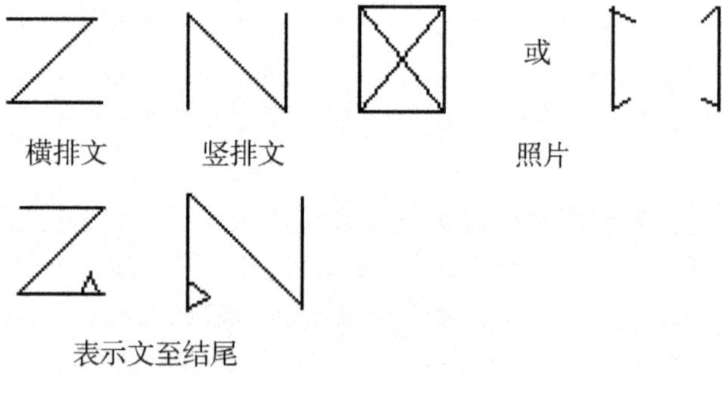

图 11 –52

下面举例说明怎样把一篇稿件画成版样(以对开报纸为例)。

一篇稿件 900 字，标题有引题、主题、副题各一行，主题 13 个字，引题 15 个字，副题 19 个字。编辑考虑了整个版面的安排后，确定这篇稿件发四栏题，主题用小初黑体，引题用一号扁体，副题用二号楷体，题文位置为盖文题，文排一栏，全文的形状为六边形，左边两栏的文排 13 行高。下面按照这些要求画版样。

第一步，计算和画出标题的版样。已知标题长度为四栏，只要计算标题的高度即可。查字号字体表可知，小初号黑体高为 2.7 行，一号扁高为 1.9 行，二号楷高为 1.9 行，共 6.5 行高，加上 4.5 行空白，标题共占 11 行高。计算好以后，即在版样上准备放这篇稿件的位置上画出 4 栏宽 11 行高的一块地方，并写上标题主题的摘要。

第二步，计算和画出文稿所占的篇幅。这篇稿共 900 字，排一栏文（每栏 13 字），需占 70 行的地方。左边两栏每栏 13 行高，两栏可排 26 行，余下的 44 行平均放在右边两栏，每栏为 22 行高。各栏文的行高计算好以后，就在标题下用横排文的示意符号从左到右逐栏按照应占行高画出文的版样，最后一栏要用文已到结尾的符号（图 11－53）。这样，这篇稿的版样就画完了。

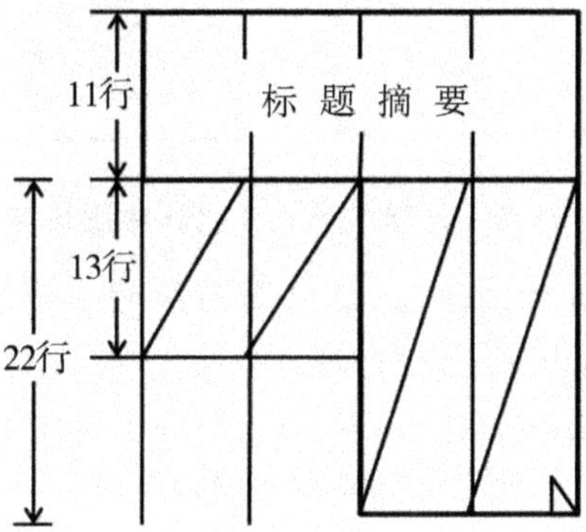

图 11－53

每个版面上都要安排若干篇稿件，每篇稿件都要按上述方法一一画出版样。每篇稿件在版面上的形状，所采取的题文关系，排文采取基本栏还是变栏，可以有多种选择，至于究竟选择哪一种形式，则由编辑根据全版的整体考虑而定。2013 年 6 月 19 日《中国青年报》第 1 版的版面（图 11－54）。

中国青年报

坚持以我为主 勇于自主创新

习近平在党的群众路线教育实践活动工作会议上强调

人心向背关系党的生死存亡

要对作风之弊、行为之垢来一次大排查大检修大扫除

李克强张德江俞正声王岐山张高丽出席 刘云山主持

用青春的奋斗托举中国梦

搭载首位"乘客" "蛟龙"返回母船

马剑霞：青春献给山里娃

方文翠：校准梦想的精度

一些官员为何经不起网络监督

中国代表出席G20国家青年峰会

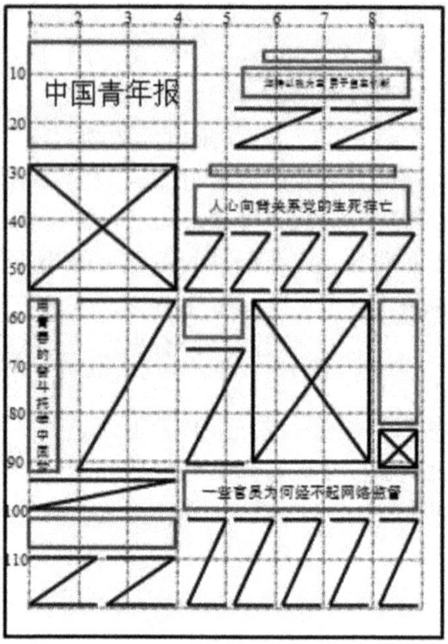

图 11－54 版样 2013 年 6 月 19 日《中国青年报》第 1 版

画版样一般按如下次序进行:第一,先安排版面的四角,后安排版面的其他部位。版面的四角,受两条边线的限制,伸缩余地比版芯小,如果安排好了版芯再安排四角,难度格外大。因此先安排好四个角,则等于压住了版面的"阵脚",再安排版芯就比较容易。第二,先安排重要稿和长稿,后安排其他稿。第三,先安排四边形稿件,后安排多边形稿件。

六、版面的技术处理

画版样还要注意以下三个技术问题:

(一)稿件篇幅与版面空间的差异

在画版样过程中,由于临时的增删或画版的不准确,或一些事先没有预料的特稿、急稿,版面提供的空间与稿件的实际篇幅不一致的情况是经常发生的,这就需要进行必要的调整。

如果是文大于版面容量,可以相应采取压缩的方法,具体做法有以下几种:

1. 去掉一篇非重要的稿件,这是在误差太大的情况下采取的补救措施。

2. 删节原文,对多出文字的稿件进行压缩,使其篇幅达到版面允许的长度,不影响原来的版面设计。

3. 删节毗邻的稿件,如多出字数的稿件本身不能压缩,就需要考虑压缩相邻的稿件,以腾出版面。

4. 压缩标题的行数，如去掉引题，副题，减少横题的空白，改小标题的字号等。

5. 正文段落合并，以减少段落后的空白。

6. 将标点符号改为半个字，减少字距。

当稿件篇幅不足以排满版面时，可以相应采取增补的方法：

1. 补充稿件，如差得太多，就需要增发短小的稿件来补充，这样既可以解决版面的容量问题，又可以使版面的内容更加丰富。

2. 增补原文。

3. 增补相邻稿件的文字。

4. 扩大标题，通过增加引题、副题，增加标题的行数和空白，加大标题字号等办法来填补正文多出来的位置。

5. 增加正文的空白，如通过分段、加大字距的办法来扩大稿件所占的位置填补空白。

解决稿件篇幅与版面容量不一致的问题，不宜采取加减正文行距的办法。因为这种办法会使行距宽窄不一，正文排列有紧有松，影响版面的清晰和美观，也影响阅读。

（二）题文关系问题

在版面上，标题与文字总是紧密结合在一起的，标题的宽度或长度一般要覆盖文章的宽度或长度，但有时因为版面安排的关系，有的则不容易结合，造成拼版的困难。就横题来说，如果题的栏宽与文的宽度不一致，就会出现这种情况，如题三文二，题四文三，题四文三破二等，如果将文字垂直排于标题下，标题下就会出现空白。如图 11－55 所示：

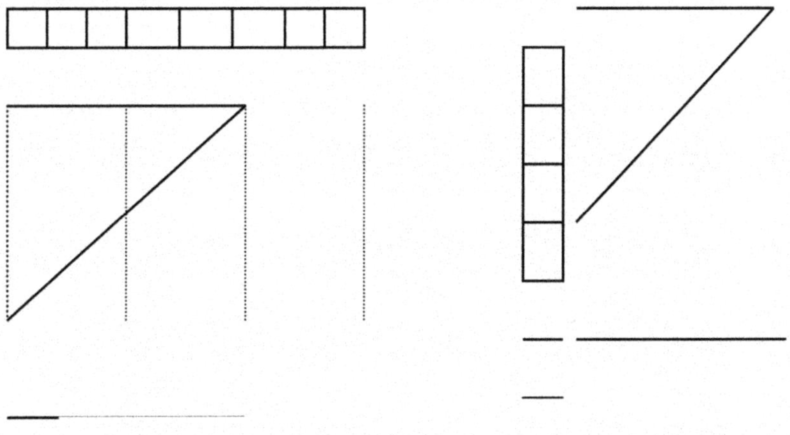

误：题与文的宽度不一致　　误：题与文的长度不一致

图 11－55　题与文宽度或长度不一致的错误结合

将文字横排有没有可能，就难以处理了。碰到这种情况，有以下几种处理方式：

1. 配发与内容相关的图片或插画。

2. 增发与内容相关的同类稿件。

同样的道理，也可以用这些方法来处理竖题的题文关系，相对应的是题的长度与文的长度的关系，而不是宽度的问题了。

（三）转接问题

一篇稍长的稿件不是在一栏内就可以排完的，这时就需要转接。转接的时候，要注意自然，合乎阅读习惯，使之可读、易读，这是文字转接的基本原则。转接有两种：栏的转接和版的转接。

栏的转接要注意以下几点：

1. 不能跳栏。文字排列时，不能越过紧挨的一栏而进入另一栏。如图 11－56 所示：

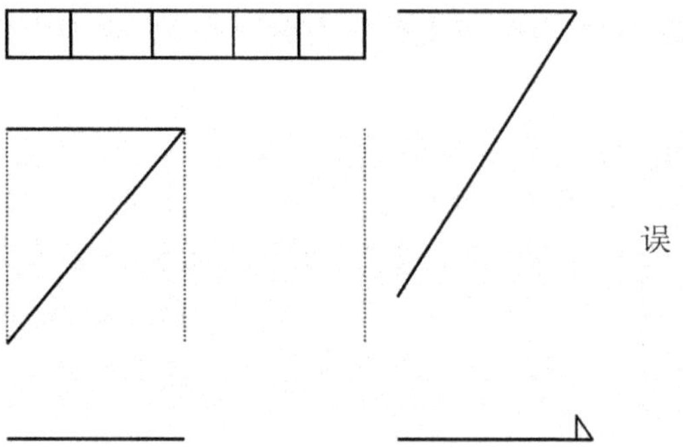

图 11－56

2. 不能逆转。对于横排报纸来说，栏的转接应由左至右，不能反过来由右至左，直文排列应由上面的栏向下面的栏转排，而不能由下向上逆转。如图 11－57 所示：

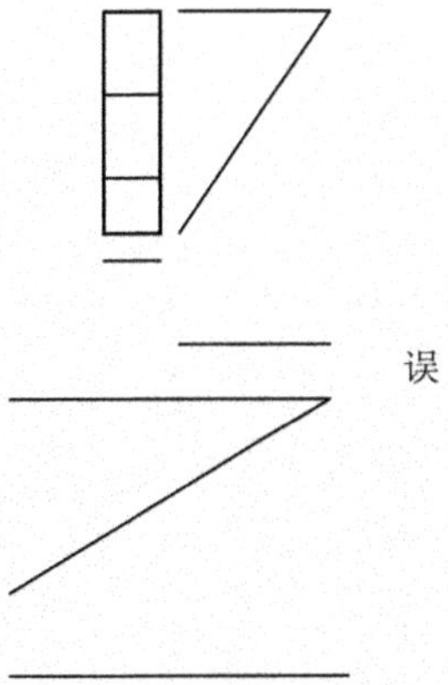

图 11－57

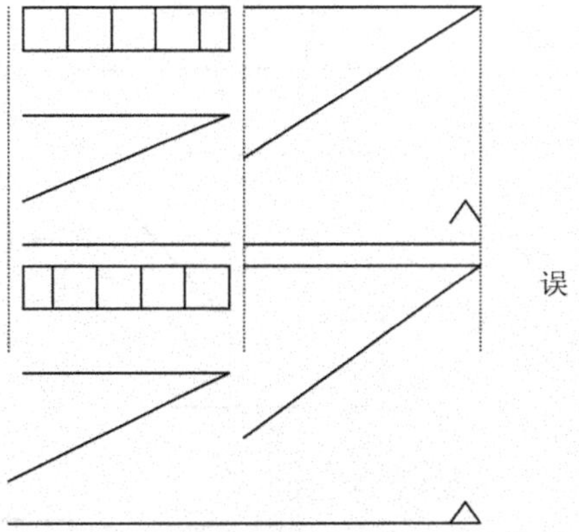

图 11－58

3. 避免在同一栏中转入两段不带题的文字，以免出现文碰文的情况，使读者难以区分。处理的方法是用明显的线条将它隔开（如图 11－58）。

4. 转文时，下一栏接的地方不要低于上一栏转的地方（如图 11－59），也不要高于本文的标题（如图 11－60）。正确的转接（如图 11－61）。

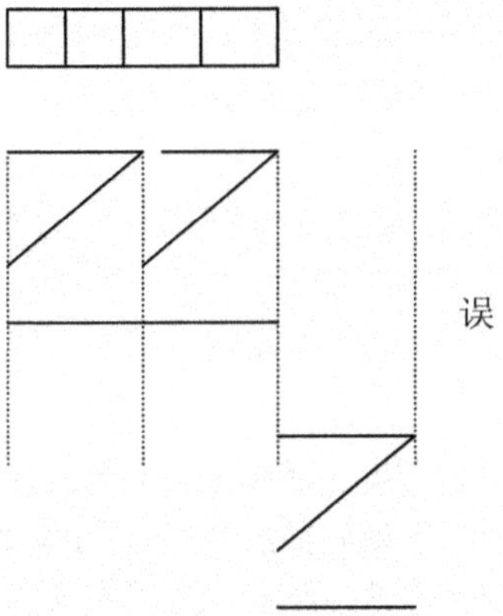

图 11－59

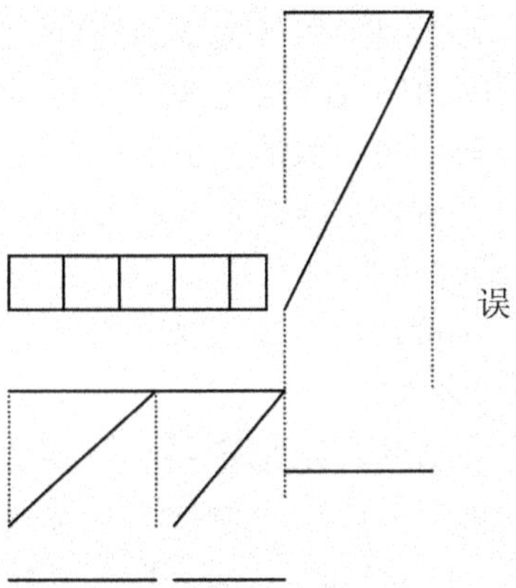

图 11－60

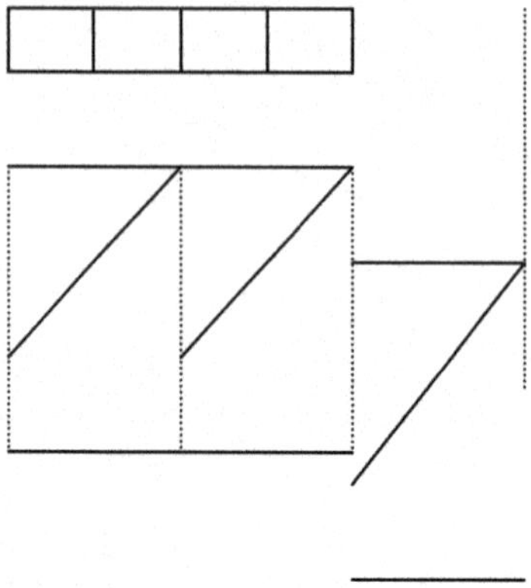

图 11－61 正文的正确转接

5. 要尽量避免在文稿告一段落的地方转接，以避免读者以为全文已经结束，而不再去读下一栏的文字。

版的转接要注意以下几点：

1. 在转的地方要注明"下转第×版"，在接的地方要注明"上接第×版"。

2. 转到另一版的文字，要可能安标题。如果同一版上有两篇文章转入，标题要用原题，但可省略辅题只用主题，栏数要少于原题，字号也要小一点。

3. 转到另一版的文字不宜太短，太短不易寻找。

4. 转的地方最好是文章告一段落的地方。这样读者正好利用这个自然的停顿去翻页。

5. 不能逆转。第 1 版安排的都是要闻，其他版的文章不能转入第 1 版。

七、看大样

大样是报纸拼版完成以后打印出来的样张，是专供检查用的。检查大样是报纸编辑工作的最后一个环节，也是编辑把关的一个非常重要的环节。错误如果滑过了这一关，就会与读者见面。大样上的稿件，虽已修改、推敲多次，但少数差错仍可能漏网。在拼版过程中，也可能产生新的差错。因此，检查大样这个环节，不能有丝毫的懈怠与疏忽。

看大样着重检查以下几个方面：

(1)全版的标题、文字在思想、事实、文字等方面是否有不准确、不妥当的地方。

(2)各版标题是否有不应有的矛盾、重复现象。

(3)标题的大小、位置、字体、字号是否恰当。

(4)整个版面的局部是否恰当。

(5)图片是否有倒置的情况。

(6)图片与说明、标题与文字是否相符,有无张冠李戴问题。

(7)转接是否正确。

大样上的差错改正以后,再打印出来的样张,就是"清样"。报纸负责人审阅后在清样上签字,报纸就可以付印了。

第四节　版面设计——安排稿件

安排稿件,就是根据对稿件的重要性、性质、感情色彩及其相互关系的认识,确定稿件安排在版面空间的哪个区域,占多大面积,运用什么编排元素,怎样布局结构,从而使版面上的稿件各得其所,成为一个能够正确表现编排思想的完整统一的版面。这是版面设计中的主要工作,是首要的编排技巧,因此,在安排稿件时要注意以下几个问题。

一、表现稿件的主次关系

版面上的各种稿件,就其内容所蕴含的意义来说,有的很重要,有的比较重要,有的不那么重要。安排稿件时,要把这种重要性的差别即主次关系尽可能精确地表现出来。

稿件的主次关系,主要通过版面的不同强势来表现,就是使主要的稿件在版面上具有较大的强势,使次要的稿件在版面上具有较小的强势。按照这个原则,根据上一章讲述的版面语言的使用规律,版面强势形成的基本方法有三种。

(一)强度

强度即增加版面空间或编排手段的刺激强度。对于主要稿件,在版面空间方面增加刺激强度,可把稿件安排在版面上强势大的上区,最主要的稿件则安排在左上区(指横排报纸);还可增加标题所占的面积,也就是使主要稿件的标题所占栏数多于其他稿件标题所占栏数。在编排手段方面增加刺激强度,可给主要稿件的标题用大号字,用粗体字,加大标题周围的空白,还可给主要稿件的题文加框或勾线等(见图11－62)。

这里的刺激强度,主要指相对强度,即在比较中显示的强度。例如一个标题用的是一号字,其他标题字号都小于一号字,那么一号字刺激强度最大;反之,如果其他标题字号都比一号字大,那么一号字刺激强度最小。一个版的版面面积是固定不变的,如果标题占的面积大,正文占的面积就小,版面容量也就小。因此,增加刺激强度,不能一味追求加大标题面积和加大标题字号,而应着重在相对强度上做文章。正因为是在相对强度上做文章,所以要突出一条新闻,除了增加这篇稿件的强度以外，有时也可以采用降低其他稿件强度的办法，同样可以达到突出主要稿件的目的。

另外，在增加刺激强度中，要注意版面空间和编排手段的配合运用。如果版面上有一篇特别重要的稿件要突出，可以把这篇稿件放在版面空间最具强势的左上区，标题用全版最大的字号，全文加框，那么它就具有最大强度。如果版上稿件的重要性悬殊不大，那么放在上区的稿件可以采用刺激强度较小的编排手段减弱强势；放在下区的稿件可以采用刺激强度较大的编排手段增大强势。

美国心理学家B. F. 斯金纳在1994年《美育》杂志发表的一篇文章提出了一个概念：CVI(The Center of Visual Impact——视觉接触中心)。他认为一个有层次的和谐的版面设计，就是要运用版面语言的各种要素在版面上创造一个强有力的CVI。这个CVI可以打破版面区域的优先顺序，放在版面上任何一个位置都可以成为版面视觉中心，吸引读者注意。有时，在版面设计中，由于种种原因，比较重要的稿件不得不放到下区。在这种情况下，就可以采取加强编排手段刺激强度的办法来创造一个CVI，突出这篇稿件。应该强调的是，在任何情况下，CVI都不能从版面的其他部分中孤立出来，它应该是有特色、不同寻常、能最有效地集中注意的结构。如图11－62上的《携手促进世界和平与共同发展》这一强势专栏，虽然它不在左上区的最强势区域，但它标题字号大、色彩突出、图片多、加框，在版面上成为CVI，其刺激强度大大超过左上区的头条，能吸引读者的第一视线。当然，一个版面只能有一个强大的CVI，不允许其他部分削弱它的作用。

总之，版面空间和编排手段的巧妙配合，可以有效地提高版面表现力，多层次、准确地表现稿件的主次关系。

（二）对比

对比即通过加强背景与主题之间的差别来形成强势。比如，在都不加框的背景中，给要突出的稿件加框；在都是黑色的背景中，给要突出的稿件套色；在正文都排宋体字的背景中，给要突出的稿件排楷体字；在普遍排基本栏的背景中，给要突出的稿件排变栏等，都可以形成局部版面的强势。

（三）变化

变化即通过采用不同于常态的编排方法来形成强势。变化是引起人们注意的条件之一。版面上不同于常态的编排就是一种变化，能给读者以新鲜感而引起读者的注意。比如，对于那些内容很有新意又重要的稿件，偶尔使用手写体标题、特大字号的标题、经过美术装饰的标题等，因与常态的编排不同，容易引起读者注意，从而形成强势。

二、表现稿件的情感色彩

情感色彩通常指事物所具有的能引起人们的不同感情的性质。稿件所反映的事物不同，感情性质自然也不同。版面是直接诉之于读者的视觉的，因而在版面上表现不同的情感色彩，是安排稿件要注意的一个重要问题。版面上的不同情感色彩，主要靠不同的颜色来表达。我国人民习惯于把红色与喜事联系在一起。因此，带有强烈喜悦、欢庆、祝贺情感的稿件，往往用标题套红来表现。又如人们习惯于把绿色与大自然相联系。因此，绿色常用以体现人们向往大自然的感情；浓重的黑色，则给人以沉重、压抑的感觉，在版面上就用粗黑线装饰讣告的死者遗像，以表达沉痛哀伤的感情。对一些抗议、揭露性的报道，往往用黑体字做标题，以表示愤怒、不满的感情等；红色就表现喜庆和热烈的感情。

人民日报

RENMIN RIBAO

中共中央政治局召开会议

研究部署党风廉政建设和反腐败工作

中共中央总书记习近平主持会议

国家主席胡锦涛发表二〇一三年新年贺词

携手促进世界和平与共同发展

中俄两国元首互致新年贺电

《求是》杂志发表习近平总书记重要文章

全面贯彻落实党的十八大精神 要突出抓好六个方面工作

让我们一起成就梦想

——元旦献词

社论

2013 年本报发行量超过 300 万份

新年致读者

大庆油田稳产十年

图 11－62 2013 年 1 月 1 日《人民日报》第 1 版

红色的标题表现新年到来的喜庆之情

人民日报
RENMIN RIBAO

习近平对军队和武警部队做好四川芦山地震救灾工作作出重要指示
迅速投入抗震救灾第一线
全力抢救受困群众，全力救治伤员

四川省雅安市芦山县发生7.0级地震
习近平作出重要指示要求把抢救生命作为首要任务
千方百计救援受灾群众最大限度减少伤亡
要加强地震监测，切实防范次生灾害，妥善做好受灾群众安置工作，维护灾区社会稳定
受党中央和习近平委托，李克强抵达灾区

四川省雅安市芦山县发生7.0级地震

不断提高拒腐防变和抵御风险能力
积极借鉴我国历史上优秀廉政文化
习近平在中共中央政治局第五次集体学习时强调

在飞机上召开会议部署抗震救灾工作
李克强在震中灾区察看灾情指导救灾

李克强主持召开会议部署抗震救灾工作

俞正声会见台湾星云法师

图 11－63　2013 年 4 月 21 日《人民日报》第 1 版
黑色标题表现对雅安地震中死者的尊重和哀悼

三、表现稿件之间的联系

一个版上的某些稿件在内容上是有联系的。版面必须把这种联系表现出来，这也是安排稿件的一项重要任务。将稿件之间的联系在版面上表现出来，才便于读者阅读和理解，从而增强阅读效果。版面表现稿件之间联系的主要方法是组合。组合，就是将各种有联系的稿件，通过版面的可视图像组织起来，使之成为一个统一的视觉对象。组合的方式有：

1. 标题组合。把内容有联系的若干篇稿件集中安排在一个标题之下排版，形成统一的视觉对象，就是标题组合。标题组合有两种具体形式，一种是同题集中，另一种是被组合的稿件各有自己的标题，同时又被统率在一个大标题之下，稿件之间的联系通过大标题来揭示。

2. 线条组合。利用线条的结合作用，把若干篇有联系的稿件用围框、勾线、加天地线等办法编排在一起，就是线条组合。这种方式，能使用线条围起来的若干篇稿件，鲜明地从其他稿件中突现出来，形成统一的视觉对象。线条的使用方式不同，结合作用的强弱也随之不同。把几篇稿件用线条围成一个封闭形的框，框内稿件的结合显得最紧密；用勾线把几篇稿件围起来，稿件之间结合的紧密程度就弱一点。用两条较粗的平行线把一组稿件夹在其中，其结合作用更弱一些。

3. 空间组合。利用距离的接近，形状、颜色的相同或相似，来揭示稿件之间联系的方式，叫空间组合。这种组合方式是版面布局结构表现稿件联系的主要方法。所以编辑采用了同样的面积、同样的形状、同样大小的图片、同样字号字体的标题并加上围框的编排手段。这样的空间组合自然会让读者将两篇稿件联合起来进行思考（如图 11－64）。

A4　新民晚报　神十飞天会天宫特别报道

神十开创我应用性航天飞行先河

将为空间站建造奠定技术基础

气象条件适宜发射

天宫一号静候神十

太空授课最受关注

【航天员简介】

聂海胜　我国首位进入太空的将军

张晓光　执着追求15载终圆飞天梦

王亚平　“80后”女孩要在太空讲课

图 11－64　空间组合　2013 年 6 月 11 日《新民晚报》第 A4 版

集纳专栏是以上几种组合方式的综合运用。专栏里的稿件，连接排在一起，这是空间组合；专栏往往有一个标题统率各篇稿件，这是标题组合；专栏一般都围框，至少也是勾线，这又是线条组合。

四、讲求稿件安排的层次

层次，是把内容相左的稿件，在版面上拉开距离，使它们不被误认为组合。在版面设计中，不仅要注意对内容有联系的稿件恰当地进行组合，而且要注意避免对内容相左的稿件不恰当地进行组合。

讲究稿件安排层次，目的在于不使内容相左的稿件距离贴近，以避免读者误以为是空间组合而产生错误的联想，得出错误的结论，或产生不愉快的感情。需要分层次处理的稿件，主要是感情色彩和风格色彩不协调的稿件，如一条来访外国领导人出席国宴的报道和一条追悼会的报道，一条祝贺著名人物寿辰的报道和一条对罪犯执行死刑的报道，还有喜与怒、哀与乐、庄严与谐趣等感情色彩不同的报道，给读者的心理感受是完全相反的，都不能进行组合。

分立层次的基本方法有两种。一种是通过内容的过渡来分层次，即在不协调的稿件之间插入心理感受和感情色彩是中性或近乎中性的稿件，如在国宴和追悼会的稿件之间插入一般的经济新闻。另一种是通过空间的分离来表现，就是把不协调的稿件分别安排在版面的不同区域里，或分别安排在不同的版面上。

A2

要闻

股权奖励个税可分期缴纳

下放张江的行政审批权和落户张江的国家3项政策解读

新增一千公顷公共绿地

申城到"十二五"末每年

集中整治河道"三违一堵"

本市今夏供水量较去年有所上升

"一张网"调度确保用水需求

20～24℃

上海

图11－65　稿件层次布局　2013年6月13日《新民晚报》第A2版

大河报

郑州公租房拆掉"收入门槛"

中等偏下收入家庭、新就业职工、来郑务工人员可申请

这种"草根"药还能吃吗？

六旬翁用鱼网救出两名落水少年

神十女航天员今天上午太空授课

6月23日"长江一号"

上城生活幸福游轮尊荣开放

家族脊梁者，是时候跟未来谈谈了

63398888

图11－66　稿件层次布局　2013年6月20日《大河报》第1版

第五节　版面设计——选择版式

版面表现内容的形式，在漫长的发展过程中，呈现出多样性。正是在这种多样性中，在表现形式上有共同特征的因素逐渐凝聚在一起，形成了相对独立的版面类型。

版面类型也称为版式。每一种版式都有它自身的特点。掌握这些特点，在组织版面时，面对特定的内容，就可以考虑应该选择哪一种版面形式较为合适，并且在运用这种版面形式时，知道怎样才能使它具有最大的表现力。

一、集中式、重点式和综合式

我国报纸按版面内容编排的不同特征分类，有以下几种类型：集中式、重点式、综合式。

（一）集中式

集中式版面的特征，是用一个版或一个版的主要篇幅来刊登一个主题或某一方面的内容。集中式版式更多采用于专版，因专版刊登的内容范围较小，更有可能以一个版的篇幅来刊登某一特定主题或内容。

集中式版式也用于综合版（如要闻版），这往往用以表现重大事件、重大典型等。图 11－67 所显示的 2013 年 6 月 11 日的《新民晚报》和《中国青年报》第 1 版，就是反映重大事件的集中式版式。这种版面的长处在于可以同时多方面表现一个内容，比非集中式版面有更大的声势，可以引起读者更大的注意。短处是要挤占其他报道的版面，不利于报道的平衡，因此不宜常用。

运用集中式版式，在具体编排上要注意以下几个方面：

1. 求多样。集中式版面的主题或内容可以单一，但所包含的具体内容、形式应力求多样。单一中有多样，版面才能生动，更具有可读性。各种专版尤要注意这一点。

2. 求气势。有的版面如要闻版有时所刊稿件不多，但十分重要，如采用集中式版式很难多样，对于这种版式则可以气势见长，可采用较大的标题和图片以及套色等。每个版上内容十分重要。因此，要把每一个主题内容都设计成集中式的版面，就必须在版面的气势上做文章。如图所见，这个通版就是采用了加大标题和图片，套色等编排手段，使版面虎虎生风，很有气势。

图 11－67　集中式版式　2013 年 6 月 11 日《新民晚报》和《中国青年报》第 1 版

3. 求统一。主题或内容是单一的，如版面分散、无序，不能统一，就会使主题或内容得不到充分的表现。要使全版统一起来，常用的编辑方法有：采用大标题来统率全版；利用各篇稿件的相互呼应来取得内在联结；重要新闻采用旗式题，把相关新闻或图片放在此标题下。此外，也可以采用空间组合的方法来使相关稿件结合在一起。

（二）重点式

这种版式的特征是，特别强调版面的某一局部，把这一局部作为版面的重点。一般全版只有一个重点，有时也有两个重点。读者看这种版面，首先会被这些重点所吸引，然后再去注意其他部分。当版面上有一两篇或一两组稿件特别重要，需要在版面上予以强调时，往往采用这种版式。这种版式运用得比较多。运用时要特别注意以下几个方面：

1. 要赋予重点稿件较大的强势，增强其视觉冲击力。按照版面语言使用规律，重点稿件安排在"上左"或"上半部"这种最具有强势的版区；标题应排长栏，采用较大的字号，还可以适当采用栏的变化和醒目的线条来突出重点。

2. 要注意版面其他部分对重点的烘托。突出版面的重点，不仅要注意加强重点本身的强势，而且要适当减弱版面其他部分的强势，如把非重点稿件放在强势小的版区、缩小标题、不采用或少采用变栏、线条等。有抑才有扬，有烘托才有重点。如果版面其他部分处理也很突出，重点就必然被淹没，甚至被转移，使读者误以非重点为重点。

3. 如果全版只有一个重点，可以利用上半版；如果有两个重点，一般可以采取对称的方法来安排。如把一个重点安排在“上左”，一个重点安排在“下右”；一个重点安排在上半版，另一个重点安排在下半版等。

2012 年 11 月 9 日《人民日报》第 1 版就采用了重点式版式来安排“中国共产党第十八次全国代表大会在京开幕”的重大事件报道（图 11－68）。作为党和国家的喉舌，人民日报采用重点式版式，用一个版的绝对优势篇幅、通栏大标题、大图片、套色等强势编排手段来反映重大事件，符合人民日报的编辑方针。而同日以地方信息为主的《大河报》则在形式上更为灵活和生动。因此，对同样事件的发生，不同报纸会选择不同的版式作不同的处理。

人民日报
RENMIN RIBAO
坚定不移沿着中国特色社会主义道路前进　为全面建成小康社会而奋斗
中国共产党第十八次全国代表大会在京开幕
胡锦涛代表第十七届中央委员会向大会作报告
吴邦国主持大会　2309名代表和特邀代表出席大会

大河报
96211
党的十八大在京开幕，胡锦涛向大会作报告
美丽中国　永续发展
说你，说我

图 11－68 重点式版式　2012 年 11 月 9 日《人民日报》和《大河报》第 1 版

（三）综合式

这种版式的特征是，整个版面所包含的稿件比较多，它们之间虽然也有主次之分，但并不特别强调这种区分，不着意引导读者特别去注意版面的某一局部，而是力图表现版面内容的丰富，让读者自己去判断和选择。当版面的内容比较多、比较分散，而且没有特别重要的内容需要强调时，一般采用这种版式。这种版式的运用是经常的。2013 年 6 月 19 日《新民晚报》第 1 版(图 11 - 69),就是综合式版式。

运用这种版式,在具体安排上要注意:

1. 不能只重视版面的“上左”或“上右”这两个最重要的版区,对其他版区的安排也要重视。在“下右”和“下左”两个版区,可以借助比较大的标题来弥补强势的不足,以求得整个版面的匀称。

2. 要特别注意版面的组合,尽量把内容接近的稿件编排在一起,避免版面因内容比较多、比较分散而陷于紊乱,做到版面虽散而不乱。

新民晚報

申城近日如罩大蒸笼
我国出现大范围高温

张氏家族再次捐赠宝贝
张佩纶手稿等入藏上图

习近平:党内脱离群众现象大量存在,集中表现在形式主义、官僚主义、享乐主义和奢靡之风这“四风”上

我们要对作风之弊行为之垢
来一次大排查大检修大扫除

党的群众路线教育实践活动工作会议聚焦党内作风建设

上海居住证管理办法
将于下月1日起施行

打击食品犯罪　保卫餐桌安全

明起有条件恢复活禽交易

国足惨败谁担责?先从管理层开刀

图 11 - 69　综合式版式　2013 年 6 月 19 日《新民晚报》第 1 版

二、规则对称式、非规则对称式和齐列式

如果根据版面的均衡特征进行分类,我国报纸版式可分为两种基本类型:规则对称式、非规则对称式。

(一)规则对称式

这种版式的主要特征是讲求版面的左右对称。对称的形式是工整的、完全的,是一种同形的、等量的对称。这种版式以版面的垂直的均分线为中轴线,左右两侧安排对称的稿件,稿件的长短和标题的大小完全或大体相同。

2013 年 6 月 17 日《光明日报》第 1 版,就采用了规则对称式版式(图 11 - 70)。

版面把文稿规则对称地排放在版面中线的两边，显示出规范、喜庆、活泼的特点，体现了“中国梦”给我们带来的神圣且不失活力的主题。

光明日报
树立宗旨意识和群众观念的好教材
尊重人民群众主体地位实现中国梦
追梦人足迹
听油菜花开的声音
攀西域研究的珠峰
群众路线永远是党的生命线
光明专论

图 11－70　规则对称式版式　2013 年 6 月 17 日《光明日报》第 1 版

规则对称式版式的优点是匀称、整齐，有助于揭示稿件共同的思想内容，突出一个主题；一个缺点是形式对内容的限制较大，对内容和意义不完全相同的稿件，往往硬性要求篇幅长短和标题大小一致，就不得不削足适履，以至于不适当地删削或拉长稿件，让内容去迁就形式。另一个缺点是由于要对称，左右两边的横标题不能大，最多只能是一个三栏题，无法突出重要稿件。这种版式还因缺少变化，容易失之于呆板，因此，要闻版很少采用这种版式，而多用于内页，即便用于内页，也不宜滥用。

（二）非规则对称式

这种版式的主要特征不是讲求版面的左右对称，而是讲求整个版面的对称。对称的形式是不工整、不完全的，是一种异形、不等量的对称。非规则对称由于不拘泥于左右对称，不拘泥于对称的同形、等量，在对称中有变化，变化形成对比，对称和对比相结合，因而匀称、生动。

非规则对称式版面的常见形式为对角对称。就是利用版面四个角的对应关系来进行对称。如分别把上左和下右、上右和下左对称起来,或者把上左和下右、上右和下左同时对称起来,以求得版面的均衡。对角对称这种形式比较灵活,首先,它对内容没有很多限制,一般情况下,各种内容的稿件均可采取对角对称的版式。其次,它是在四角进行对称,比之左右对称可以有较多的变化。因而在非规则对称中,对角对称是采用得最多的一种。2013 年 6 月 20 日《解放日报》就是一个非规则对称式版式。右上区的竖标题、模块和左下区竖标题、模块相对称(图11 -71)。

解放日报
坚定不移巩固推进中越友好
打开家门,找到开启心灵的钥匙
联合国要抓住和平发展主题
推八项措施支持转型升级
突出贡献导向 拓展贡献内涵
上海通用金桥新厂奠基
在法制框架下为"试错"护航
宽容失败才能激励改革
今天10时太空授课

图 11 -71 非规则对称式版式 2013 年 6 月 20 日《解放日报》第 1 版

总之,非规则对称版式的适应性较强,它能使不同的稿件在版面上表现出不同的强势,又能使整个版面取得均衡。因而是目前我国报纸采用的一种主要编排方法。

(三)齐列式

这种版式的特征是全版稿件都采取排列的方式,在标题、图片、线条、装饰等的运用上,都采取相同或相似的形式,整个布局结构整齐统一。这种布局结构方式适宜于安排具有某种共同性而又不需要或不应该强调重要性差别的稿件采用。2013 年 6 月 20 日《新华日报》第 A8 版(图 11 -72)就采用了这种版式,所有稿件都采取排列方式，整个版面的布局结构整齐统一。

全力以赴，为城乡守护一方蓝天

常州：强力推进秸秆综合利用和禁烧工作

图 11－72　齐列式版式　2013 年 6 月 20 日《新华日报》第 A8 版

三、垂直式和水平式

这两种版式是美国新闻界对版式的分类，介绍这两种版式的目的是对不同版式的了解和把握。美国新闻界一般把版面分为两种基本类型：垂直式版式和水平式版式。

（一）垂直式版式

垂直式版式曾经长期统治美国报纸。这种版式的特征是大量采用短栏题，文稿往往由上端直排到底部。标题因为比较短，所以新闻的重要性往往不是用标题的长度来显示，而是借助于标题的多层来显示。这种类型的版式只重视版面的上半部，大标题都集中于上半部，版面越往下，标题越小。在结构上，往往采用左右对称的形式。由于对称的具体形式不同，垂直式版面又有完全对称、不完全对称等几种。2009 年 4 月 2 日美国《华尔街日报》（图 11－73）为非对称的垂直式版式。

THE WALL STREET JOURNAL.

ASIA

What's News

Leaders ready positions for summit

Obama plays down deep divisions on how to handle crisis, predicting 'enormous consensus'

The G-20 summit

China home sales show signs of uptick

Inside

Markets

Complex challenges demand innovative solutions.

THE WALL STREET JOURNAL.

图 11－73　垂直式版式 2009 年 4 月 2 日《华尔街日报》第 1 版

垂直式版式的优点是整齐、严肃、编排比较容易、在报摊折叠出售能显露标题。其缺点是：第一，标题放在短栏里，分行就必然多，一句完整的话要受到多次分割，阅读很不方便。有时为了避免这个问题，不得不把标题字号缩小，但这样又会使标题不突出。第二，长标题用得少，版面就缺乏吸引力，要与别的报纸在销路上展开竞争比较困难。第三，版面左右完全对称，要求对称的稿件具有同样的长短，同样大小的标题，有时不得不让内容去服从形式。第四，由于一篇新闻往往要从版面的上端看到底部，阅读不很方便。第五，由于大标题都集中于上半版，版面头重脚轻，显得不匀称。

现在美国采用垂直式版式的报纸还有一些，如《华尔街日报》，但采用水平式版式的报纸越来越多。

（二）水平式版式

这种版式的特征是，大部分新闻采用长栏题，短栏题用得较少。标题简化了，一般以一行题居多，多层标题用得少了。文稿不是一栏垂直到底，而是通过转栏的方式，自左至右向水平方向扩展。

水平式版式的最大优点是，标题更加醒目了，而且可以用长短不同的标题来显示新闻价值的大小。此外，由于文字的编排是自左至右的水平方向扩展，比较便于阅读。

当然,美国报纸在采用水平式版式时,也并非完全放弃垂直式版式的编排方法,而是常常把水平式版式和垂直式版式相结合。2013 年 6 月 20 日《华盛顿邮报》就是以水平式为主兼容垂直式的版式(图 11－74)。

The Washington Post

Fed gives a clearer signal on stimulus

Before pullout, a scrap project

Obama proposes scaling back nuclear warheads

U.S. positive on Taliban talks despite Karzai's ire

Rand Paul moving from fringes into mainstream

Joy turns to anguish in an instant

IN THE NEWS

INSIDE

图 11－74　水平式和垂直式兼容的版式　2013 年 6 月 20《华盛顿邮报》

垂直式版式和水平式版式这两种版式,是就横排报纸编排走向着眼的,是美国新闻界根据本国报纸版面发展的实际情况对版面所作出的一种分类。因而美国报纸版式对于我国报纸来说,可以作为组版的参考,但作为分类标准没有多大实际意义。

四、现代版式探讨

观察现代报纸,有一些新的变化,表现在以下一些方面。

(一)三列分割式或三横分割式

现代版面运用三列分割式或三横分割式版式越来越普遍。

三列分割式版式运用更频繁。左边一列是导读或短消息等,中间一列是主题图片和报道,右边一列是新闻集纳等。如 2013 年 6 月 22 日的《大河报》第 A14 版面(图 11 – 75)。

A14

从四楼跳下,他终于逃出传销窝

一路逃到火车站才发现脚部骨折,幸遇热心草根艺人帮助并报警

贫困双胞胎姐妹 能否同圆大学梦?

家里办过新农合 老师咋还让交保险费?

240台 营运车辆停业整顿

图 11 – 75 三列分割式

三横分割式版式在英国、美国等地的英文报纸采用频率更高。报纸的上端是大标题,中间是横式主题大图片,下端是文字报道。如英国 2013 年 6 月 21 日《北京晚报》第 4 版版式(图 11 – 76)。

这两种版式具有现代特征:舒展简洁、清爽醒目、整齐、模板化、大图片、大标题。

4 要闻

有图不一定有真相 搜狐披露辟谣"七种武器"

“谣言终结者”终结厅长叛逃谣言

破解网络谣言七种武器

国际旅游博览会明天请公众参观 14999元西班牙葡萄牙游降5000元

数千条旅游线路开出最大折扣

院士：转基因大豆致癌毫无根据

年底前清理5000项食品标准 “不含防腐剂”是误导 “无污染”值得怀疑

图 11－76 三横分割式

(二)杂志封面式

现在,越来越多的报纸在头版借鉴杂志封面设计所产生的“封面效应”,采用杂志封面式版式。优秀的杂志封面是非常有个性和感染力的,它的核心是代表杂志的精华内容和形式风格。

目前来看,杂志封面在报纸版面设计中的运用主要表现出三种情况:

第一种,版面较多的小开本报纸(也叫“本儿报”),几乎完全杂志封面化。典型例子是《上海壹周》。该报当初创办时,头版和大多数当时的周刊风格相似,但吸取了杂志封面的导读功能,在标题和提示上有很好的运用。此后,几经改版,一步步向完全杂志封面化靠拢(图 11－77)。

图 11－77　杂志封面式

第二种，杂志封面文章式。一条重头报道，适当的醒目照片和索引式导读专栏。这种版面也可称为半杂志封面化。如《青年时报》的一期头版（图 11－78）。

青年时报

省法制办昨就交管草案进行恳谈

与会者纷纷建言治堵策略，并认为限牌只是不必急于出手的终极手段

湖滨区块最大违建德纳酒吧昨拆除

原址将建西湖天地二期　地下拟造三层车库

我省出席团十七大代表今赴京

共有代表46名　平均年龄30.7岁

第三届东亚气候论坛今在杭开幕

主题演讲、边会活动精彩纷呈

富阳一玻璃钢车间昨晨发生爆炸

5名工人受伤　其中3人生命垂危

传媒大亨默多克与邓文迪申请离婚

图 11－78　杂志封面式

第三种,杂志封面风格式。一般表现出这样的特征:强烈、明快、清新。如《大河报》的一期头版(图 11 - 79)。

图 11 - 79　杂志封面式

(三)现代版式的标题变化

现代版式的标题变化多种多样,具体来说有以下三种方式:

第一,加大标题字号,改变题文比例。

浏览近年报纸的标题,最为突出的变化是字号有总体变大的趋势,且标题和正文所占版面的比例由“厚文薄题”转向“厚题薄文”。其灵感来源于提示意识的增强,在标题字号加大以争夺眼球的情况下,为使有限的版面容纳更多的信息量,会相对地压缩正文字数。

第二,减少标题字数,强化标题形态。

根据生理医学的解释,眼球每停留一次可以看到六七个字。那么,瞬间抓住读者的最好方法就是创作好标题“一瞥的艺术”。减少标题总体字数的方法是尽量用单行题。调查显示,单行题往往比多行题更容易吸引住读者。如《北京晚报》的一个版面,其标题就是一行题且非常简短(图 11 - 80)。如果万不得已制作了长标题,可以适当地运用版面语言"图化"关键词,强化标题形态,可以增强感染力。

第三,调整语言顺序,去掉花哨装饰。

一般情况下,人们说话通常是按主—谓—宾的结构排列词语的,非常情况下会打乱语序。为了突出信息的要点,标题的语序越来越多地采用关键词靠前的手法,形成所谓的标题"倒叙法"。现代编辑已很少在标题上使用花边、底纹等编排手段,讲求标题排版舒展自然、简洁清爽。

第四,追求群体效应,标题横排。

相关的内容要求和谐统一的标题形式,反过来,这种一致的形式又会进一步强化内容的整体性。

北京晚报
全力支持实体经济 创新服务小微企业
2013年中国邮政储蓄银行
创富大赛启幕
北京赛区率先项目征集 >>13
本报昨日报道
"的哥"称部分出租公司变相涨"份儿钱"
主管部门今天表示
欢迎的哥
拿出证据 >>12
国际旅游博览会明天请公众参观
数千旅游线路开出最大折扣 >>4
海南"开房校长"被判13年半
另一被告万宁房管局工作人员被判11年半 >>22
拔刺

图11－80　标题简短醒目

我国文字排版大致经历竖排、横竖兼有和横排三个阶段。现在,报纸正在进入横排阶段,这并非是人们单纯强调新鲜所致,而是社会进步的必然选择:其一,从视觉生理的角度分析,人的一双眼睛呈平行扫描,在日益追求以人为本的社会必然产生符合这个理念的变革。其二,计算机广泛应用带来排版习惯的变化。尽管现在大型排版软件设计有竖排功能,但由于逐渐养成的横排习惯、横排标题的群体效应和为阅读方便考虑,越来越多的版面采用横排标题。

（四）图片的分量越来越重

图片（包括新闻照片、图表、图示、图饰）在实证性、视觉的直观性、可视性方面具有文字不可替代的优势。传统编排一般把图片作为一种手段，仅起着美化及调节版面的作用。因此，数量不多，所占篇幅也不多。与此不同的是，现代版式设计把图片视为版面的重要表现形式，十分重视图片的运用。2013 年 6 月 19 日《北京晚报》第 1 版，就用照片组编了一个规则对称式版面，很有趣味性（图 11－81）。

北京晚报
习近平要求全党对作风之弊、行为之垢大排查、大检修、大扫除，总要求是——
照镜子正衣冠洗洗澡治治病 >>2
明天上午航天员首次太空授课
太空中怎样称体重 >>2
雷政富受审详述不雅视频始末
最大一笔受贿300万元牵涉不雅视频 >>20
正规出租车将有电子身份证 >>4
五月北京空气达标8天 >>14
公务旅游团暑期减半 >>12
张金凤滚动炒房不违法? >>10

图 11－81　叠放处理的规则对称式图片版

（五）整体引入 CIS，确立视觉识别

在报纸生产经营作为一种文化产业运作的今天，版式设计已经不仅是一种编辑学范畴的操作，还是报纸产业形象工程的有机组成部分。随着我国市场经济的发展，CIS（Corporate Identity System）企业形象识别系统，已被新闻媒介广泛地运用起来。CIS 由理念识别 MI（Mind Identity）、活动识别 BI（Behavior Identity）和视觉识别 VI（Visual Identity）三个子系统构成。其中，确立报纸的视觉识别（VI）已成为报纸版面设计的共识。浏览现代报纸版式，有以下几个特点。

1. 栏型和颜色的独特性

在版式设计所需要调动的诸多版面元素中，模块形式（即栏型）和色彩语言对版面形象的影响最为直接,最能表现出报纸的策略定位和风格诉求,是最重要的两大版面元素。一般来说,横列式为主的版面开张大气、现代活泼、冲击力强,竖列式为主的版面清劲修长、严肃冷静;色彩丰富则活泼、色彩俭约则严肃。现在,各种报纸有自己独特的栏型和模块;有自己独特的第1版报头和ABCD等各叠头版版头版名的独特颜色装饰带,独特的报名和图标。读者凭借这些标识,就能在报摊上不用看报名而一眼认出何种报纸。

2. 稳定性强化了视觉识别

现代心理学研究表明,独特而强烈的视觉符号,容易被察觉;而符号的识别和记忆同重复次数有关。因此,当报纸寻找到符合自身定位的独特视觉表现符号后,就将其稳定下来,通过每天的报纸版面不断强化,在多种媒体竞争共存的市场上为受众所识别。这里稳定性指的是一份报纸有一个统一的版式设计,各版的模块形式和色彩语言两大元素统一在一个风格下,并保持这种形象系统的连贯性。

第六节　版面设计——美化版面

版面要讲求美,美化版面是版面设计工作中的一个重要方面。美并不是版面可有可无的装饰,而是构成一个内容与形式统一的版面的重要因素。但是,版面毕竟不是艺术创作,不能把形式美凌驾于内容之上,而是应该在尽可能的条件下去追求,去创造,这种创造要有利于内容的表达,而不是有损于内容的表达。

版面美的前提条件是:首先,构成版面的材料,如字体、图片、线条、装饰等必须是美的。其次,整个版面的布局结构要符合审美要求。版面的局部结构要美,必须做到变化与统一相结合。

一、版面美化的变化

版面能否富于变化,与安排到版面上的稿件数量有关。版面上稿件数量多,变化余地就大。如果只有两三篇稿件,就很难有什么变化。稿件冗长是版面美的大忌。版面的变化有五种。

(一)体裁的变化

一个版面上的稿件,如果都是一种体裁,就会显得单调;如果有多种体裁,就会显得有变化,在编排上也好做变化的文章。版面上体裁多样化,有文有图,图文并茂,就可以增强与广播电视的竞争力。因为,图片对读者的视觉冲击力在版面元素中是最强的。选用图片,要注意品种的搭配,照片、绘画(速写、漫画、插图)等都是图片,但它们的构图、色调等表现方法不同,墨色也有浓有淡。版面上两者兼具,就比单选一种更富于变化。

（二）栏的变化

一个版面上的文字稿，如果都排基本栏，千篇一律，会很单调。因此，以基本栏为基本形式的同时，某些稿子可以适当排成长栏、破栏等形式。

（三）标题的变化

标题是版面的眼睛，对读者的视觉冲击力仅次于图片。标题的编排又特别富于变化，善于运用标题的变化，对设计美的版面有特别重要的意义。标题的变化有：

1. 形式的变化。标题由于行数、每行排列的位置以及横竖方向的不同，可以排成不同的形式。

横题的基本形式有（图 11－82）：

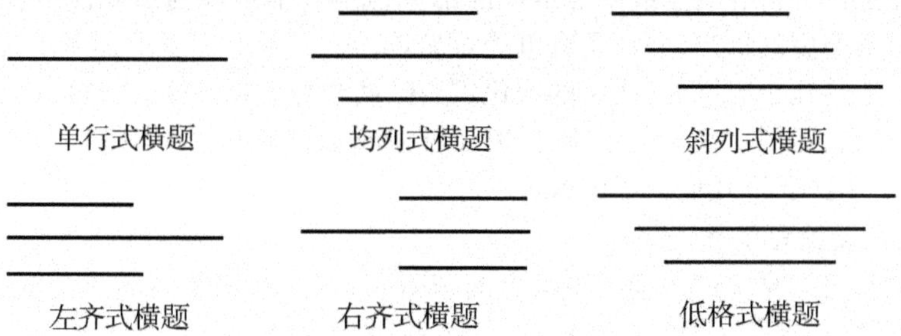

图 11－82　横题的基本形式

竖题的基本形式有（图 11－83）：

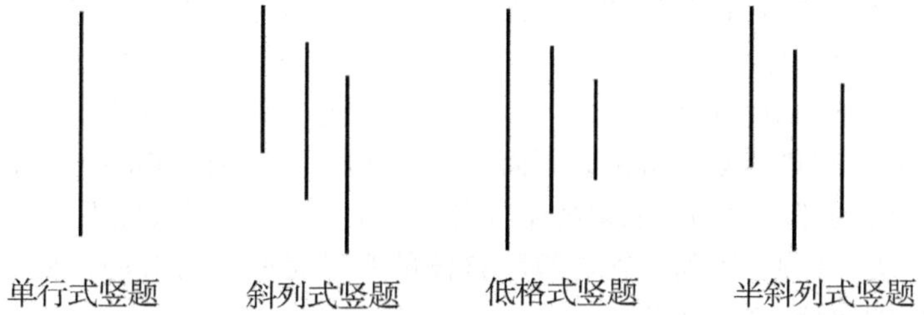

图 11－83　竖题的基本形式

2. 大小的变化。一个版上的标题，最好是大、中、小结合。都是大标题，版面会显得臃肿、窘迫；都是小标题，又会显得琐碎、平淡。大、中、小标题相间错落，版面才会多姿多彩。

3. 字号、字体的变化。就一个标题来说，主题和辅题的字号应大小有别，字体也应浓淡有别，并注意搭配。如果主题选用浓重的黑体，辅题则应选用较淡的字体。字体的形体也要注意搭配，如方体字可以分别同长体字或扁体字组成多行标题，但多行标题如都用扁体字或都用长体字就显得单调，如把长体字和扁体字放在一条多行标题之中，就更不和谐了。

4. 位置的变化。标题必须与所排的正文连在一起，这是不可改变的，但标题在正文中的位置是可以灵活安排的。题与文的位置关系和布局结构前已述及，这里不再重复。

（四）图形的变化

图片的形状有矩形、多边形和圆形等几类，各类又有许多不同的形状。版面上以矩形图片为主，适当采用不同图形，能使版面更富于变化。

（五）空间的变化

版面上的字符、图像、线条等着墨的部分，是实；不着墨的部分，是空白，是虚。版面空间实与虚的恰当结合，具有审美意义。

除了上述几个方面外，线条的变化、题花、网纹等装饰的变化，也可以起到美化版面的作用。运用这些美化手段时，需要注意整版的和谐，形式服从内容，否则版面就会过于花哨，形式掩盖了内容。

二、版面美化的统一

变化与统一是美的版面必不可少的、互相联系又互相制约的两个方面。只讲变化，版面往往杂乱无章，只有变化与统一相结合，变而不乱，变中有序，才能给读者以美感。变化与统一相结合，就是变化中要讲求和谐、比例、节奏和均衡。

（一）和谐

和谐，包括两个方面的内容：第一，版面的各种变化必须与内容协调。版面是受报纸内容制约并为内容服务的，版面的美当然也不能脱离为表现内容服务这个根本。版面无论怎样变化，应该做到万变不离其宗，即不离开内容的特定要求，才能使人感到和谐的美。如要闻版要求严肃庄重，副刊版可以鲜艳、生动、华丽。第二，版面的局部和整体必须协调。版面的美是从版面整体的和谐中取得的，而不是从各个孤立的局部取得的。如果各个局部孤立看是美的，但彼此不协调，版面的整体就不可能美。因此，版面的美与版面整体的和谐是密不可分的。要达到版面的局部和整体的协调，必须注意：

1. 局部和整体在表现特点上要统一。一个版面如果整体的表现特点是朴实无华的，而某个局部浓妆艳抹很花哨，这个局部就破坏了整个版面的统一，也就使版面失去了和谐，失去了美。

2. 局部和整体在构图上要统一。为保持这种统一，要注意避免下列构图上的问题：

（1）通栏，即栏线从版面上端直通下端。出现了通栏，特别是在中轴线附近出现通栏，版面被明显地分成几个部分，容易产生割裂感，影响审美效果。避免通栏一般采用两种方法，一种是穿插，用标题、图片、变栏等来切断栏线；另一种是利用下辟栏来横截版面，避免栏线从上到下一通到底。

所谓辟栏，即靠近版面一边用线条隔开的局部版面。辟栏有上辟栏、下辟栏、左辟栏、右辟栏四种。

(2)左右辟栏过长过宽。辟栏的长边与栏线平行，过长容易引起版面的割裂感。辟栏过宽，使辟栏外的版面过窄，也会引起割裂感。还有，一个版面最好不要左右同时采用辟栏。左右同时采用辟栏，中间势必形成一条狭长地带，整个版面就会使人产生一种闭塞的感觉。

(3)并题（又叫对题），就是两个标题特别是两个大标题连接在一起，形成"一字长蛇阵"。并题同样会使版面产生割裂感。避免办法是将标题交错排列，不处于同一水平线上。如果处在同一水平线上，就要尽量设法用文或图把它们隔开，使它们不相连接。

(二)比例

比例，反映事物相互映衬的关系。恰当的比例，给人以美感；超出一定的比例，就使人感到不协调，甚至不愉快。就一个版面来说，特别要注意以下几个方面的比例关系：

1. 标题的主题与辅题的字号大小要适当。一般来说，引题字号可小于主题一至二号，副题字号可小于主题二至三号。如果副题很长，要排若干行，则字号还可以再缩小一些。因为行数多，也可缩小与主题在字号上的差距。

2. 标题的厚度与文的厚度要适当。题与文的厚度比例呈1∶1或1∶1以下，一般称为厚题薄文。这种比例关系主要用于内容很重要、需要大标题但内容字数比较少的稿件。在版面上，采用这种比例的稿件应占少数。题与文的厚度比例大体呈1∶2、1∶3或1∶4，是多数稿件采用的比例。由于标题是用最简洁的文字提示新闻的主要内容，因此，文厚于题是常见的。人们在长期的阅读实践中也已经习惯了这种比例，并认为这种比例是比较和谐的。正因如此，内容很重要，标题字号大、行数多、正文字数又较少的稿件，也并不全用厚题薄文的比例，而是采用配一张图片，将文图合编于标题之下，以增加文的厚度，使题文比例比较适当的办法。一个版面上适当采用厚题薄文，可以其醒目的强势增加版面的视觉冲击力，以吸引读者。如果用得过多，标题占的面积大了，稿件条数必然减少，版面的信息容量也就少了。

3. 框的长边与短边的比例要适当。按照黄金分割的原理，长边与短边的比大致是1.618∶1。按照这个比例形成的长方形，按一些美学家的意见，是最美的长方形。版面中框的长边与短边，当然很难按照这个比例来设计，但也要以这个比例为中心在一定范围内上下浮动，而不能过于悬殊。竖边过长，横边过短，会使人感到摇摇欲坠，很不稳定；长边和短边相差无几，又会使人感到呆板。这两种设计都要避免。

4. 框、辟栏的大小与整个版面的大小比例要适当。框和辟栏太大,会使整个版面比例失调,显得不统一。一般情况下,框最大不宜超过版面的三分之一。下辟栏的高度最好也不超过版面高度的三分之一。

(三)节奏

节奏指事物运动过程中有规律地反复。把事物运动过程中的强弱变化,有规律地组合起来加以反复就形成节奏。世界上一切运动变化的过程都是有节奏的,有节奏才有秩序。版面的变化也要讲求节奏,才能避免杂乱无章而保持统一性和秩序感。版面的节奏主要表现在必要的重复上,即同一形式的反复出现上。

在标题编排方面,应以横题为主,横题的反复出现,可增强版面的条理性和节奏感。横题自上而下如果采用梯层式排列,如头条横题从第一栏起,下面一篇稿件的横题则从第二栏起,再下面一篇的横题从第三栏起。一条横题犹如一层台阶,节奏感更强。竖题在版面上反复出现,当然同样可以形成节奏,文字竖排的报纸就很讲究这一点;在文字横排的报纸上,竖题就不宜多用,竖题多了,版面上横横竖竖,就会破坏版面的秩序。用大的竖题,最好放在版面的左右两侧,不宜放在版面的中部,否则更会增加版面的凌乱感。一个版上的标题的字体,特别是主题的字体,也应有必要的重复而不宜变化过多。标题字体变化过多,容易使人眼花缭乱,也会增加版面的无序感,影响版面的统一。近年来,不少报纸在一个版面上,标题的主题采用同一字体,正是考虑到了版面的节奏感和统一性。

在正文编排方面,应以基本栏为主,适当变栏。一个版面上变栏太多,基本栏没有一定的重复,不仅变栏因没有映衬而失去强势作用,而且影响版面的秩序感和统一性。近年来,特别是采用电子排版以后,报纸上基本栏逐渐淡化,有时整版都是变栏,几乎看不到基本栏的影子。这种做法是不可取的。

(四)均衡

均衡,就是整个版面的布局结构要给读者一种匀称、平衡、安定的心理感受。在读者的心理上,笔画粗的字重于笔画细的字,大号字重于小号字,大标题重于小标题,图片重于文字,文或图重于空白,有线条的重于无线条的。在设计版面时,要考虑读者的这种心理,使版面上下、左右的重量大体上匀称、平衡,而不要把大标题、图片、加框新闻、装饰等都集中在一个区域,造成版面的畸轻畸重,使人产生不安定的感觉。

版面上下、左右要取得均衡,并不意味要求版面上下、左右在重量上机械的等同,而是指读者心理上的平衡、安定。前面已介绍过,版面上区的强势大于下区,左区的强势大于右区,在长期的办报和读报实践中,已成为编者和读者的共识,已积淀为读者的一种阅读心理。因此,上重于下,左重于右,只要不是畸轻畸重,并不妨碍版面的均衡。

三、版面设计中容易出现的弊病

(一)报头平弱,缺少吸引力

读者认识一家报纸,总是从报纸的报头开始注意的。如果报头设计的平淡而没有新意,没有视觉上的冲击力,这样,在商业操作的报摊上,很容易被其他的报纸所淹没。所以,报头的设计是首要的,一旦报头的方案被确定,接下来报纸的整体面貌才会找到设计方向和出版方向。报头上所有的设计因素,都应该是为报名这个主题来服务的,如果设计因素淹没了报名,那么不用说,肯定是失败的。所以说,报头的设计成功与否,关系到报纸其他一连串的设计模式,甚至影响到报纸的整体形象和经营状况。反过来,有个性、有动力的报头设计,可以自行说话,制造其影响,使报纸产生巨大的无形资产,这才是成功的报头设计。

(二)形式无味,主次不分

这主要指的是报纸版面设计,如果版式设计平淡无奇没有朝气,加上主次不分,轻重难辨的话,这张报纸就没有了精神,编辑、设计者缺少灵气和灵感,也很难让读者冲动和振奋起来。在版面上,应该突出什么,削弱什么,强化表现,还是一般的张扬,都要在版面语言中表述出来,使读者有一见就被吸引,看过永远不忘的感觉。尤其在报纸的头版和专版的版面,更是要挖空心思经营,不断有新的思路和大胆的形式创新。否则的话,期期是一个样子,天天一幅老面孔,不用说,一旦给读者造成视觉疲劳,注意麻木,阅读厌倦,这张报纸的支持率就会大大地降低,从而被其他的报纸所取代,所以,如何使报纸的版面有不断生动感人的面孔和形式出现,是设计者要特别研究和注意的问题。

(三)重文轻图

造成重文轻图的现象有两种:一是对图的认识普遍停留在表面层次上,觉得如果图的信息量过大,会影响内容的容量,怕读者不买账。二是报社的编辑人员大多是搞文字出身,包括决策版面的领导者多是做文字工作的。这样一来,我们就长期形成了图配文,图点缀,图补空的观念,这样,轻图重文就不奇怪了。如果一张报纸,或者版面,一旦走进重文轻图的胡同,这张报纸的生命力、影响力就会大打折扣,起码不会受到读者喜爱。特别是现在,一个读图的时代,我们的报纸的编辑更应该紧紧地把好时代的脉搏,经营好我们的报纸。

(四)相互碰撞,版面失衡

这里说的是技术层面的问题,如标题之间碰撞,它也应该因为内容的主次关系,而分出重要、次重要、次要的顺序,否则,它会对版面的均衡效果起到负面的影响。另外,版面上的图片的不合理的摆放,也会给报纸版面造成失衡,破坏版面的悦目效果。当然有的时候,根据设计的需要,有目的、有设想、有条理地将题与题、图与图组织起来,甚至联系在一起,形成有特色的版面,也是可以的。

（五）行文混乱，逻辑不清

报纸的行文是非常讲究的，要求也十分的严格。是几栏文，多少行，是左右走，还是上下走，这些走法都是根据版面的实际需要，文章的内容分量来加以确定和执行的。在这里，我们一定要考虑到读者的阅读习惯，不可以随心所欲，故弄玄虚，更不能没有规则的搞创新，让读者在版面中走迷宫。所以说，规范走文是版面设计中必须提倡的，尊重读者的阅读习惯和阅读方法。给读者一个清楚、易懂、耐看、大方的报纸版面。

（六）栏位不清，空白不当

版面设计中，一旦确定了栏位骨骼和基本的版式，它就是排版的坐标和法定布局的依据。如果栏位不清，文图不明，一团混乱的报纸，还能引起读者的兴趣吗？不同报纸的版面，采用各自不同的栏宽、栏数，可以出现千姿百态的栏位效果。但是有一点是要强调的，那就是无论栏位如何确定，以栏宽为单位，成倍地占位原则是不宜破坏的。现在的报纸栏宽有十栏、九栏、七栏、六栏、也有三栏的、四栏的。只要我们的报纸严格按照规定的栏位设计，都会设计出优秀的、十分理想的版面来。

栏位的多少和安排，也会影响到空白的效果。版面的空白过多，或者过少，或偏向一方，都会影响版面的视觉效果。这里主要包括正文的行距、字距、图与文、图与图、题与文、栏与栏、图与线、栏与线之间的空白适当与否，都会给读者造成不当的感觉和评价。运用了空白，就会让读者在阅读时候觉得轻松、愉快、舒心、悦目，疏密有致，眉清目秀。反之，用不好版面的空白，则会让人觉得堵、塞、闷、慌，乃至有死气沉沉的感觉。

（七）标题字过多，文章过长

标题字过多，文章过长都是报纸版面设计的大忌。因为字多则不醒目，文长字容易懈怠。字多的标题，版面就会失去光彩。这就需要文字编辑和美术编辑通力合作。长的标题要尽量地减少，实在减不少的，可以分解开来作。如加眉题、拟副标题、出索引等办法，这些都可以化解标题字多的矛盾。所以，在一个版面上如果标题过多的话，就不要在每个标题上都做很多的技术处理，让人觉得眼花缭乱。单个标题上，字体变化不要太多，用电脑处理时，也不要加太多的技术手段，最后让读者不知道是图案还是字，这些都是做版式的大忌。

过长的文章，版面就会呆板，也会影响读者的阅读兴趣。如果是遇到太长又没法删改的文章，还可以采取一篇长文改成若干短文；长文分段加小标题；运用插图、图片、图表、色块或者线条冲淡，使之符合版面设计的基本要求。

（八）字体繁杂，色彩紊乱

现在电脑的运用，为我们提供了丰富多彩的设计效果和设计可能，有众多的字体可供我们选择。但作为编辑和设计者要明白，千万不能被这些所迷惑和左右。如不管是标题，还是正文字、字体都不宜过多，字体在做效果时，不要运用的太多，特别是正文，尽量不要做效果处理。因为在版面上，统一是最重要的，统一才会产生美感，尤其是正文字的统一才会出现良好的效果。可以这么说，在版面上，正文的字体因为处理栏关系的缘故，在一个版面上不要出现三种以上的字体，标题字不要超过五种。否则，会产生花、乱、杂的反面效果。

版面设计中的色彩应用同样如此，电脑中为设计者提供了无尽的色彩，也为设计者提供了很多的方便。在前面我们已经讲过，世界上没有不好看的颜色，只有搭配不好的颜色。这就需要我们的设计者有选择、有目的、有理性的、按构成的规则运用色彩，使其更有品位和格调。滥用色彩，不仅不能为报纸添彩，相反还会对报纸的版面和品位带来致命的伤害。同时，设计色彩还要顾及到印刷机和印刷纸张，新闻纸的报纸，设计的颜色要稍淡些，印胶版纸的报纸，颜色可以比设想中的重一些，铜版纸因为纸质细腻，可以设计比较细腻的颜色。这样，印刷出来的效果才会真正的体现设计者的意图。

（九）线框欠妥，色块滥用

版面的设计中，线框的运用非常多，如果运用得当，线框可以起到骨架的作用。试想没有线框的版面，就会有一种缺少骨气的感觉。尤其是竖方向的用线，能够起到胸有成竹的作用。但是，如果线框运用不当，就不能起到应有的作用，如线框不讲究粗细，不讲构成关系，就会给版面造成混乱的效果，破坏了版面的和谐感，削弱了线框的积极作用。

在运用色块的时候应该注意以下几个问题：一是色块不宜过重，尤其是在色网上压黑字的情况下，过重的网会影响人们的阅读。二是大面积的色块，会让人觉得版面不透气，压抑的效果。三是在运用同类色块的时候，要有一些小的变化；否则，会让人觉得整个版面没有精神，平的感觉。

（十）装饰过分，美化不当

美化和装饰，在版面上都是必不可少的。除了整个报纸、版面的总体装饰之外，报头、栏图、报眉、插图、色彩、标题等方面的设计都是美化所涉及的内容。美化从大意义上讲与设计是同等任务。版面美化得当，装饰自然，会产生特有的美感。反过来，装饰不当，美化的痕迹过重，就会有累赘、牵强的感觉。美化和装饰都是根据版面内容和整体情况的需要而定，都要恰到好处。

第七节　版面设计的原则

一、个性化原则

报纸总是从报头开始引人注意的，如果报头设计的平淡而没有新意，没有视觉上的冲击力，在商业化的报摊上，很容易被其他报纸淹没。因而，报头的设计是首要的，一旦报头的方案被确定，接下来报纸的整体面貌才会找到设计方向和出版方向。报头上所有的设计因素，都应该是为报名这个主题来服务的，如果设计因素淹没了报名，那么不用说，肯定是失败的。所以说，报头的设计成功与否，关系到报纸其他一连串的设计模式，甚至影响到报纸的整体形象和经营状况。反过来，有个性、有动力的报头设计，可以自行说话，制造其影响，使报纸产生巨大的无形资产，这才是成功的报头设计。

二、简约化原则

美化和装饰，在版面上都是必不可少的。除了整个报纸、版面的总体装饰之外，报头、栏图、报眉、插图、色彩、标题等方面的设计都是美化所涉及的内容。美化从大意义上讲与设计是同等任务。版面美化得当，装饰自然，会产生特有的美感。反过来，装饰不当，美化的痕迹过重，就会有累赘、牵强的感觉。美化和装饰都是根据版面内容和整体情况的需要而定，都要恰到好处。

三、功能化原则

报纸的行文是非常讲究的，要求也十分的严格。是几栏文，多少行，是左右走，还是上下走，这些走法都是根据版面的实际需要，文章的内容分量来加以确定和执行的。在这里，我们一定要考虑到读者的阅读习惯，不可以随心所欲，故弄玄虚，更不能没有规则的搞创新，让读者在版面中走迷宫。所以说，规范走文是版面设计中必须提倡的，尊重读者的阅读习惯和阅读方法。给读者一个清楚、易懂、耐看、大方的报纸版面。

四、重点性原则

这主要指的是报纸版面设计，如果版式设计平淡无奇没有朝气，加上主次不分，轻重难辨的话，这张报纸就没有了精神，编辑、设计者缺少灵气和灵感，也很难让读者冲动和振奋起来。在版面上，应该突出什么，削弱什么，强化表现，还是一般的张扬，都要在版面语言中表述出来，使读者有一见就被吸引，看过永远不忘的感觉。尤其在报纸的头版和专版的版面，更是要挖空心思经营，不断有新的思路和大胆的形式创新。否则的话，期期是一个样子，天天一幅老面孔，不用说，一旦给读者造成视觉疲劳，注意麻木，阅读厌倦，这张报纸的支持率就会大大地降低，从而被其他的报纸所取代，所以，如何使报纸的版面有不断生动感人的面孔和形式出现，是设计者要特别研究和注意的问题。

五、有序性原则

这里说的是“技术层面的问题”，如标题之间碰撞，它也应该因为内容的主次关系，而分出重要、次重要、次要的顺序，否则，它会对版面的均衡效果起到负面的影响。另外，版面上的图片的不合理的摆放，也会给报纸版面造成失衡，破坏版面的悦目效果。当然有的时候，根据设计的需要，有目的的，有设想的，有条理的将题与题，图与图组织起来，甚至联系在一起，形成有特色的版面，也是可以的。

第八节　版面风格的演进

人类自创字起便诞生了文字排版，排版始终伴随着人类文明的发生而发展。版面风格的演变受四个因素的影响：一是文字本身的进化；二是图形图像形式的改变；三是制作技术的发展；四是思想与观念的革命。

西方历史上最早有记载的版面形式，出现在公元前3000年前的古巴比伦，美索不达米亚地区苏美尔人最早创造了原始版面的排版形式。最初，苏美尔人将湿泥做成块状泥版，后用木片刻画其上形成具有凹槽的文字，这就是所谓的楔形文字。楔形文字按照一定的规律进行排列，形成了西方最早的编排形式。

一、早期的版式设计风格

（一）古埃及风格

特定的地理环境、气候条件和物产是古埃及装饰艺术产生的先决条件，后天形成的人文环境则决定了古埃及装饰艺术的审美趋向。版式布局独特，具有鲜明的装饰性。古埃及的雕刻与石刻是最吸引人的。古埃及的版式典雅而富有装饰感，并透出古朴和神秘的气息。

与美索不达米亚文化处在前后期的古埃及是文字的重要发源地之一。美索不达米亚文化和苏美尔文化对古埃及也形成了重要的影响，并推动着埃及文化的发展，其主要表现集中在文字的创造上。虽然巴比伦文明影响了古埃及，但埃及人并没有在文字书写方式上受多少干扰，他们依然沿用早已形成的自源象形文字。象形文字在埃及历史上使用了漫长的时间。从公元前3100年到394年从未间断过，这种局面直到古罗马人攻入埃及并实行了殖民统治也未见完全改变。“神的文字”被广泛使用，反映在雕塑、石刻中的这一现象屡见不鲜，尤其运用在纸草书上更是极为普遍。纸草上常用精美的插图与文字相配合，使版面形式甚为丰富，有人称这一现象是现代平面设计发展的最早依据，其特点在于利用版面已有的区域给予综合布局，文字本身虽是象形形态与插图配合，但并未显得版面累赘、重复；相反，却是图、文呼应有序，精美绝伦。

（二）古希腊风格

古希腊建筑风格的特点主要是和谐、完美、崇高。古希腊的神庙建筑则是这些风格特点的集中体现者，这些风格特点最鲜明的表现就是柱式。古希腊最典型的柱式主要有三种，即多利亚柱式（Doric Order）、爱奥尼柱式（Ionic Order）和科林斯柱式（Corinthian Order）。这些柱式，不仅外在形体直观地显示出和谐、完美、崇高的风格，而且其比例规范也无不显出和谐与完美的风格。

(三)古罗马风格

古罗马的建筑艺术是古希腊建筑艺术的继承和发展。古罗马的建筑不仅借助更为先进的技术手段,发展了古希腊艺术的辉煌成就,而且也将古希腊建筑艺术风格的和谐、完美、崇高的特点,在新的社会、文化背景下,从"神殿"转入世俗,赋予这种风格以崭新的美学趣味和相应的形式特点。因此,古罗马时期版式风格的显著特点就是典雅、庄重、华贵。

(四)古代中国

古代中国对版面编排的发展有两大贡献:印刷术和造纸术。这两大发明改变了中国的版面技术和风格样式,同时也给西方版式与文字的发展以重大影响。

二、维多利亚时期的版式风格

维多利亚时代(Victorian era),被认为是英国工业革命和大英帝国的峰端。维多利亚时代是英国工业革命的顶点时期,也是大英帝国经济文化的全盛时期。维多利亚时代的版面设计,追求丰富浪漫的感性诉求,整体风格呈现烦琐、复杂和装饰,无论字体设计、版面层次都带有古典装饰的倾向。维多利亚风格的版式特征是:图案多、花边多、字体花哨、组合复杂。

三、莫里斯风格的版式设计

19 世纪末,英国掀起了工艺美术运动。倡导这场运动的代表是威廉·莫里斯以及他的同盟。莫里斯力图努力恢复中世纪风格和复兴哥特风格,提出向传统手工艺学习和向美的自然形态学习的口号。

从表面上看,莫里斯的版面设计风格与维多利亚时代的版面风格十分相近,他们都力图通过复古来改变工业设计存在的不足。

维多利亚:烦碎、纷繁、矫饰主义。

莫里斯:冷静的复古,以诚挚、诚实为理念。

四、新艺术运动的版式设计

在工艺美术运动的基础上,后来又继续发展成了另一种更加国际化、波及面更广的设计风格——新艺术运动。这种风格中最重要的特性就是充满有活力、波浪形和流动的线条。表现形式也像是从植物中生长出来。新艺术运动的核心理念是反思传统和维多利亚风格,创立能体现时代进步和新的人文精神的新艺术。新艺术运动放弃传统装饰,强调自然的表现风格,以自然形态和植物纹样作为创作的元素。从历史的角度看,新艺术运动是一场设计启蒙运动,也是艺术与设计逐步分业发展的界碑。

五、受现代艺术运动影响的版式风格

(一)未来主义风格的版式

未来主义是现代文艺思潮之一。1909 年意大利马利内蒂创始。未来主义风格的版式:未来主义崇尚革命的激进思想,提出要摧毁一切旧的东西,推崇科技,向往未来。它在版式设计上强调自由随意的风格,反对旧有的编排构图方式和语法,甚至否定文字的作用,它用各种视觉元素来自由放松的拼足版面,呈现出无拘无束甚至混乱的感觉,也具有宇宙和未来般的不定和神秘之感。

(二)达达主义风格的版式

达达主义艺术运动是1916年至1923年间出现于法国、德国和瑞士的一种绘画风格。达达主义是一种无政府主义的艺术运动,它试图通过废除传统的文化和美学形式发现真正的现实,表达他们对资产阶级价值观和第一次世界大战的绝望。

达达主义风格的版式:达达主义强调非理性和自我的无政府主义,以怪诞、荒谬、虚无和宣泄为特点,反对现有的艺术形式和逻辑。在版式中,把图形和文字等元素随意无序的编列,甚至利用废弃的材料和旧印刷品来拼构版面,以游戏般和偶成的方式来完成设计。

(三)立体主义风格的版式设计

立体主义开始于1906年,由乔治·布拉克(法)与帕布洛·毕加索(西班牙)建立。

立体主义风格的版式设计:立体主义艺术主张表现内在,讲究深思,注重立体的分解对象,立体的重构对象,并主张多视点综合处理画面。受立体主义思想影响的版式都具有立体主义的风格特征。

(四)超现实主义风格的版式设计

超现实主义(surrealism)是在法国开始的文学艺术流派,源于达达主义,并且对于视觉艺术的影响力深远。于1920年至1930年间盛行于欧洲文学及艺术界中。探究此派别的理论根据是受到佛洛伊德的精神分析影响,致力于发现人类的潜意识心理。

它的内容不仅限于文学,也涉及绘画、音乐等艺术领域。它的主要特征,是以所谓"超现实"、"超理智"的梦境、幻觉等作为艺术创作的源泉,认为只有这种超越现实的"无意识"世界。才能摆脱一切束缚,最真实地显示客观事实的真面目。超现实主义给传统对艺术的看法有了巨大的影响。也常被称为超现实主义运动。

六、现代主义风格的版式设计

20世纪20年代开始,随着现代主义思想的兴起,在西方,以构成主义、风格派、包豪斯为三大核心的现代主义设计诞生,它全面影响了平面设计和版式设计的风格。

(一)构成主义风格的版式

构成主义风格发展于1913年至18世纪20年代,是俄国十月革命后发展起来的艺术和设计探索运动,其思想上受共产主义影响,形式上则受西方立体主义和未来主义的综合影响。

构成主义风格的版式特点是:无装饰、简单、明确和理性。版面上各种元素进行拆解、重构,采用自由和活泼的创新手法,打破了传统编排语法。

代表人物是李西斯基,他的作品采用分割、组合、剪贴、骨骼排列的手法处理,形式上注重点、线、面的组合规律,功能上以传达信息为主。

(二)风格派的版式

风格派是1917年在荷兰出现的几何抽象主义画派,以《风格》杂志为中心。风格派完全拒绝使用任何的具象元素,主张用纯粹几何形的抽象来表现纯粹的精神。认为抛开具体描绘,抛开细节,才能避免个别性和特殊性,获得人类共通的纯粹精神表现。

"风格派"对于世界现代主义的风格形成起到了很大的影响,它的简单的几何形式、它的立体主义形式、理性主义形式的结构特征在第二次世界大战之后成为国际主义风格的标准符号。

(三)包豪斯风格的版式

包豪斯风格的版式特点:追求简单的版面、简洁的字体、清晰的信息传达功效。

(四)现代主义的版式风格总体上说:易读性、抽象性、构成性

七、现代主义之后的版式风格

后现代主义产生于20世纪60年代,80年代达到鼎盛,是西方学术界的热点和主流。它是对西方现代社会的批判与反思,也是对西方近现代哲学的批判和继承,是在批判和反省西方社会、哲学、科技和理性中形成的一股文化思潮,其著名的代表人物有哈贝马斯等。

八、未来版式设计发展的趋势

(一)创意为先导

(二)突出个性

(三)注重情感

(四)电脑新特技

第九节　新闻页面的设计

因特网作为当代的"第四媒体"迅速崛起,一个崭新的产业结构也随之产生和发展起来,造就了一大批新兴的学科和职业。网页设计就是典型的Internet产物,短短几年的发展,已越来越受到业内人士的重视。伴随Internet的发展,网页制作

的需求量也爆炸性地增长。网页设计制作的人员队伍不断扩大,越来越呈多样化。网页的设计制作技术也在蓬勃发展,从 HTMT 到 XML 语言、从 Photoshop 到 Dreamweaver,Flash,这些优秀的网页制作软件和技术一直是人们学习和使用的热点。这些软件的功能日趋强大,操作使用方式却变得越来越方便,有关书籍更是铺天盖地而来。现在,制作简单的网页已经是一件非常容易的事了,但要制作出精美的网页,特别是对于版面构成整体美化要求较高的网页时,大多数人却又会感到灵感的缺乏。这是网络发展初期遗留的错误观点,误把掌握网页制作软件和制作好网页版面设计混为一谈了。

网页作为一种新的视觉表现形式,它的发展虽然没有多长时间,但却兼容了传统平面设计的特征,又具备其所没有的优势,成为现代社会信息交流的一个非常有影响的途径。网页设计是一种综合性的设计,它所涉及的范围非常的广泛,包括消费心理学、视觉设计美学、人体工程、哲学等诸多方面,当然也离不开一定的科学技术发展。

网页设计是一门新兴的设计类和网络的交叉学科,近几年随着网络的发展而逐渐受到人们的重视,它本身以网络为载体,把各种信息以最快捷、最方便的方式传达给观众,在这种标准的要求下,逐步产生了审美的需求。它区别于以往任何一种艺术形式,既具备了因特网的基本特性,如形态多样性、交互传达性、可下载性等,同时又具备了传统的平面设计艺术,如版式设计、广告设计等的特性。

在网络高速发展的今天,网页设计者已经意识到网页设计的审美需求是对平面视觉传达设计美学的一种继承和延伸。两者的表现形式和目的都有一定的相似性,把传统平面设计中美的形式规律同现代网页设计的具体问题结合起来,运用一些平面设计中美的基本形式加入到网页中去,既增加了网页设计的观感,又满足了大众的视觉审美需求。

新闻网站的版面设计关系着能否吸引受众眼球和具有视觉冲击力。因此,在新闻网站版面设计时应该把握以下三个要点:

一是突出特色。突出特色就是要显示出本网站与其他网站不同的整体素质和格调。例如,中国人民网最大的特色就是具有较强的政治色彩,对党和国家的政治、经济生活等有关的报道占据了大量的版面内容。

二是重视新闻。网站的新闻质量越高,它的访问量就越大,它的资料的重复检索次数则越多,这样的网站自然就受欢迎。例如,新浪网、搜狐网以及腾讯网等国内大型的综合网站的新闻版面设计更加注重突出其特色。

三是合乎逻辑。网络版面的布置要有次序,相互配合,合乎逻辑。就综合性新闻网站而言,新闻必须突出和醒目,动态新闻和深度报道、专题报道要及时和丰富。专业性新闻网站则要突出“专”字,不一定非得把一般性的全国或者国际新闻放在最具有冲击力的版面上。

新闻页面的设计，即页面元素在新闻网页上的合理布局与安排。新闻页面的设计包括单个新闻页面的设计和新闻页面的层次两个方面的内容。

一、单个新闻页面的设计

要对单个新闻页面进行设计，就要充分考虑单个新闻页面的要素、布局等。

（一）页面的组成要素

新闻页面的要素包括字体、字号，色彩，图表等。

1. 字体、字号

字体不同，字的形状和风格也不相同。由于宋体字型美观，结构严谨，版面效果好。很多新闻网站的新闻标题和新闻正文均采用宋体字，通过字号的大小来区分两者。字体字号在新闻网页上的表现形式为静态文字和游动字幕两种形式。游动字幕又可分为滚动字幕和移动字幕两种。滚动字幕通常位于页面上方，主要作用是将重要新闻及时推荐给网民。移动字幕主要是用于文字广告，吸引网民关注。

2. 色彩

色彩的属性主要是通过色相、明度、纯度、色调和色性来表示。新闻网页的色彩设计是色彩应用规律与新闻网页作为一种传媒介质所具备的性质相结合的过程。需要注意色彩搭配的要点：

（1）确定网页的主体色

网站的基本色彩一般来说不超过三种，以给人整体统一的感觉。其他色彩可以应用，但只能作为点缀和衬托，不能喧宾夺主。主体色如果选用两种，那么其中一种为主体色，另外一种为次主体色，遵循主从关系，这是处理色彩的基本原则。

（2）多用相近色

与主体色具有同类色或近似色相对比关系的色彩成为相近色。在网页的主体色确定以后，选择与之相近的颜色，搭配起来就相对比较容易。

（3）保持色彩均衡

保持色彩均衡即在多种颜色同时存在的情况下，一定要强调相互间色彩的平衡和统一。明度高的浅色看起来较轻，明度低的深暗色则较重。如果一个新闻页面中运用了比较浅或者亮的颜色，可以用黑色或同色相的深色点缀一下，这样可以避免一面色彩失衡。

（4）黑、白、灰的应用

在网页色彩搭配中，黑、白是最基本和最简单的搭配，白字黑底、黑字白底都非常清晰明了。灰色是万能色，可以和任何色彩搭配。比如，纯度很高的颜色如纯蓝、纯黄等，会使视觉感觉兴奋。如果要降低兴奋度的话，可以搭配上白色和灰色，使颜色明度抬高或降低。

3. 图表

图表在网页上有静态和动态之分。静态图表包括新闻照片、表格等，动态图表包括 flash 动画图表、移动图表等。由于网络带宽限制,网站会考虑图表的多少和大小。一般来说,网站会对图表文件的大小进行一定的限制,或者根据需要制成两张大小不同,清晰度不同的图表,利用超链接的方式,先放置规格较小的图表,通过超链接进入规格效果更好的图表。

（二）页面的布局

页面的布局包括页面的布局结构和页面的布局类型。

1. 页面的布局结构

页面的布局结构和报纸版面的不同在于,它是一个复合的信息发布体系。既要考虑一个页面间内容的安排,又要考虑页面与页面的承接关系。日渐把握布局中平面与立体相交差的特性,需要考虑页面的布局结构。

(1)页面尺寸

页面尺寸与电脑显示器的分辨率也有关系,分辨率越高,页面尺寸越大。如分辨率在 800 × 600 的情况下,页面的显示尺寸为 780 × 428(像素),如分辨率在 1024 × 768 的情况下,页面的显示尺寸为 1007 × 600(像素)。同时,浏览器的工具栏也是影响页面尺寸的一个因素。一般的浏览器当工具栏全部显示时,页面尺寸会减少,工具栏全部关闭时,页面尺寸会增加。向下拖动移动条,可以增加某个页面的尺寸,但不要超过三屏。超过三屏的内容,可以做该页面的连接,从而方便用户。

(2)页面整体形象

页面的整体形象可以根据网页的内容性质,采用其他的形状,如三角形、菱形等。也可以采用不同形状的组合,如方形结合圆形等。不同页面造型代表着不同的意义。如矩形代表庄重、正式,圆形代表柔和、温暖,三角形代表力量、权威。一般来说。政府部门网站用矩形为多,时尚类网站用圆形为多,商业网站多用三角形。

(3)页面区域划分

页面区域概括起来可分为四大区,即头区、导航区、内容区和尾区。头区一般在网页的最上部。导航区在头区和内容区之间,一般为一个横向长条形区域。内容区位于导航区和尾区之间,是网页的主体。尾区位于网页最下部。

2. 页面的布局类型

页面布局类型大致可分为垂直型,水平型和组合型三种方式。一般的页面布局以组合型居多。下面介绍几种常见的网页页面布局类型。

(1)门字型

这是网络页面经常采用的布局类型。页面一般上下各有一个广告条,左边是主菜单,右边放置友情链接等,将主要内容放置在中间。由于页面第一屏看起来像个门字,所以叫门字型。这种布局的优点是充分利用版面空间,信息量大。缺点是版面拥挤,不够灵活。

(2)T 字型

所谓“T”结构,就是指页面顶部为横条网站标志 + 广告条,下面左面为主菜单,右面显示内容的布局,整体感觉类似英文之母“T”。这种布局的优点是页面结构清晰,主次分明。缺点是规矩,呆板,容易让人乏味。

(3)三字型

这种布局多用于国外站点。特点是页面上横向两条色块,将页面整体分割为四部分,色块中大多放广告条。

(4)块型

块型,网页页面可以被横向拦截成多个通栏的块状,或者是多个板块的灵活拼接。

二、新闻页面的层次

一个网站的页面有成千上万之多,如何快速地找到想要的新闻信息,则需要对页面进行合理的层次分配。

(一)页面的层次结构

页面的层次机构,可以分为线性结构、树形结构、网状结构。

1. 线性结构

线形结构是指网页与网页之间是单项联系的。一个页面只能连接到一个页面,不可能同时连接几个页面。比如从 A 连接到 B,从 B 连接到 C,从 C 连接到 D。但 A,B,C,D 之间不能自由连接。

2. 树形结构

树形结构是指网页与网页之间有一个主干,其余为分支。比如网页 A 为主干,网页 B,网页 C,网页 D 就为网页 A 的分支。这实际是分层的思想。各层之间相互紧密链接,但不可跳层进行链接。

3. 网状结构

网状结构是指网页与网页之间呈现网状连接的关系,即网页 A,网页 B,网页 C,网页 D 之间可以相互链接。但网状结构并不等于胡乱链接。而是遵循一定的链接方式,可以清晰地分清楚相互之间的关系,清楚明白地找到所需的信息。

(二)网站结构的确立原则

1. 分层合理

绝大多数网状采用的是以树形为基础的网状结构。要使这种网状结构合理,必须重视分层。如何做到合理分层。首先应该考虑网站的新闻内容,按照新闻内容的特性,组成若干个有层级的子目录,从而形成一个逐级展开的树形结构体系。

在树形结构中,有根目录和子目录。网站的主页为根目录,主页的其他页面为子目录。网页层数的多少,与网民查找信息的点击数和找到有用信息所用的时间成正比。因此,在网页页面设计时,要做到网页层数尽量少,以减少网民点击数,提高查找有用信息的效率。但是,网页的细分也要适度。如果过少,信息就难以细分下去,没有细分的信息,就会杂乱无章,也就降低了查找有用信息的效率。同样,如果无节制地细分,也同样降低效率。

2. 信息易寻

要使网络新闻信息容易查找,需要注意两个方面。

(1)导航条要一目了然

导航条的作用相当于网络冲浪中的风向标和指南针。网站没有导航条,网民就不知道自己所处在网站的什么位置,这样就会在网页中迷失。因此导航条一方面清楚地让网民知道该网站上有什么新闻内容,另一方面也指明其浏览的网页处在网站的什么位置。

根据视觉原理,导航条一般位于网站的最上方,并且是横向排列。这样在方便网民最快捷了解网站设置的同时,也不会造成网民的视觉不适。这里需要指出的是,导航条的栏目也不是越多越好。因为过多的栏目设置,会使导航条看起来十分庞杂,并不能起到导航的作用。导航条的内容,也应该结合当前页面的层次,所属的栏目,具体的内容来进行设置,从而使导航条在统一中富有一定变化。

(2)提供高效的搜索

目前网络搜索,主要分为三种:第一种是提供本网站新闻内容的搜索,如人民网,新华网等;第二种是提供特殊分类信息数据库的搜索,如中国知网、webcat 等;第三种是全球互联网范围的搜索,如百度、谷歌等。

目前的网络搜索普遍效率不高,在海量搜索信息的同时,无效信息泛滥。如何提高网络搜索的效率,让网民高效地检索到所需的信息,是目前网络搜索需要着力考虑的。

3. 便于记忆

网站是从事信息服务的企业,在与其他网站竞争时,除了依靠良好的服务和过硬的品牌形象外,也需要有一个便于熟记的名字和 logo。

一般网页便于熟记的方式有两种:(1)独特的 logo 标识;(2)页面形式的独特形式。无论哪种方式,都是便于网民记忆,从而达到对页面从而对网站的认知和宣传。

思考与练习

1 版面常识和功能有哪些?

2 版面语言的表现形式有哪些?

3 版面编排元素有哪些?

4 版面的布局结构有哪些表现形式?

5. 版面设计的程序是什么?
6. 稿件安排要注意的问题有哪些?
7. 思考现代版式的发展趋势是什么?
8. 网络时代版面设计的原则有哪些?
9. 新闻页面的设计思路与方法有哪些?

附　录

《出版物上数字用法的规定》

（中华人民共和国国家标准　GB/T 15835 - 2011 代替 GB/T 15835 - 1995）

《校对符号及其用法》

（中华人民共和国国家标准　GB/T 14706 - 93）

《信息网络传播权保护条例》

（2006 年 5 月 18 日中华人民共和国国务院令第 468 号公布
根据 2013 年 1 月 30 日《国务院关于修改〈信息网络传播权保护条例〉的决定》修订）

《互联网新闻信息服务管理规定》

（2005 年 9 月 25 日中华人民共和国国务院新闻办公室、
中华人民共和国信息产业部第 37 号令联合发布，自公布之日起施行）

第二十三届中国新闻奖获奖作品名单

后　　记

经过诸位同仁的辛勤努力，这部教材终于可以付梓了，期间的酸甜苦辣历历在目。当前正属于新媒体发展异常迅猛的时期，新观念、新技术、新运用不断涌现，使得人们有目不暇接之感。

为了追随时代发展的步伐，紧跟时代的脉搏，我们组织相关一线大学的专家和老师集体编写了这部教材。他们大多是一线从事新闻编辑教学与研究的老师，有着丰富的执教经验和相当的职业素养。与他们的合作是我的荣幸。大家均为编写一部新媒体时代适合广大学子学习的教材而不断努力追寻着。

教材从2013年5月正式开始，历经1年多的时间。教材的编写主要分工如下：西南政法大学全球新闻与传播学院的任正安老师负责第一章的撰写工作，福建省黎明职业大学的许文君老师负责第三章的撰写工作，黄河科技学院新闻传播学院的杜方伟老师负责第四章和第五章的撰写工作，福建信息职业技术学院的林美琴副教授负责第六章和第七章的撰写工作，西南政法大学全球新闻与传播学院的张祖乔老师负责第八章的撰写工作，郑州航空工业管理学院的卢金婷老师负责第九章和第十一章的撰写工作，西南政法大学全球新闻与传播学院的研究生郑亚琴同学和王旭同学分别负责第二章和第十章的撰写工作，西南政法大学全球新闻与传播学院裴永刚副教授负责第十一章第九节的撰写工作。最后由西南政法大学全球新闻与传播学院的裴永刚副教授和罗小萍教授负责统稿，其中西南政法大学全球新闻与传播学院的研究生贺霞同学负责了最后校对和附录工作。

在编写过程中，法律出版社的张磊编辑对书稿提出了宝贵的意见。同时，书稿的出版也得到了学校、学院、法律出版社等各方面的支持和帮助，在此一并感谢。

限于编者学识有限，对于教材中存在的不足之处，敬请大家批评指正。

图书在版编目(CIP)数据

现代新闻编辑教程 / 裴永刚、罗小萍主编. —北京:法律出版社, 2014.7(2016.1 重印)
ISBN 978 -7 -5118 -6686 -8

Ⅰ. ①现… Ⅱ. ①裴…②罗… Ⅲ. ①新闻编辑—高等学校—教材 Ⅳ. ①G213

中国版本图书馆 CIP 数据核字(2014)第 178443 号

现代新闻编辑教程

主　　编:裴永刚　罗小萍
策划编辑:王旭坤
责任编辑:张　磊
装帧设计:乔智炜
责任印制:沙　磊
内文制作:凌点工作室

出　　版	法律出版社/北京市丰台区莲花池西里 7 号(100073) http://www.lawpress.com.cn/
编辑统筹	法律职业教育出版分社
经　　销	新华书店等
总 发 行	中国法律图书有限公司 http://www.chinalawbook.com/ 第一法律书店(010 -63939781/9782)　西安(029 -85388843) 重庆(023 -65382816/2908)　上海(021 -62071010/1636) 北京(010 -62534456)　深圳(0755 -83072995)
销售专线	010 -63939806/9830
数据支持	法律门 http://www.falvmen.com.cn/

开　　本	720 毫米 ×960 毫米　1/16
印　　张	21.5
字　　数	394 千
版　　本	2015 年 1 月第 1 版
印　　次	2016 年 1 月第 2 次印刷
印　　刷	北京京华虎彩印刷有限公司
书　　号	ISBN 978 -7 -5118 -6686 -8
定　　价	46.00 元